Education amoureuse

Du même auteur
aux Éditions J'ai lu

Esclave du Viking, *J'ai lu* 4023
Le fiancé infidèle, *J'ai lu* 4506
Impulsion maudite, *J'ai lu* 4590
Arabella, l'infidèle, *J'ai lu* 4849

Catherine Coulter

Education amoureuse

Traduit de l'américain
par Gérard Marcantonio

J'AI LU

Titre original :

ROSEHAVEN
G.P. Putnam's Sons, New York

À mon mari

1

En ce début d'été de l'an de grâce 1277,
château de Fawke de Trent, comte d'Oxborough

Malgré le peu d'affection que lui portait son père, jamais elle n'aurait imaginé essuyer un jour pareil affront. Elle avait beau se répéter que c'était impossible, elle ne pouvait détourner les yeux de l'homme qui venait d'entrer. À peine était-il apparu qu'un vent d'inquiétude avait soufflé sur la grande salle.

Immobile et silencieux, le visage sombre, l'expression indéchiffrable, il avait balayé la pièce du regard, s'attardant sur chacune des personnes présentes tel un juge s'apprêtant à délivrer sa sentence.

Dissimulée dans l'ombre, en haut de l'escalier de pierre, elle observait intensément la haute silhouette qui se découpait dans l'encadrement de la porte, refusant d'en croire ses yeux. Mais c'était peine perdue ; l'homme était ici, à Oxborough, et semblait bien décidé à y rester.

Le regard, d'un bleu lumineux, était froid et distant, mais aussi d'une maturité surprenante pour un homme de cet âge. D'où elle se tenait, elle pouvait sentir la force, la détermination, l'arrogance qui émanaient de lui. Lorsqu'il leva les yeux, elle ne put s'empêcher de frissonner.

La grande cape grise qui recouvrait les épaules de l'étranger ondoya légèrement comme sous l'effet d'un courant d'air. Le fouet noir enroulé autour de son poignet siffla brièvement. Pourtant, sans se départir de son calme, l'homme continua de regarder autour de lui.

Il était vêtu d'un pourpoint couleur d'étain laissant voir une chemise d'un gris à peine plus clair. Grises aussi étaient ses bottes de cuir souple. Outre son fouet, il n'avait pour toute arme qu'une grande épée accrochée à un ceinturon à boucle d'argent.

Il y avait à coup sûr erreur sur la personne, pensait Joanna. Si courageux fût-il, ce chevalier ne pouvait être celui que son père lui destinait pour époux. La seule idée de passer le restant de ses jours auprès de cet étrange sire la glaçait d'effroi. Non. Elle se trompait. Il s'agissait d'un émissaire d'Avalon, voilà tout.

Son père ne pouvait envisager de confier à cet homme le soin de perpétuer la lignée des Oxborough. C'était ridicule. Le comte d'Oxborough n'abandonnerait pas ses biens et ses titres au premier venu sous prétexte que son seul héritier était une fille. Il est vrai que, sa vie durant, Fawke de Trent n'avait pas fait grand cas de la personne de sa fille. Du moins jusqu'à ce jour où il avait décidé de la marier. De la donner à cet homme dont la seule vue la faisait frémir.

Se pouvait-il aussi que Graelam de Moreton, ami et confident du comte, se soit prêté sans protester à de telles manigances ? Ce même Moreton qui, lorsqu'elle était enfant, la faisait sauter sur ses genoux ? Pourtant, c'était bien lui – aujourd'hui présent – qui avait parlé de cet homme en termes élogieux, le décrivant comme un grand seigneur de guerre, un chevalier digne de confiance, qui inspirait crainte et respect à quiconque s'en approchait. Un de ces êtres à qui l'honneur importe plus que l'âme, avait-il ajouté du même souffle – encore que Joanna eût été bien en peine de dire ce que cela signifiait.

Jamais elle n'aurait entendu cette tirade si, deux mois auparavant, elle n'avait surpris une conversation entre Lord Graelam et son père, alors qu'elle était cachée derrière le siège à haut dossier de ce dernier. Ce siège qu'il n'occupait plus depuis de longues semaines, car il était cloué au lit, se nourrissant de brouets censés apaiser les douleurs de ses entrailles.

En voyant la cape s'agiter encore, Joanna faillit pousser un cri. Rassemblés dans un angle de la salle commune, les domestiques observaient le nouveau venu d'un œil inquiet, s'interrogeant sur le sort qu'il leur réserverait s'il devenait leur maître. Serait-il violent et cruel ? Lèverait-il la main quand cela lui chanterait ? Ou brandirait-il son fouet comme l'avait fait jadis le comte en découvrant les amours de son épouse avec son fauconnier ? Si Joanna avait pu dire le fond de sa pensée, elle lui aurait crié au visage qu'elle avait les fouets en horreur.

La cape frémit. De ses plis monta un sifflement bref et strident qui incita Joanna à reculer d'un pas. La main de l'étranger disparut un instant dans son vêtement, puis réapparut, tenant par le cou un petit animal à l'épaisse fourrure. Un murmure de stupéfaction parcourut la salle. Quelle était donc cette créature ? L'animal de compagnie du diable ? Non. Ce n'était pas un chat noir, comme certains auraient pu le craindre, mais une martre au pelage d'un brun profond et au ventre d'un blanc de neige.

Joanna songea qu'aussi longtemps qu'il resterait sous la garde de cet homme, cet animal-là n'aurait rien à redouter de ses ennemis. Elle trouvait tout de même étrange qu'un homme aussi farouche puisse s'encombrer d'un tel compagnon. Contre toute attente, l'étranger leva la bête à la hauteur de son visage, la fixa un court instant en secouant la tête, puis la glissa doucement sous son ample cape. Joanna ne put retenir un sourire. Un homme qui portait un petit animal sur son cœur ne saurait être vraiment mauvais, se rassura-t-elle.

S'approchant du jeune homme, Graelam de Moreton lui donna une bourrade amicale. L'autre se retourna et sourit. L'espace d'un instant, son visage se transforma, s'adoucit, puis le sourire disparut, et l'homme retrouva son expression hautaine.

Les deux amis étaient également grands, plus grands que les chênes que Joanna avait plantés trois étés auparavant, si grands, qu'à la moindre alerte, femmes et enfants devaient se presser autour d'eux pour y trouver refuge. Cependant Joanna n'avait jamais craint Graelam de Moreton. Elle connaissait ses exploits depuis l'enfance. Son père lui avait notamment raconté qu'il avait pourfendu un de ses assaillants d'un seul coup d'épée, avant d'en trucider trois autres avec aisance et grâce. Elle se souvenait s'être alors demandé, malgré son jeune âge, en quoi égorger un pauvre diable pouvait être gracieux.

— Graelam, commença l'homme d'une voix profonde et rauque, après tant d'années j'étais presque parvenu à oublier votre disgracieux visage. Le sort vous a-t-il été favorable depuis cette fameuse joute où je vous ai fait mordre la poussière ?

— Il ne l'a été que trop, répondit Moreton sur un ton affable. À tel point que j'en suis encore à douter de mes mérites. Ma bonne fortune ne m'a jamais abandonné et j'en suis reconnaissant au Seigneur chaque jour de ma vie. Toutefois, prenez garde de ne pas médire de mon visage en présence de mon épouse, car elle y est très attachée et peut se montrer très féroce dès lors qu'il s'agit de me défendre.

— Elle est unique, il est vrai, admit l'étranger, avant d'ajouter plus sérieusement : Mais venons-en à ce qui m'amène ici.

— Naturellement. Je déplore que la maladie du comte l'empêche de vous accueillir en personne. Sa fille Joanna devrait être ici, mais je ne l'ai pas encore vue. Prenons notre repas, nous nous rendrons auprès de Lord de Trent aussitôt après.

— Non, je préfère le voir maintenant, afin que notre accord soit conclu dans les plus brefs délais.

— Fort bien, acquiesça Graelam en adressant un signe à Torric, l'intendant du comte.

Il était si fluet que Joanna le raillait parfois en affirmant qu'un courant d'air pouvait à tout moment l'emporter.

Moreton s'effaça et, du geste, invita le jeune homme à suivre l'intendant dans l'escalier étroit qui accédait aux chambres.

— Vous voudrez sans doute rencontrer sa fille ensuite, lança-t-il.

— Je suppose que je n'ai pas le choix, répliqua le jeune homme.

Lorsque les deux hommes eurent disparu, Joanna lâcha un profond soupir. Ainsi, c'est au chevet de son père que son sort serait irrémédiablement scellé, et avec lui, celui d'Oxborough. « Mais qui sait ? Peut-être l'étranger refuserait-il l'offre qui lui serait faite », songea-t-elle sans trop y croire. Elle descendit dans la grande salle pour battre le rappel de ses gens, une trentaine en tout, et assigner à chacun sa tâche.

— Ce chevalier est l'hôte de Lord de Trent. Il est temps de préparer le repas.

Mais qui est-ce ? La question était sur toutes les lèvres.

Joanna dévisagea ses gens. Dans les regards luisants de curiosité, elle vit affleurer la crainte d'un homme que l'on sentait intraitable.

— Notre hôte se nomme Severin de Langthorne, baron de Louges, déclara-t-elle d'une voix claire et ferme. Il séjournera au château avec son escorte. Puis, désignant un à un ses serviteurs : MacDear, retournez en cuisine et veillez à la bonne cuisson des rôtis et des volailles, Alice, faites en sorte que les miches de pain demeurent tièdes et croustillantes. Allen, allez à la cave afin de mettre en perce un tonneau de notre meilleur vin.

Elle se tut, consciente des regards interrogateurs fixés sur elle. Puis, les mains levées en manière de reddition, elle crut bon d'ajouter :

— Tout porte à croire que Lord Langthorne est venu à Oxborough pour m'épouser.

En entendant le murmure de surprise qui montait de l'assistance, elle s'étonna ; apparemment, le secret avait été bien gardé. Elle-même savait seulement que le jeune baron rentrait à peine du royaume de France, qu'il avait retrouvé son frère aîné mystérieusement assassiné, ses biens spoliés, ses paysans affamés, ses cultures dévastées par les pillards et les maraudeurs. En conséquence de quoi ne s'offrait à lui d'autre choix que d'épouser Joanna de Trent.

Joanna avait eu connaissance de cela un jour où, devisant avec Graelam de Moreton, son père l'avait interrogé sur le baron de Langthorne. Moreton avait loué la vaillance du jeune homme, racontant ses hauts faits aux côtés du roi Edward III, lors de sa croisade en terre sainte. C'est pied à pied, sur les remparts de Saint-Jean-d'Acre, qu'ils avaient repoussé l'assaut du Sarrasin.

Severin, tel était le prénom qu'avait alors prononcé Moreton, avant de renchérir, en frottant l'une contre l'autre ses grandes mains calleuses : « Lord Langthorne, le Guerrier vêtu de gris. »

— Le baron Severin de Langthorne est arrivé, Fawke…

Du fond de son lit de douleur, le comte d'Oxborough regretta de ne pouvoir observer le jeune homme avec son acuité coutumière; le voile opaque qui recouvrait ses prunelles n'avait cessé de s'épaissir, jusqu'à le priver presque entièrement de la vue. Au réveil, le décor de sa chambre lui était apparu à travers un brouillard si dense qu'il n'avait même pas pu distinguer le visage de sa fille – ce qui était un moindre mal, car la regarder était comme un coup de dague en plein cœur tant elle ressemblait à sa mère. Mais plus douloureuse encore était l'imminence de sa mort, même s'il l'acceptait. Cependant, une tâche restait à accomplir, dont il devait absolument s'acquitter.

— Lord Langthorne… commença-t-il, pestant intérieurement de s'entendre chevroter.

Le jeune baron serra vigoureusement la main tendue. La fermeté du geste rassura le comte, il y vit comme un gage pour les générations futures, puisque par le sang des Langthorne se perpétuerait la race des conquérants à laquelle appartenait la lignée des Oxborough.

— Épouserez-vous ma fille ?

— Oui, je l'épouserai, répondit gravement Severin. Et je vous suis reconnaissant de m'avoir choisi.

— Je crois vous avoir dit qu'elle était gracieuse, intervint Moreton. Je suis sûr qu'elle saura vous plaire autant que vous lui plairez.

Fawke de Trent sentit la main du jeune baron se raidir, quand, de cette voix affreusement gémissante, il déclara :

— Dieu ne m'a pas fait la grâce de me donner un fils, mais ma lignée ne doit pas s'éteindre pour autant... Aussi vous demanderai-je de prendre mon nom... En contrepartie, vous hériterez de l'intégralité de mes biens... Vous deviendrez ainsi le seigneur de mes vassaux et le suzerain de pas moins de trois châteaux et des terres voisines... Le roi Edward n'en a pas connaissance, mais les richesses des Oxborough se comparent ou peu s'en faut à celles du royaume... Oui, je sais que vous épouserez ma fille...

— Je ne peux prendre votre nom, messire comte, objecta le baron d'une voix calme.

— Lord Langthorne, intervint hâtivement Moreton, vous n'avez nullement besoin de renoncer au vôtre. Il est trop célèbre, et vous devrez, au contraire, fièrement l'arborer. Non, il suffira d'y ajouter, ainsi qu'à votre titre, celui des Oxborough. Ainsi deviendrez-vous Severin de Langthorne-Trent, baron de Louges, comte d'Oxborough. Notre bon roi Edward a d'ores et déjà consenti à cette union.

De nouveau, le vieil homme regretta de ne pouvoir distinguer les traits de Langthorne. Seule lui parvenait la voix profonde et assurée de l'homme dont son ami Graelam n'avait cessé de chanter les louanges.

— Bien qu'elle ressemble à sa défunte mère, chevrota-t-il de nouveau, ma fille sera assurément une mère plus féconde... Elle n'a que dix-huit ans, et saura sûrement vous donner les fils que vous êtes en droit d'espérer... Ainsi votre lignée et la mienne se perpétueront-elles.

Par un étrange détour de la pensée, le jeune homme se prit alors à songer à Lady Marjorie, celle qui avait été sa bien-aimée avant son départ en terre sainte. Il revoyait ses cheveux aux reflets argentés, ses yeux d'azur qui étincelaient quand elle riait, mais viraient au jais au plus fort de la volupté. Puis la vision s'estompa, jusqu'à disparaître complètement. Langthorne n'avait pas pensé à elle depuis bien longtemps. Pour tout dire, depuis ce jour où elle en avait épousé un autre. Lady Marjorie appartenait à un passé révolu et il ne permettrait pas qu'elle revienne le hanter.

— Graelam m'a dit qu'elle s'appelait Joanna. Un fort joli prénom, reprit-il, soucieux de revenir à son affaire.

Le comte tenta de sourire, mais les muscles de son visage s'y refusèrent, une langueur infinie envahissait lentement son corps, l'entraînant malgré lui vers un sommeil qui, il le savait, serait le dernier. Rassemblant ses ultimes forces, il parvint néanmoins à articuler :

— Toutes les premières-nées de notre lignée reçoivent ce prénom à la mémoire de l'épouse vertueuse de mon glorieux ancêtre, Damon de Trent... Avec une centaine d'hommes, Damon permit à Guillaume le Conquérant de vaincre Harold II, à la bataille d'Hastings... C'est à lui que ma famille doit ces terres qui, demain, seront les vôtres, si vous consentez à épouser ma fille...

Le comte ferma les yeux, exténué. Son teint avait pris la couleur de la cendre, ses lèvres étaient horriblement craquelées.

— J'attends votre réponse, souffla-t-il, mais ne tardez pas...

— Je reviendrai dans deux heures, je vous en fais la promesse.

Sur un signe de Moreton, les deux hommes sortirent de la chambre du vieil homme, promptement remplacés par la servante chargée de veiller sur lui.

— Nous en aurons fini avant deux heures, à condition que Joanna daigne se montrer, dit Graelam en confidence. Elle est probablement dans son jardin, en train de soigner ses arbres fruitiers et ses plantes médicinales. Nous devons cependant nous hâter, car je crains que le comte ne s'éteigne avant la fin du jour.

— À votre aise, mais Tristan a grand faim, et je dois le nourrir avant de donner mon nom à cette jouvencelle, déclara le jeune homme.

Tout en parlant il avait sorti la martre de sous sa cape. Il frotta sa joue contre le pelage de l'animal avant de poursuivre :

— Les animaux de son espèce se nourrissent habituellement de rats, de poulets ou de souris. Mais, lors de ma captivité au donjon de Mellifont, près de Rouen, il a mangé tant de rats sans avoir à les traquer que la vue de ces animaux n'aiguise plus son appétit. Il préférerait mourir de faim plutôt que d'en tuer à nouveau. Désormais, il ne se nourrit plus que d'œufs et de viande de porc.

— J'ai aperçu son museau pointer hors de votre pourpoint, puis disparaître aussitôt, comme si l'atmosphère de la chambre lui répugnait, observa Moreton.

— C'est qu'elle lui rappelait l'odeur de mort qui flottait dans le donjon, expliqua le baron. Nous étions des centaines de prisonniers, mais peu ont survécu.

— Eh bien ! Ce soir, votre petit animal pourra se remplir la panse de cochonnailles ! lança allégrement Moreton de l'escalier, avant de se retourner pour ajouter : Cela fait plus de dix ans que le comte est mon ami, et je connais Joanna depuis sa plus tendre enfance. Je garde d'elle le souvenir d'une fillette à l'esprit vif et délié. La disparition de sa mère ne l'a pas empêchée de devenir une jeune personne aimable, épanouie, mais aussi douée d'un rare discernement. Sa connaissance des plantes médicinales est si étendue qu'elle pourrait en remontrer aux meilleurs guérisseurs. Contrairement à sa mère, elle saura faire honneur au rôle qui lui échoira. C'est pourquoi, je voudrais votre parole que vous la traiterez avec les égards dus à une châtelaine.

— Je l'épouse, cela devrait suffire, répliqua froidement Lord Langthorne. Cependant, je m'engage à la protéger de tous ces prétendants qui sont sans doute déjà en route pour faire main basse sur les biens de son père. Je ne puis rien vous promettre d'autre, sinon d'assurer sa descendance.

— Si vous refusiez de l'épouser, vous seriez contraint de devenir le vassal d'un seigneur plus puissant que vous. Faute de quoi, vos terres resteraient en friche, sans personne pour les cultiver, tout baron de Louges que vous êtes.

— Elles le sont déjà, et je n'ai rien à en espérer.

— La fortune du comte saura y remédier en temps voulu, à condition que Joanna devienne votre femme. Elle est jeune certes, mais elle saura veiller au grain tandis que vous visiterez vos terres, je puis vous l'assurer.

— Comment pourrais-je le croire alors que ma propre mère en fut incapable ? rétorqua le jeune baron avec humeur. Outre mon frère mystérieusement assassiné, j'ai retrouvé, à mon retour de croisade, ma mère à demi morte de faim, recluse dans une chambre obscure, je doute même qu'elle m'ait reconnu. Ce n'est plus, aujourd'hui, qu'une pauvre démente qui voit le diable partout, et que personne, pas même moi, ne peut approcher. Pourquoi devrais-je attendre de cette Joanna qu'elle s'en sorte mieux ? Ce n'est qu'une femme ! Une femme comme les autres... Cependant, j'aimerais savoir ce que vous vouliez dire en affirmant que, contrairement à sa mère, elle saurait faire honneur au rôle qui lui échoirait.

— Quoi qu'il m'en coûte, je dois vous révéler que Lady Janet a trahi la confiance de son époux en commettant le péché d'adultère. Pour la punir, le comte la fit fouetter jusqu'à ce que mort s'ensuive. C'est sur ce point, disais-je, que Joanna ne ressemble en rien à sa mère.

Moreton n'avait pas oublié cette Lady Marjorie, que le baron de Louges souhaitait épouser, et dont il lui avait parlé avec nostalgie il y avait bien longtemps de cela. Songeait-il à elle en cet instant ?

— Le temps nous le dira, répondit le jeune homme laconiquement.

Si austère et ombrageux qu'il parût, Severin de Langthorne n'en était pas moins un homme droit et juste. À court d'argument, Graelam ne répliqua pas. Il avait fait tout ce qui était en son pouvoir, il lui tardait désormais de retrouver sa femme et ses fils. Il regagnerait ses terres dès que l'affaire serait entendue et les jeunes gens mariés. Bien que cela fût sans grande importance, il caressait cependant l'espoir que Joanna approuverait le choix de son père.

2

Château de Sedgewick

Richard de Luci contemplait les vomissures qui maculaient la chemise de nuit de son épouse en maudissant le sort que ladite chemise ne fût pas son linceul. « Quand te décideras-tu donc à trépasser, morbleu ? » fulminait-il intérieurement.

La bouche déformée par un rictus de souffrance abominable, la moribonde geignait, le corps secoué de spasmes. Ses servantes s'étaient déjà retirées, et sans la présence du prêtre à son chevet, son époux l'aurait achevée sans hésiter, préoccupé qu'il était par la présence de Severin de Langthorne sur les terres d'Oxborough. Bien entendu, il était au courant des tractations concernant les épousailles de Joanna de Trent avec le jeune baron ; il savait aussi que le roi Edward avait donné son consentement. Mais, dès lors qu'il aurait capturé Joanna de Trent, cela n'aurait plus d'importance, son union avec Langthorne serait-elle attendue par le pape en personne. Car c'est à celui qui l'épouserait le premier que reviendraient les fruits de la victoire.

Il serra les poings. Pourquoi diable n'avait-il pas versé tout le contenu de son anneau dans la coupe de Lady Joan ? Elle serait morte dans l'heure, au lieu de souffrir mille morts, un jour et demi durant. Aurait-elle trouvé un goût étrange à son vin, qu'il le lui aurait versé de force dans la gorge, tant il avait hâte d'en finir. Mais, tout au long de son dernier repas, Lady Joan avait psalmodié ses interminables prières, les entrecoupant de quelques gorgées du vin empoisonné par son époux.

Serrant les poings à s'en faire blanchir les phalanges, Richard de Luci observait la mourante. Qu'adviendrait-il si elle survivait ? Si, finalement, le poison se révélait inopérant ? À coup sûr, la bohémienne qui le lui avait procuré ne l'emporterait pas au paradis. Il s'arracha à ses pensées, quand, avec un long gémissement, Lady Joan eut un sursaut, puis se cambra, tétanisée par la douleur.

— Calmez-vous, mon enfant, calmez-vous, murmura le prêtre d'une voix apaisante.

La femme se mit soudain à haleter comme si le souffle lui manquait. Luci, qui ne la quittait pas des yeux, sentit alors monter en lui un regain d'espoir. « La peste soit de toi ! Vas-tu, oui ou non, rendre ton âme à Dieu ! » aurait-il voulu lui crier au visage.

Soudain, sans le moindre hoquet ni le plus petit tressaillement, Lady Joan succomba. La goulée d'air qu'elle tenta d'inspirer ne passa pas le nœud de sa gorge, et la laissa la bouche béante, l'œil exorbité sous le regard scrutateur de son époux.

— Tout est fini, my lord…

Le prêtre fit glisser sa main sur le front de la défunte afin de lui clore les paupières. Mais, malgré ses efforts, la bouche demeura obstinément ouverte. Alors, avec un soupir, le prélat remonta la couverture et en recouvrit le visage de la malheureuse.

— Tout est fini, reprit-il. La pauvre femme a cessé de souffrir les tourments de son agonie. Son âme immortelle est à présent libérée. Vous m'en voyez sincèrement navré, mon fils.

Richard de Luci comprit alors que l'homme attendait de lui une réaction qui témoignerait un peu de son affliction. Cela s'imposait, bien sûr, mais comment se montrer triste, quand il n'éprouvait qu'une sourde jubilation ? Devait-il tomber à genoux aux pieds de la défunte et simuler des sanglots, quand son œil demeurait froid et sec ? En manière de diversion, il intima à la servante qui venait d'entrer :

— Que l'on s'apprête pour les funérailles et qu'on aère cette chambre, elle empeste la mort.

Il s'efforça de se recueillir quelques instants au chevet de sa femme. Puis, bouillant d'impatience, il sortit à grands pas de la chambre, manquant de piétiner sa petite Eloïse qui, le voyant arriver, alla se réfugier sous une chaise sans que son père l'ait seulement remarquée.

Joan de Rotham, la bigote, avait finalement trépassé. Il était libre. Enfin ! Il lança quelques ordres tout en traversant le château d'un pas décidé. Si, jusqu'à ce jour, il n'avait eu pour le servir qu'une poignée de soldats, tout allait changer désormais. À condition de se hâter. Car, à cet instant même, Severin de Langthorne et sa troupe devaient approcher d'Oxborough. Dans moins d'une heure, il allait donc quitter Sedgewick et parcourir à bride abattue les quelque six lieues qui le séparaient du comtat convoité.

Bon gré, mal gré, elle allait épouser le diable en habit gris. Dans moins de deux heures. Elle n'allait pas tarder à regagner le château pour se baigner, se parer et revêtir la robe de soie jaune que dame

Agnès s'employait à broder pour elle depuis plus de six ans.

En attendant, Joanna profitait de ses derniers instants de liberté et caracolait sur Marella, sa jument grise, en se demandant si son futur époux qui semblait affectionner cette couleur ne se l'approprierait pas après leur mariage. Elle montait à cru avec, en guise de rênes, un licol sommairement passé autour du cou de l'animal. Un peu plus tôt, elle avait croisé Beamis, le maître d'armes, sous l'autorité duquel se trouvaient trois capitaines commandant une cinquantaine de soldats. Beamis lui avait adressé un signe de la main. Fort des consignes qu'il avait reçues de Lord de Moreton, il allait lui enjoindre de ne pas quitter l'enceinte du château, quand Squibes, l'armurier, avait détourné son attention. Éperonnant son cheval, Joanna s'était alors frayé un chemin à travers la foule, jusqu'à la poterne dont la herse était levée. Passé le pont-levis, elle avait franchi la lice puis la courtine pour se retrouver enfin en terrain découvert.

Moins d'une lieue en contrebas, sur les bords escarpés de la mer du Nord, à l'embouchure de la rivière Marksby, se trouvait le village d'Oxborough, un bourg fortifié sous la tutelle des Oxborough depuis plus de deux siècles et dont la plupart des constructions étaient, au fil des ans, devenues propriété du comtat. Dans moins de deux heures, cela, comme le reste, passerait aux mains du baron de Langthorne.

Pour n'être qu'une simple palissade constituée de troncs de marronniers taillés en pointe et durcis au feu, les fortifications n'en cernaient pas moins la totalité des lieux, ménageant un unique accès reconnaissable à la mince ligne d'arbres qui les bordait. Là, non loin du rivage, l'air était frais et caressant. Joanna aperçut Ellen, la fille du maître archer, qui courait dans sa direction en faisant de grands gestes. En la circonstance, elle n'était pas d'humeur à discuter avec Ellen, ni avec quiconque d'ailleurs, mais ne voyait aucun moyen de s'y soustraire.

— Mon père prévoit une tempête pour cette nuit, haleta Ellen en guise de préambule, tout en caressant la jument.

— J'ignorais que ton père quittait parfois son archerie pour s'intéresser au temps, rétorqua Joanna avec un sourire.

Avenante et serviable, dotée d'un joli sourire et d'une peau délicate, Ellen fit entendre le rire clair de ses seize printemps.

— Cela lui arrive parfois. Mais… est-il vrai que tu vas prendre époux aujourd'hui, Joanna ?

— Oui, acquiesça cette dernière sans autre commentaire, étonnée de la rapidité avec laquelle la nouvelle s'était propagée.

— Ce baron vêtu de gris, est, dit-on, très impressionnant, mais également bien tourné comme le sont parfois les gens de guerre.

Joanna se contenta de sourire, soudain captivée par la femme du maréchal-ferrant qui venait de vider par sa fenêtre un baquet d'eau sale, suscitant une volée de jurons.

— L'heure approche, dit-elle finalement. Je dois repartir.

— Dieu ne saurait attendre, Joanna, renchérit Ellen d'une voix chantante, en s'effaçant devant la monture.

Répondant d'un sourire aux saluts que lui adressaient les archers du haut du chemin de ronde, la jeune châtelaine longea la palissade d'enceinte, puis poussa sa monture jusqu'au rivage. Des vagues tumultueuses se fracassaient contre le chaos de rochers au sommet duquel se dressait le château d'Oxborough.

L'air en cet endroit était si vif qu'elle eut quelque difficulté à respirer. Les embruns lui picotaient la peau. Agités par le vent du large, ses longs cheveux claquaient comme une oriflamme. Mouettes et goélands, qu'elle se plaisait parfois à nourrir, criaillaient au-dessus de sa tête comme pour réclamer leur dû.

Le temps pressait, maintenant. Joanna poussa un profond soupir en se demandant si elle reviendrait jamais en ce lieu respirer à pleins poumons l'air marin en écoutant le vent lui murmurer à l'oreille son étrange complainte.

De retour à l'écurie, le palefrenier Tuggle se précipita pour saisir les rênes de sa monture écumante, tandis qu'elle sautait lestement à terre.

— Le baron de Louges vous a cherchée, annonça-t-il de sa voix douce et égale. Il n'a pas proféré le moindre cri ou le plus petit juron, mais visiblement il était mécontent. Il a demandé à messire Graelam si vous n'aviez pas préféré vous enfuir plutôt que l'épouser. Bien entendu, messire Graelam l'a détrompé et assuré de votre bon sens.

— Ah, çà ! Où pourrais-je donc m'enfuir ? Ma place n'est-elle pas ici ? se récria la jeune fille. Veillez à ce que ma jument soit pansée avec soin, Tuggle. Elle a fait une longue course.

« Se pourrait-il que mon futur époux se languisse déjà de moi ? » songea-t-elle ironiquement. Il lui restait pourtant encore une heure, plus qu'il n'en fallait pour se préparer pour la cérémonie. Empoignant ses jupons, elle courut jusqu'à la salle commune et, se glissant à l'intérieur, s'arrêta un instant, le temps de s'accoutumer à la pénombre.

Il se tenait là, à quelques pas d'elle, les poings sur les hanches, comme s'il avait su exactement à quel moment elle allait surgir.

— Êtes-vous Joanna de Trent ? Ma future épouse ? lâcha-t-il d'une voix glaciale.

Le ton était si dur que la jeune châtelaine se figea, la gorge nouée par la peur. Elle essayait de rassembler ses pensées quand la martre pointa soudain un museau furtif et circonspect. Spontanément, Joanna tendit la main vers le petit animal, un sourire aux lèvres.

— Prenez garde, l'avertit le baron, c'est un animal farouche. Il pourrait vous mordre cruellement.

Comme pour démentir les paroles de son maître, Tristan se laissa caresser docilement, appréciant visiblement la main légère qui lui effleurait la tête. Puis, aussi soudainement qu'il était apparu, il disparut de nouveau dans le pourpoint de son maître.

— Je suis Joanna de Trent, déclara-t-elle d'une voix ferme – si une petite martre n'avait pas peur de cet homme, pourquoi le craindrait-elle ? Et vous êtes sans doute Severin de Langthorne, celui que mon père m'a choisi pour époux.

— En effet. Puis-je vous faire remarquer que vous empestez l'écurie, que votre robe est maculée de boue et vos cheveux tout ébouriffés ? Montez vous changer dans votre chambre. La cérémonie sera célébrée au chevet de votre père dès que vous serez prête.

Sur ces paroles pleines de tendresse, le baron tourna les talons et commença à s'éloigner. Il n'avait pas fait trois pas, que Joanna lui lançait avec morgue :

— J'ai eu grand plaisir à faire votre connaissance ! Mais, si je puis me permettre, vous devriez aller trouver Lord Graelam. Il vous enseignera les égards qu'un baron doit à une comtesse !

Ces mots produisirent l'effet escompté. Lord Langthorne s'arrêta net, et se retourna avec lenteur vers Joanna.

— Il vous faudra d'abord me prouver que vous n'êtes pas la digne fille de votre mère, siffla-t-il. Peut-être alors vous traiterai-je comme une châtelaine. Allez, à présent, votre vue m'incommode.

Le cœur battant à tout rompre, Joanna ravalait la réplique qui lui montait aux lèvres, quand la martre réapparut par-dessus l'épaule de son maître. La vision était si incongrue, qu'elle éclata de rire. Le baron fit volte-face et la fusilla du regard. Mal lui en prit, car Joanna en profita pour lui décocher un dernier trait.

— Votre apparence m'incommode tout autant, lâcha-t-elle en gravissant les premières marches de l'escalier, avant d'ajouter à mi-voix, en espérant néanmoins être entendue : En outre, tout ce gris me fait horreur.

Un grand rire sonore lui parvint juste avant qu'elle ne soit hors de vue. Apparemment, Graelam de Moreton semblait approuver son attitude.

Elle se tenait, raide comme un piquet, au chevet de son père qui, les yeux clos, le souffle rauque et haletant, attendait la mort.

— Me voici, père; il est temps.

Le comte entrouvrit les paupières.

— Ah! vous voilà donc, Janet... Vous voilà donc enfin... gémit-il. Mais comment êtes-vous arrivée jusqu'ici? Comment?

— Ce n'est pas Janet, mais Joanna, votre fille, père. Je suis votre fille, non votre épouse.

Le visage luisant de sueur du moribond passa de l'incrédulité à l'égarement. Joanna s'avisa que sa cécité était désormais presque totale. Le comte détourna la tête sans ajouter un mot. Joanna continuait de le fixer, tandis qu'à ses côtés, Moreton murmurait à l'adresse du mourant :

— Le père Carreg est prêt pour la cérémonie.

— Mon gendre est-il là aussi ?

— Oui, bien que je regrette que vous ne puissiez me voir, répondit le baron.

Se retournant à demi, Joanna s'aperçut que, bien que s'étant délesté de son épée et de son fouet, son futur époux avait gardé la même tenue, si ce n'est la martre lovée autour de son cou.

— Vous avez bien meilleure mine, lâcha-t-il en la regardant droit dans les yeux avant de couler un regard appréciateur sur ses formes voluptueuses.

— Je refuse de me soumettre à une telle imposture, déclara sans ambages Joanna, en agrippant la manche de velours pourpre de Graelam. Je m'y refuse. Je ne sais rien de cet homme ou de sa famille. Une autre solution ne serait-elle pas envisageable ?

— Dans quelques minutes, c'est à moi qu'il faudra adresser vos doléances, my lady, car vous m'appartiendrez corps et biens, jusqu'à cette robe dont vous êtes revêtue, déclara sèchement le jeune baron.

— Soit, mais vous voyant pour la première fois, je préférerais attendre de mieux vous connaître, rétorqua Joanna sur le même ton.

— Je crains que ce ne soit impossible. Nous devons nous marier avant que votre père n'expire. Vous n'êtes pas sans savoir qu'il existe dans les environs des hommes qui convoitent vos biens et seraient prêts à vous enlever et à vous épouser de force pour s'en emparer. Vous ne le leur échapperez qu'en devenant ma femme.

Pour les avoir fréquemment entendus, Joanna connaissait ces arguments. Son père avait même avancé le nom de Richard de Luci, cet homme qu'elle avait rencontré deux ans auparavant et qui lui inspirait une véritable peur.

— Si le comte Richard de Luci se trouve du nombre, sachez que je n'ai rien à redouter de lui : il a déjà pris femme, répliqua-t-elle.

— Une femme ne saurait être un obstacle à ses visées, riposta Severin d'une voix tranchante, avant d'ajouter sombrement : Il se peut même qu'elle ne soit déjà plus de ce monde...

— Cessez ces vains discours... ou je vous fais donner du fouet... Je vous ordonne d'obéir... et séance tenante, haleta Lord de Trent, pressé d'en finir.

Tous les regards convergèrent vers le comte qui, dans un sursaut d'énergie, s'était hissé sur les coudes.

— Ma fin est proche, poursuivit-il avec effort. Pour que mes biens et ma lignée soient saufs, vous devez vous marier sur l'heure.

Si réticente qu'elle fût, Joanna n'en était pas moins consciente que son opinion importait peu. Son père l'ignorait ostensiblement depuis qu'il avait fait fouetter sa mère à mort – grâce à sa nourrice, Joanna n'avait pas assisté à cet horrible spectacle, mais les cris de sa mère continuaient de résonner à ses oreilles. Le cœur serré, elle se mordit nerveusement la lèvre.

— Je suis prête, murmura-t-elle en tendant une main raide au baron.

Le père Carreg se montra des plus expéditif. Tandis qu'il lisait à haute voix les mots latins couchés sur son parchemin, ses yeux ne cessaient d'aller et venir entre Severin de Langthorne et Fawke de Trent. Son débit s'accéléra et Joanna sut qu'une partie de la cérémonie avait été éludée. Avec raison, car le comte expira à l'instant où le prêtre venait de bénir son union avec le baron. Avec un soupir de soulagement, le père Carreg essuya du revers de la manche les gouttelettes de sueur qui perlaient sur son front.

— J'ai déjà donné au comte les derniers sacrements, dit-il à Joanna. Maintenant, je vais prier pour le repos de son âme. Faites-lui vos adieux.

— C'en est fini de votre père, souffla Langthorne en fermant les yeux de l'homme qui lui avait donné sa fille sans qu'il ait jamais vu son visage.

Immobile, comme frappée de stupeur, Joanna gardait les yeux rivés sur son père. Il venait de mourir et elle de prendre époux. Quelle sorte d'adieu pourrait-elle donc prononcer : « Merci, père, de m'avoir livrée à un homme aussi brutal que vous l'avez été vous-même » ? Du bout des doigts, elle effleura la joue de son père, puis la retira.

Pour la première fois, la martre s'agita. De sa queue touffue, elle fouetta la joue de son maître, et s'immobilisa en émettant un cri guttural.

— C'est la mort, murmura Lord de Moreton. Les martres détestent l'odeur de la mort.

— Veillez quelques instants la dépouille de votre père, déclara Langthorne à l'adresse de Joanna, puis rejoignez-nous dans la grande salle pour le repas du soir. Je vais chercher un peu de nourriture pour Tristan.

Le père Carreg crut bon d'intervenir :

— Monseigneur, je vais faire annoncer aux gens du bourg et du château que vous êtes désormais Severin de Langthorne-Trent, baron de Louges et comte d'Oxborough.

— Peu m'importent les titres ; dès lors que je suis leur maître, ils devront s'en satisfaire, rétorqua froidement le jeune homme.

Sur ces mots, il tourna les talons et quitta la chambre, la martre juchée sur son épaule sifflant de colère.

— Il a toute ma confiance, dit doucement Moreton en attirant Joanna dans ses bras. C'est un homme de bien.

— Mon père est mort…

— Certes, mais sa vie aura été féconde et bien remplie. Il était de mes amis, nous le pleurerons ensemble.

— Faut-il cependant que je partage la couche de cet homme, au soir même de la mort de mon père ?

— Non. Je parlerai à Severin afin qu'il ne vous importune pas cette nuit. Mais que les choses soient bien claires, Joanna. Le baron est homme de guerre et seigneur d'Oxborough de surcroît. Pour que vous soyez de fait sous sa protection, cette union doit être consommée. Nos coutumes sont ainsi, vous le savez.

— Je ne déteste pas son animal…

— Oui. Tristan est un joyeux drille et plus sensé que certaines personnes de ma connaissance. Il ne quitte pas son maître d'un pouce. Severin m'a dit que vous l'avez caressé sans qu'il ait montré les dents ; quant à moi, cela m'a pris des mois. Allons, laissons aux servantes la dépouille de votre père, et descendons dans la grande salle. Une fête y est donnée pour votre mariage. Tâchons de le célébrer dignement.

— Quel âge a mon époux ? demanda Joanna tout à trac.

La tête penchée sur le côté, Moreton la dévisagea tout en lui frottant les mains pour la réconforter.

— Vingt-cinq ans, je crois. Il est jeune. Rien à voir avec le vieil homme de trente-cinq ans que je suis.

Joanna observa quelques instants de silence, son regard s'attarda sur la dépouille de son père.

— Adieu, père, murmura-t-elle enfin.

Elle se tourna vers Moreton.

— Je me rappelle ma mère me disant combien il était heureux que son premier-né ait été une fille, parce qu'ainsi le prénom de Joanna se perpétuerait. Il n'eut pas la chance d'avoir de fils pour lui succéder. S'il en est venu à me détester, c'est en partie à cause de cela, je crois.

— Allons, venez, grommela Moreton avec embarras.

3

Souvent, au cours de la soirée, la martre fixa Joanna de son œil vif, sans pourtant l'approcher. Elle semblait réticente à s'éloigner de son maître de plus d'une coudée. Consciente des regards dérobés et des conversations à voix basse dont elle était l'objet, la jeune femme portait de temps à autre sa coupe à ses lèvres, les yeux baissés sur son écuelle d'étain. Elle attendait avec impatience que cette triste mascarade prenne fin quand Langthorne se pencha soudain vers elle pour lui murmurer à l'oreille :

— Lord Moreton m'a transmis votre souhait de rester seule la nuit prochaine.

Joanna tressaillit : c'étaient les premiers mots qu'il prononçait depuis que le père Carreg avait béni leur union. Ses doigts se crispèrent imperceptiblement autour de sa coupe, tandis que ses yeux se posaient sur la large bande de cuir qui ceignait le poignet gauche de son mari.

L'idée que cet homme puisse poser les mains sur elle, que cet inconnu se comporte avec elle comme un mari avec sa femme lui semblait tout simplement inimaginable. Elle savait qu'il avait le droit de faire ce que bon lui semblerait avec elle. C'était un homme. Son propre père n'avait-il pas disposé de Lady Janet jusqu'à décider de sa mort? Et le père Carreg avait-il émis la moindre protestation? Sans doute pas.

— C'est vrai, répondit-elle enfin. J'aspire à rester telle que je suis aussi longtemps que je le pourrai.

— Cette nuit, alors, je vous accorde cette nuit.

— Mon père sera mis en terre demain. La nuit qui suivra me semble tout aussi prématurée.

— Notre union sera consommée demain, trancha-t-il.

— En dépit de votre intransigeance, cette perspective ne semble guère éveiller votre enthousiasme.

— En effet, admit Langthorne en se massant la nuque. Je suis fatigué. Mes gens et moi avons dû nous hâter pour parvenir à temps à Oxborough. Afin d'être certain de me dominer avec vous, j'ai honoré plusieurs jeunes femmes en chemin. Mais maintenant que je vous ai vue, je doute que vous sachiez seulement comment éveiller mon enthousiasme. Dormez donc dans votre lit cette nuit, my lady, car demain, notre union sera scellée, avec ou sans votre consentement, sinon, rien de ce que m'a légué le comte votre père ne me sera vraiment acquis.

Ne trouvant rien à répondre, Joanna détourna le regard et contempla la martre qui, repue, était allongée sur le bras de son maître, exhibant sa panse rebondie.

— Je trouve votre animal replet, observa-t-elle avec un feint détachement.

— C'est qu'il ne chasse plus beaucoup depuis les souffrances endurées à Rouen.

— Lord Graelam m'a relaté les dures conditions de votre captivité.

— Il a eu tort : cela n'est pas votre affaire.

— À l'évidence, il ne partage pas votre sentiment. Mais puisque nous voilà mariés, ne serait-il pas temps que nous fassions un peu connaissance?

Langthorne baissa les yeux sur son plat d'étain dans lequel refroidissait une épaisse tranche de bœuf. Il n'avait pas grand appétit, et constata qu'il en était de même pour Joanna – non pas que cela lui importât.

— Je n'ai que faire de mieux vous connaître ! rétorqua-t-il. Vous êtes mon épouse, mon obligée, vous m'appartenez. Mais il m'incombe aussi de vous défendre, comme je défendrai tout ce qui m'appartient.

Obligée, songeait-elle, elle l'avait déjà été envers son père, veillant à satisfaire le moindre de ses désirs. Mais elle n'en était pas moins demeurée la fille de sa mère, ce qui lui avait valu l'opprobre du comte. Joanna se souvenait d'avoir entendu une suivante dire à dame Agnès combien Lady Janet avait été déçue d'avoir eu une fille au lieu du fils espéré – ce qui ne l'avait pas empêchée d'entourer Joanna de toute l'affection et de la tendresse qu'une mère peut donner à son enfant. En vérité, elle ne souhaitait un héritier que parce qu'elle savait que le comte ne cesserait de la féconder aussi longtemps qu'elle ne lui aurait pas donné d'enfant mâle. Joanna se tourna vers son époux, cet autre homme qui ne voyait en elle qu'un fardeau.

— Je ne comprends pas, commença-t-elle. Vous disiez tout à l'heure avoir honoré des femmes avant votre venue à Oxborough.

Le baron haussa un sourcil et toisa Joanna.

— Qu'y a-t-il à comprendre ? Je suis un homme et, à ce titre, je ne veux vous être soumis en aucune façon.

Ne désespérant pas de lui rabattre son caquet, Joanna répliqua aussitôt :

— À quinze ans le fils du joaillier m'a donné un doux baiser et j'en ai été bien contente. Peut-être aurais-je dû mieux le connaître, avant de vous épouser.

Bien qu'imperceptiblement, le baron dut se raidir, car la martre redressa soudain la tête, prête à se réfugier à l'intérieur de son pourpoint à la première alerte. Joanna le vit exhaler un soupir silencieux, puis caresser de l'index le crâne de l'animal. Piquant un morceau de viande de la pointe de son couteau, il le scruta quelques instants d'un œil soupçonneux, puis le porta à sa bouche et se mit à le mastiquer sans conviction.

— L'humilité vous fait grandement défaut, alors que c'est la vertu qu'un homme est en droit d'attendre de son épouse, reprit-il. Il faudra désormais que vous fassiez silence et m'obéissiez en tout. Vous vous garderez également de me railler ou même de m'adresser des regards qui pourraient susciter ma colère.

— Je ne vous raillais pas, je vous taquinais. Mais il se peut que mes paroles recèlent parfois une pointe d'ironie. Cela dit, ne vous méprenez pas sur mon compte, my lord. Vous êtes un homme, soit, et je ne doute pas que vous soyez assez vaillant pour protéger vos biens. J'accepte cet état de fait. Je suis même prête à vous accepter comme époux puisque le choix ne m'a pas été offert. Cependant, je ne souffrirai pas que vous me traitiez avec désinvolture. Mon père lui-même ne me traitait pas ainsi, malgré le peu d'affection qu'il me portait.

— Un époux n'est pas un père.

Désorientée, Joanna eut soudain le sentiment qu'elle se heurterait à un mur, quoi qu'elle fasse ou dise.

— Je n'en disconviens pas, admit-elle d'un ton égal.

— Qui plus est, vous ne me semblez guère attristée par la disparition de votre père.

— Ma tristesse aura duré plus de deux mois. J'aurais pu soulager ses maux, sinon le guérir. Encore aurait-il fallu qu'il accepte les soins qui venaient de ma main.

— Prétendriez-vous être guérisseuse ?

— Je m'y emploie, avec succès parfois. Il arrive, néanmoins, que le mal l'emporte, malgré mes efforts.

À la surprise générale, Langthorne se leva. Brandissant sa coupe, il proclama, avec un geste pour imposer silence :

— Écoutez tous ! Buvons dès à présent à la santé du nouveau seigneur d'Oxborough et de sa dame !

Quelques hourras s'élevèrent ici et là, mais le cœur n'y était pas. Personne ne connaissait ce nouveau maître, et son air ombrageux incitait à la prudence. Beamis et ses hommes gardaient une certaine réserve, même si force était à Joanna de reconnaître que, le vin aidant, ils auraient de bonne grâce pactisé avec l'escorte du baron.

Dès qu'elle le put, Joanna prit congé. Cette nuit, elle le savait, serait la dernière où elle jouirait de sa liberté. Dame Agnès, qui fut autrefois la nourrice de sa mère avant d'être la sienne, l'accompagna jusqu'à sa chambre.

— Je trouve très attentionnée de la part de Lord Severin sa décision de ne pas venir troubler votre sommeil, déclara-t-elle avec sa douceur coutumière. Cependant, mon enfant, vous devrez, dès demain, accéder à ses désirs sans maugréer ni le repousser d'aucune manière. Je prierai pour qu'il ne vous blesse pas, mais sachez que c'est un peu douloureux la première fois. Si fâcheuse que vous semble pareille épreuve, il vous suffira de vous abandonner, et de laisser votre époux faire ce qu'il a à faire. Plus tard, nous aurons tout le loisir d'aborder des sujets plus importants.

Joanna se demanda à quoi elle faisait allusion, avant de répondre, non sans quelque brusquerie :

— Je sais ce qui m'attend, Agnès. J'ai même entendu dire que certaines femmes y prenaient du plaisir. Cela dut être le cas pour ma mère, sinon, comment expliquer son empressement à rejoindre le lit de notre fauconnier ?

— Hormis par le physique, vous ne ressemblez en rien à votre pauvre maman. Durant de longues années, je la connus triste et abattue, et, après avoir fauté, elle n'eut d'autre désir que celui de s'amender. Mais le comte, votre père, se montra intraitable.

— Est-ce à dire que ma mère a imploré son pardon, et qu'il le lui a refusé ? se récria Joanna.

Pour toute réponse, dame Agnès pinça les lèvres.

— Allons, Agnès, ma mère est morte, et vous n'avez, désormais, plus rien à redouter de mon père. Pourquoi ne me dites-vous pas la vérité ? Ne croyez-vous pas que je la mérite ?

— Cessez donc de vous agiter, riposta la vieille femme.

Joanna se borna donc à lever les bras pendant que dame Agnès passait la précieuse robe par-dessus sa tête.

— Prenez-en soin, afin que la fille que vous aurez bientôt puisse un jour la porter, reprit-elle. Je crains de n'être plus de ce monde, hélas, pour confectionner sa robe de mariée.

— Que dites-vous là ! protesta Joanna. Ma connaissance des plantes médicinales ne cesse de croître. Attendez un peu et je réussirai à trouver un remède à la vieillesse…

Le visage de dame Agnès s'éclaira.

— J'ai plaisir à vous voir garder la tête haute, mon enfant. Une femme doit plier afin de ne pas rompre, mais souvenez-vous que rien ne l'empêche de préserver sa véritable personnalité. Si mystérieux que puisse vous sembler notre nouveau maître, il n'en reste pas moins un homme, et je n'en connais aucun qui ne finisse par se dévoiler.

— Oserais-je dire que sa martre l'en persuadera…

— Ah, cette martre ! Quel étrange compagnon pour un seigneur de guerre ! Enfin, laissons cela, et préparons-nous plutôt pour la nuit. La chemise que voici a appartenu à votre mère, je l'ai gardée à votre intention.

— Pourquoi devrais-je la porter cette nuit, alors que Lord Langthorne m'a promis de ne pas m'importuner ?

— Ah ! Voilà un détail que j'avais oublié. Mais qu'importe ; couchez-vous et écoutez le vent qui souffle de la mer. Il vous apportera les songes les plus doux.

Se penchant, dame Agnès remonta la couverture sur les épaules de sa jeune maîtresse et, tout en caressant son épaisse chevelure auburn, déposa un baiser sur sa joue.

— Vous faites une bien jolie mariée, mon enfant, soupira-t-elle. Et que vos yeux d'un vert plus vif que celui des marais de Pevensey illuminent votre beau visage si semblable à celui de votre mère. Je dirai aux servantes de s'adresser désormais à vous avec déférence, et non plus de vous appeler par votre prénom comme au temps de votre enfance.

Joanna se contenta de sourire. Les changements qui avaient eu lieu au cours de cette journée étaient si nombreux qu'ils lui semblaient presque irréels.

Dans la chambre obscure, elle écoutait la pluie crépitant contre le volet de bois de son unique fenêtre auquel répondait le fracas des vagues, soixante pieds plus bas. Tout bien considéré, elle devait s'estimer heureuse : elle aurait la chance de demeurer à Oxborough, alors qu'après leur mariage, de nombreuses jeunes filles quittaient la demeure familiale pour n'y plus revenir. Ainsi, on la disait belle... Langthorne partageait-il cette opinion ? C'était probablement le cadet de ses soucis.

Sa dernière pensée, avant de glisser dans le sommeil, fut pour la martre recroquevillée entre les mains de son maître. Des mains puissantes et hâlées...

Son rêve ne fut pas aussi doux que l'avait prédit dame Agnès. Dans son sommeil, elle sentit la couverture glisser le long de son corps, puis un souffle tiède effleurer son visage. Elle eut soudain très froid. Puis elle sentit confusément le contact de doigts s'employant à dénouer les rubans qui fermaient sa chemise de nuit.

Elle ouvrit les yeux. Et croisa le regard de Lord Langthorne, qu'éclairait une chandelle brûlant près du lit.

— Vous voilà éveillée, dit-il d'une voix que la pénombre semblait rendre plus rauque. C'est parfait. Tenez-vous tranquille, le temps que je vous ôte votre vêtement.

— Mais que diable faites-vous ici ? s'écria-t-elle en se redressant. Vous m'aviez promis de ne pas m'importuner.

Comme il ne répondait pas, elle commença à se débattre.

— Votre place n'est pas ici ! Vous n'êtes qu'un menteur et un parjure ! explosa-t-elle en tentant désespérément de bondir hors du lit.

L'homme s'acharnait d'une main maladroite sur les rubans, tandis que, de l'autre, il la maintenait fermement sur sa couche. Exaspéré par la résistance de la jeune femme, il tira brusquement sur le léger voile de coton qui se déchira avec un bruit obscène, laissant sa gorge dénudée. Rejetant alors la couverture, il s'immobilisa un instant, examina son épouse de la tête aux pieds, puis se pencha vers elle.

— Non !

Elle lui envoya un coup de pied dans la poitrine avec tant de violence qu'il en eut le souffle coupé. Il recula de quelques pas, moulinant l'air de ses bras pour retrouver son équilibre.

Sa colère était palpable, et Joanna comprit en un éclair qu'il ne s'arrêterait pas en si bon chemin. Ce qu'il s'apprêtait à faire se nommait un viol, et elle allait cruellement souffrir. La sagesse lui commandait de ne pas résister, de le laisser exercer ses droits sans protester, mais elle s'en sentait incapable. Elle parvint à se mettre à genoux sur son lit, les paumes levées pour parer à toute attaque.

— Pourquoi m'avez-vous menti, pourquoi ? haleta-t-elle.

— Je ne vous ai pas menti, répondit-il sèchement. Ce que j'ai dit, je le pensais vraiment. Mais les événements se sont précipités, et je n'ai plus le choix. Cesser donc de vous débattre.

Il la repoussa avec force et, se laissant tomber près d'elle, l'immobilisa, un bras en travers de sa poitrine, tandis que son genou tentait d'écarter ses jambes étroitement serrées.

Relevant sa chemise de nuit jusqu'à la taille, il suspendit un instant son geste, puis glissa la main entre ses cuisses. Joanna sentit ses doigts s'insinuer en elle et poussa un cri. Il lâcha un juron étouffé, mais n'en continua pas moins son exploration. Elle tressaillit et recommença à se démener sous lui. Soudain, sans prévenir, il s'écarta d'elle et sortit du lit. Il se dirigea à grands pas vers sa table de toilette, passa en revue les pots d'onguents qui s'y trouvaient et en saisit un. Ôtant le couvercle, il le porta à ses narines et, l'air satisfait, plongea les doigts dans la préparation crémeuse. Joanna l'observait avec une inquiétude qui se mua en peur lorsqu'il se tourna vers elle. Que diable avait-il en tête ? Lui faire avaler de force cet onguent ? Oui, c'est cela, il avait décidé de l'empoisonner maintenant qu'il avait ce qu'il voulait. Et puisqu'elle refusait de se soumettre, que lui importait qu'elle meure !

Sans réfléchir plus avant, elle sauta hors du lit et se précipita vers la porte. Elle avait à peine fait trois pas sur les dalles glaciales du corridor que des mains vigoureuses se saisirent d'elle et la forcèrent à s'arrêter.

— Du calme, Joanna !

Lord de Moreton – c'était lui – la tint un instant à bout de bras avant de l'attirer contre lui. Le cœur de Joanna battait à tout rompre et elle se rendit soudain compte qu'elle ne portait pour tout vêtement qu'une chemise de nuit à demi déchirée. Bouleversée, tremblant de tous ses membres, elle rejeta la tête en arrière pour le regarder d'un air épouvanté.

— My lord, balbutia-t-elle, cet homme a menti. Il a manqué à sa promesse et tenté de me violenter. Ne le laissez pas faire, Graelam, je vous en supplie. J'avais sa parole.

— Calmez-vous, commanda de nouveau Moreton.

Il lança un regard à Severin qui observait la scène sur le seuil de la chambre.

— Est-ce vrai ? Essayiez-vous de la prendre de force ?

— Si telle était mon intention, croyez-vous qu'elle aurait pu m'échapper ? rétorqua le baron. Regardez plutôt, ajouta-t-il en levant sa main couverte d'onguent. Je m'apprêtais à enduire cette jeune personne de crème pour me faciliter le passage. Elle est plus sèche que le désert du Sahara.

Il fit un pas en direction de Joanna qui poussa un cri et tenta d'échapper, en vain, à l'emprise de Moreton.

— Joanna, écoutez-moi, reprit doucement ce dernier. Votre union doit être consommée dès cette nuit. La nouvelle nous est parvenue selon laquelle une troupe de soldats – probablement les hommes de Luci – approcherait d'Oxborough. Le choix n'est plus possible. Permettez à Lord Langthorne de faire son devoir et tout ira bien.

Joanna eut à peine le temps de comprendre ce que cela signifiait que déjà Severin l'attrapait par la taille, la soulevait de terre et regagnait la chambre.

— Soyez sans crainte, Moreton, lança-t-il par-dessus son épaule, avant de refermer la porte d'un coup de talon, je saurai prendre soin de votre protégée.

Il tourna la clé dans la serrure, s'approcha du lit et laissa froidement tomber Joanna sur le matelas.

— Je vous conseille de vous tenir tranquille, déclara-t-il en plantant son regard dans le sien. Si vous vous débattez, cela risque d'être vraiment douloureux.

Elle lui rendit son regard, puis ses yeux glissèrent vers ses doigts luisants de crème.

— Qu'avez-vous l'intention de faire avec cet onguent ? risqua-t-elle.

Il la dévisagea, incrédule.

— Vous n'avez pas entendu ce que je viens de dire à Graelam ? Diable ! Vous ne savez vraiment pas ce qui vous attend ?

Joanna prit une profonde inspiration avant de déclarer :

— Vous allez quitter ma chambre, conformément à votre promesse. Oxborough est une forteresse, et nous n'avons rien à craindre des hommes de Richard de Luci. Si vous êtes un homme d'honneur, vous tiendrez votre parole.

Severin la contempla un instant, puis vint s'asseoir près d'elle.

— Vous ne m'avez pas compris, my lady. Nous avons la certitude que Richard de Luci et ses hommes se cachent aux abords du château. Son épouse est morte, probablement assassinée, et il n'est ici que pour vous enlever. Notre union doit être scellée cette nuit même, car demain, je devrai peut-être livrer bataille, expliqua le jeune baron avec une patience qu'il était loin d'éprouver. Comprenez-vous, à présent ?

— Pourquoi ne pas l'avoir dit plus tôt, au lieu de vous comporter comme vous l'avez fait ? s'étonna Joanna, qui avait recouvré son calme.

Il haussa les épaules avec humeur.

— Mais je vous ai dit que je n'avais pas le choix ! Cela aurait dû vous suffire. Quel besoin avais-je d'entrer dans les détails ? Après tout, vous êtes mon épouse.

Il se tut et attendit, immobile, sans la quitter des yeux.

Joanna songea à son père, gisant dans son linceul, et à Richard de Luci aux portes d'Oxborough. Le sort en était jeté, désormais. Il n'y avait aucune échappatoire possible.

— Très bien, capitula-t-elle. Je ne m'entêterai pas plus avant. Mais j'apprécierais que vous épargniez mes vêtements.

Langthorne grommela une vague réponse et entreprit de lui retirer sa chemise de nuit. Il la lança de côté d'un geste brusque.

— Vous voilà nue, vos vêtements ne craignent plus rien, ironisa-t-il. Maintenant, écartez les jambes.

Cela se révéla plus embarrassant que tout ce qu'elle avait pu imaginer. Fermant les yeux, elle obéit pourtant sans rechigner.

— Repliez-les.

Elle fit comme il avait dit. Elle était douloureusement consciente de son regard posé sur elle, sur une partie de son anatomie que nul n'avait jamais contemplée. La gorge nouée, elle gardait les paupières obstinément closes. Elle sentit soudain les doigts enduits de crème s'enfoncer en elle. De plus en plus profondément. Elle s'efforça de ne pas bouger, mais son corps se rétracta involontairement et elle eut un mouvement de recul.

— Vous me faites mal !

— N'ayez crainte, ce sera bientôt terminé.

Il retira sa main et elle esquissa un geste.

— Non, gardez vos jambes ainsi.

N'y tenant plus, elle risqua un regard vers Severin. Et retint un cri. Le sexe masculin qu'elle avait sous les yeux était… impressionnant. Trop gros pour elle, assurément. Severin, qui s'employait tranquillement à y appliquer le reste d'onguent, ne pouvait pas ne pas le savoir.

— Restez immobile, cela prendra peu de temps, dit-il en venant se placer au-dessus d'elle.

Tout d'abord, elle ne sentit que le contact désagréable de son pourpoint de laine rêche contre ses seins. Elle attendit, le corps tendu comme un arc. Il força un peu plus l'ouverture de ses jambes, et entreprit de la pénétrer lentement.

Elle se força à rester immobile, mais soudain, ce fut plus qu'elle n'en pouvait supporter. Avec un cri, elle tenta de se dégager. La main puissante de Severin se plaqua sur son ventre, la maintenant fermement sur le lit. Il jura et, d'une seule poussée, s'enfonça en elle. Joanna faillit hurler, mais son cri s'étrangla dans sa gorge.

Allongée sous lui, inerte, elle le laissa aller et venir en elle sans plus tenter de se débattre. Très vite, tout fut terminé : sur ce point, il n'avait pas menti. Il laissa échapper un grognement sourd, eut un dernier spasme, et, pesant sur elle de tout son poids, cessa de bouger.

Il attendit à peine quelques secondes avant de se retirer. Haletant, il se redressa et sortit du lit. Le visage sillonné de larmes, Joanna détourna les yeux et fixa la lourde tapisserie qui ornait le mur près de son lit.

— Voilà, c'est chose faite ; vous n'avez plus rien à craindre, lâcha le baron de Langthorne, le souffle court.

— Plus rien à craindre ? répéta-t-elle. Vous venez de me traiter comme si je n'avais aucune valeur à vos yeux, et vous osez prétendre que je n'ai plus rien à craindre ?

Elle tourna la tête et le regarda de haut en bas avec mépris.

— Je vous hais, articula-t-elle en détachant soigneusement chaque syllabe. Vous n'êtes rien d'autre qu'un animal en rut. Jamais je ne vous pardonnerai. Jamais !

— Un animal n'enduit pas son sexe de graisse avant de prendre une femelle, se défendit Langthorne en remettant de l'ordre dans sa tenue. J'ai fait mon possible pour vous épargner de trop souffrir. Mais une défloration est toujours douloureuse, vous deviez vous y attendre.

Certes, il avait utilisé de la crème, elle ne pouvait le nier.

— Vous portez encore vos bottes, se récria-t-elle cependant. Et vous m'avez arraché ma chemise de nuit tandis que vous gardiez vos vêtements.

Il baissa les yeux sur elle et lâcha d'un air détaché :

— J'étais pressé d'en finir. À présent, couvrez-vous, et prenez garde de ne pas répandre ma semence. Pas de lavages intempestifs, s'il vous plaît. Plus tôt vous porterez un enfant de moi, plus tôt je serai assuré de mes possessions.

Il se dirigea vers la porte, tourna la clé et ouvrit le battant de bois.

— Demain, vous resterez dans l'enceinte du château, annonça-t-il avant de franchir le seuil. Pour ma part, j'irai trouver Richard de Luci. S'il se montre raisonnable, il aura la vie sauve, encore que je craigne qu'il ne soit le premier d'une longue liste. Aussi longtemps que vous ne porterez pas mon héritier, une menace pèse sur vous.

« Pour un peu, je devrais le plaindre pour tous les tracas dont je suis la cause ! songea Joanna avec amertume. Quel malheur d'épouser une riche comtesse ! »

Il tourna les talons et disparut. Elle écouta le bruit de ses pas décroître dans le corridor. En elle, la colère le disputait à la douleur. Une douleur sourde qui irradiait entre ses cuisses, palpitait au plus profond de son intimité. Elle posa la main sur son ventre endolori, soudain consciente qu'elle n'était plus la même, que la Joanna de son enfance s'en était allée à tout jamais.

Lucide et sans illusions, elle comprit qu'elle ne devrait espérer de son mari ni bienveillance ni la moindre amabilité. Elle était mariée depuis six heures à peine, et déjà elle le détestait cordialement.

4

— Elle est partie !

Severin regarda dame Agnès sans comprendre.

— Pardon ? Qui est parti ?

— Joanna, messire. Votre femme. Que lui avez-vous donc fait ? demanda-t-elle d'un ton chargé de reproche. Joanna n'a rien d'une écervelée. Elle ne commettrait jamais d'imprudence, et cependant je ne l'ai pas trouvée.

Lord Langthorne était à peine revenu de sa surprise que Moreton apparut.

— Que diable se passe-t-il ? lança-t-il en s'approchant à grands pas. Joanna aurait disparu ?

— Oui, my lord, acquiesça dame Agnès. En découvrant ce matin du sang sur sa couche et dans sa cuvette, j'en ai conclu que Lord Langthorne avait failli à sa promesse. Le père de Joanna doit être mis en terre aujourd'hui, il aurait dû tenir parole et ne pas l'importuner.

— Impossible, déclara Severin. Richard de Luci et ses soldats campent à moins d'un mile d'ici, je n'avais pas le choix.

Il secoua la tête en marmonnant :

— Quel comportement stupide ! J'aurais dû l'enfermer dans sa chambre ! Faites confiance aux femmes, ajouta-t-il en se frappant le front. Je croyais qu'elle avait compris et qu'elle était suffisamment effrayée.

Il se tourna vers Lord Moreton.

— Graelam, si elle a vraiment quitté le château, je dois la trouver avant Luci. Bon sang ! Quand je l'aurai châtiée comme elle le mérite, elle ne s'avisera pas de recommencer !

Lord de Moreton s'adressa à dame Agnès d'une voix posée :

— Il est seulement 7 heures. Vous n'êtes allée que dans sa chambre ?

— Non, my lord, j'ai parcouru tout le château, mais à moins que l'on ne m'ait menti, personne ne l'a aperçue.

— Avant de vous affoler ainsi, vous êtes-vous assurée qu'elle n'était pas dans son jardin ? insista-t-il.

— Non, my lord, je m'apprêtais justement à le faire.

— Inutile, intervint Severin. Je m'y rends de ce pas. Je lui avais demandé de rester dans l'enceinte du château, et il me semble urgent de lui rappeler qu'elle me doit obéissance.

Lord Langthorne éprouva un immense soulagement en découvrant Joanna dans son jardin, même s'il aurait préféré mourir plutôt que de l'avouer. Accroupie, le dos tourné, la jeune femme désherbait avec soin un carré de plantes médicinales. Elle était vêtue d'une vieille robe de laine verte, ses cheveux étaient rassemblés en une lourde tresse qui lui descendait jusqu'aux reins. Des senteurs douces ou capiteuses montaient des parterres et massifs de fleurs dont, pour la plupart, il ignorait les noms. L'endroit était amoureusement entretenu, un havre de paix ombragé par quelques arbres fruitiers.

Severin secoua la tête; qui se souciait de son jardin d'herbes médicinales? La tempête de la nuit avait chassé les nuages, laissant la place à un ciel d'azur. Joanna n'avait pas encore décelé sa présence. « Qu'à cela ne tienne! songea-t-il. Elle ne va pas tarder à voir de quel bois je me chauffe! » S'écartant de la clôture contre laquelle il était appuyé, il se tint audessus d'elle et la regarda s'affairer.

Joanna aimait le contact humide de la tourbe grasse dans laquelle croissaient ses précieuses plantes. Les heures passées dans ce jardin lui procuraient toujours un profond plaisir. Elle s'était réfugiée ici pour tenter d'oublier un peu la sourde colère qui bouillonnait en elle. Cette histoire à propos de Richard de Luci rôdant alentour pour l'enlever lui semblait complètement absurde. Elle était convaincue qu'il ne s'agissait que d'un prétexte ridicule.

Percevant un mouvement dans son dos, elle demanda sans se retourner :

— Est-ce vous, Tuggle? Pourriez-vous me seller Marella, j'ai l'intention de faire une promenade?

— J'en doute fort.

Joanna sursauta si violemment qu'elle se retrouva assise par terre.

— Vous! souffla-t-elle, avant de se ressaisir pour lancer avec aigreur : Prenez garde où vous mettez les pieds, vous piétinez mon romarin!

— Je n'ai que faire de ce stupide romarin, riposta Langthorne en obtempérant néanmoins. D'autant que je ne vois pas ce qui le rend si précieux à vos yeux?

— Il donne de la saveur aux viandes et aux rôtis. En décoction, il soulage les crampes intestinales et, en cure de neuf jours, il guérit quiconque souffre de maladie vénérienne. Peut-être devrais-je en préparer à votre intention...

— Faites-moi grâce de vos sarcasmes, rétorqua-t-il. Si je venais à souffrir de ce mal, ce serait uniquement à cause de vous. Cela dit, je croyais vous avoir ordonné de ne pas vous éloigner, ajouta-t-il en s'accroupissant devant elle.

— Aussi ne l'ai-je pas fait. Regardez autour de vous, vous y apercevrez mes gens.

— Vous voulez dire *mes* gens. Vous semblez oublier que je suis désormais le maître, ici.

— Assurément. Il n'empêche que *vos* gens n'hésiteraient pas à voler à mon secours si l'on s'avisait de porter atteinte à *ma* personne.

Elle avait parfaitement raison, même s'il se gardait bien de le reconnaître devant elle. Restait toutefois un point à éclaircir.

— Si je ne me trompe, reprit-il, vous m'aviez pris pour Tuggle et commandé de faire seller votre jument. Vous aviez donc bien l'intention de quitter les lieux, n'est-ce pas ?

— Oui, mais cela se serait fait sous bonne escorte, répondit Joanna sans se démonter. J'envisageais de rendre visite à une guérisseuse qui vit dans la forêt de Pevensey. C'est une personne remarquable, qui connaît les plantes et leurs vertus thérapeutiques. C'est d'elle que je tiens tout ce que je sais.

— Où avez-vous donc la tête ? s'exclama-t-il. Si vous voulez la voir, il suffit d'envoyer un cavalier la chercher !

— Elle ne viendra pas. Elle refuse obstinément de quitter sa chère forêt.

— Alors, je crains que vous ne la revoyiez pas de sitôt.

Il tendit la main et lui saisit le menton. Elle se raidit instantanément.

— À présent, soyez très attentive à ce que je vais vous dire, my lady, poursuivit-il. Désormais, il faudra que vous choisissiez entre ce jardin et votre chambre. Vous n'irez nulle part ailleurs, et cela, aussi longtemps que je n'en aurai pas fini avec Richard de Luci. M'avez-vous bien entendu ?

— Difficile de ne pas vous entendre, vous me criez aux oreilles.

— Votre réponse ne me satisfait pas. Que vous m'ayez entendu ne signifie pas que vous m'avez compris. Or, sachez que je ne souffrirai plus de votre part la moindre désobéissance. En outre, j'ai appris ce matin que vous vous êtes lavée quand je vous avais recommandé de ne pas le faire. Pourquoi m'avoir désobéi ?

Quelle arrogance ! Joanna sentit la rage bouillir en elle. Elle voulut se saisir de son sarcloir avec l'intention d'en assener un coup sur le crâne de son mari. Plus prompte qu'elle, il écarta l'outil de sa main gantée juste avant qu'elle ne l'atteigne.

— De qui tenez-vous cela ? s'insurgea-t-elle sans quitter des yeux la main qui reposait toujours sur le sarcloir.

— De votre vieille nourrice qui a vu du sang dans votre cuvette, répondit-il avec un geste agacé.

Mal lui en prit car, à peine sa main s'était-elle éloignée du sarcloir, que Joanna l'agrippa et le lui brandit sous le nez.

— J'ai voulu me laver de vos souillures, siffla-t-elle.

— Vous osez me menacer ? dit-il d'une voix glaciale.

Il n'esquissa pas le moindre geste, se contentant de la fixer de ce regard froid qui l'avait fait frissonner, la veille, lorsqu'il était apparu, dans la grande salle. Malgré son immobilité, elle sentait la fureur monter en lui.

La suite fut si rapide que ni l'un ni l'autre n'eurent le temps de réagir. Une ombre soudaine, un mouvement flou, l'éclat de l'acier. Joanna aperçut en un éclair le poignard brandi au-dessus de Severin. Avec un cri strident, elle se jeta en avant et le bouscula avec une telle force qu'il tomba à la renverse dans un carré de thym. Une fraction de seconde trop tard, hélas ! La dague, qui visait le dos, lui lacéra profondément l'épaule.

Sans réfléchir, Joanna bondit, sarcloir levé. Elle avait aussitôt compris que cet homme était là pour l'enlever, et qu'il ne ferait pas usage de son arme contre elle. Il devait la ramener vivante. Elle se jeta donc dans la bataille et abattit son outil sur le crâne de l'individu. L'instant suivant, de sa main libre, elle visa les yeux. L'autre eut un mouvement de recul, mais trop tard. Il lâcha un hurlement de douleur, tandis que les ongles de la jeune femme lui labouraient le visage. Joanna en profita pour lui décocher un violent coup de pied dans l'aine. L'homme se plia en deux et tomba à genoux. Deux individus qu'elle ne connaissait pas se précipitaient déjà vers eux. Des complices sans doute. S'emparant du poignard à terre, elle leur fit face crânement, en criant à tue-tête :

— Graelam ! Beamis ! À moi ! À moi !

Les deux hommes hésitèrent ; Joanna faisait siffler sa lame dans les airs en rugissant :

— Approchez, poltrons ! Alors, vous avez peur d'une femme ?

— Oui, approchez ! renchérit Langthorne derrière elle. Venez donc tâter de ma lame !

De surprise, Joanna faillit se retourner, mais elle n'en fit rien, consciente qu'elle se mettrait en danger. Pour peu que Severin ne soit pas trop grièvement blessé, peut-être parviendraient-ils à se tirer d'affaire. C'est ce qu'elle se disait, quand elle aperçut du coin de l'œil son épée fendre l'air. L'un des deux inconnus poussa un cri, et s'effondra, face contre terre, la poitrine transpercée. Les gens du château accouraient enfin à grands cris, en brandissant lances et gourdins. Sentant la partie perdue, le troisième homme tourna les talons et s'enfuit sans demander son reste.

La jeune femme se tourna vers Severin. Il titubait, brandissant encore son épée ensanglantée, sa main libre pressée contre son épaule d'où le sang coulait en abondance.

— Je vous croyais sauve en cet endroit, dit-il entre ses dents. Comment diable ces gredins sont-ils parvenus jusqu'ici ? Faut-il que vos gens soient indolents...

Joanna n'eut pas le temps de lui répondre : on entendit un brouhaha, les cris de son agresseur dont on se saisissait, puis Moreton apparut, suivi de Beamis et de ses soldats. Ce dernier était pâle et embarrassé.

— J'ignore comment ils ont franchi l'enceinte du château, bredouilla-t-il, mais cela ne se reproduira plus, j'en fais le serment, my lord.

— Vous ferez bien, sinon vous en répondrez de votre vie, déclara Langthorne en dardant sur le maître d'armes un regard à vous glacer les sangs. Je veux le prisonnier vivant, j'ai l'intention de l'interroger.

— Bien, my lord, répondit Beamis, heureux de s'en tirer à si bon compte.

Sans un mot, Langthorne posa les yeux sur Moreton, puis, avec une expression un peu étonnée, sur son pourpoint taché de sang. Il chancela soudain, ouvrit la bouche, et s'écroula finalement dans le carré de thym.

Severin de Langthorne ressentit la morsure de sa blessure avant même d'avoir ouvert les yeux. Mais ce n'était qu'une douleur, rien de plus, et il n'en connaissait aucune qu'il n'eût pu supporter. Non, le plus insupportable, c'était de s'être évanoui comme une femelle. À l'idée qu'on l'eût couché dans son lit avec des attentions de mère pour son enfant, il sentit une affreuse crampe lui nouer les entrailles. Il allait la mettre sur le compte de sa colère, quand une brusque nausée le projeta en avant pour le faire régurgiter, en longs et douloureux hoquets, dans le baquet que lui tendait Joanna. Le front luisant de sueur, il respira lentement, profondément, à deux ou trois reprises, avant de grommeler :

— Laissez-moi. Je ne veux pas de votre présence ici.

— Et pourquoi donc ? s'étonna la jeune femme, non sans une trace d'ironie. Sans ma présence d'esprit, vos draps seraient souillés de vomi.

Pour un peu, il lui aurait tordu le cou

— Vous avez toujours ce sarcloir ?

— Non, j'ai assommé mon agresseur avec.

Bon sang ! Non seulement elle s'était défendue, mais en plus, elle l'avait sauvé. Une fille qui ne lui arrivait même pas à l'épaule ! Elle avait même réussi à le faire dégringoler dans ses massifs de fleurs. Sans cela, peut-être aurait-il eu le temps de voir son assaillant. Peut-être... En attendant, il l'avait vue lacérer le visage de son agresseur, avant de le mettre hors d'état de nuire d'un coup de pied bien placé. Qui donc lui avait appris à se battre ainsi ? À sa place, n'importe quelle femme aurait choisi la fuite plutôt que de braver le danger. C'est d'une voix pleine d'aigreur qu'il demanda :

— Qu'êtes-vous exactement en train de me faire ?

— Ah ! enfin une question raisonnable, remarqua Joanna. Il était grand temps. Mais votre humeur m'a l'air aussi épouvantable que votre haleine.

— Cessez vos sarcasmes, my lady, répliqua Langthorne.

Comme Joanna s'asseyait au bord du lit, un gobelet à la main, il lui attrapa le poignet, et retint une grimace de douleur – il n'était pas question qu'il se laisse aller devant elle.

— Qu'est-ce que cela ? demanda-t-il.

— Buvez, répondit-elle seulement en approchant le gobelet de ses lèvres.

Il ingurgita lentement la boisson à laquelle il trouva un goût singulier, à la fois âpre et sucré. Une sensation d'apaisement se répandit promptement dans tout son corps.

— Voilà qui est bien, déclara Joanna. À présent, tenez-vous tranquille. Je vais nettoyer votre blessure à l'aide d'un emplâtre de ma composition, après quoi je vous ferai un bandage. Si cela peut vous rassurer, my lord, sachez que votre blessure n'est pas grave et que vous survivrez.

— De quoi est fait cet emplâtre ? s'enquit Langthorne, préférant ignorer le sarcasme.

— De houx de mer, comme certains l'appellent parce qu'il ne pousse qu'au bord de la mer, d'orge perlé et de gentiane. Mais soyez sans crainte, my lord, je n'ai nullement l'intention de vous empoisonner.

— Hâtez-vous d'en finir, que je puisse aller interroger mon prisonnier.

— Il serait plus sage de vous reposer et d'attendre que votre blessure ait cessé de saigner, mon ami, intervint Moreton, qui se trouvait un peu en retrait. J'ai déjà interrogé le prisonnier.

Sous l'épaisse couverture dont Langthorne était recouvert jusqu'à la taille, un mouvement furtif signala la présence de la martre qui, le museau prudemment dressé, alla poser sa tête sur le torse de son maître. Du coup, ce dernier se rendit compte qu'on lui avait retiré sa chemise et ses bottes, mais que sa dignité était sauve puisque ses sous-vêtements avaient été épargnés. Néanmoins embarrassé, il se mit à caresser la bête en lui murmurant des paroles apaisantes, tandis qu'elle le fixait de ses yeux luisants comme des agates.

— Il refuse de vous abandonner, fit remarquer Joanna. Il a pris peur quand vous avez vomi, mais il est revenu bien vite. Il n'était pas avec vous dans le jardin, pourtant, dès que Graelam et Beamis vous ont installé dans votre lit, il a surgi et bondi en poussant de petits cris stridents, comme pour me signifier son intention de ne plus vous quitter... bien que je le lui aie demandé très poliment.

« La peste soit de l'insolente », songea le jeune homme. De qui diable tenait-elle autant d'esprit ? Il leva les yeux sur Joanna.

— Rien de tout cela ne serait arrivé si vous m'aviez obéi, marmonna-t-il.

— J'en conviens, admit-elle au grand étonnement de Langthorne.

— Le prisonnier refuse de dire la vérité, intervint Moreton, soucieux de couper court à cet échange. Il nie être à la solde de Richard de Luci. Il affirme être venu ici pour vendre quelques fourrures. Il est vrai qu'il avait cinq ou six peaux de lièvres pendues à sa ceinture.

— Qu'à cela ne tienne, il ne perd rien pour attendre : dès que je serai sur pied, je me charge de lui faire avouer tout ce qu'il sait. J'ai découvert des méthodes infaillibles pour faire parler les prisonniers durant les croisades.

— Comme nous tous, Severin, répondit Moreton.

— Inutile de le torturer, déclara Joanna. Je peux lui faire livrer ses plus noirs secrets en un clin d'œil.

Langthorne émit un grognement qui fit redresser la tête à Tristan. Spontanément, Joanna tendit la main et se mit à le caresser. À la grande surprise de son maître, le petit animal ne se déroba pas, bien au contraire, il tendit gracieusement le cou.

— Et comment vous y prendrez-vous ?

— Je lui ferai boire du suc de mandragore additionné de racine de mille-feuilles préalablement dilués dans de la bière afin d'en atténuer l'amertume. En quelques instants, il se tordra de douleur et vomira ses entrailles. Il n'existe pas d'homme qui résisterait à un tel traitement. Je ne le soulagerai de son tourment qu'en échange d'aveux complets.

— Et comment le soignerez-vous ? demanda Severin, sceptique.

— Grâce à une décoction de colombine et de gentiane. La gentiane a l'estimable vertu d'apaiser les tourments du ventre autant que ceux de l'esprit. C'est, du reste, ce que je viens de vous faire boire.

C'en était trop. Severin lâcha un juron. Moreton le fixa d'un air réprobateur sous ses sourcils arqués.

— Allons, calmez-vous, my lord ! Joanna veille sur vous, et vous serez rétabli plus tôt que vous le méritez, tant ses connaissances en médecine sont surprenantes. Quant à vous, Joanna, ajouta-t-il, allez donc préparer cette potion, que nous puissions enfin interroger notre prisonnier.

— Avec grand plaisir, répondit la jeune femme. Quelques préparatifs sont cependant nécessaires, et cela risque de prendre un peu de temps.

— Non ! Je vous interdis de faire cela, s'insurgea Langthorne. J'entends l'interroger moi-même, et...

— Et quoi, my lord ? l'interrompit Joanna. Lui arracher les ongles ? Le fouetter jusqu'au sang ? Peut-être même le tuer, sans avoir pour autant obtenu le moindre aveu ?

— Bong sang, cela n'est pas de votre ressort ! tempêta le jeune homme. Je suis seul maître ici, et j'agis comme bon me semble. Dorénavant, je ne veux plus entendre un mot sortir de votre bouche, sans quoi...

Ces paroles acrimonieuses furent interrompues par la martre qui, après s'être frotté le poil contre le menton de son maître, lui imposa le silence en le bâillonnant de son corps soyeux.

— Buvez encore ceci, recommanda tranquillement Joanna. Cela vous calmera de vos émotions.

Afin de mettre un terme à l'affrontement, Moreton s'empara du gobelet et, écartant l'animal, força son ami à avaler le breuvage jusqu'à la dernière goutte.

— Cette diablesse veut m'empoisonner, murmura le baron en fermant les yeux.

— Pas du tout, lui rétorqua Joanna. Quant à vous trucider, je préférerais encore vous fendre le crâne à coups de sarcloir.

Mais Langthorne ne l'entendit pas : avec un long soupir, il venait enfin de s'endormir.

— Il doit être très vigoureux, murmura Joanna sans le quitter des yeux. Rares sont les hommes qui doivent absorber une telle quantité de gentiane pour dormir.

— Il l'est, assurément, acquiesça lentement Moreton.

Le prisonnier régurgita violemment durant de longues minutes à l'issue desquelles, hoquetant, larmoyant, il supplia Joanna de le soulager de son affreux tourment. Il gisait sur le flanc dans ses vomissures, les mains crispées sur l'abdomen, jurant ses grands dieux de tout avouer sitôt qu'on aurait mis un terme à ses souffrances.

Avec un sourire à l'adresse de Langthorne et de Moreton, Joanna alla, d'un pas confiant, préparer sa mixture sous le regard scrutateur de la douzaine d'hommes qui, rassemblés dans la basse-cour, faisaient cercle autour du prisonnier. Campé devant lui, les mains sur les hanches, Moreton déclara :

— Nous savons que tu n'es pas le villageois que tu prétends être. Je veux que tu nous dises sur-le-champ où se trouve ton maître et quelles sont ses intentions.

L'homme blêmit et parcourut du regard les visages des hommes qui l'entouraient. Il s'apprêtait à secouer la tête quand un terrible spasme l'assaillit de nouveau. Il se mit à haleter et murmura entre deux hoquets de douleur :

— Le seigneur Richard de Luci... se terre dans la forêt de Pevensey avec une vingtaine d'hommes armés... Mes... compères et moi en faisions partie... Nous avons profité de ce que ce soit jour de marché... pour franchir la poterne du château sous un déguisement... avec l'intention de capturer Lady Joanna de Trent... ainsi que notre maître nous l'avait ordonné...

Sur ces mots, il tourna les yeux vers la jeune femme pour la supplier :

— De grâce, my lady... donnez-moi la potion...

Joanna adressa un regard interrogateur à Langthorne. Ce dernier affichait un masque pensif. Si Joanna ne l'avait su, jamais elle n'aurait deviné que cet homme souffrait d'une profonde blessure qui devait être terriblement douloureuse. Elle attendait, remuant le contenu du gobelet que le prisonnier fixait d'un air suppliant. La décision appartenait à

Langthorne et à lui seul, et elle se demandait, à présent que l'essentiel lui avait été révélé, s'il n'allait pas se contenter de lui planter sa dague en plein cœur.

— Qu'on lui administre cette potion, lâcha-t-il finalement.

S'accroupissant auprès de l'homme, Joanna le fit boire lentement en lui expliquant qu'il s'endormirait bientôt, et qu'à son réveil, la douleur aurait disparu.

Langthorne attendit que l'homme se fût endormi, adossé contre un mur, pour déclarer à ses hommes :

— J'ai décidé de le gracier pour qu'il transmette un message de ma part à Richard de Luci.

Puis, s'adressant à Moreton :

— Graelam, voulez-vous m'accompagner, le temps que je le rédige ?

« Ainsi, le nouveau comte d'Oxborough sait écrire », se dit Joanna. Elle n'en était pas vraiment surprise. Venant de cet homme, rien ne pouvait l'étonner. En fait, elle était plutôt soulagée, car cela signifiait qu'elle n'aurait pas à surveiller de près Torric, le régisseur. Son propre père, qui lui aussi savait écrire, lui avait souvent répété qu'un homme ne devait pas être à la merci d'autrui, surtout quand il s'agissait de la gestion de ses biens.

Bien que Langthorne ne l'ait pas invitée à les accompagner, Joanna leur emboîta le pas en se demandant si, à la place de son époux, elle aurait fait preuve de la même mansuétude envers le prisonnier. Son père, lui, aurait eu grand plaisir à le tourmenter, jusqu'au moment où, lassé, il lui aurait passé son épée à travers le corps.

Le captif fut relâché tard dans la journée. Tandis qu'on le libérait de ses chaînes, il fixa sur Joanna un regard brillant de gratitude. Apparemment, il avait oublié que c'était aussi à elle qu'il devait d'avoir souffert comme un damné.

— Je veux une réponse de ton maître dès demain, lui déclara Langthorne. S'il refuse d'entendre raison, dis-lui qu'il le payera de sa vie et que je ferai de son château un tas de ruines calcinées.

— Et qu'il sache bien, renchérit Moreton, qu'avant d'être expédié en enfer, Lady Joanna lui fera avaler une potion de sa composition à côté de laquelle celle que tu as ingurgitée n'était qu'un doux breuvage.

Le visage exsangue, l'homme hocha la tête avec véhémence en roulant de grands yeux effarés.

Après son départ, on procéda à la mise en terre de Fawke de Trent en présence des gens du château rassemblés devant la crypte où, depuis plus de deux siècles, reposaient les comtes d'Oxborough. Comme l'exigeait la tradition, le père Carreg remit solennellement à Langthorne l'épée des Oxborough, le déclarant successeur et héritier de Lord de Trent. Ainsi, le jeune homme se nommerait-il désormais : Severin de Langthorne-Trent, baron de Louges et comte d'Oxborough. Tirant l'épée du fourreau, le nouveau châtelain la brandit alors au-dessus de sa tête et déclara, d'une voix forte :

— Moi, baron de Louges et comte d'Oxborough, je fais le serment de défendre, dès ce jour et jusqu'à mon dernier souffle, mes gens ainsi que les biens qui m'ont été légués par mon union avec la comtesse Joanna de Trent ! J'attends de mes serfs et de mes vassaux qu'ils m'aient fait serment d'allégeance avant la fin de l'été !

En réponse, des « hourras » et des cris d'allégresse s'élevèrent de la foule, hommes, femmes et enfants reconnaissant ainsi leur nouveau suzerain.

Pour la première fois, Joanna sentit en son tréfonds que sa vie venait de basculer, et que tout retour en arrière était désormais impossible. Il y avait un nouveau maître, et il était aussi *son* maître.

Tous lui devaient allégeance, à lui et à lui seul. Il irait sous peu reconnaître ses vassaux et décider de la place que certains tiendraient dans l'administration de ses biens. Quant à savoir s'ils se plieraient tous de plein gré à l'autorité de leur nouveau suzerain, Joanna n'aurait su le dire.

5

Songeur, Langthorne s'immobilisa un instant à l'extérieur de la chambre de sa femme. Il avait dû demander à dame Agnès que celle du défunt comte fût aérée et récurée. Cela l'avait irrité que Joanna n'y ait pas veillé, d'autant qu'en d'autres circonstances, il le savait, elle n'y aurait pas manqué. Tout cela aurait été sans conséquence, et sa colère moins grande si, après que Moreton eut pris congé, il ne s'était aperçu que Joanna ne l'avait pas attendu dans la chambre du maître.

Si douloureuse que fût sa blessure, Langthorne n'avait pas l'intention de se soustraire à ses devoirs conjugaux. Peut-être, songea-t-il en ouvrant la porte, renoncerait-elle cette fois à le traiter d'animal. Encore que cela ne lui importât guère. Il avait une tâche à accomplir, et il l'accomplirait.

L'endroit était silencieux. À la lueur hésitante d'une unique chandelle, il aperçut la silhouette de son épouse qui, debout à sa fenêtre, offrait son visage à la caresse du vent. Si elle portait encore sa robe de laine verte, elle avait toutefois dénoué ses tresses, et ses longs cheveux flottaient librement sur ses épaules. Elle avait une opulente chevelure ondulée, où le blond pâle côtoyait le châtain le plus soutenu. Une chevelure douce et soyeuse dans laquelle, ma foi, Langthorne ne détesterait point plonger les mains et, pourquoi pas, le visage. Comme il tendait la main pour les caresser, une fulgurante douleur à l'épaule le ramena à la réalité. Serrant les dents, il s'efforça de la maîtriser en se remémorant les conseils que lui avait donnés un médecin d'Ispahan, après qu'un Maure lui eut enfoncé un poignard dans la cuisse.

Bien que sentant une présence dans son dos, Joanna ne jugea pas utile de se retourner.

— Agnès ? Le sommeil me fuit malgré l'heure, et j'aurais plaisir à bavarder avec vous en buvant un verre de ce vin d'Aquitaine que Lord Graelam a apporté. Qu'en dites-vous ?

— J'ai croisé dame Agnès dans l'escalier, et je l'ai renvoyée, rétorqua Langthorne sèchement.

Il en voulait encore à la vieille dame de ne pas lui avoir obéi immédiatement lorsqu'il lui avait ordonné de préparer la chambre de feu le comte pour la nuit. Il lui savait gré, cependant, de s'être éclipsée sans discuter – ce en quoi elle était plus sage que sa jeune maîtresse.

Joanna se retourna avec une lenteur calculée.

— Que faites-vous ici ? Que me voulez-vous encore ?

Langthorne fit un pas vers elle. Une odeur suave, qu'il ne reconnut pas, lui effleura les narines. Sans se départir de son calme, il répondit en détachant soigneusement chaque syllabe, comme s'il s'adressait à un esprit déficient :

— Je suis votre seigneur et maître. J'aimerais savoir pourquoi vous restez recluse dans cette chambre, à broyer vos herbes étranges, quand votre place est à mes côtés, dans la chambre du maître. Cela étant, si vous m'obéissez et parvenez à me plaire, je vous laisserai peut-être l'usage de cette pièce pour y préparer vos mixtures.

— Ah oui ? lança Joanna effrontément. Auriez-vous oublié que ce sont ces mixtures qui vous ont remis sur pied ? Puis d'ajouter, faussement radoucie : Je doute que vous soyez stupide au point de m'en interdire la fabrication.

Langthorne l'aurait volontiers étranglée, mais il se contenta de serrer les poings. La jeune femme s'en aperçut et pâlit. Parfait, songea-t-elle, il n'attendait d'elle que crainte, déférence et soumission, et ce depuis l'instant où il l'avait épousée. Eh bien, elle lui donnerait ce qu'il demandait, et feindrait l'obéissance. Elle en était là de ses réflexions quand la martre émergea soudain du pourpoint de son maître. Elle éclata de rire.

— J'ai là du vin, proposa-t-elle en caressant la tête de l'animal. Tristan aime-t-il le vin ?

« Maudite bestiole ! » jura Langthorne silencieusement. Pourquoi fallait-il qu'elle se manifeste toujours au moment le plus inopportun ? Encore une question qui serait à débattre en temps voulu... Comme il allait la repousser au fond de son pourpoint, la martre émit un son guttural qui ressemblait fort à un ronronnement de plaisir. Avec un pincement de jalousie, Severin fut bien forcé de reconnaître que Tristan témoignait à Joanna un attachement qu'il n'avait eu jusqu'alors que pour lui.

— Cet animal n'a jamais goûté de vin, se surprit-il à répondre d'une voix radoucie.

Qu'est-ce qu'il lui prenait ? Voilà qu'il était en train de discuter de Tristan et de vin.

— Je vous ai demandé pourquoi vous restiez enfermée dans cette chambre, reprit-il d'un ton rogue. Vous ne m'avez toujours pas répondu. Je vous ordonne de le faire immédiatement sans tenter de changer de sujet.

— Je n'en avais nullement l'intention, messire, répondit Joanna sans quitter l'animal des yeux, pour se donner du courage. Pourquoi souhaiterai-je partager votre chambre ? ajouta-t-elle.

— Peu m'importe ce que vous souhaitez ; suivez-moi, il est temps.

— Non, my lord, fit-elle alors en secouant lentement la tête. Vous avez déjà disposé de moi la nuit dernière, et je ne crois pas utile de renouveler semblable expérience. Je n'ai nulle envie d'être violentée de nouveau.

Étouffant un juron, Langthorne se passa une main fébrile dans les cheveux, ce qui lui arracha une grimace de douleur.

— Par le diable ! Je ne vous ai pas violentée, et vous le savez parfaitement ! se récria-t-il.

— Vous effrayez Tristan, my lord…

De fait, l'animal lançait à son maître des regards inquiets et s'agitait nerveusement comme s'il se préparait à fuir.

— À défaut de vin, puis-je vous proposer une infusion de camomille, my lord ? poursuivit Joanna, soudain empressée. Elle favorisera le sommeil dont vous semblez avoir grand besoin.

— C'est donc cela qui sent si fort, remarqua-t-il distraitement, en levant le nez. Quel usage faites-vous donc de cette… camomille ?

— Ses vertus sont multiples. Celle, entre autres, de soulager les maux qui succèdent à un excès de vin ou à une blessure. À ce propos, vu votre état, vous devriez être déjà couché. Sachez que vous n'êtes pas à l'abri d'un brusque accès de fièvre.

Sur ces mots, elle lui tourna le dos et revint vers la fenêtre. Ayant déposé Tristan sur le lit, Severin s'approcha d'elle et, la saisissant par les épaules, la fit pivoter vers lui. Sa pâleur lui causa un vif plaisir :

du moins lui arrivait-il d'avoir peur de lui. C'était un bon début. Et cela signifiait sans doute que Fawke de Trent n'avait pas manqué de la châtier, chaque fois qu'elle l'avait mérité. Or, lui, nouveau comte d'Oxborough, comptait le double de son prédécesseur en force et en stature, elle avait donc beaucoup à redouter de lui. Du reste, il ne faisait aucun doute, dans l'esprit de Severin, que l'obstination que mettait son épouse à braver son autorité tenait uniquement à la présence de la martre, dont certains auraient pu croire que le caractère folâtre avait déteint sur celui de son maître. Or, il n'en était rien, loin s'en fallait, et Joanna n'allait pas tarder à s'en apercevoir.

Pour faire bonne mesure, il la secoua un peu.

— Écoutez-moi attentivement, my lady : vous allez me suivre, et vous soumettre à mes volontés aussi longtemps que vous ne serez pas fécondée. Seulement, entendons-nous bien : hormis satisfaire aux besoins de la nature, je n'en retirerai aucun plaisir. Aussi vous saurai-je gré de ne pas m'accuser de vous violenter. Je ne fais qu'obéir aux règles que m'imposent mon rang et la lignée à laquelle j'appartiens.

À peine esquissa-t-il un geste vers sa robe que Joanna réagit vivement :

— Je vous interdis de déchirer mon vêtement.

— Dans ce cas, vous n'avez qu'à vous soumettre sans tergiverser.

Comme Joanna rougissait violemment, il ajouta avec humeur :

— Que vous arrive-t-il ? Vous n'êtes plus pucelle, à présent, et je vous ai déjà vue nue, les jambes écartées, ma semence mêlée à votre sang. Peu m'importe, d'ailleurs. Toutes les femmes se ressemblent ; elles ont des seins, un ventre et un passage pour le sexe de l'homme. Vous comme les autres. Vous n'avez aucune raison d'être embarrassée, si c'est d'embarras qu'il s'agit.

Joanna baissa la tête. Ô Dieu, qu'elle haïssait cet homme !

— Je vous somme de me lâcher, dit-elle calmement, et de cesser de hurler en me secouant comme un prunier.

Langthorne inspira profondément et rétorqua d'une voix sourde :

— Alors, obéissez, sinon je vous arrache votre robe et je vous prends ici même, contre cette tapisserie !

— Vous ne le pouvez ! protesta-t-elle, les yeux obstinément fixés sur ses bottes. Non, messire, vous n'en avez pas le droit, répéta-t-elle tandis que ses mains puissantes se refermaient sur ses bras.

— Détrompez-vous, my lady, j'ai tous les droits. Que vous soyez comtesse n'y change rien. Je peux faire de vous ce que bon me semble, et vos protestations n'y changeront rien. Cependant, j'accède à votre désir, et je ne m'acharnerai pas sur votre vêtement. Je n'ai nulle envie d'entendre vos récriminations.

Ayant dit cela, Severin se baissa et, attrapant le bord de la robe de sa femme, la releva d'un coup.

Joanna ne put retenir un cri.

Surpris, il la lâcha.

— Par tous les saints ! pesta-t-il, quelle mouche vous pique, à la fin ?

Les mains plaquées contre le torse de Langthorne, qui l'écrasait de tout son poids contre la tapisserie, elle tenta vainement de le repousser. Par un étrange caprice de la pensée, elle se souvint alors que cette tapisserie avait été tissée par sa grand-mère trente années auparavant, et qu'elle représentait de gentes dames qui, contrairement à elle, semblaient n'avoir rien à redouter de leurs preux chevaliers.

— Non, vous ne le pouvez, my lord, répéta-t-elle. Oh ! que ne donnerais-je pour vous savoir au loin ou grelottant de fièvre ! Vous n'avez pas plus de sentiment qu'un butor !

Qu'était-ce encore que cela ? s'étonna Langthorne avec un mouvement de recul. Le raillait-elle encore ? Et que diable ses sentiments venaient-ils faire ici ?

— Des sentiments, j'en éprouve comme tout un chacun, my lady, et ce ne sont pas ceux d'un butor. Quand ce poignard m'a lacéré l'épaule, croyez-vous que je n'aie rien ressenti ?

— Je ne vous parle pas de cela. Ce que je veux dire, c'est que vous ne vous souciez pas de moi et de ce que je ressens. En vérité, peu vous importe que je sois bouleversée, effrayée ou furieuse !

— Je m'en soucie parfois, pour peu que j'aie le temps de m'y arrêter. Croyez-moi, je remarque quand vous me regardez en pâlissant de frayeur. Cela me comble d'aise, car c'est une preuve de la crainte que je vous inspire, et ce sont précisément de tels sentiments qu'un époux est en droit d'attendre de sa femme.

Joanna n'ignorait pas qu'il pensait ainsi, mais elle ne réussit cependant pas à dissimuler son incrédulité.

— Vous aimez que je vous craigne ? se récria-t-elle. N'êtes-vous donc qu'une brute ? De cette espèce qui se complaît à opprimer les faibles ?

Elle avait assurément la langue bien pendue, et Severin s'en trouvait fort contrarié. Comment osait-elle contester son autorité ? Le faire passer pour une brute stupide ? Cela dit, mieux valait se méfier, car le pire est toujours à craindre d'une femme apeurée. Rusée comme elle l'était, elle pouvait fort bien verser dans son verre une de ces mixtures dont elle avait le secret, et qui lui ferait rendre tripes et boyaux. Elle en était très capable. Il l'avait vue à l'œuvre.

— Il n'est pas mauvais, parfois, qu'un homme inspire de la crainte à son épouse, dit-il pour nuancer son propos.

— Laissez-moi, my lord, vous m'avez irritée, répliqua-t-elle. Allez-vous-en.

— Il ne vous appartient pas de me donner des ordres, pas plus que de m'insulter, rétorqua Langthorne en se baissant de nouveau pour saisir le bas de sa robe.

— J'ai mon flux menstruel ! s'empressa-t-elle d'avouer.

Severin redressa lentement sa haute silhouette.

— Votre flux menstruel ? Qu'est-ce encore que ce mensonge ?

Joanna secoua la tête sans oser le regarder dans les yeux.

— Je ne vous mens pas. Vous ne pouvez m'approcher pour le moment.

— Que Dieu m'accorde assez de patience pour supporter vos caprices, siffla-t-il. Je me moque de vos flux et reflux. Vous me nettoierez après que je vous aurai prise, voilà tout !

Elle leva un visage pâle et déterminé vers lui, et le regarda droit dans les yeux.

— Si vous tentez de me forcer, si vous venez encore à m'humilier, je ne vous le pardonnerai jamais.

— Voilà une menace qui ne m'est point inconnue, répliqua Severin avec un rire bref. Auriez-vous déjà oublié celle de la nuit dernière ?

— Celle-ci est d'une tout autre nature. Je ne saurai supporter pareille humiliation ; aussi, une fois encore, je vous demande de me laisser.

— Souffrez-vous ?

— Que savez-vous de ce genre de souffrance ?

— Sacrebleu ! Me croyez-vous ignorant à ce point ?

— Je ne croyais pas que les hommes pouvaient savoir de telles choses. Ou du moins, je pensais qu'ils trouvaient le sujet trop répugnant pour en parler. C'est là un trait de la femme qu'ils préfèrent en général ignorer. Pour répondre à votre question, je dois avouer que non, je ne souffre pas en ce moment.

— En ce qui me concerne, sachez que vous ne m'inspirez aucun dégoût. Allons, suivez-moi dans ma chambre, je vais vous installer sur mon lit, il vous suffira de vous abandonner.

Comme il passait le bras autour de la taille de Joanna pour l'emporter, la martre s'accrocha à son mollet et grimpa lestement jusqu'à son épaule blessée. Là, elle se lova autour de son cou en émettant des petits cris plaintifs.

— Voilà qui dépasse les bornes, grommela Severin.

Il loucha un bref instant du côté de la bête, puis, revenant à Joanna, l'observa sans mot dire.

— Vous m'avez traité de butor parce que je n'avais pas deviné assez rapidement que vous aviez votre flux menstruel ? questionna-t-il enfin, avant de poursuivre sans attendre sa réponse : Vous avez raison de dire que les hommes ne s'en soucient pas. Pourquoi le feraient-ils ? C'est une chose naturelle et, comme je vous l'ai dit, cela ne m'inspire aucune répulsion. Si c'est cela qui vous inquiète, soyez rassurée.

— Cela ne m'inquiète pas. Je trouve seulement cela horrible.

— Vous ne connaissez rien, déclara-t-il avant de tourner les talons. Hier encore, vous étiez pucelle et si l'un de nous deux est ignorant de ces choses, c'est vous et non moi.

Puis avec un haussement d'épaules qui lui arracha une nouvelle grimace, il se dirigea vers la porte. La douleur s'était accrue de manière considérable au point qu'il se demanda s'il serait seulement capable d'accomplir son devoir conjugal. Après réflexion, il décida que mieux valait remettre la chose au lendemain. D'ici là, il aurait recouvré son énergie, et son épaule aurait cessé de le faire souffrir. Faillir à la tâche aurait mis son honneur en jeu, ce qui, à ce jour, ne lui était jamais arrivé. Après une brève hésitation, il poussa la porte et sortit.

Immobile au milieu de la chambre, Joanna fixait la porte fermée avec perplexité. Sans l'intervention providentielle de la martre, il n'aurait pas hésité à l'humilier, cela ne faisait aucun doute. Demain, Tristan aurait droit à un supplément de nourriture, il l'avait bien mérité.

Alors qu'elle s'endormait, sa dernière pensée fut pour la blessure de Severin. « Qu'elle le fasse atrocement souffrir toute la nuit », souhaita-t-elle.

Sur les instances de Moreton, dame Agnès vint la tirer de son sommeil à l'aube. Langthorne avait eu une brusque poussée de fièvre au cours de la nuit. Elle se leva vivement, étonnée de se sentir inquiète alors que, voilà quelques heures à peine, elle ne rêvait que de voir mourir son mari. Ouvrant l'un des tiroirs du meuble qui contenait ses herbes, elle en sortit une poignée de gentiane.

— Je vais lui préparer une infusion, déclara-t-elle par-dessus son épaule. Descendez aux cuisines et demandez à Margaret de faire bouillir de l'eau. Je ne tarderai pas.

Acquiesçant silencieusement, la vieille femme sortit de la chambre. Quelques instants plus tard, emmitouflée dans sa robe de nuit, elle pénétrait dans la grande chambre qui, deux jours auparavant, était encore celle de son père. À peine en avait-elle franchi le seuil, qu'elle ne put s'empêcher de sourire : la martre était assise près de la tête de son maître, la patte tendue comme pour le caresser. En apercevant Joanna, elle émit un miaulement plaintif.

— Ton maître guérira, Tristan, je t'en fais la promesse. Cette blessure ne peut être fatale à un homme de sa trempe, lui dit-elle d'une voix douce.

C'était, du moins, ce qu'elle souhaitait, car si Langthorne succombait à sa blessure, quel sort lui réserveraient le roi et Lord de Moreton, sinon la livrer à un homme qui serait peut-être pire que lui ? Au moins Severin était jeune et bien de sa personne.

Graelam de Moreton, qui se trouvait à son chevet, soutint la tête de son ami pendant que Joanna lui faisait boire le liquide brûlant. Brûlant, Severin l'était aussi de fièvre. Il avait repoussé son couvre-lit et seule une couverture recouvrait son corps dénudé.

— Nous devons lui appliquer des compresses d'eau froide sur le front et sur le torse, expliqua-t-elle après qu'il eut avalé la tisane. C'est la seule manière d'apaiser les fortes fièvres.

— Sauriez-vous en expliquer la cause ? demanda Lord de Moreton.

— Cela n'est pas facile, répondit la jeune femme. Je ne crois pas que l'on puisse dire pourquoi certaines personnes sont atteintes de fièvres et d'autres pas. En ce qui concerne Lord Langthorne, il se peut que ce soit l'effet de sa mauvaise humeur. Il est venu dans ma chambre et m'a menacée. Il n'est pas impossible que la colère qui était la sienne à ce moment-là soit la cause de cette brusque poussée de fièvre.

— Il vous a rendu visite dans votre chambre ? s'étonna Graelam. Il ne m'en a rien dit, pourtant nous avons joué ensemble aux échecs jusqu'à près de minuit.

— Ah, fit laconiquement Joanna.

— Mais pourquoi rougissez-vous, Joanna ? Que s'est-il passé ? S'est-il montré brutal ? Vous aurait-il blessée ?

— Non, mais il s'en est fallu de peu. Lorsqu'il m'a quittée, il tremblait de rage. Je crains que son ressentiment ne soit la cause de cet accès de fièvre.

La martre émit un miaulement, comme pour attirer l'attention sur son maître. Langthorne s'était mis à trembler. D'incontrôlables frissons le secouaient tout entier tandis qu'un froid intense envahissait son corps. Il aurait aimé se débattre, se libérer de cette étreinte glaciale, mais il en était incapable. Une étrange musique résonna à ses oreilles, qu'il reconnut comme le claquement de ses dents. Dans sa demi-conscience, il se prit à haïr son impuissance, ce froid terrible contre lequel il ne pouvait lutter, et qui le laissait transi et misérable au fond de son lit.

Sentant une onde de chaleur près de sa joue, il tourna lentement la tête et, entre ses paupières alourdies, entrevit Tristan qui veillait sur lui. Alors que son corps se réchauffait un peu, il recouvra lentement ses esprits. Il reconnut la voix de Joanna. Toute proche. Il sentit ses mains qui soulageaient son épaule du poids de la couverture, et pesta contre son incapacité à lui interdire de poser la main sur lui. Il ne voulait pas qu'elle le voie ainsi, qu'elle l'entende gémir.

— Il s'est enfin calmé, dit-elle à l'intention de Lord de Moreton qui, debout près d'elle, observait son compagnon d'armes d'un œil inquiet. C'est bon signe.

— Les compresses d'eau froide lui ont fait grand bien. Mais j'avoue être plus à mon aise en combattant l'infidèle qu'en soignant les malades, répondit-il.

Joanna fit entendre un rire, puis observa quelques instants de silence avant de déclarer :

— La légende veut que la mandragore crie de douleur au moment où elle est arrachée de terre, et qu'elle donne la mort à qui lui a ôté la vie. C'est pourquoi il est bon de recourir à un chien pour accomplir cette tâche. Le saviez-vous ?

— Non, mais je ne manquerai pas de raconter cela à Kassia. Il n'est pas impossible qu'elle y croie, tant il est vrai qu'elle possède quelques traits de sorcière. Mais vous n'avez pas répondu à la question que je vous ai posée tout à l'heure : Lord Langthorne vous a-t-il blessée, la nuit dernière ?

Severin, que l'on croyait à tort endormi, aurait aimé protester. Blessée ? Pour qui le prenait-on ? Il avait un peu secoué Joanna, certes, mais elle l'avait amplement mérité ! Où Moreton avait-il donc les yeux ? C'était lui, que diable, et non point elle, qui gisait là et souffrait comme un damné !

— Non, my lord, il ne m'a pas blessée, du moins pas vraiment. Je sais cependant qu'il me déteste. Je ne suis pour lui que l'encombrante contrepartie des avantages acquis à la mort de mon père. Ce n'est qu'un guerrier, impitoyable et brutal, qui veut me traiter comme une prise de guerre. Je ne suis pas plus importante à ses yeux que cette bassine posée là. Cet objet est destiné à un usage particulier, et il doit en être de même pour moi. Il me veut soumise à sa volonté, sans murmure ni protestation. Je le sais très irrité contre moi. Croyez-vous qu'il m'éliminera après s'être assuré des possessions que lui a léguées mon père ?

Du fond de son lit, Langthorne n'en croyait pas ses oreilles : voilà maintenant que Joanna le traitait d'assassin, qu'elle tentait de le ravaler au rang de brute sanguinaire. Sa fureur était telle qu'il en perdit connaissance.

— Ne dites donc pas de sottises, Joanna, rétorqua Moreton. La fatigue altère votre jugement. Lord Langthorne n'a aucunement l'intention de vous assassiner. Mais j'ai bien peur que, de votre côté, vous ne fassiez pas toujours attention à vos paroles quand il vous irrite par ses démonstrations d'autorité. Certes, vous avez raison, il n'a pas connu beaucoup de douceur et d'affection, au cours de sa jeune vie, mais il n'en est pas moins un homme digne de confiance.

— Digne de confiance, dites-vous ? Eh bien, my lord, nous verrons... En attendant, il ne risque pas de donner des ordres à qui que ce soit aujourd'hui.

Langthorne revint à lui alors que Joanna répondait à Graelam. Dès qu'il en aurait la force, se jura-t-il, il lui donnerait plus d'ordres que sa pauvre cervelle ne pouvait en contenir. Et ce, aujourd'hui même, dût-il en mourir ! Mais, se demanda-t-il soudain, le jour était-il déjà levé ?

— Je vais lui administrer un peu de gentiane additionnée de graine de pavot, décida Joanna. Il devrait dormir plusieurs heures.

Il ne passerait sûrement pas la journée à dormir, mais plutôt à réfléchir aux propos que venaient d'échanger Joanna et Moreton. Ce dernier avait affirmé qu'il était digne de confiance, et il avait raison, mais il était aussi homme d'honneur. Même si Joanna se permettait d'en douter. Soit, il n'était peut-être pas l'un de ces preux chevaliers que les ménestrels louangent dans leurs chansons. Mais quoi ! Il était, avant tout, soldat et devait régir d'une main de fer son fief et ses vassaux. Des vassaux dont Joanna faisait partie, quoi qu'elle en pense. L'assassiner? Certes, non, il n'irait pas jusque-là, mais lui tanner le cuir, ah, ça oui!

Il aurait voulu lui clouer le bec, lui donner un ordre, ne fût-ce que pour lui montrer qui était le maître. Mais il était si faible qu'il était incapable d'ouvrir les yeux, et encore plus de lui dire qu'il désapprouvait les confidences auxquelles elle se livrait auprès de Lord de Moreton – ce dernier n'était pas son mari. Il n'aurait d'ailleurs pas été mécontent que Graelam en profite pour lui glisser au passage qu'il n'était pas un butor dépourvu de sentiment.

Quoi qu'il en soit, il aurait aimé ajouter qu'il pouvait fort bien guérir sans ses damnées potions. Il n'avait pas envie – et pas l'intention – de lui témoigner la moindre gratitude. À cet instant, le bord du gobelet força l'entrée de ses lèvres et il dut en avaler le contenu sans protester, n'ayant pas la force de le repousser.

Une fois la potion administrée, Lord de Moreton recommanda à Gwent, écuyer du baron, de rester au chevet de son maître. De proportions gigantesques, ce dernier semblait plus large que haut. Son sourire démesuré s'ouvrait sur une denture qui n'était pas sans rappeler les créneaux à l'assaut desquels il était souvent monté. Malgré ses mains semblables à des battoirs et son langage rude, il n'était pas dépourvu d'une certaine douceur dès lors qu'il s'agissait de s'occuper de Severin ou de Tristan.

— Je vais vous faire apporter du pain et un cruchon de vin, lui dit Joanna avant d'ajouter, avec une curiosité non feinte : Dites-moi, Gwent, depuis combien de temps êtes-vous au service de votre maître?

— Depuis sa venue en terre sainte. Il avait à peine dix-sept ans quand il me sauva la vie au cours d'une embuscade dans laquelle mon précédent maître perdit la sienne. Je fis alors le serment de le servir fidèlement, et je ne m'en repens pas, car je n'ai jamais connu un jour d'ennui en sa compagnie.

« Et pour cause. Encore que les semaines passées au donjon de Mellifont n'aient rien eu de réjouissant », songea Langthorne qui, en dépit des apparences, ne perdait pas une miette de la conversation. Conversation qui l'irritait au plus haut point, d'ailleurs. Pourquoi cette question à Gwent ? Dès qu'il serait sur pied, il veillerait à lui rappeler de garder pour elle ses curiosités féminines. Une fois encore, il regretta de ne pouvoir lui clore le bec, lui déclarer qu'en son absence, c'est à Gwent qu'il déléguerait l'administration du château. Et puis non, pourquoi se donnerait-il cette peine ? Il poussa un long soupir tandis qu'il se sentait glisser inexorablement vers le sommeil.

Joanna aurait aimé s'attarder et entendre de la bouche de Gwent le récit de ses aventures et de celles de son maître, mais il était tard, et les domestiques attendaient ses instructions. Elle se pencha pour effleurer de ses doigts la joue de Severin, profondément endormi. Sa fraîcheur la rassura. Elle pouvait le laisser entre les mains de Gwent. Il vivrait.

6

— Je comprends bien que vous deviez partir, dit Severin à Graelam. J'imagine que vos hommes commencent à s'impatienter.

— Je serai prêt demain, au lever du jour, à condition que votre fièvre ait disparu. Même si Joanna me l'a certifié, je préfère m'en assurer moi-même, afin d'en faire état au roi Edward que je dois aller voir à Londres.

— J'espère que d'ici là Luci et sa troupe auront quitté mes terres.

— À l'heure qu'il est, l'homme à qui vous avez laissé la vie sauve lui aura appris que vous avez épousé Lady Joanna, et qu'il n'a plus de raison de demeurer sur les terres d'Oxborough. Je crains toutefois qu'il ne tente de vous faire assassiner, car on le dit couard et avide de biens. La rumeur veut qu'il ait desserti les pierres précieuses qui ornaient l'épée de son père avant de l'enterrer. Et selon Northbert, mon écuyer, il n'a pas hésité à empoisonner son épouse. C'est d'ailleurs parce qu'elle tardait à trépasser qu'il serait arrivé à Oxborough après que vos noces eurent été célébrées. On ajoute même qu'il n'aurait pas hésité à précipiter sa fin sans la présence du prêtre à son chevet.

— Ce triste sire mériterait d'être expédié en enfer séance tenante, commenta Severin. Mais ce n'est que partie remise : sitôt rétabli, j'y veillerai, croyez-moi.

Les deux hommes en étaient là de leur échange, quand Joanna apparut, suivie d'une servante portant un plateau chargé de nourritures qu'elle déposa sur le grand lit, avant de s'éclipser discrètement. Du coin de l'œil, Langthorne vit Joanna décocher un sourire à Moreton, un sourire franc et direct qui découvrit une rangée de dents étincelantes, mais s'effaça dès qu'elle s'approcha du lit. Affectant l'indifférence, il détourna la tête. Il n'avait que faire de ses sourires ; il attendait d'elle qu'elle exécutât les ordres qu'il lui adresserait, un point c'est tout.

Joanna se pencha sur lui sans un mot. Comme elle posait doucement la main sur son front pour s'assurer que la fièvre était tombée, Langthorne lui attrapa le poignet et la repoussa.

— Je n'ai plus de fièvre, fit-il sèchement.

— Je le vois bien, en effet, répondit-elle d'un air distant.

— Et cessez, sacrebleu, de me traiter comme un vieillard sénile qui ne peut se passer de vos soins !

Elle se raidit et il lui lâcha le poignet.

— Je vous ai fait apporter votre repas, répliqua Joanna. Notre cuisinier l'a tout spécialement préparé à votre intention. À vous de l'accepter ou non. Puis d'ajouter, à l'adresse de Lord de Moreton : Northbert, votre écuyer, voudrait vous parler.

Moreton observa tout à tour les deux jeunes gens et s'attarda sur Joanna. Il la connaissait depuis plus de dix ans et l'avait toujours perçue comme une jeune fille pleine d'assurance et de gaieté. Son père ayant choisi de l'ignorer, et ne l'ayant châtiée qu'en de rares occasions, elle n'avait pas appris à se soumettre à une poigne masculine. « Peut-être est-ce là où le bât blesse », se dit-il. Peut-être que si Joanna avait reçu le fouet plus fréquemment, elle traiterait Severin avec plus de déférence. Pour l'heure, elle ne semblait pas prête à plier devant son mari. Et, au fond, Graelam ne l'imaginait pas différente...

Cependant, il priait le ciel que Langthorne sût se contenir et n'en vînt pas aux mains. Il ne serait peut-être pas mauvais de lui en toucher un mot avant son départ, de lui rappeler que s'il frappait sa femme, non seulement elle risquait de succomber – et alors qui s'occuperait de lui ? – mais lui-même se verrait privé de descendance.

Tandis qu'il allait retrouver son écuyer, Moreton s'interrogea sur ce qui avait pu se passer entre eux la veille pour que Joanna soit si tendue avec Severin. Pourtant, elle n'avait pas hésité à le sauver d'un coup de poignard entre les omoplates ni à veiller sur lui une partie de la nuit.

Moreton doutait de jamais comprendre les subtils rouages de l'esprit féminin. Non que cela lui importât, car Kassia, son épouse, éprouvait pour lui un amour sans partage, passant outre ses petites manies, et ne lui faisant aucun reproche quand il rentrait ivre ou couvert d'ecchymoses. Ce qui ne l'empêchait pas de monter sur un tabouret pour lui dire en pleine face sa façon de penser chaque fois que sa conduite laissait à désirer. Il se prit à sourire en la revoyant lui baisant goulûment la bouche et lui donnant mille autres gages de son affection tandis qu'il prenait leur dernier-né dans ses bras.

Il écouta, sans d'abord y croire, les révélations de Northbert, puis, tout en se frottant les mains, songea à Severin. Non, décida-t-il, les tempes bourdonnantes, il se chargerait personnellement de l'affaire ; ce serait là sa dernière intervention à Oxborough.

En outre, c'était une tâche dont il s'acquitterait avec grand plaisir.

Joanna regarda Moreton passer le pont-levis à la tête de ses hommes. N'étant pas réapparu dans la chambre de Langthorne, cela signifiait que le malade ignorait tout de ce départ précipité. Elle mangea distraitement un morceau de pain tartiné de fromage de chèvre en regardant les servantes vaquer à leurs occupations. Son repas terminé, elle songea à retourner auprès de Langthorne afin de s'assurer que la fièvre était définitivement tombée. Finalement, supposant qu'il devait dormir, elle décida de gagner son jardin.

Agenouillée dans la terre, elle entreprit de désherber un carré de fleurs où se mêlaient les campanules et les lupins. À quelques pas de là, un plan avait quitté les rangs pour aller pousser parmi la sarriette et l'hysope. D'un coup sec, elle arracha l'intrus et le jeta par-dessus son épaule. Une fois encore, elle retrouvait le grand calme qui l'habitait chaque fois qu'elle jardinait. Tout en chantonnant, elle alla croquer quelques fraises juteuses, qui avaient entre autres vertus de faire luire l'émail des dents.

Lord Graelam et ses hommes réapparurent au milieu de l'après-midi. Leur arrivée ne manqua pas de soulever quelque tumulte parmi la foule qui se pressait dans la basse cour, au milieu des animaux effrayés par le martèlement des sabots sur les pavés. Des enfants de tous âges regardaient les cavaliers avec de grands yeux.

Alors qu'il remontait à pied jusqu'au château, quelle ne fut pas la surprise de Moreton de voir Langthorne, tout de gris vêtu, le visage fermé, juché sur les degrés de pierre qui menaient au grand hall. Qu'il puisse être déjà rétabli relevait du miracle. Joanna n'avait pas pu le laisser se lever si prématurément. Quand bien même elle l'eût fait, songea-t-il, Langthorne n'était pas du genre à écouter quiconque quand il avait une idée en tête.

Connaissant son compagnon d'armes, Moreton ne se laissa pas abuser par son calme apparent. La tempête n'allait pas tarder à lui succéder sitôt qu'il lui aurait relaté les événements de la journée. Graelam chercha le regard de Joanna, qui se tenait en retrait derrière Severin, et lui sourit.

— Vous êtes parti sans m'en avertir, commença Langthorne d'une voix sourde. J'ignore les raisons de votre absence, mais j'ai le sentiment qu'elles ne vont pas me plaire. Je suis en colère, Graelam.

Affichant un sourire conciliant, Moreton s'approcha de Severin et donna une bourrade amicale dans son épaule valide.

— Entrons d'abord, lui dit-il. Ce que j'ai à vous raconter ne manquera pas de vous surprendre. Joanna, ajouta-t-il à l'adresse de la jeune femme, pourriez-vous faire porter à boire à mes hommes et, si cela ne vous ennuie pas, jeter un coup d'œil à quelques blessures ?

Severin pivota, étonné de constater la présence de sa femme.

— Faites ce que Graelam vous a demandé, et donnez l'ordre à une servante de nous apporter un cruchon de vin d'Aquitaine, si Dame Agnès et vous avez daigné nous en laisser... lâcha-t-il avec une expression éloquente.

Joanna obtempéra, non sans lui avoir lancé un regard assassin.

— Je vous écoute, reprit Langthorne en se tournant vers Moreton. Qu'avez-vous fait, avec vos hommes, au cours de cette journée ?

— Le scélérat que vous avez renvoyé à Richard de Luci vous est reconnaissant de ne pas l'avoir torturé...

— Par tous les saints ! Comment appelle-t-il donc ce que Joanna lui a fait subir ?

— Certes, il a souffert, mais il s'en est sorti en entier, alors qu'il était convaincu que vous ne lui laisseriez pas la vie sauve après qu'il eut tout avoué. En fait, Richard de Luci lui a infligé un châtiment plus terrible en apprenant son échec. Il est donc revenu au château, plus mort que vif, en demandant à vous voir. Je l'ai reçu et j'ai fait ce que vous auriez fait à ma place. En un mot, Severin, vous voilà délivré d'un de vos pires ennemis.

— Par le sang du Christ ! se récria Severin. Que me racontez-vous là, Moreton ? Vous avez tué Richard de Luci ? Sachant qu'il était mon ennemi, vous avez pris sur vous de faire justice à ma place sans même m'en souffler mot !

Joanna, qui s'était acquittée de ses obligations, venait d'entrer. Elle entendit le rire nerveux de Lord Graelam et vit la mine renfrognée de Severin. En dépit de son calme apparent, elle savait que son époux était furieux. Elle se rappela alors son père et ses formidables colères durant lesquelles il donnait libre cours à sa violence et frappait quiconque avait le malheur de se trouver sur son chemin. En apparence, Severin était bien différent. Irait-il jusqu'à employer la force ?

Elle avait croisé Northbet un peu plus tôt et il lui avait relaté les événements. Les hommes étaient-ils donc uniquement nés pour s'entre-tuer, même si Richard de Luci avait mille fois mérité son sort ? se demanda-t-elle.

— Richard est mort en laissant une fille pour seul héritier, m'a-t-on dit, poursuivit Moreton.

— Vous êtes blessé ? demanda Langthorne entre ses dents serrées. Votre bras est bandé.

— Une simple égratignure, répondit Moreton en chassant l'air de la main. Quatre de mes cavaliers ont été également blessés, mais très légèrement. Reste que, grâce à l'homme de Luci, l'affaire a été rondement menée. Une fois les gardes neutralisés, la suite a été un jeu d'enfant. L'avantage de la surprise nous a permis d'avoir rapidement le dessus. Ah ! reprit-il en se frottant les mains d'un air satisfait, rien ne vaut une bonne saignée pour vous dégourdir un homme et lui éclaircir les idées !

Langthorne se leva et, le plus posément du monde, attrapa le bord de la table à tréteaux et envoya balader le plateau à travers la pièce. Edgar, le lévrier qui sommeillait près de la cheminée, se redressa d'un bond et, le poil hérissé, se mit à grogner sourdement.

— En voilà assez, Severin ! Calmez-vous ! Je n'ai pas l'intention de vous laisser saccager le château de mes ancêtres.

Langthorne pivota d'un bloc pour découvrir son épouse à genoux, le cheveu défait, serrant contre elle l'aiguière d'argent cabossée qu'elle venait de ramasser.

— Cet objet me venait de mon aïeule… continua-t-elle en soutenant son regard.

Langthorne lâcha une volée de jurons, puis se mit à crier comme jamais Moreton ne l'avait entendu :

— Je vous somme de vous taire, Joanna ! Ceci ne vous concerne en rien ! Dites plutôt à mon écuyer de m'apporter mon épée, que je pourfende ce traître que je croyais mon ami !

Le chien émit un autre grognement menaçant. Attirés par les cris, serviteurs et gens d'armes se pressaient à l'entrée, se demandant s'ils devaient ou non intervenir.

— Et pourquoi le pourfendriez-vous ? riposta-t-elle en se redressant. Parce qu'il a agi sans votre permission ? Parce qu'il s'est substitué à vous afin de vous éviter d'être de nouveau blessé ? Allons, my lord, dites-nous les véritables raisons de votre colère ! Se peut-il que vous ne soyez pas l'homme intelligent et raisonnable dont on nous rebat les oreilles depuis votre arrivée !

Severin fut sur Joanna en un instant. La soulevant par les aisselles, il se mit à la secouer sans ménagement.

— Vous allez tenir votre langue ou je vous prends sur cette table ! Votre satané chien pourra ainsi renifler votre sang et hurler à la mort tout son soûl !

— Lâchez-la, my lord, lui commanda alors Moreton en le saisissant par son épaule blessée, pendant que trois domestiques empêchaient le puissant lévrier de sauter à la gorge de Severin. Qu'avez-vous l'intention de faire ? Vous laisser aller à battre votre épouse en présence des gens du château ? Est-ce une telle ignominie que vous avez à l'esprit ?

Si grande que fût la frayeur de Joanna, la rage qui l'habitait l'était bien plus encore. Elle le tuerait. Oh oui ! dès que l'occasion s'en présenterait ! Alors que la main de Moreton pesait sur son épaule blessée, Severin eut un instant d'hésitation, puis reposa Joanna sans heurt sur le sol. Les yeux assombris par la fureur, celle-ci fit un pas un arrière puis, sans un battement de cil, lui envoya un violent coup de pied dans le tibia. Langthorne eut un sursaut de stupeur, puis, se baissant pour frotter sa jambe endolorie, murmura entre ses dents :

— Vous m'en rendrez raison, madame.

Joanna n'en doutait pas un instant ; mais elle ne le connaissait pas suffisamment pour savoir quel serait le prix de l'affront qu'elle venait de lui infliger. Tournant les talons, elle sortit, la tête haute.

— Asseyez-vous donc, et prenez le temps de vous calmer, conseilla Moreton avec un geste pour éloigner les domestiques qui lui avaient apporté leur aide. Estimez-vous heureux qu'elle ne vous ait pas frappé au bas-ventre...

— Elle ne l'a pas fait parce qu'elle savait qu'elle l'aurait payé de sa vie, rétorqua Severin. De plus, croyez-vous que je lui en aurais laissé le temps ?

— Peut-être pas, mais Joanna est vive.

Lord de Moreton soupira.

— Vous savez parfaitement que vous ne l'auriez pas tuée, reprit-il. Je doute même que vous ayez seulement levé la main sur elle. Est-ce que je me trompe ?

Severin se passa la main sur le visage. Il se sentait soudain très las, et son épaule recommençait à le faire souffrir. Pis encore, il avait du mal à se remettre de l'affront qu'il venait d'essuyer. Il avait des sentiments, que diable !

— Je ne sais pas... avoua-t-il avec un geste évasif. Il se peut que je le lui aurais seulement fait croire. Cela fait à peine deux jours que je suis ici, et les choses vont de mal en pis. Elle est de plus en plus hardie et impudente. Je ne saurais le tolérer bien longtemps, Moreton.

— Détendez-vous donc, et buvez un gobelet de vin, cela vous fera oublier votre colère. Les miennes étaient-elles aussi violentes, lorsque j'avais votre âge ? En vérité, je dirai que oui. À preuve, Kassia m'a quitté après une querelle, et cela remonte à trois ans à peine. Je dois reconnaître que je m'étais conduit avec elle comme le dernier des butors.

— Kassia vous a quitté, dites-vous ? Je ne peux le croire...

Severin regardait son ami d'un air ébahi. À présent qu'il avait réussi à capter son attention, Moreton jugea opportun de lui faire un petit sermon.

— Eh si ! Je dus même aller jusqu'en Bretagne, chez son père, pour la ramener.

— L'avez-vous fait fouetter ?

— Non. Je l'ai suppliée de me pardonner. Porter la main sur elle serait revenu à la tuer, et, dans le cas présent, il en aurait été de même pour vous, mon ami. Non, nous ne devons jamais oublier qu'une femme est un être faible et sans défense, que nous devons avant tout protéger. D'ailleurs, je suis convaincu que jamais une femme n'a fait l'objet de sévices de votre part.

— Du diable si tout cela a un sens, Moreton, fit le jeune homme d'un air découragé. Pour un peu, je croirais que vous me racontez des histoires. Mais vous avez vu juste : je n'ai jamais levé la main sur une femme, pour la bonne raison que celles qu'il m'a été donné de rencontrer m'ont obéi sans discuter. Et maintenant que je suis marié, voilà que mes droits sont foulés au pied. Dieu a dit que la femme devait obéissance à son mari, et pourtant, la mienne a décidé de passer outre Sa volonté. Parviendrai-je à lui faire reconnaître ses torts ? Assurément. Il me reste à décider des moyens à employer.

« Voilà déjà un point d'acquis », se dit Moreton.

— Que dois-je faire, à présent que vous avez si diligemment expédié Richard de Luci en enfer ?

— Rendez-vous avec vos hommes au château de Sedgewick et désignez sire Alan comme intendant. C'est un vaillant chevalier, digne de confiance. En attendant que le roi décide du sort de la fille de Luci et de ses biens, il fera un bon châtelain. Je suggère que vous la rameniez au château, Joanna pourra ainsi veiller sur elle. Edward décidera peut-être de la placer sous votre tutelle, mais il est aussi possible qu'il demande qu'elle soit emmenée à la cour, et qu'il envoie à Sedgewick un de ses conseillers.

— Le roi n'est pas sot, tout dépendra de la valeur du domaine. Au fait, vous ne m'avez pas dit si vous aviez tué Luci de votre propre main...

— En vérité, il a fait une mauvaise chute et s'est brisé bêtement les reins. J'ai laissé la vie sauve à quelques hommes pour qu'ils prennent en charge la dépouille de leur maître ; quant aux autres, ils ont tous été tués au cours de l'affrontement.

— Si j'avais été là, Luci serait tout aussi mort, mais après que je lui eus passé mon épée à travers le corps.

Graelam eut un sourire sibyllin.

— Ce genre de choses arrive, il nous faut alors ravaler notre orgueil et nous estimer heureux d'être en vie pour pouvoir nous réjouir de la mort de notre ennemi. Entre nous, Severin, croyez-vous que Luci soit mieux loti de brûler en enfer après une mauvaise chute, qu'après avoir été tué de votre main ?

D'abord décontenancé, Severin esquissa un sourire, qui se mua en une franche hilarité. Redressant la table renversée, il vit les servantes échanger des regards, visiblement soulagées de ce que leur nouveau maître ait retrouvé sa bonne humeur. Allongé près de l'âtre, la tête reposant entre les pattes, Edgar observait la scène d'un œil tranquille. L'aiguière était cabossée. Langthorne fronça les sourcils en se souvenant qu'elle avait appartenu à l'aïeule de Joanna. Il lui suffirait de demander à son orfèvre de la réparer et l'affaire serait réglée. Il riait encore, malgré son tibia endolori, quand, baissant la voix, l'air soudain grave, Lord de Moreton demanda :

— Vous mentiez tout à l'heure, n'est-ce pas ? Vous ne l'auriez pas violentée ici même ? Vous n'auriez pas osé la forcer jusqu'à faire couler son sang ?

— Non, répondit Severin en affrontant son regard. Mais c'est la seule menace qui me soit venue à l'esprit pour lui rabattre son caquet. Je n'ai jamais eu l'intention de porter la main sur elle. Le seul sang qu'elle puisse verser, c'est celui de son flux menstruel.

— Ainsi, vous vouliez seulement l'impressionner… acquiesça Moreton d'un air songeur. À mon avis, vous y êtes parvenu. Mais au fait, comment va votre tibia ?

7

Joanna n'osait poser la main sur la petite fille accroupie en face d'elle, tant elle semblait effarouchée.

— Comment t'appelles-tu ?

Le visage pâle, la fillette se bornait à la fixer de ses grands yeux bleus.

— Moi, je m'appelle Joanna. Voudrais-tu me dire ton nom ?

La fillette eut un battement de paupières.

— Je m'appelle Eloïse, dit-elle dans un murmure en baissant timidement le front.

— Que voilà un ravissant prénom ! s'enthousiasma Joanna. Plus rare que le mien, en tout cas, même s'il est donné aux premières-nées de ma famille depuis Guillaume le Conquérant.

— Ma mère me l'a déjà dit, répondit spontanément l'enfant. Elle m'a même expliqué que messire Guillaume nous avait été envoyé par Dieu pour bouter les Saxons hors d'Angleterre.

Joanna songea que c'était la première fois qu'elle entendait parler en ces termes de Guillaume Ier. Les jambes engourdies d'être restée trop longtemps agenouillée, elle se leva, la main tendue pour inviter l'enfant à l'imiter.

— Que dirais-tu d'un verre de lait ? Un bon verre de lait de chèvre, accompagné de biscuits aux amandes préparés par notre cuisinier ? Je t'assure qu'ils sont délicieux.

La petite fille aux longues tresses brunes regarda Joanna, puis agita lentement la tête.

— Ma mère disait que la gourmandise est un péché.

— Par le saint nom de Marie, qu'est-ce donc que cela ? s'exclama Joanna d'un air faussement indigné. Sache que je ne t'en donnerai qu'un et pas davantage !

Tête basse, Eloïse cachait son malaise en triturant le tissu de sa robe, robe dont Joanna n'avait pas manqué pas de remarquer l'extrême usure, de même qu'elle avait noté les nombreuses reprises qui ornaient ses bas.

— Je devrais d'abord obtenir le consentement de ma mère, mais c'est impossible, car elle est au paradis.

— Oui, je le sais, et j'en suis sincèrement attristée, Eloïse. Toutefois, je ne pense pas que le fait de manger un biscuit puisse être qualifié de gourmandise.

— Bien au contraire, intervint une voix derrière Joanna, votre mère parlerait même de gloutonnerie, Eloïse, et vous le savez parfaitement. Je vous saurais gré de ne pas induire cette enfant en tentation, my lady.

Faisant volte-face, Joanna contempla la gouvernante qui se présentait à elle, immobile dans sa robe noire lustrée, au col et aux poignets élimés. Ses cheveux aile de corbeau ramenés en chignon sur la nuque et le duvet noir qui ombrait sa lèvre supérieure ajoutaient à son expression de froideur et d'austérité. En réponse, la jeune femme lui décocha un de ces regards qu'elle adressait à ses servantes quand elles prenaient la parole sans y avoir été invitées.

— Vous êtes ? s'enquit-elle, en levant un sourcil hautain, comme le faisait jadis sa défunte mère.

La femme se figea, comme prise en flagrant délit d'impertinence, puis, s'étant ressaisie, elle répondit :

— Je me nomme Beale, my lady. Je suis la gouvernante d'Eloïse, après avoir été celle de Lady Joan.

— Dans ce cas, présentez-vous à dame Agnès, elle vous indiquera où se trouve la chambre d'Eloïse. Tout exiguë qu'elle soit, je pense qu'elle lui suffira, déclara péremptoirement Joanna. Quant à vous, vous prendrez vos quartiers dans les communs, avec les domestiques.

Ayant congédié la femme d'un hochement de tête, Joanna se pencha de nouveau vers la fillette :

— Viens, Eloïse, allons goûter à ce biscuit dont je t'ai parlé.

La gouvernante prit une inspiration laissant présager une réplique que Joanna attendit, le geste en suspens. Mais, rien ne venant, elle prit l'enfant par la main et l'entraîna vers les cuisines.

Langthorne fit son apparition dans la salle commune quelques minutes plus tard pour trouver sa femme installée à la grande table avec, à ses côtés, Eloïse, qui tendait une main hésitante vers un plateau de biscuits. Immobile, il observa un instant la fillette. Elle était affreusement pâle et de constitution fragile. « N'importe quel enfant à sa place aurait déjà avalé les gâteaux », nota-t-il en fronçant les sourcils.

Comme le lui avait conseillé Moreton, il avait envoyé à Sedgewick sire Alan, escorté d'une douzaine hommes, afin que ce dernier en prenne le commandement. Seuls quelques-uns étaient revenus à Oxborough avec Eloïse et sa gouvernante.

— Tâchez de la convaincre de manger, Joanna, dit-il laconiquement.

Au seul son de la voix de Severin, la fillette rétracta brusquement la main et parut se ratatiner. Puis elle se laissa lentement glisser de son siège – comme si elle avait l'espoir que le nouvel arrivant ne la remarquerait pas – et se réfugia sous la table.

— Eloïse, que fais-tu donc ?

Comme elle ne répondait pas, Joanna se tourna vers Severin.

— Quel étrange comportement ! Je la savais effrayée, mais de là à se cacher sous la table... Auriez-vous fait quelque éclat, lors de votre visite à Sedgwick ?

— Cela n'a pas été nécessaire, répliqua-t-il. Mes bonnes dispositions ont suffi à rassurer les gens du château. En outre, je n'ai pas pour habitude d'effrayer les femmes et les enfants.

— Vraiment ? En ce cas, vous feriez bien de baisser le ton quand vous vous adresserez à moi, ne serait-ce que pour ne pas effaroucher cette enfant plus qu'elle ne l'est déjà.

Sur ces mots, Joanna se pencha et découvrit Eloïse recroquevillée sous la table.

— Tout va bien, la rassura-t-elle. Messire Severin semble très sévère, mais en vérité, il est très gentil. Il ne te fera pas de mal.

Pour toute réponse, la fillette se tassa un peu plus sur elle-même. Joanna jeta un regard à Severin, qui avait l'air à la fois déconcerté et agacé. À cet instant, jaillissant de son pourpoint, la martre sauta sur la table et alla flairer le plateau de biscuits.

— Curieux… d'ordinaire, ce genre de gourmandise ne l'inspire guère, murmura-t-il.

— Aimerais-tu faire la connaissance de Tristan, Eloïse ? Ce n'est pas un grand méchant homme, mais une charmante petite martre, proposa alors Joanna d'une voix chantante.

— Qu'est-ce qu'une martre ? demanda la fillette en levant la tête.

— Un animal très doux, à l'épaisse fourrure, et qui raffole des œufs mollets, répondit la jeune femme.

Prudemment, la fillette risqua un œil par-dessus la table, à l'extrémité de laquelle Severin s'était installé pour grignoter un biscuit. Comprenant qu'elle n'avait rien à craindre, Eloïse se redressa. Mais la martre avait rejoint son maître, et s'étirait paresseusement près de lui.

— Voici Tristan, la martre, et Lord Langthorne ici présent est son maître. N'est-il pas ravissant ? Je parle de Tristan, naturellement, s'empressa d'ajouter Joanna, une lueur narquoise au fond du regard.

Tout en se tenant à distance respectable, la fillette se mit à observer l'animal. Comme s'il l'avait senti, Tristan leva la tête et lui rendit un regard tout aussi intrigué.

— Aime-t-il les biscuits ? s'enquit-elle timidement.

— Non, répondit Severin en tendant la main vers le plateau. Cependant, il aimerait bien que tu en croques un, car il m'a soufflé à l'oreille que tu avais très peu déjeuné, ce matin.

Décontenancée, la fillette battit des paupières et recula prudemment, heurtant les genoux de Joanna. Celle-ci posa la main sur sa chétive épaule.

— Le sire que tu vois là est Lord Severin de Langthorne, lui expliqua-t-elle. Il est mon époux et le seigneur d'Oxborough. Tu n'as rien à redouter de lui, bien au contraire, il est là pour te protéger.

— Mon père me battait...

— Lord Langthorne n'est pas ton père et, crois-moi, il veillera à ce que nul ne porte plus jamais la main sur toi. D'ailleurs, il t'en fera lui-même la promesse sitôt qu'il aura fini son biscuit.

— Cela est vrai, Eloïse, acquiesça aussitôt le jeune homme. Je fais ici serment de te protéger jusqu'au moment où notre roi Edward aura décidé de ton avenir. D'ici là, Joanna, mon épouse, s'occupera de toi.

— Lady Joanna est très jeune, commenta Eloïse, les yeux toujours fixés sur la martre. Beale prétend même qu'elle l'est un peu trop pour veiller à mon éducation.

Voyant Tristan s'étirer, elle ajouta dans un murmure :

— Beale ne l'aimera pas ; elle déteste les animaux.

— Ce que pense Beale importe peu, décréta Joanna. Il n'y a pas si longtemps, j'étais une enfant comme toi, mais je ne jurerais pas que Beale se rappelle l'avoir jamais été.

— S'agit-il de cette femme vêtue de noir que j'ai aperçue parmi les gens de Sedgewick, et dont la bouche s'orne d'un charmant duvet ? demanda Severin avec l'ombre d'un sourire.

— Elle-même, répondit Joanna brièvement. À présent, Eloïse, fais-moi la grâce de goûter ce biscuit.

Mais ses efforts demeurèrent vains, et la fillette s'entêta dans son attitude de refus.

— Je ne peux pas, et Beale dit vrai ; maman me regarde du haut des cieux, et elle me maudirait si je lui désobéissais, articula-t-elle d'une voix flûtée.

Joanna décida de ne pas insister.

— Très bien, dit-elle d'une voix neutre. Alors, que désires-tu manger ? Car je doute que ta maman veuille te voir mourir de faim.

— Du pain sec et de l'eau, c'est ce que Beale veut me voir manger.

— Et pour quelle raison ?

L'enfant baissa la tête et racla le sol de ses pieds d'un air embarrassé, avant d'avouer piteusement :

— Elle dit que je suis méchante.

Joanna observa Severin à la dérobée, lequel scrutait Eloïse avec gravité. Comme il s'apprêtait à parler, elle l'arrêta d'un discret signe de tête, puis reprit en souriant :

— Fort bien. Je commanderai à Alice de t'apporter du pain. Cependant, plutôt que de l'eau, tu boiras du lait de chèvre. Hier encore, le père Carreg me disait combien le lait de chèvre rendait vertueux.

Eloïse exprima son étonnement par un battement de cils. Avec un miaulement plaintif, Tristan tendit la patte vers elle, mais la fillette n'esquissa pas le moindre geste dans sa direction.

— Tristan est très beau, fit-elle, mais ma mère disait que la beauté était aussi un péché.

— Tristan n'est pas beau, intervint Severin, alors que l'animal bondissait pour se percher sur son épaule. Je dirai même que c'est un fieffé coquin. Puis, se levant, il ajouta à l'intention de Joanna : Je ne sais ce que l'on a pu faire à cette enfant, en revanche, je sais que son père était un être méprisable. Je vous engage à remédier à la situation, my lady.

Cela dit, il adressa un bref salut à Eloïse, et s'en fut.

— Ah, voilà votre pain ! s'écria Joanna tandis qu'Alice entrait dans la pièce.

Joanna attendit patiemment que la fillette eût mangé sa tranche de pain tartinée de beurre et de miel, pour gagner son jardin. Pourtant, le moment venu, elle ne put se résoudre à l'abandonner à son odieuse gouvernante. Elle lui tendit une main amicale en lançant d'un air enjoué :

— Viens, Eloïse. Lord de Moreton est sur le point de partir et j'aimerais aller le saluer.

La fillette eut un moment d'hésitation puis, glissant sa main dans celle de sa nouvelle protectrice, la suivit docilement.

Moreton sourit à la petite fille accrochée à la main de Joanna et retira son gantelet pour lui effleurer la joue.

— Lady Joanna va prendre soin de toi, dit-il gentiment. Et puis, peut-être qu'un jour, quand tu seras plus grande, tu me rendras visite en Cornouailles...

Les pupilles dilatées par la peur, la fillette contemplait sans bouger le géant penché sur elle. S'en avisant, Moreton se redressa en soupirant et, caressant les cheveux de l'enfant, souffla à Joanna en aparté :

— Son père la brutalisait. Quant à sa mère, elle la traitait comme si c'était l'enfant du diable, ce qui d'une certaine façon est le cas, même si la pauvrette n'y est pour rien. En outre, de nombreux serviteurs m'ont révélé que Lady Joan obligeait sa fille à rester à genoux des heures durant. Dans ces conditions, on comprend que rares sont ceux qui la pleurent, et plus rares encore ceux qui se désolent de la mort de son époux. Il ne fait plus aucun doute que ce dernier l'a empoisonnée pour vous enlever et vous épouser contre votre gré. Mais, tout cela appartient au passé. Il est peu probable que sire Alan se heurte à quelque hostilité de la part des domestiques ou des gens d'armes du château. Lord Langthorne vous a probablement dit que certains ont poussé des cris de joie en apprenant qu'il serait désormais leur maître. C'est dire si Richard de Luci avait une exécrable réputation...

— J'ai tenté de découvrir où de Luci avait été enterré, mais nul ne semble le savoir ou vouloir me le dire, déclara Severin qui venait de se joindre à eux.

— Voilà qui est plutôt étrange, étant donné l'aversion dont il faisait l'objet, remarqua Joanna.

Son mari haussa les épaules et tourna le regard

vers la fillette. Pour l'heure, songea-t-il, elle ressemblait plus à une souillon qu'à la future demoiselle qui, dans quelques années, serait convoitée par plus d'un chevalier, ne serait-ce que pour s'approprier les biens de son défunt père.

— Graelam, reprit-il, m'enverrez-vous un message pour me faire connaître la décision du roi au sujet de cette enfant ?

Lord de Moreton hocha la tête puis, profitant de ce qu'il serrait Joanna dans ses bras, lui murmura à l'oreille :

— Soyez patiente, mon enfant. Votre époux est jeune. C'est vous qui l'aiderez à devenir l'homme qu'il sera.

— Et quel homme sera-t-il, my lord ?

— Un époux aimant, qui veillera sur sa compagne dans la joie et la paix.

Joanna aurait voulu rire, mais l'émotion l'en empêcha.

— C'est de vous que vous me parlez là, Graelam. Ce qui est fort différent. Je ne suis pas Kassia, et Severin est loin de vous ressembler.

— Je n'en jurerais pas. En tout cas, je vois des similitudes entre Severin et moi. Je le répète : soyez patiente, et, à l'occasion, gardez le silence, ne serait-ce que pour le prendre au dépourvu. Cela dit, je ne conteste pas qu'il est très stimulant pour un homme d'avoir près de lui une femme à la langue bien pendue…

La remarque fit rire Joanna, qui pourtant ressentait une profonde tristesse devant le départ de Moreton. Il était son seul ami, celui qui la connaissait mieux que personne, et des années s'écouleraient peut-être avant qu'elle le revît.

— Dieu vous accompagne, Graelam, murmura-t-elle, les yeux embués de larmes.

— Que Dieu vous protège, Joanna.

Tenant Eloïse par la main, elle le regarda, en tête de sa troupe, passer le pont-levis dans un martèlement de sabots. Le dernier cavalier avait à peine disparu à la vue qu'une voix se fit entendre derrière elle.

— Il est l'heure de la prière.

Joanna se retourna lentement pour faire face à Beale.

— Que disiez-vous ?

— Je disais qu'il est l'heure de se rendre à la chapelle pour qu'Eloïse y fasse ses trois heures de prières, avant le dîner. Telle était, de son vivant, la volonté de Lady Joan.

Comme l'enfant hésitait à rejoindre sa gouvernante, Joanna la retint par la main.

— Soit, mais elle doit d'abord se familiariser avec le château.

C'est seulement au moment où, sur les encouragements de Joanna, Eloïse se hissait sur un coffre pour contempler le paysage par la fenêtre de sa chambre, que la jeune châtelaine découvrit, sous le bas de laine, le pitoyable état de ses genoux.

— Ne bouge pas, Eloïse. C'est un peu froid, mais tu ne sentiras rien, je te le promets.

Avec maintes précautions, Joanna appliqua sur les écorchures un cataplasme de feuilles de mûrier. Cela faisait longtemps qu'elle n'avait ressenti une telle colère – celle que Severin avait provoquée étant d'une tout autre nature. Elle aurait aimé avoir Lady Joan sous la main pour lui dire ce qu'elle pensait de sa façon d'agir. Comment une mère digne de ce nom avait-elle pu traiter son enfant ainsi ? Severin y avait répondu, certes : Eloïse était l'enfant du diable.

La fillette se laissa soigner sans une plainte.

— Voilà, j'ai terminé, déclara Joanna en s'écartant. Ces bandages te dispenseront de prières pour quelque temps. Efforce-toi de ne pas plier les genoux, afin qu'ils tiennent bien en place.

— Mais je dois prier, protesta Eloïse. Maman me disait que je brûlerais en enfer si je ne me purifiais pas chaque jour.

— Et que disait-elle en voyant l'état de tes genoux?

La petite fille baissa le front.

— Elle ne les a jamais vus. Je ne lui en ai jamais parlé. Elle voulait que je prie. Elle le voulait si fort.

— Beale quant à elle n'aura pas manqué de s'en rendre compte chaque fois qu'elle te donnait ton bain.

Eloïse hocha la tête sans toutefois oser la regarder.

— Beale dit que c'est le châtiment de Dieu, parce que mon cœur est aussi noir que celui de mon père.

Joanna se retourna vivement en entendant la porte s'ouvrir. Beale se tenait sur le seuil, contemplant la scène d'un œil réprobateur.

— L'enfant doit se rendre à ses prières, my lady. Je suis ici pour l'y conduire. Vous nous trouverez dans la chapelle en cas de besoin.

— Je crains que ce ne soit pas possible, Beale, rétorqua Joanna. Je viens de soigner les genoux d'Eloïse. Leur état est tel qu'elle ne pourra s'agenouiller avant un certain temps.

— Cela ne vous concerne en rien, my lady, répliqua la gouvernante avec un frémissement de colère. Cette enfant m'a été confiée. C'est à moi qu'échoit désormais le salut de son âme, à présent que sa pauvre mère a succombé, empoisonnée par ce démon dont le sang coule dans les veines d'Eloïse. Quelques écorchures ne sont rien quand il s'agit de purification.

Joanna jeta un coup d'œil à la dérobée à la fillette debout près d'elle.

— Je vous accompagne, Beale, déclara celle-ci de sa petite voix flûtée. Je ne voudrais pas que ma mère souffre de ma méchanceté.

— Ta mère est au paradis, et elle n'a plus rien à redouter, ses souffrances ont pris fin dès l'instant où elle a expiré, expliqua calmement Joanna. Ma décision est prise, Eloïse : tu resteras ici, avec moi. Je t'enseignerai le secret des herbes, afin qu'à ton tour, tu puisses soigner les gens. Puis s'adressant à Beale, elle poursuivit : Avez-vous jamais songé qu'Eloïse pourrait avoir hérité, non des vices de son père, mais des qualités de sa mère, et que ces prières de purification ne sont pas nécessaires ?

— Il suffit de la regarder pour s'en dissuader. Elle a l'œil bleu et sournois de son père et la langue toujours prête à mentir. Elle doit être purifiée, faute de quoi elle sera, à son image, malveillante et rouée. Elle mourra sans que nul ne la pleure.

C'en était trop. Joanna dissimula ses poings serrés dans les plis de sa robe.

— Puisqu'il en est ainsi, vous n'avez plus, désormais, la charge de cette enfant. Je veillerai à ce qu'on vous raccompagne au plus tôt au château de Sedgewick.

— Cela ne se peut pas, my lady ! protesta la gouvernante, Lord Langthorne m'a affirmé que je continuerais de veiller sur elle comme par le passé. En agissant ainsi, vous contrevenez à ses ordres. Or, chacun sait ici son ressentiment d'avoir dû vous épouser. Soyez assurée qu'il saura me protéger.

Severin oserait-il abandonner la malheureuse enfant à cette harpie ? Qu'il l'envisageât seulement, et elle se ferait fort de lui faire entendre raison.

— Vous quitterez ces lieux demain, au lever du jour, décréta Joanna. Votre seule présence constitue une offense à mes yeux. Votre domination sur Eloïse prend fin dès à présent. Dieu n'a jamais voulu que l'on torture un enfant.

— Il a pourtant permis que lady Joan meure dans les pires tourments, après que son ignoble époux l'eut empoisonnée.

— En voilà assez, trancha Joanna avant d'entraîner Eloïse vers dame Agnès, que les éclats de voix avaient attirée : Voici dame Agnès, dit-elle à la fillette en s'efforçant de ravaler sa colère. Elle va te conduire au jardin, où tu pourras cueillir des fleurs et chasser les papillons. Tu pourras aussi, si tu le désires, aller à la basse-cour, y donner du grain aux poulets et aux canards. Va, nous nous retrouverons plus tard.

Sans attendre, dame Agnès traversa la pièce d'un pas conquérant et, prenant l'enfant par la main, l'entraîna à sa suite. Eloïse s'immobilisa sur le seuil, l'air perdu, et tourna le regard vers Beale.

— Si tu désobéis; si tu te livres au moindre de ces actes, tu brûleras en enfer, Eloïse. Ta mère qui est assise auprès du Seigneur y veillera, lui lança la gouvernante avec aigreur. Dieu est sans pitié pour ceux qui le trahissent, et Il saura l'écouter, comme Il m'écoutera quand j'implorerai ton châtiment auprès de Lui, conclut-elle, les lèvres pincées

Joanna ne souffla mot. Elle attendit que les pas de dame Agnès et de la petite Eloïse se fussent éloignés dans le corridor pour s'avancer vers la femme et la gifler à toute volée. Puis, l'empoignant par son cou décharné, elle siffla d'une voix menaçante :

— Ouvrez grandes vos oreilles, Beale, et écoutez-moi bien : je n'ai vu, ici, qu'un être maléfique, et c'est vous. Désormais, je vous interdis d'adresser la parole ou de poser les yeux sur Eloïse. Regagnez les communs et préparez vos affaires. Vous quitterez Oxborough demain, aux aurores.

— Votre maître s'y opposera, et vous devrez répondre de cet outrage, my lady, éructa la femme, les joues portant la marque bien visible du soufflet qu'elle venait de recevoir. Vous paierez pour cela, menaça-t-elle. Tous les hommes sont semblables. Il me suffira de dire pis que pendre de vous, pour qu'on me croie sur parole. Votre époux se vengera en vous battant comme plâtre. Cela se voit sur son visage. Et plus le temps passera, plus il sera brutal. Vous verrez alors que vous n'avez aucun pouvoir, et vous vous repentirez de m'avoir traitée comme vous l'avez fait. Vous êtes jeune et écervelée, vous mourrez tout aussi jeune et tout aussi écervelée.

— Je suppose que vous y veillerez.

— Dieu donne à chacun de nous des armes pour se défendre. Je saurai user des miennes.

Joanna fut tentée de réitérer son geste, mais préféra s'en abstenir. Hormis le fils du forgeron, qu'elle avait frappé quand elle avait dix ans parce qu'il l'avait surnommée Joanna aux Grands Pieds, elle n'avait jamais giflé quiconque jusqu'à ce jour.

— Hors d'ici, Beale, votre vue me soulève le cœur. Et faites en sorte que je ne vous revoie plus jusqu'à votre départ.

La gouvernante obtempéra, laissant dans son sillage comme un parfum malsain qui empuantissait l'atmosphère de la chambre. Après avoir soigneusement rangé ses feuilles de mûrier, Joanna entreprit de moudre de l'hysope et de la sarriette. Comme à son habitude, elle se mit à fredonner et le temps parut s'accorder au rythme de ses gestes et de ses pensées. Un grand apaisement l'envahit peu à peu.

Elle s'absorba dans sa tâche jusqu'à ce que la porte s'ouvre pour livrer passage à Severin. Sa blessure semblait n'être plus qu'un mauvais souvenir, tant il semblait respirer la force et la santé, avec son visage et ses bras hâlés. Il était, comme à l'ordinaire, tout de gris vêtu et, pour la première fois, Joanna vit non point le maître mais l'homme, un homme jeune et vigoureux, aussi solide que les remparts du château qui était devenu le sien. Elle le contempla sans déplaisir, se rappelant son effroi quand elle l'avait aperçu sur le seuil du grand hall, quelques jours plus tôt, auréolé de lumière, mystérieux, semblable, dans son esprit, à un envoyé du diable.

Elle lui adressa un sourire. Le visage de marbre, il s'immobilisa et la toisa comme si elle était une étrangère, haussant les sourcils à la vue de ses petits tas d'herbes pilés. Le sourire de Joanna s'évanouit. Décidément, cet homme ne saurait se comparer à Graelam, pas plus qu'elle à Kassia. Elle était elle-même et, visiblement, ne plaisait pas à son époux.

— Comment va votre blessure ?

— Encore un peu douloureuse, mais la guérison est en bonne voie, répondit-il en haussant les épaules. Vous vous en êtes assurée, pas plus tard que ce matin, il me semble. Dites-moi, enchaîna-t-il aussitôt, que se passe-t-il avec cette mégère moustachue ? Elle m'a accosté ce matin, vous accusant de contrarier l'éducation religieuse de l'enfant. Elle soutient que la petite lui a été expressément confiée par sa défunte maîtresse.

— Je déplore que vous n'ayez vu l'état des genoux de cette enfant, Severin. La chair est à vif à cause des longues heures passées en prière sur les dalles de la chapelle, expliqua Joanna. Cela est vrai : je suis intervenue en décidant de confier Eloïse à dame

Agnès. Elle aura au moins à cœur de lui enseigner comment tenir une maison. Peut-être parviendra-t-elle aussi à lui faire découvrir le sens du mot « jouer » et, qui sait, celui du mot « sourire ». Quoi qu'il en soit, j'ai annoncé à Beale qu'elle quitterait nos murs dès demain matin.

— Elle affirme que vous l'avez frappée.

— En effet, je l'ai souffletée et j'ai même failli l'étrangler de mes propres mains. Grâce à Dieu, je suis toutefois parvenue à me contenir. Cette femme est mauvaise comme la peste, Severin, et je ne peux tolérer que l'enfant en souffre plus longtemps.

Songeur, le jeune homme hocha lentement la tête, au grand soulagement de Joanna.

— Deux hommes l'escorteront demain jusqu'à Sedgewick.

— Merci, my lord.

Severin resta un instant silencieux, promenant le regard sur le meuble à tiroirs dans lequel Joanna classait ses herbes.

— Je me rappelle ma mère cueillant des pâquerettes à la pleine lune, puis les broyant pour les mélanger à de l'huile. Elle en faisait un onguent qu'elle appliquait sur son visage. J'entends encore le rire de mon père lui disant que rien ne pourrait effacer ses taches de son. Elle y parvint, pourtant.

— Ces pâquerettes étaient-elles blanches ?

— Je ne saurais le dire… Combien de temps dure votre flux menstruel, Joanna ? demanda-t-il à brûle-pourpoint.

— Il touchera à son terme d'ici quatre jours, répondit-elle aussitôt, surprise par la promptitude avec laquelle elle s'était accoutumée au franc-parler de son époux.

Cela ferait tout juste une semaine qu'il l'avait épousée, songea-t-elle.

— Ma blessure est presque guérie, et je ne trouve pas sage d'attendre, fit-il.

— Que vous importe, maintenant ? Richard de Luci n'est plus de ce monde, vous n'avez rien à redouter de lui. De toute façon, je suis votre femme maintenant et personne ne peut savoir que vous ne venez pas me rendre visite dix fois par jour.

À cette innocente remarque, Severin ne put s'empêcher d'éclater de rire.

— Votre ignorance fait peine à entendre. Vous vous targuez de soigner les hommes et vous ne savez rien d'eux. Y mettrait-elle toute l'habileté et l'enthousiasme du monde qu'une femme ne se verrait rendre hommage que quatre, voire cinq fois dans la même journée. J'ajouterai que sa beauté ne serait pas étrangère à la passion qu'un homme pourra lui témoigner.

Joanna secoua la tête, abasourdie.

— Non, protesta-t-elle faiblement. L'épreuve serait bien trop dure… Cinq fois, dites-vous ? reprit-elle en frémissant d'horreur. Même en étant mon époux, vous ne sauriez me forcer autant de fois dans une même journée.

À cet instant elle le revit, culminant au-dessus d'elle, elle se souvint de la douleur qu'elle avait ressentie tandis qu'il la pénétrait. Non, une telle chose n'était pas possible.

— Si ce chiffre paraît considérable à votre esprit ignorant, pourquoi n'avez-vous pas tenu votre langue, au lieu d'avancer celui de dix ?

— Je ne sais, balbutia-t-elle, incapable de soutenir son regard ironique. J'ai dit cela au hasard, sans réfléchir. Et je suppose que vous aussi. Cinq fois, même pour vous, cela me semble impossible.

— Voilà à présent que vous insultez ma virilité, remarqua-t-il en avançant d'un pas.

— Pas du tout ! protesta-t-elle en reculant hâtivement. L'insulte est pour moi, car je n'ai ni l'habileté ni l'enthousiasme requis, et, qui plus est, je ne suis pas belle. Ne m'avez-vous pas dit que j'étais une personne très ordinaire ?

Cette logique et ce sens aigu de la repartie agaçaient prodigieusement Severin. Il rétorqua avec un brin de perversité :

— Ne vous inquiétez pas, pour ce qui est de l'habileté, je vous l'enseignerai. Quant à être ordinaire, vous ne l'êtes assurément pas : je vous ai dit cela afin que vous ne pensiez pas que votre titre de comtesse, quelle que soit votre beauté, vous plaçait au-dessus de moi.

— Ainsi vous me trouvez belle ? fit-elle en ouvrant de grands yeux, étonnée de se découvrir ainsi soucieuse de son apparence.

8

Severin la contempla un moment, l'air songeur.

— Je n'irais pas jusque-là, commença-t-il lentement, se demandant où Joanna voulait en venir. Mais pour une épouse, vous me semblez plutôt avenante, sachant que les épouses ne sont pas censées être autrement qu'ordinaires. Pour ce qui est des comtesses – ce que vous êtes – j'apprécie que vous n'ayez ni incisives de lapin, ni double menton, ni même ce duvet noir dont s'orne Beale. En cela, vous me convenez, et j'ai même quelque plaisir à vous regarder. Mais, là encore, cela importe peu. Une épouse n'est point faite pour le plaisir des sens, seulement pour porter les enfants de son mari.

— J'ai pourtant cru comprendre que Lord de Moreton est très épris de sa femme, et qu'il la trouve belle et désirable, au point qu'elle puisse lui manquer, ainsi que leurs enfants.

— Je ne comprends pas qu'il ait pu se laisser ainsi piéger. Pour l'avoir vue, je sais que Lady Kassia est de petite taille, et dotée d'un sourire enjôleur. Elle lui dit ce qu'elle pense en plaisantant et cela le fait sourire. Elle l'adore, et il n'est pas impossible que cette adoration qu'elle lui porte ait ramolli le caractère de Graelam, ce qui expliquerait les faiblesses qu'il a pour elle.

— Je trouve ces propos ridicules ! Et vous ne l'êtes pas moins !

Elle se mordit la lèvre, consciente d'avoir dépassé la mesure. Prudente, elle fit un pas en arrière.

— Vous prenez vos distances, et vous faites bien, Joanna. Si prompte à la repartie qu'elle soit, Kassia ne se serait jamais risquée à s'adresser ainsi à Graelam. Enfin, peu importe. Je vous ai dit comment les choses devaient être entre nous et je n'y reviendrai pas. Faites donc ce que bon vous semble de ces quatre journées. Après quoi, vous resterez dans mon lit aussi longtemps que je vous le commanderai. Que vous le vouliez ou non, dans neuf mois, vous mettrez au monde un enfant de moi, conclut-il.

— Rien n'est moins sûr, my lord ? riposta aussitôt Joanna. Même l'ignorante que je suis sait cela. Il existe des femmes pour qui concevoir est impossible ; cela tient parfois à leur nature, parfois à celle de leur mari. La cause de ce mal étant inconnue, vous ne pouvez savoir d'avance si la chance vous sourira.

— Vous aurez bientôt un enfant de moi, s'entêta-t-il. J'en suis convaincu.

— Comment le sauriez-vous ? Auriez-vous, malgré votre jeune âge, quelques bâtards disséminés à travers le pays ?

— L'âge n'a rien à voir là-dedans, répondit Langthorne avec un petit rire. Un homme peut féconder une femme chaque fois qu'il répand sa semence en elle. En terre sainte, les femmes qui sont venues à moi étaient habiles dans l'art d'éviter la conception. Pourtant, trois d'entre elles m'ont donné un enfant.

Joanna ne put cacher son étonnement.

— Oserais-je vous demander ce que sont devenus ces trois rejetons ?

— Aucun n'a survécu. Hélas, car deux d'entre eux étaient des garçons. En tout cas, cela suffit à prouver que je ne suis pas stérile. Ainsi, avant l'automne, vous porterez un enfant de moi, décréta-t-il.

Il laissa errer son regard sur le meuble où Joanna conservait ses herbes avant d'ajouter :

— Je ne saurais trop vous conseiller de rien tenter qui puisse y faire obstacle.

Visiblement, cette dernière remarque prit la jeune femme au dépourvu, car elle leva sur son mari un regard interdit.

— À supposer que je le veuille, je ne saurais comment m'y prendre ! répliqua-t-elle vivement, avant de lâcher, indignée : Croyez-vous donc que je sois dépourvue d'honneur à ce point ?

— Vous êtes une femme. Par conséquent, cette notion vous est étrangère.

— Alors comment expliquez-vous que je vous ai sauvé la vie en détournant le couteau de votre agresseur ?

Il était conscient de sa mauvaise foi, mais ne s'en souciait guère. Il avait épousé Joanna dans le seul but de redorer le blason des Langthorne et, hormis la protéger, il ne voyait pas ce qu'elle pouvait attendre d'autre de lui. C'est d'une voix dépourvue de douceur qu'il rétorqua :

— Vous ne l'avez pas détourné suffisamment.

— La prochaine fois, je ne le détournerai pas du tout !

— Il n'y aura pas de prochaine fois. Cela dit, concéda-t-il, vous avez fait preuve de bravoure et je vous en sais gré. Vous m'avez aussi soigné, certes, mais vous avez aussi fait bien des choses pour me déplaire. Je ne vous en demande pas tant. Veillez sur Eloïse ainsi qu'à la bonne tenue du château, et obéissez à mes ordres, c'est tout.

— Et que ferez-vous pendant ce temps, my lord ? interrogea-t-elle.

— Moi ? Chaque fois que votre perversité féminine vous tiendra à l'écart de moi, j'aurais recours à Alice, votre chambrière. Elle est avenante, et je me suis laissé dire que la compagnie des hommes ne lui déplaisait pas. Du reste, nombre de ses compagnes m'ont paru dans les mêmes dispositions ; je saurai m'en arranger.

Sans réfléchir, Joanna se saisit d'un tabouret et en assena un coup de toutes ses forces sur le torse de Severin. Ce dernier gémit sous le choc, mais elle n'eut guère le temps de s'en réjouir, car déjà il marchait sur elle. Elle tenta de l'esquiver, mais ne fut pas assez rapide. Il l'attrapa au passage et la tira vers lui. Là, l'empoignant par les bras, il la secoua violemment. Puis la soulevant à sa hauteur, il gronda entre ses dents :

— Vous avez osé… Vous avez osé lever la main sur votre seigneur et maître, alors que j'ai tué des hommes pour moins que cela…

Si grande que fût sa frayeur, Joanna décida de jouer son va-tout. Il pouvait la réduire en bouillie d'un seul coup de poing, elle le savait, mais elle n'y pensa pas quand elle répondit sur le même ton :

— Vous ne me ridiculiserez pas devant nos gens. Le fait que je sois votre épouse vous interdit de vous livrer à de telles bassesses. Vous me devez fidélité. Vous n'avez qu'à interroger le père Carreg pour vous en assurer.

— Ainsi, vous pensez qu'il existe des entraves à ma liberté, et que je vous suis redevable de quelque façon… Eh bien, vous vous trompez, my lady. Vos exigences relèvent de la pure fantaisie. Gardez bien ceci en mémoire : si vous refusez de vous soumettre, je vous traiterai comme l'insensée que vous êtes, et je vous ferai enfermer, sitôt que vous m'aurez donné un héritier.

Il la relâcha brutalement et se passa la main dans son épaisse chevelure en jurant abondamment.

— Je n'étais pas venu vous chercher querelle, et voilà que vous me lancez un tabouret dans l'estomac. Tout bien considéré, peut-être Beale devrait-elle demeurer à Oxborough et se charger de vous enseigner les bonnes manières. Que diriez-vous de cela ?

Joanna massait ses bras endoloris. Les empreintes qu'y avaient laissées les doigts de Severin ne tarderaient pas à se transformer en ecchymoses. Levant les yeux vers lui, elle constata que son visage exprimait certes la colère mais aussi, plus curieusement, la confusion.

— Ce que j'en dis ? répéta-t-elle lentement. Si vous mettez votre menace à exécution, je verserai dans votre vin une potion qui vous donnera de telles coliques que vous serez contraint de dormir dans la cour.

Ne trouvant rien à répondre, Severin tourna les talons et sortit en claquant la porte.

Pour plaire à Tristan, mais surtout à son maître, MacDear, le cuisinier, lui prépara des œufs et du porc de façon si appétissante que certains les auraient préférés au ragoût de légumes et de bœuf qui leur avait été servi. Quant aux perdrix juteuses et bien rôties, elles feraient les seuls délices du maître des lieux et de quelques rares privilégiés.

Assise près de Joanna, la petite Eloïse contemplait son plat d'étain rempli de mets divers sans faire mine d'y toucher.

— J'ai prié aux côtés du père Carreg, lui dit Joanna avec un sourire. Il m'a déclaré que Dieu voulait que ses enfants se nourrissent et qu'ils deviennent grands et forts afin de mieux Le servir.

C'était un pieux mensonge, mais que le père Carreg n'aurait pas désavoué, attendu que l'amour qu'il portait à Dieu n'avait d'égal que son goût pour la perdrix à la broche. Joanna jeta un coup d'œil vers les tréteaux où Beale était attablée. La gouvernante dut le sentir, car elle leva soudain la tête et lui décocha un regard de pure haine. Joanna s'adossa à sa chaise en frissonnant. Le lendemain, l'affreuse mégère aurait quitté les lieux, se rassura-t-elle, et son existence ne serait plus qu'un affreux souvenir.

— MacDear est très jaloux de sa manière d'accommoder les volailles, reprit-elle à l'intention d'Eloïse. Il n'a jamais voulu me révéler le secret de ses mélanges aromatiques, chaque fois il secoue sa grosse tête et me renvoie à mon jardin. Sais-tu que je le connais depuis ma plus tendre enfance ? Je me rappelle encore le plaisir que j'éprouvais, enfant, à plonger les bras dans son pétrin. J'avais de la pâte jusqu'aux coudes.

C'est par de telles révélations qu'un homme devrait apprendre à connaître son épouse, songea Severin en piquant une perdrix de la pointe de son couteau pour la porter à sa bouche. Qu'elle lui fasse ce genre de confidences ne lui aurait pas déplu. Il l'imagina enfant, mais cela ne dura qu'un court instant.

— Cette volaille est excellente, remarqua-t-il. Il me semble reconnaître le goût du romarin, est-ce que je me trompe ?

— Non. Il y a aussi du thym. Mais c'est surtout le sel qui en exalte la saveur. Mon père en était très friand, et il s'est toujours efforcé que nous n'en manquions pas, quel que soit son prix.

Tandis que Joanna bavardait, Severin songea que tout bien réfléchi il n'aurait peut-être pas tant de difficultés que cela à tenir son rôle de mari. Il l'observa tandis qu'elle portait une cuillerée de nourriture à la bouche d'Eloïse. Cette dernière ne cessait de regarder du côté des tables à tréteaux. Curieux, il l'imita, et croisa le regard de la gouvernante qui, lui sembla-t-il, le contemplait avec une langueur émue. Il avait du mal à imaginer Joanna frappant cette femme si triste et esseulée. Elle avait sûrement fait preuve de trop de sévérité. Tout bien considéré, peut-être permettrait-il à cette Beale de demeurer à Oxborough. Qui sait, Joanna finirait peut-être par s'entendre avec elle. Il faudrait qu'il lui en parle. Non, se reprit-il aussitôt : il lui ferait part de sa décision sitôt qu'elle serait prise.

— Nous ferons comme votre père et continuerons à faire provision de sel, dit-il à Joanna.

— Vous m'en voyez ravie, my lord.

L'espace d'un instant, il se demanda si sa femme ne se moquait pas de lui, puis décida que c'était impossible. Il se tourna vers Gwent, assis à sa droite, place que tenait autrefois l'intendant Torric. Ce dernier, mécontent, affichait un air aussi pincé que Beale. Ces deux-là exceptés, les gens d'Oxborough avaient perdu leurs mines inquiètes et semblaient plutôt satisfaits de leur sort. Ils riaient, s'interpellaient, discutaient, leurs enfants appuyés contre eux, à demi endormis, tandis qu'autour d'eux, les chiens se disputaient les restes en grognant. La vie de n'importe quel château, somme toute.

Le nouveau maître d'Oxborough était satisfait. Sa lignée perdurerait, même si ses engagements le forçaient à associer son nom à celui des Trent. Langthorne-Trent, baron de Louges, comte d'Oxborough, voilà un titre qui ne revenait qu'à lui seul, songeat-il. Il s'adossa contre le siège magnifiquement sculpté aux armoiries des Oxborough : un lion terrassant un griffon sur fond de bouquet de roses duquel il semblait jaillir, le tout surmonté d'une oriflamme portant la devise « Toujours de l'avant ». Il se pencha vers Gwent quand ce dernier lui dit à mi-voix :

— L'intendant Torric ne m'a paru guère heureux d'apprendre que vous saviez lire et compter. Je dirais même qu'il s'en est trouvé fort contrarié. Il n'est pas impossible qu'il ait détourné une part des écus de son ancien maître pour en garnir sa propre escarcelle.

— Je m'en aviserai dès demain matin, Gwent, et si c'est le cas, il le paiera de sa vie. Je te chargerai d'abord de le punir, car je sais combien tu détestes les voleurs. En attendant, garde-le à l'œil, qu'il ne profite pas de la nuit pour nous fausser compagnie.

Après que Joanna eut pris Eloïse par la main pour la conduire jusqu'à sa chambre, Severin ne s'attarda pas. Il but un gobelet de vin, histoire de laisser à son épouse le temps de préparer l'enfant pour la nuit. Puis, étouffant un bâillement, il se leva en s'étirant, sous l'œil égrillard de ses hommes. Il songea qu'ils riraient à s'en faire éclater la rate s'ils savaient qu'il avait accordé quatre jours de rémission à sa femme pour cause de flux menstruel. Mieux valait donc leur laisser croire ce que bon leur semblait. Cela dit, il se reprochait de s'être montré trop clément envers elle. Il n'aurait pas dû accéder à ses désirs comme il l'avait fait. Elle était peut-être comtesse, mais elle lui appartenait. Oui, il avait fait preuve de faiblesse et s'était montré docile comme un gamin.

Il ne trouva pas Joanna dans la chambre qu'il occupait ; le contraire l'aurait étonné. Qu'à cela ne tienne, se dit-il. Il allait de ce pas y remédier.

Il fit donc irruption dans la chambre de sa femme, portant haut sa chandelle, et aperçut son épouse allongée sur son lit étroit. Elle le regardait fixement, sa couverture remontée jusqu'au menton.

— Faites-moi grâce de vos discours, attaqua-t-il d'emblée. Vous devez dès maintenant vous habituer à ma présence à vos côtés la nuit, ainsi lorsque je vous prendrai, vous y ferez à peine attention. Vous verrez, Joanna, vous vous habituerez.

Se glissant dans la ruelle, il lui tendit sa robe de nuit, et dit simplement : Levez-vous, je vous prie.

Si tentée qu'elle fût de le repousser, elle comprit qu'aucune échappatoire n'était possible. Rejetant la couverture, elle se glissa prestement hors de son lit et s'empara du vêtement en se reprochant de n'avoir pas pensé que son mari lui rendrait visite.

— Venez, dit-il en lui tendant sa grande main hâlée.

Elle se revit, adressant le même geste à Eloïse, et cela lui fit venir un sourire aux lèvres. Elle répondit à l'invite et glissa sa main dans celle de Severin. Dans la chambre, qui avait été celle de l'ancien comte d'Oxborough, le jeune homme n'exigea pas qu'elle se dévêtît. Elle en fut soulagée, car elle n'avait jamais partagé le lit de personne, pas même celui de sa mère, quand elle était enfant. Heureusement, le lit était vaste, et les couvertures sentaient bon la lavande que dame Agnès y avait glissée. Cela lui parut néanmoins étrange.

Elle resta allongée sur le dos, immobile. De son côté, Severin se garda de la toucher. Comme elle sombrait lentement dans le sommeil, Tristan bondit sur le lit et vint se blottir contre son visage.

— Bonne nuit, Tristan, murmura-t-elle, avant de pouffer en sentant les moustaches de la martre lui chatouiller la joue.

Severin étouffa un juron.

— Le revenant que voilà ! s'exclama-t-il. Il a disparu deux grandes heures, aujourd'hui, sans doute pour aller courir la gueuse dans les bois.

— Il n'avait pas grand appétit ce soir, remarqua Joanna. Peut-être a-t-il recommencé à se nourrir par ses propres moyens.

— Je lui avais interdit de quitter l'enceinte du château. Mais depuis mon arrivée, il semble être atteint d'esprit d'indépendance. C'est à croire qu'il subit votre influence.

— Dites-moi, my lord : vous répond-il, chaque fois que vous lui adressez la parole ?

— Ne vous moquez pas de moi ou vous risqueriez de le regretter. Tristan comprend tout ce que je lui dis. Pour vous en convaincre, il suffit de l'écouter. Il dispose d'une gamme de sons très variée et…

De grands coups retentirent à la porte, qui s'ouvrit aussitôt pour livrer passage à Gwent.

— My lord ! s'écria-t-il, le souffle court. La femme Beale est à la poterne ! Elle s'est emparée de l'enfant et jure de l'égorger si on l'empêche de quitter le château !

— Par tous les diables ! s'exclama Severin. Quelle est donc encore cette folie ! Tâche de la distraire et de gagner du temps. Je te rejoins dans un instant. Cours !

Il se leva et entreprit de se vêtir fébrilement. Joanna bondit à son tour hors du lit et, attrapant à la hâte sa robe de nuit, se lança sur les talons de l'écuyer.

— Joanna, bon sang, revenez !

Sans écouter son mari ni même lui accorder un regard, la jeune femme courut pieds nus jusqu'à l'escalier qu'elle descendit quatre à quatre. Serviteurs et gens d'armes s'étaient rassemblés dans la salle commune. Les bousculant sans ménagement, elle franchit les grandes portes et se précipita à la suite de Gwent. À vingt pieds de la poterne, elle s'immobilisa, hors d'haleine, et aperçut Alart, le garde, qui parlait à Beale en gesticulant furieusement.

— Je ne peux vous laisser sortir sans que mon maître m'en ait donné la permission, expliquait-il désespérément. Si je lui désobéissais, il me ferait pendre. Je vous demande seulement d'attendre, Lord Langthorne ne va pas tarder à arriver.

À peine avait-il prononcé ces paroles que ce dernier se matérialisa aux côtés de Joanna.

— Ne tentez rien, Joanna, lui commanda-t-il à l'oreille. Vous ne feriez qu'aggraver la situation.

— Comment la situation serait-elle pire ? protesta cette dernière en retour. Et que pourriez-vous faire que je ne puisse ?

Elle se tourna pour lui faire face, mais Severin s'était déjà éclipsé pour aller se tapir dans l'ombre avant que la gouvernante n'ait décelé sa présence.

— Dame Beale ! cria alors Gwent. Le maître ne saurait tarder ; il m'a chargé de vous dire qu'il était prêt à accéder à votre requête. Ne commettez pas un acte qui pourrait lui déplaire ou vous le regretteriez !

— Que me commandez-vous de faire, messire Gwent ? cria le garde en retour.

— Reste à ton poste, lui répondit Gwent. Notre maître sera bientôt là !

Puis, à l'intention des hommes d'armes qui s'étaient regroupés autour de lui, il ajouta :

— Reculez ! Ne faites pas de gestes qui risqueraient de l'affoler.

Severin avait profité de cet échange pour se rapprocher subrepticement de la femme, sous l'œil inquiet de Joanna qui craignait que la gouvernante ne se retourne et ne découvre sa ruse.

— Parlez-lui, my lady, l'encouragea à mi-voix l'écuyer. Tâchez de la distraire.

— Écoutez-moi, Beale ! lança alors la jeune femme d'une voix forte. J'ai eu tort. Rendez l'enfant et je ferai en sorte que vous restiez ici et que sa garde vous soit confiée !

— Vous mentez ! vociféra la démente.

Joanna sursauta en entendant cette voix venimeuse.

— Ne faites pas de mal à Eloïse, reprit-elle courageusement. Elle ne le mérite pas. C'est moi qui devrais être à sa place. Que diriez-vous que je prenne sa place ?

— Sale menteuse ! éructa Beale. Je vous tuerai ! Je vous ferai souffrir comme Richard de Luci a fait souffrir sa pauvre femme. Son agonie a duré deux jours et demi, et il ne cessait de la surveiller, attendant l'occasion d'être seul avec elle pour pouvoir l'achever ! Oui ! Je vous ferai regretter d'avoir voulu me supplanter auprès de cette enf…

Les mots s'étranglèrent dans sa gorge. Le bras de Severin venait de s'enrouler autour de son cou, tandis que, de son autre main, il la forçait à lâcher son couteau. Comme il resserrait sa prise, le corps de la démente parut s'affaisser. Libre de ses mouvements, Eloïse se précipita, en larmes, dans les bras de Joanna.

Severin relâchait à peine Beale que cette dernière, dans un sursaut d'énergie, lui lança un violent coup de coude dans l'abdomen. Il eut un instant de désarroi mais, revenu de sa surprise, il raffermit sa prise avec tant de force que la femme fit entendre un gargouillement étranglé. La pression sur sa gorge était telle qu'il suffisait de quelques secondes pour qu'il la tue. Il la lâcha avec un juron et la repoussa sans ménagement. Elle s'effondra à quatre pattes, balayant les dalles de pierre de ses cheveux défaits.

— Veille à ce que cette diablesse soit jetée dans un cachot, commanda-t-il à son écuyer. Qu'on l'y tienne enfermée jusqu'à ce qu'elle soit reconduite au château de Sedgewick. Sire Alan se chargera d'elle en attendant que j'aie décidé de son sort.

Saisissant la folle aux aisselles, Gwent la força à se relever. Tandis qu'il l'entraînait vers le donjon, elle se mit à crier par-dessus son épaule :

— Écoutez bien ce que je dis, comtesse ! Vous et l'enfant brûlerez en enfer ! Vous y brûlerez aussi longtemps que vos âmes souillées ne seront pas purifiées !

Gwent la bâillonna de sa main, indifférent à ses gesticulations. Tandis qu'il l'emmenait, suivi de ses hommes d'armes, Joanna serra étroitement Eloïse contre elle en s'efforçant de la rassurer.

— Comment va l'enfant ? s'enquit Severin en s'approchant.

— Elle va bien, mais elle est effrayée, et moi tout autant qu'elle.

À la grande surprise de Joanna, il s'agenouilla et effleura du doigt la joue de la fillette.

— Pardonne-moi, Eloïse, dit-il doucement. Si j'avais soupçonné un seul instant que ta gouvernante avait perdu l'esprit, je ne t'aurais jamais laissée seule dans ta chambre. Mais je t'en fais dès à présent la promesse : personne ne te fera plus jamais de mal. Ma négligence a failli te coûter la vie ; je t'en demande pardon.

Transie de peur, la petite fille se borna à le regarder, les yeux écarquillés. Puis, d'un geste hésitant, elle tendit la main et effleura à son tour la joue de Severin.

— Vous m'avez sauvée, murmura-t-elle en éclatant en sanglots. Je vous pardonne...

Severin lui sourit sans rien dire. Il attendit, immobile, qu'elle se soit un peu calmée.

— Que dirais-tu si je te portais dans mes bras jusqu'à ta chambre ? proposa-t-il, avant de se raviser : Non, j'ai une meilleure idée. Tu dormiras entre Lady Joanna et moi. Il n'est pas question que tu restes seule après un tel cauchemar…

Et c'est ainsi que Joanna passa sa troisième nuit de femme mariée dans le lit de son époux, avec Eloïse entre eux, et la martre Tristan allongée sur l'oreiller de son maître.

9

— Vois-tu, Eloïse, on raconte que l'allium que voilà évita à Ulysse d'être changé en porc durant son long voyage.

— Qui est Ulysse ?

— Un prince grec qui erra de nombreuses années avant de retrouver son île. Il vécut voilà fort longtemps et connut à lui seul plus d'aventures que cent hommes réunis.

— Est-ce qu'il fut un grand pécheur ?

Visiblement, la notion de péché était au centre de la vie de la fillette.

— Eh bien, répondit Joanna, à vrai dire, les gens de son époque ignoraient l'existence de notre dieu.

Au regard éberlué que lui adressa Eloïse, elle comprit qu'une telle réponse dépassait son entendement. Elle eut cependant la sagesse de ne pas en dire plus et, cueillant une ancolie, préféra changer de sujet.

— Si tu souffrais de maux de gorge au point de ne plus pouvoir parler, une infusion de cette plante te permettra de crier à tue-tête dès le lendemain.

— Vous êtes si savante, Lady Joanna. Moi, je ne sais rien, soupira Eloïse. Je suis contente d'être auprès de vous et de savoir Beale repartie pour Sedgewick, mais j'ai encore très peur de la voir revenir.

— Rassure-toi, personne ne la laisserait franchir les grilles du château. En outre, comment ferait-elle pour venir jusqu'ici ?

— Dieu la transporterait sur un nuage.

— Je ne crois pas que Dieu ait beaucoup d'estime pour Beale, Eloïse. Mais je vois dame Agnès qui s'approche. Va à sa rencontre, elle te conduira auprès de MacDear. Il t'enseignera comment on fait le pain. Je ne connais rien de plus amusant. Va, je te reverrai plus tard.

Joanna regarda la fillette s'éloigner en trottinant. Quatre jours s'étaient écoulés depuis son arrivée, et, bien qu'encore très intimidée et se nourrissant à peine, elle avait fait de notables progrès.

Restée seule, la jeune femme se rappela que le jour fatidique était arrivé. Ce soir, elle ne pourrait plus se dérober. Elle n'en était pas autrement effrayée, mais elle se demandait si l'épreuve se révélerait aussi éprouvante que la première fois. Le matin même, alors qu'elle prenait place à table, Severin l'avait regardée bien en face avant de lâcher tout à trac :

— Je n'ai pas oublié, et je lis dans vos yeux que vous non plus, my lady.

— Trouvez-vous mes yeux aussi ordinaires que le reste de ma personne ?

— Ne mettez pas ma patience à l'épreuve de si bon matin. Je crois vous avoir dit que vous étiez moins ordinaire que bien des femmes, à plus forte raison si elles sont comtesses. Pour ce qui est de vos yeux, ils sont d'un joli vert, du moins lorsque vous souriez. En revanche, lorsque vous vous moquez, ils s'assombrissent et prennent une vilaine couleur.

— Pour ce qui est des vôtres, messire, ils sont aussi noirs que les chaudrons de MacDear, aussi noirs qu'une nuit sans lune, et cela, quelle que soit votre humeur.

— En voilà assez, Joanna, les yeux que vous décrivez là sont ceux d'un Maure, alors que les miens sont bleus. Veillez plutôt à ce que le repas de ce soir soit copieux, j'ai besoin de me sustenter avant d'accomplir la tâche qui m'incombe.

Une tâche... Elle ne serait donc jamais rien d'autre, avait-elle songé, découragée. Elle l'avait regardé s'éloigner en faisant claquer son gantelet contre sa cuisse. Tristan, lui, semblait s'être volatilisé.

Au diable, puisqu'il y tenait, il l'aurait, son festin ! Sans plus tarder, Joanna descendit aux cuisines. Le jovial MacDear s'affairait, criant des ordres à ses marmitons, humant ici, goûtant là, tantôt à ses broches, tantôt à ses fourneaux, le visage rubicond quelle que soit la saison. À son grand plaisir, elle vit qu'Eloïse souriait tandis qu'une servante lui montrait comment casser des œufs.

Ayant transmis à MacDear les désirs du maître des lieux, elle retourna dans la salle commune et trouva Severin devisant avec ses capitaines. Autour d'eux, le vacarme était assourdissant. Rien que de très normal, en somme, songea Joanna avec un sourire. Difficile de croire que son père était mort à peine une semaine plus tôt.

Elle avait tenté de porter le deuil, et même dit quelques prières pour le repos de son âme, mais au fond de son cœur ne subsistaient que peu de regrets. Le comte ne lui avait jamais témoigné d'affection, il ne s'était jamais intéressé à elle sinon pour lui faire des reproches ou la corriger lorsqu'il était de mauvaise humeur.

— Eloïse est aux cuisines avec MacDear. Il lui enseigne les rudiments de son art, déclara-t-elle, après que Severin l'eut entraînée à l'écart. Avez-vous faim, my lord ?

— Cela se pourrait. Je ne me souviens pas que vous m'ayez jamais aidé à prendre mon bain, le ferez-vous ?

— Assurément, si tel est votre bon plaisir, répondit-elle, rassurée de ce qu'elle l'avait vu dans le plus simple appareil les nuits précédentes.

— Allez dans ma chambre m'y attendre, commanda-t-il, avant de retourner à ses hommes et à ses conciliabules.

Ayant demandé qu'on lui prépare son bain, Joanna l'attendit patiemment. Son regard se posa sur le lit où elle avisa une bosse sous la couverture, près de l'oreiller de Severin. Allant y voir de plus près, elle découvrit le pot de crème que son mari avait utilisé cette première nuit. Apparemment, il se souciait suffisamment d'elle pour ne point désirer la faire souffrir à nouveau. Cela qui lui parut de bon augure. Peut-être que cet accouplement serait moins déplaisant qu'elle ne le craignait, songea-t-elle.

Lassée d'attendre et sachant que l'eau du bain refroidissait, elle se dévêtit et se glissa dans le grand baquet de bois. Elle était en train de se savonner quand la porte s'ouvrit, livrant passage à Severin. Joanna suspendit son geste et le regarda s'approcher.

— Ne vous voyant pas venir, j'ai décidé de commencer sans vous.

Il s'arrêta près du baquet, la dominant de toute sa hauteur.

— Quand vous aurez terminé, je prendrais votre place et vous me laverez le dos, déclara-t-il, avant d'ajouter : Désirez-vous que je vous savonne ?

— Oh, non ! J'y parviendrai toute seule.

— Quel est donc ce parfum qui flotte dans l'air ? Je le trouve très agréable.

— C'est de la lavande. Les Romains l'ont importée quand ils ont envahi la Grande-Bretagne. Le nom provient du latin *lavare,* qui veut dire laver.

— D'où tenez-vous cela ?

— J'ai quelques lectures et ne suis pas si ignorante que vous le pensez, my lord. À présent, voulez-vous me laisser, j'irai vous chercher sitôt que j'aurai fini.

Severin se contenta de secouer la tête et, se dirigeant vers le lit, s'y assit pour délacer ses chausses. Voyant cela, Rebeca s'empressa de terminer sa toilette et, profitant de ce que Severin passait sa chemise par-dessus la tête, bondit hors du bain et attrapa une étoffe dans laquelle elle se drapa. Le rire de son mari la fit se retourner.

— Vous êtes rapide, Joanna, railla-t-il. J'aime beaucoup vos jambes. Elles sont longues et s'enrouleront parfaitement autour de mes flancs...

— Pourquoi mettrais-je mes jambes à cet endroit ? s'étonna-t-elle.

— Vous verrez. Je...

Quelques coups discrets retentirent à la porte.

— Entrez, dit Joanna, sans laisser à Severin le temps de répondre.

Bien qu'agacé, il préféra ne rien dire.

Alice apparut, suivie de deux valets portant un grand baquet d'eau chaude. De trois ans plus âgée que Joanna, la servante était d'un abord aimable, elle avait le rire facile et l'humeur joyeuse. C'était elle qui, lors de ses premières menstruations, avait expliqué à Joanna les raisons de ses écoulements.

Alors que celle-ci la remerciait, elle vit un doux sourire se dessiner sur le visage d'Alice tandis qu'elle regardait du côté de Severin. Se pouvait-il qu'elle l'eût déjà fait bénéficier de ses faveurs ?

— Venez donc m'aider à retirer mes chausses, lui commanda soudain Langthorne. Mon écuyer est absent, et je doute que mon épouse puisse s'acquitter d'une pareille tâche.

Joanna ne dit mot, osant à peine regarder Alice se précipiter aux pieds de son maître, l'air ravie. Elle fit entendre un petit rire de gorge, tandis que, dos tourné, elle se baissait pour attraper l'une des bottes de Severin. Alors qu'elle levait les yeux, Joanna vit que ce dernier fixait intensément la croupe de la servante. Il esquissa un geste, puis se ravisa en fronçant les sourcils. Alice continuait à glousser, consciente que son maître regardait son derrière.

Joanna sentit la fureur s'emparer d'elle. Jamais il n'avait posé sur elle un regard aussi concupiscent. Pour un peu, il allait prendre sa servante là, sous ses yeux !

— Vous n'êtes qu'un porc lubrique ! rugit-elle.

Se saisissant d'un seau d'eau chaude, elle le lui lança au visage. Il lâcha un juron.

— Joanna, vous étiez donc là ? Je vous croyais derrière le paravent, occupée à vous rhabiller !

— Alice, hors d'ici ! cria-t-elle sans s'occuper de lui. Je te croyais mon amie, et voilà que tu te trémousses sous le nez de Severin. Je te rappelle que c'est mon mari ! Je ne permettrai pas ce genre de choses.

— Je sais bien que c'est votre mari, répondit la servante sans cacher son étonnement. Mais c'est aussi un homme. Que vient faire notre amitié là-dedans ?

S'étant essuyé le visage avec sa chemise, Severin se leva et la jeta sur le sol.

— Laissez-nous, Alice, ordonna-t-il tout en décochant un regard meurtrier à Joanna.

— Mais... my lord, protesta la jeune fille doucement, Lady Joanna ne connaît pas les hommes. Elle se montre possessive parce qu'elle n'entend rien au jeu de la séduction. Car il s'agit d'un jeu, et de rien d'autre. J'ai vu à vos regards et à vos sourires que vous me portiez de l'intérêt. D'ailleurs, votre écuyer m'a fait part de vos intentions à mon sujet et...

— Cela est hors de propos, l'interrompit Severin d'une voix tranchante. Sortez, à moins que vous ne vouliez partager le sort de votre maîtresse...

La jeune servante jeta un coup d'œil à Joanna. Elle paraissait affreusement pâle, enveloppée dans ce grand linge blanc qu'elle tenait d'une main crispée. Alice n'avait pas menti en affirmant qu'il ne s'agissait pour elle que d'un jeu. Severin le lui aurait demandé qu'elle ne se serait pas fait prier pour s'asseoir sur ses genoux et le laisser entrer en elle. Ils auraient ri et passé un bon moment ensemble. Mais voilà, Joanna lui avait déplu. Elle lui avait lancé un baquet d'eau à la figure. Elle s'était montrée jalouse. Alice tressaillit. Joanna, jalouse ? C'était proprement inimaginable ! Cela dit, elle savait ce que le mot amitié signifiait et elle allait le prouver.

— Il serait préférable que je reste, my lord, riposta-t-elle. Si quelqu'un doit être puni, c'est moi, et non Lady Joanna.

Severin scruta le doux visage de celle sur qui il entendait, depuis quatre jours, exercer son droit de cuissage sans jamais en avoir eu le temps, tant ses nouvelles tâches l'avaient accaparé. Il la vit reculer pour se camper aux côtés de Joanna, les mains sur les hanches.

— Non, my lord, je ne permettrai pas qu'on fasse du mal à ma maîtresse.

Joanna contemplait son époux quasi nu. Elle aurait voulu pouvoir remonter le temps, revenir en arrière ne serait-ce que de vingt minutes. Mais bien sûr, c'était impossible. En dépit du nœud qui lui serrait la gorge, elle parvint à articuler :

— Alice, tu n'as pas à me protéger. C'est ridicule. Je n'avais pas compris qu'hommes et femmes copulaient sitôt qu'ils en avaient envie. Tu as raison, ce n'est qu'un homme, alors que toi et moi sommes amies depuis des années. S'il te plaît, retourne à tes occupations. Si Lord Langthorne a décidé de me corriger, il le fera, que tu sois présente ou pas. Allez, va.

Tristan, que l'aspersion n'avait pas épargné, s'ébroua un instant puis, sautant gracieusement en bas du lit, grimpa le long de la jambe de Joanna pour aller frotter sa moustache contre sa joue.

— Ce petit animal ne permettra pas que l'on vous maltraite, déclara posément la servante. Et tout le monde sait que le maître ferait n'importe quoi pour sa martre.

Désorienté, sans toutefois en laisser rien paraître, Severin s'étonna de la promptitude avec laquelle Tristan se rangeait du côté de Joanna. Et ce n'était pas la première fois ! Quelle ingratitude de la part d'un animal qu'il avait recueilli à demi mort de froid dans un bois...

Il prit une profonde inspiration, puis se dirigea à grands pas vers Joanna. L'empoignant par les bras, il la souleva à hauteur d'yeux et se mit à la secouer comme un prunier. De saisissement, elle lâcha le tissu dans lequel elle s'était enroulée. Elle poussa un cri et essaya de le rattraper, en vain.

— Sortez de cette chambre, Alice, rugit-il. J'ai l'intention de prendre votre douce maîtresse, ici même, et sur-le-champ.

Alice n'esquissa pas le moindre mouvement.

— Allez-vous-en, morbleu !

Alice savait quand un homme ne plaisantait pas. Et c'était le cas de son maître. Ses yeux firent un bref aller et retour entre Joanna et la martre perchée sur son épaule, puis elle s'esquiva sans demander son reste.

— À présent, laissez-moi voir ce que j'ai acheté au prix de mon honneur, fit le jeune homme d'un ton grinçant.

— Votre honneur ? Vous avez acheté quelque chose ? Pas ici, my lord ! Pas à Oxborough ! Votre honneur ne vous a pas permis d'acheter la moindre volaille. Vous vous êtes contenté de débarquer avec vos hommes, et de m'épouser pour devenir le maître !

— Vous avez abusé de ma patience au-delà du supportable. Je ne saurais en tolérer davantage, répliqua Severin, bouillant de colère. Oh ! ne vous inquiétez pas, je ne vous forcerai pas ! Mais j'userai de vous encore et encore, jusqu'à ce que vous compreniez que c'est moi et moi seul qui décide de votre sort. À présent, plus un mot !

Il la déposa brutalement sur le sol et, l'entraînant par le bras, la jeta en travers du lit. Debout à son chevet, il la parcourut du regard.

Elle était étendue, jambes écartées, et il sut immédiatement qu'il n'aurait pas à faire d'efforts pour accomplir son devoir. Elle avait la peau blanche et le corps harmonieusement incurvé. Elle resplendissait de jeunesse et de santé, et un désir fulgurant le transperça. Mais il n'oubliait pas qu'elle lui avait lancé un baquet d'eau au visage et, pour cela, elle ne méritait pas d'être traitée autrement qu'en femme désobéissante.

— C'est vous qui m'avez poussée à bout, Severin, déclara-t-elle en s'enroulant dans la couverture. Et je refuse que vous me touchiez ; en colère comme vous l'êtes, vous allez me faire mal.

— Vous faire mal ? Non, je n'en ferai rien, bien que vous le méritiez amplement.

Il se pencha et s'empara du pot de crème qu'il avait soigneusement mis de côté.

— À présent, mettez-vous sur le dos et montrez-vous. Retirez cette couverture ! tempêta-t-il, en voyant que Joanna ne réagissait pas.

Pour toute réponse, la jeune femme lui jeta la couverture au visage et alla se réfugier à l'extrémité du lit. Severin l'empoigna par la cheville et la ramena vers lui. Elle méritait vraiment qu'il la brutalise ! Mais il s'en savait incapable.

— Si vous tentez de vous débattre, je vous le ferai regretter, reprit-il d'une voix sourde.

Plongeant les doigts dans le pot de crème, il réitéra l'opération à laquelle il s'était livré au cours de la première nuit. Joanna frissonna, mais demeura silencieuse. Severin acheva sa besogne, satisfait de constater qu'elle se tenait enfin tranquille. Il finirait bien par la dompter, songea-t-il en posant les yeux sur elle.

— Vos seins me semblent convenables, remarqua-t-il. Convenables, sans plus, s'empressa-t-il d'ajouter alors que Tristan faisait entendre un miaulement réprobateur. Ils remplissent la main d'un honnête homme, poursuivit-il en joignant le geste à la parole. Ce qui laisse espérer que vous pourrez allaiter nos fils sans problème.

Joanna tenta de se dérober, mais il la maintint fermement sur le lit en lui écrasant le ventre de son genou.

— Je déteste tout cela. Vous ne cherchez qu'à vous venger de moi. Laissez-moi partir, les servantes attendent mes instructions pour le repas du soir.

— Taisez-vous, Joanna. L'onguent vous évitera de souffrir quand je serai en vous.

Il continua de lui palper doucement les seins d'un air appréciateur. Puis sa main se plaqua sur son ventre comme pour mesurer la largeur de son bassin.

— Oui, vous semblez faite pour porter des enfants, observa-t-il. C'est déjà ça.

Sans un mot, il la saisit par les bras, la souleva, et la retourna sur le ventre. Elle tenta de se dégager d'un coup de reins, mais il l'immobilisa en la saisissant par la taille.

— Ne bougez pas...

Quand les mains de Severin se posèrent sur ses hanches, elle ne fut nullement effrayée. Elle ne le fut pas davantage lorsqu'elle sentit ses doigts calleux lui effleurer les seins. La sensation était étrange. Et puis soudain, elle eut la certitude qu'il continuait sa revue de détail afin de s'assurer de son aptitude à porter un enfant.

Et cela, c'était plus qu'elle n'en pouvait supporter.

10

Severin glissa les doigts entre ses cuisses. Elle réagit violemment et, d'une ruade, tenta de le repousser.

— Ne me résistez pas, Joanna.

La retournant sur le dos, il lui fit plier les jambes et la força à écarter les genoux.

— Maintenant, souffla-t-il en baissant les yeux sur elle. Maintenant...

Il entra profondément en elle, d'une seule poussée. Bien qu'elle le sentît pleinement, l'onguent fit qu'elle n'éprouva aucune douleur. Les yeux clos, elle se demanda quelles sensations il éprouvait à cet instant précis, à s'adonner à ce va-et-vient.

— Que ressentez-vous à vous livrer à pareil exercice sur ma personne ? demanda-t-elle.

Severin ouvrit les yeux et la regarda sans songer un instant à s'interrompre, incapable même d'en supporter l'idée.

— Aucun mot ne saurait l'exprimer, répondit-il d'une voix rauque.

Tristan fit entendre un miaulement sonore, mais Severin ne s'arrêta pas pour autant. Les yeux de nouveau fermés, il s'activait, le corps parcouru de frissons. Sous lui, Joanna demeurait inerte, alors qu'il brûlait de l'entendre gémir de plaisir, de sentir ses jambes lui enserrer les reins. Mais elle ne ferait rien de tel, bien sûr. Elle attendrait patiemment qu'il en ait terminé. Si elle ne se débattait pas, c'était uniquement parce qu'elle savait qu'elle n'avait aucune chance de se débarrasser de lui, clouée comme elle l'était sur le lit par le poids de son corps.

Il se tendit soudain, et comprit qu'il ne garderait pas le contrôle de ses sens encore bien longtemps.

Pétrifiée, elle observa son visage, lut son expression intense quand son bassin vint brusquement à la rencontre du sien et s'immobilisa. La tête rejetée en arrière, il poussa un cri sourd. Un spasme le secoua tout entier et elle le sentit se répandre en elle.

À peine s'était-il immobilisé qu'elle lui murmura avec toute la conviction dont elle était capable :

— Vous êtes un animal de la pire espèce, et je vous hais. Si on venait de nouveau à attenter à votre vie, j'y prêterais la main avec plaisir. Seriez-vous atteint de maladie que je vous abandonnerai à votre sort. À présent, laissez-moi. Je ne suis ni experte, ni enthousiaste, ni même suffisamment belle pour que vous vouliez renouveler, ne serait-ce qu'une fois, pareille expérience. Laissez-moi et, de grâce, ne vous en prenez pas à Alice : elle ne mérite pas de souffrir pareille abomination. Aucune femme ne le mérite.

Il se retira promptement et bondit hors du lit, le souffle court. Joanna était d'une extrême pâleur, elle le fixait, les pupilles dilatées, les poings serrés. Un coup à la porte le fit se retourner.

— Qui est-ce ? cria-t-il.

— My lord, nous avons rapporté un baquet d'eau chaude.

Severin se dirigea vers la porte en grommelant, l'ouvrit et, se saisissant du baquet, renvoya les serviteurs. Il le déposa à l'intérieur de la chambre et claqua la porte. Joanna n'avait pas bougé. D'où il se trouvait, il pouvait voir son intimité luisante de crème et de semence mêlées. Il entra dans l'eau et lança par-dessus son épaule :

— Habillez-vous et allez vous occuper de mon repas.

— Non, répliqua-t-elle d'une voix claire.

Il se retourna, sidéré.

— Qu'avez-vous dit ?

— J'ai dit non. Je ne veux plus rien avoir à faire avec vous. Vous ne me méritez pas, pas plus que vous ne méritez Oxborough. Graelam et le roi Edward ont fait une grave erreur en vous recommandant à mon père.

Severin n'en croyait pas ses oreilles.

— Venez me savonner le dos, ordonna-t-il, incapable de trouver réponse à pareil discours.

— Plutôt vous y enfoncer un poignard.

À ces mots, il sortit de ses gonds et se dressa hors de l'eau.

— Vous me menacez ? tonna-t-il. Vous, une femme, vous osez me menacer ?

Se frappant le front du plat de la main, il poursuivit :

— Je vous ai épargné de souffrir alors que rien ne m'y obligeait, et voilà ma récompense : une femme incapable de se dominer !

Sans daigner lui répondre, Joanna se leva et ramassa son vêtement de nuit sur le sol. Elle lui tourna le dos et s'habilla à la hâte.

— Si vous pouviez seulement tenir votre langue. Si vous ne me résistiez pas sans cesse, je n'aurais nul besoin d'utiliser un onguent pour entrer en vous. Je suis censé vous donner du plaisir, cependant, vous le refusez.

Elle fit volte-face, ébahie.

— Me donner du plaisir ? Voilà une plaisanterie cruelle qu'aucune femme ne saurait croire ! Mais vous avez raison, Severin, je suis fautive. Vous avez eu la faiblesse de vouloir m'épargner et vous voilà puni ! Vous auriez dû me faire mal, me montrer quel puissant guerrier vous êtes et à quel point je ne suis rien comparée à vous. Me donner du plaisir, avez-vous dit ? Je suis censée me pâmer quand vous me jetez sur le lit, quand vous m'insultez et vous fourrez en moi ? Vraiment ?

Sans attendre sa réponse, elle tourna les talons et quitta la chambre.

— Je ne vous ai pas permis de sortir de cette pièce, cria-t-il.

Mais elle ferma la porte doucement, sans se soucier de ses cris.

Découragé, Severin se laissa glisser dans l'eau. Il ne comprenait pas. Il avait tout fait pour ménager Joanna, il avait été patient avec elle, et pourtant cela n'avait servi à rien. Il ne lui inspirait que de la répulsion et elle le haïssait. Elle était restée étendue sous lui, telle une martyre qu'on sacrifie. Oh ! elle était étroite et douce comme du velours, mais elle n'était pas là, avec lui. Bon sang, qu'avait-il fait pour mériter une telle femme ! Si cela continuait, il allait regretter cette union. En attendant, il lui fallait prendre des mesures à l'encontre de Joanna. Le problème, c'est qu'il ne savait pas au juste lesquelles...

Ayant regagné sa chambre, Joanna tria ses herbes, pila quelques mélanges en chantonnant. Concentrer ses pensées sur ses fleurs séchées lui procurait un grand apaisement et lui faisait oublier ce qu'elle venait de subir. Dame Agnès entra, portant un plateau chargé de nourriture, sans que Joanna l'entendît, tant elle était absorbée.

— Il faut vous nourrir, Joanna. Vous ne pouvez pas vous laisser dépérir sous prétexte que vous ne savez comment vous y prendre avec votre époux.

La jeune femme sursauta si violemment qu'elle en brisa trois branches de digitales pourprées. Elle en ramassa les débris et répondit sans se donner la peine de se retourner :

— Saviez-vous, Agnès, que les anciens druides considéraient la digitale comme leur fleur, parce que leur forme rappelle celle de leurs chapeaux ?

— Cessez ces sottises, Lady Joanna. Vous cherchez à détourner la conversation pour ne pas entendre des mots qui risquent de vous déplaire. C'est un subterfuge dont vous usez aussi avec Severin ; pour peu qu'il vous adresse la parole, vous lui parlez botanique. Quel usage entendez-vous faire de ces digitales ? ajouta-t-elle en fronçant les sourcils. Il n'y a rien de bon à en retirer, vous le savez bien. Pourquoi les gardez-vous avec vos plantes médicinales ?

— Parce qu'elles sont belles, sans plus.

Dame Agnès se dirigea vers le lit et en lissa le couvre-pied avant de reprendre :

— Écoutez, Joanna. Tout le monde sait que le baron vous a forcée. Jusqu'aux servantes en cuisine qui connaissent vos tourments – Alice s'est chargée de les informer. Pourtant, personne ne songe à rire ou à en faire des gorges chaudes. Les hommes du baron se cantonnent dans un silence maussade, malgré leurs efforts pour n'en rien laisser voir. Au repas du soir, on aurait presque entendu une mouche voler.

— Je suppose que Severin vous a envoyée me chercher, dit Joanna en se raidissant.

— Pas du tout. Je crois même qu'il s'apprête à quitter Oxborough. Il semble tout à coup ne plus éprouver de plaisir à en être le maître. Au dîner, il est demeuré silencieux. C'est à peine s'il a échangé trois mots avec Eloïse. Même la martre l'observe d'un œil circonspect.

— À vous entendre, on croirait que tout cela est ma faute. Mais si Tristan pouvait parler, il vous dirait la cruauté de son maître, sa lâcheté, sa...

— Et vous, si vous étiez encore une enfant, je vous souffletterais pour vous être si sottement comportée. Hélas, vous êtes une jeune femme, à présent, et comtesse d'Oxborough de surcroît, ce qui, à l'évidence, ne semble guère vous réussir. Alice m'a fait part de votre ignorance à aiguiller l'homme qu'est votre époux vers des chemins qui sauraient vous plaire. Elle m'a dit aussi sa tristesse de vous voir vous débattre comme un poisson dans une nasse, et l'offenser au point de ne lui laisser d'autre choix que de vous punir. Ce qu'il a fait, bien entendu. Cela a-t-il été très douloureux ?

Joanna sentait encore les coups de boutoir dans ses entrailles. Un homme était entré en elle. Il était allé jusqu'à lui palper le ventre et les hanches pour s'assurer qu'elle pourrait porter ses enfants, le porc ! Il avait fait pis encore, et dame Agnès devait le savoir de la bouche d'Alice. Pourtant, voilà qu'elle semblait la blâmer, comme si elle était responsable de l'infamie dont elle était victime ! Joanna ne parvenait pas à y croire. C'était trop injuste.

— Non, cela n'a pas été douloureux, répondit-elle. Mais là n'est pas le propos. Je suppose qu'Alice ne vous a pas dit qu'il s'en est fallu de peu qu'elle ne se fasse besogner, là, sous mes yeux.

— Si, elle m'en a parlé longuement, au contraire, répondit dame Agnès avec un rire contenu. Mais que voulez-vous qu'elle y fasse ? Chacun sait qu'elle est bonne fille.

— Mais Lord Langthorne est mon époux.

— Certes. Cependant, j'aimerais que vous écoutiez ce que j'ai à vous dire avec attention...

À cet instant, on frappa à la porte. C'était Alice, plus contrite que jamais. Elle jeta un regard furtif à dame Agnès.

— Tu arrives au bon moment, Alice, lui lança cette dernière. Ton concours me sera utile pour instruire notre jeune maîtresse.

La servante parut se ragaillardir.

— Joanna, allez-vous bien ? Vous a-t-il fait mal ? s'écria-t-elle. Je ne vois pas de marques de coups !

Le regard de Joanna passa de l'une à l'autre de ces deux femmes qu'elle connaissait depuis toujours. Elle était interloquée. Ainsi, son époux n'aurait pu être blâmé qu'à condition de l'avoir rossée ?

— Il m'a humiliée, murmura-t-elle.

— Humiliée ? répéta dame Agnès. Qu'est-ce que cela signifie ? Ne savez-vous pas qu'il est de règle pour un homme d'« humilier », comme vous dites, une femme ? Que vous a-t-il fait, exactement ?

— Il m'a mesurée avec sa main pour savoir si je pouvais porter un enfant.

— Cela n'a rien que de très normal, la rassura dame Agnès. Il voulait s'assurer que vous ne risquiez pas de mourir en couches. Seule sa hâte d'avoir un héritier l'a conduit à agir ainsi, et cela n'a rien d'humiliant. Est-ce tout ?

— Il a failli toucher le derrière d'Alice, mais comme j'étais présente, il s'en est abstenu.

— S'il s'est comporté ainsi, c'est justement pour ne pas vous humilier. Pardonnez-moi, my lady, mais il me semble que vous avez mal jugé votre mari.

Comme Joanna portait la main à la bouche pour

étouffer un cri de stupeur, Alice s'approcha d'elle et lui posa obligeamment la main sur l'épaule.

— Un homme n'a ni la clarté d'esprit ni la sensibilité d'une femme, lui dit-elle doucement. Sa raison de vivre, il la trouve dans les combats, où il peut éprouver sa virilité et s'éclaircir les sangs, mais également dans le boire, le manger, et l'accouplement – le plus souvent possible. C'est là tout ce qu'une femme peut attendre de la plupart d'entre eux.

— L'on ne saurait faire meilleure description de la gent masculine, approuva dame Agnès en hochant la tête. Ma foi, Joanna, j'ai l'impression que vous avez gâché bien des choses par votre entêtement. Voilà un homme que vous auriez mené par le bout du nez, pour peu que vous y ayez réfléchi. Au lieu de cela, vous n'avez cessé de lui faire des reproches et de vous quereller avec lui. Vous vous êtes dissipée en vaines discussions, et l'avez affronté à grand renfort de cris, quand votre meilleure arme aurait été votre ravissant sourire.

S'emparant d'un bouton de rose, Joanna se mit à le mâchonner rageusement.

— Que m'importe! grommela-t-elle entre ses dents. Voilà un homme qui ne m'a jamais baisé les lèvres ni même la joue. Pas une seule maudite fois! Et savez-vous pourquoi? Parce qu'il n'éprouve pour moi que mépris, qu'il me trouve tout à fait ordinaire, encore que je ne le sois pas trop pour une comtesse, semble-t-il.

— Une comtesse ordinaire? Qu'est-ce que cela signifie? s'enquit Alice, perplexe.

— Qu'il pensait qu'une comtesse est par nature laide et mal tournée, répliqua Joanna. Ce n'est pas mon cas, mais je ne le séduis pas pour autant. J'ai beau lui avoir sauvé la vie, il me déteste. Me mener au lit ne représente pour lui rien d'autre qu'un devoir. Vous vous méprenez sur son compte, dame Agnès. Il n'a pas la moindre envie de s'accoupler avec moi.

— Ah !

— Qu'entendez-vous par ce « ah » ?

— Elle entend, my lady, intervint Alice avec une lenteur calculée, que vous êtes furieuse parce que Lord Langthorne ne vous a pas témoigné la gratitude que vous espériez de lui, après lui avoir sauvé la vie. C'est un homme, Joanna, qui plus est un homme de guerre. Un tel personnage n'avouera jamais à une femme qu'elle a été vaillante et qu'il la révérera jusqu'à la fin de ses jours. Les hommes ne sont pas faits ainsi.

— En vérité, renchérit dame Agnès, l'agression dont Lord Langthorne a été victime l'a autant atteint dans son âme que dans sa virilité. Comme le disait Alice, devoir la vie à une femme est plutôt difficile à accepter de la part d'un homme de sa stature.

— Tout cela me paraît très confus, murmura Joanna sans cesser de mâchonner son bouton de rose.

— Qui plus est, vous l'avez soigné et guéri.

— Quel crime n'ai-je pas commis ! repartit la jeune femme avec un rire amer. Peut-être aurais-je dû tomber à genoux et lui baiser les pieds ou, mieux encore, me mettre à plat ventre et l'inciter à m'écraser la nuque sous son talon.

— Gardez-vous de votre impertinence ; elle finira par vous jouer des tours. À présent, asseyez-vous et prenez votre repas, ordonna Agnès.

Joanna obtempéra ; son estomac commençait à crier famine.

— Peut-être devrions-nous interroger Belle, reprit dame Agnès en se tournant vers Alice, l'air interrogateur. Sa connaissance des hommes est célèbre dans toute la contrée.

Les yeux agrandis de stupeur, Joanna se souvint en un instant de la personne en question, et se dit que jamais femme n'avait plus mal porté son nom. Prétendre qu'elle était laide était peu dire, tant sa masse graisseuse et son sourire édenté n'éveillaient que répulsion chez qui l'approchait. Elle avait pourtant eu pas moins de quatre époux, dont pas un n'était parvenu à lui survivre. Malgré tout, par on ne sait quel subterfuge, elle s'attirait encore les œillades appuyées du vieux Morric, le maréchal-ferrant. Tout cela était par trop déroutant.

— Nous n'y manquerons pas si le besoin s'en fait sentir, décida dame Agnès. D'ici là, elle se sera probablement choisi un cinquième époux.

Près d'une heure plus tard, Joanna se retrouva enfin seule, fixant sans les voir les tapisseries accrochées aux murs de sa chambre. Quelle attitude adopter avec son mari ? se demandait-elle à présent. Devrait-elle se soumettre à Langthorne ? Lui laisser prendre le dessus ? Troquer le miel contre le vinaigre quand il la couvrirait d'injures ? Ignorer ses regards concupiscents sur la croupe d'Alice et lui demander s'il avait pris du plaisir avec les servantes ? Devrait-elle sourire béatement quand il la couvrirait, en espérant qu'il l'honorerait d'une caresse ?

Assurément pas. Plutôt le tuer.

Ce soir-là, elle ne le revit pas. Elle se glissa dans son lit, l'esprit en ébullition. Était-il possible qu'elle fût dans l'erreur ?

Alice lui avait dit en termes choisis, comme si elle avait eu affaire à une élève un peu bornée :

— Il est très agréable d'avoir un homme dans son lit, à condition que son désir se traduise par des gestes doux et mesurés. M'étant renseignée auprès de Gwent des comportements de son maître, j'ai appris qu'envers les femmes, messire Severin se montre ordinairement fort attentionné, qu'il ne ménage ni sa peine ni ses caresses. Il a ajouté qu'il ne comprenait pas ce qui vous incitait à vous étriper, à moins que vous, my lady, ne fassiez preuve d'un excès d'orgueil, chose que son maître trouve détestable chez une femme.

Lord Severin attentionné envers les femmes ? Joanna avait du mal à l'imaginer. Tout comme elle ne pouvait croire que ses tribulations faisaient l'objet de tant de commérages. Avec un rire sans joie, elle se demanda si, tant qu'à faire, dame Agnès ne devrait pas assister au coït afin d'en assurer le bon déroulement.

Par tous les diables, allait-on lui demander de s'accoupler en public ? Fallait-il que chacun y aille de son commentaire pour qu'elle se comporte de manière à satisfaire son époux ? Jamais, non jamais on ne lui ferait croire qu'une femme puisse se réjouir d'une telle condition.

Pour ce qui était de son prétendu excès d'orgueil, elle trouvait cela ridicule.

11

Le lendemain, Joanna fut réveillée dès l'aube par des cris provenant de la cour. Se précipitant à sa fenêtre, elle vit Langthorne, entouré de deux douzaines de cavaliers, certains aux armes des Louges, d'autres aux armes des Oxborough. Elle s'avisa soudain qu'elle n'avait pas partagé sa couche, qu'il n'était pas venu lui rendre visite. Elle le vit, tout de gris vêtu, donner le signal du départ, sa cotte de mailles étincelant aux rayons du soleil levant.

La colonne de cavaliers s'ébranlait à peine qu'elle s'habilla à la hâte et se précipita dans l'escalier, ulcérée que dame Agnès ne lui ait soufflé mot de ce départ. Au pied du donjon, elle aperçut Gwent donnant des instructions à la cinquantaine de soldats qui demeuraient au château. L'apercevant, l'écuyer lui adressa un large sourire.

— Mon maître est allé visiter ses terres. Ses vassaux lui doivent serment d'allégeance et il veut s'assurer qu'aucun complot ne se trame contre lui.

— J'aurais dû l'accompagner. La tradition l'exige. On s'étonnera de ne pas me voir à ses côtés, objecta Joanna.

— Tout laisse croire qu'il en a décidé autrement, my lady. Sauf votre respect, pourquoi souhaitiezvous l'accompagner, quand on sait le peu d'affection que vous lui portez ?

— Parce que c'est ainsi que les choses doivent se passer. L'affection n'a rien à voir là-dedans !

— Lord Severin a exprimé le vœu d'être seul.

— Quoi que vous en disiez, je ne souffre pas d'un excès d'orgueil, messire Gwent.

— Peut-être que oui, peut-être que non.

— Quand reviendra-t-il ?

— Pas avant deux semaines, et même davantage.

— Poursuivra-t-il sa route jusqu'à Langthorne ?

— Pas que je sache, cette visite à ses vassaux est de grande importance.

L'écuyer baissa alors les yeux sur son avant-bras meurtri, blessure qu'il devait à un excès de fougue au cours d'un exercice à l'épée.

— Laissez-moi examiner cela, Gwent.

L'écuyer parut un instant décontenancé, puis vit les yeux de Joanna posés sur son bandage sommaire.

— Ce n'est rien, assura-t-il en se détournant. J'ai affaire avec mes hommes.

— Vous n'irez nulle part avant que j'aie vu à quoi ressemblait cette blessure, décréta-t-elle. Supporteriez-vous de perdre un bras ou même la vie, si votre sang s'empoisonnait ?

Gwent n'émit pas le moindre son quand elle entreprit de nettoyer sa plaie. Elle était profonde et vilaine, et l'onguent que Joanna y appliqua faisait un mal de chien. Mais, là encore, il n'eut pas un tressaillement.

— Veillez à garder ce bandage propre, messire Gwent, lui dit-elle gravement. Je veillerai à le changer tous les soirs jusqu'à ce que votre blessure soit guérie. Ignorez mon conseil et, croyez-moi, vous vous retrouverez manchot.

Gwent aurait aimé lui répliquer que la nature d'un homme était autrement résistante que celle d'une femme, que la moindre entaille avait tendance à émouvoir. Toutefois, il préféra se taire : il avait trop vu d'hommes périr à la suite de blessures bénignes en apparence. En outre, Joanna était la maîtresse d'Oxborough, et son fier caractère n'était pas pour lui déplaire. Jamais il n'avait vu son maître aussi déconcerté. Elle n'avait pas hésité à le menacer de terribles coliques s'il persistait à l'écraser de son autorité ? Se levant, l'écuyer se fendit d'un grand sourire.

— Merci à vous, my lady. Et ne vous tourmentez pas pour messire Severin. S'il devait rencontrer une difficulté, il ne manquerait pas de m'envoyer un messager. Et puisque vous m'avez prodigué vos soins, je vous en fais l'aveu : je ne crois pas vraiment que vous soyez orgueilleuse à l'excès.

— Souvenez-vous plutôt de mes recommandations à propos du bandage, messire Gwent, se contenta-t-elle de répondre.

— Je ne les oublierai pas, promit l'écuyer, avant de s'exclamer en voyant apparaître Torric : Mais, qui vois-je ? N'est-ce pas là cette vermine d'intendant, plus soucieux de sa bourse que des biens qui lui ont été confiés ?

Ces mots ne manquèrent pas de surprendre Joanna : Torric avait été l'intendant de Lord de Trent durant cinq années, le comte lui faisait entièrement confiance. La châtellenie d'Oxborough était riche et n'avait cessé de prospérer grâce à cet homme qui s'acquittait de sa tâche consciencieusement. Et pourtant, Gwent – et par conséquent Severin – l'accusait de frauder ! Joanna qui n'avait jamais prêté attention aux tâches de l'intendant se promit d'y remédier.

Severin et ses hommes étaient absents depuis plus d'une semaine quand, du haut du donjon, le guet annonça l'approche d'une troupe dont les oriflammes étaient, lui semblait-il, aux couleurs de la maison du roi.

Bien qu'il fût peu vraisemblable qu'Edward en personne daigne honorer Oxborough de sa présence, Joanna se hâta de gagner sa chambre pour se changer et se coiffer. Elle appela Eloïse auprès d'elle et toutes deux attendirent l'arrivée de leurs visiteurs au pied du donjon.

Ce dernier se révéla être Robert Burnell, chancelier du roi et son plus proche conseiller. Il apparut poussiéreux et fourbu, les traits tirés par les trois journées de cheval qui séparent Londres d'Oxborough. Chevauchant près de lui sur une jument baie se trouvait la plus belle créature que Joanna eût jamais contemplée. Ses cheveux étaient si blonds qu'ils en paraissaient presque blancs sous le soleil. Elle était vêtue d'une longue robe vert d'eau boutonnée sous le menton et dont les amples manches traînaient presque jusqu'à terre. La femme était jeune, vingt-trois ans tout au plus, et semblait une excellente cavalière. Tandis qu'un palefrenier attrapait les rênes de son cheval, Lord Burnell mit pesamment pied à terre. Puis, s'étant dépoussiéré à grands coups de gantelet, leva sur Joanna un regard paternel.

— My lady, dit-il avec un chaleureux sourire – bien que l'ayant vue naître, ils s'étaient rarement rencontrés au cours des dix dernières années. Je vous présente Lady Marjorie, veuve de sire Mark Outbraith. Notre bon roi Edward l'a envoyée ici pour qu'elle prenne en charge Eloïse de Luci. Seraitce cette enfant-là ? s'enquit-il encore en désignant la fillette qui se pressait contre la hanche de Joanna.

— Eloïse, lui murmura Joanna, ces personnes ne te veulent aucun mal, et Lord Burnell que voici est au service de notre roi.

— Pourquoi une telle méfiance ? s'étonna le chancelier en voyant la fillette s'accrocher de plus belle à la jambe de Joanna.

— Son père la maltraitait et sa mère lui imposait de longues heures de prière à genoux. Elle se remet doucement.

— Ah ! Voici donc la petite fille ! s'exclama Lady Marjorie qui, sans se soucier de sa robe, s'agenouilla devant l'enfant et plongea le regard dans ses yeux délavés. Tu peux m'appeler Marjorie, car, toi et moi, nous allons devenir de grandes amies.

Fouillant dans les plis de sa robe, elle en sortit un petit sac qu'elle tendit à la fillette :

— Ces dragées sont pour toi, mais n'en prends qu'une à la fois ; elles dureront ainsi plus longtemps.

Tendant une main hésitante, Eloïse s'empara d'une friandise, l'étudia quelques instants, puis la porta à sa bouche. Elle ferma aussitôt les yeux avec ravissement.

— Êtes-vous Joanna de Trent, comtesse d'Oxborough ? demanda la jeune femme en se redressant.

— Oui. Je ne vous attendais pas si tôt.

— Nous ne séjournerons au château qu'une seule journée, intervint Robert Burnell. Dès demain, nous reprendrons la route de Sedgewick. Lady Marjorie assurera la garde de cette enfant jusqu'à ce qu'elle soit adulte. Mais, je ne vois pas Lord Langthorne…

— Il est allé sur ses terres, rendre visite à ses vassaux.

Le repas du soir se révéla une étrange affaire. Fort de son titre, Lord Burnell prit place dans le siège de Severin, et Lady Marjorie dans celui d'Eloïse, cette dernière étant assise sur les genoux de sa tutrice.

— Elle si fluette, prétexta cette dernière, un peu perfidement.

— Vous auriez dû la voir à son arrivée à Oxborough, fit Joanna. Elle n'avait que la peau sur les os.

— Tout cela me paraît fort singulier, observa Lady Marjorie. J'espère qu'après m'être installée à Sedgewick, les choses rentreront dans l'ordre.

« Pour qui me prend-on ? s'indigna Joanna en son for intérieur. Une mégère qui terrorise et affame les enfants ? » Tout en bavardant, elle s'avisa qu'elle n'avait pas envie qu'Eloïse retourne à Sedgwick. Beale y demeurait encore, et Joanna, comme la fillette, la craignait plus que tout, à juste titre d'ailleurs. Après qu'elle en eut touché deux mots à Lord Burnell, ce dernier observa un long silence, avant de conclure, en haussant ses larges épaules :

— Je ferai pendre cette femme, et l'affaire sera réglée. Vous dites qu'elle vous a menacée, c'est bien cela, Lady Joanna ?

— En effet. Cependant, la pendaison me paraît trop sévère, même pour cette femme méprisable. C'est très aimable à Lady Marjorie d'avoir fait ce long voyage, mais ne vaudrait-il pas mieux pour Eloïse de demeurer ici jusqu'au jour de son mariage ? Lord Langthorne saura veiller sur elle et sur les biens que lui a laissés son père.

— Je suis navré, Joanna, mais les décisions de Sa majesté sont irrévocables. En outre, vous-même ne tarderez pas à porter un enfant de Lord Langthorne. Dès lors, que vous importe d'élever une fillette dont vous n'êtes pas la mère ?

— C'est que je me suis attachée à Eloïse. Elle a beaucoup souffert, et je crains qu'un retour à Sedgewick avec une étrangère ne la rende malheureuse. De grâce, monseigneur...

— Vous ne m'avez point compris, my lady. Sa

Majesté se sent débiteur vis-à-vis de feu Lord Outbraith. Il y a de cela quatre ans, ce dernier a sauvé le roi lors d'une embuscade près de Jérusalem. Voilà six mois à peine, il a été tué au cours d'un duel, laissant Lady Marjorie dans un total dénuement. Sa Majesté a donc décidé de s'acquitter de sa dette en lui confiant la garde de l'enfant, la faisant par là même châtelaine de Sedgewick.

— Mais elle est si jeune...

Le chancelier fit alors entendre un rire rauque.

— Jeune, dites-vous ? s'esclaffa-t-il. Alors que Lady Marjorie a vingt-trois ans et vous dix-huit à peine ? Oubliez donc ces tracasseries et veillez à la bonne tenue de votre maison. Désormais, Eloïse ne relève plus de votre responsabilité. J'aurais aimé rencontrer Lord Langthorne, poursuivit-il. Cependant, je trouve sage de sa part d'avoir fait sans tarder le tour de ses terres. Je suis surpris que vous ne l'ayez pas accompagné...

— Il ne le désirait pas, Monseigneur.

— Est-ce l'époux que vous espériez, Joanna ?

— C'est un guerroyeur plein de bravoure, my lord. Et pour être tout à fait franche, je dirai qu'il n'apprécie guère ma compagnie. Mais ce doit être le lot de nombreuses épouses, j'imagine. Quant à moi, je ne lui suis pas particulièrement attachée.

Le chancelier eut un geste indifférent de la main.

— Vous êtes jeunes l'un et l'autre ; les choses changeront avec le temps. Sitôt que vous aurez des enfants, vous verrez votre époux sous un jour différent. J'ai entendu dire que Richard de Luci aurait empoisonné Lady Joan à seule fin de vous épouser ; est-ce la vérité ?

— C'est ce qui m'a été relaté. Lord Graelam m'a aussi appris qu'il aurait fait une chute qui lui a coûté la vie.

— À la bonne heure ! s'exclama le chancelier avant d'ajouter en plissant les yeux : Vous avez bien grandi, Joanna, depuis que nous nous sommes vus. Vous êtes devenue une femme attrayante et une hôtesse accomplie. Ce dîner était excellent ! Oxborough me semble calme et bien dirigé. Severin et vous devriez prendre modèle sur notre bon roi et notre douce reine. L'amour qu'ils se vouent l'un à l'autre est exemplaire. C'est, pour moi, une grande joie de les servir. Ne vous tracassez pas, Joanna, et tâchez de vous plier aux ordres de votre mari.

Décidément, tout le monde semblait n'attendre d'elle que soumission et docilité.

— Et lui, my lord, que doit-il faire ?

— En plus d'être un vaillant chevalier, Severin aime aussi se livrer aux plaisirs de la volupté. Avec le temps, il saura vous les faire partager, croyez-moi !

Joanna vida d'un trait sa coupe remplie de ce vin d'Aquitaine qui, en plus de lui réchauffer les entrailles, lui mettait le feu aux joues et le sourire aux lèvres.

— Quand pensez-vous repartir, Monseigneur ? questionna-t-elle, le cœur étonnamment léger.

— Nous partirons pour Sedgwick dès demain au lever du jour. Pour ce qui est de la femme Beale, je prendrai la mesure de sa démence et agirai en conséquence. Vous n'avez donc aucune raison de vous tourmenter. Du reste, regardez comme Lady Marjorie et la jeune Eloïse semblent avoir sympathisé...

Joanna n'aurait pu le nier : Eloïse avait adopté sa nouvelle protectrice sans regret ni la moindre pensée pour elle, qui l'avait pourtant recueillie. Elle se sentait trahie, mais aussi, elle devait l'admettre même si cela lui déplaisait, jalouse de cette femme à l'étourdissante beauté.

Severin revint à Oxborough trois jours plus tard, deux semaines exactement après son départ. Joanna, qui se tenait sur les marches du donjon, le vit apparaître dans la cour en tête de sa troupe. Sautant à terre, il tendit les rênes de sa monture luisante de sueur à son palefrenier.

Le premier regard qu'il eut pour Joanna n'était pas dénué de méfiance, même si une étrange étincelle dansait au fond de son œil bleu. La jeune femme se remémora aussitôt les conseils que dame Agnès n'avait cessé de lui rabâcher : « Sitôt que le seigneur apparaîtra, vous devrez lui sourire et veiller promptement à ses besoins. Vous lui manifesterez un intérêt constant et applaudirez avec ardeur au récit de son voyage. Il n'est pas interdit de lui donner un baiser, encore que, comme je vous connais, vous risquiez de pincer les lèvres, ce qui irait à l'encontre du but recherché. »

Lui donner un baiser... Joanna y avait longuement réfléchi, pour arriver à la conclusion que cela était envisageable. Pourtant, qu'adviendrait-il s'il la repoussait ou, pis encore, s'il lui riait au nez en lui disant qu'elle l'ennuyait et que son baiser était des plus *ordinaires* ?

— Severin !

Ce dernier jeta un regard circulaire. Elle l'appela de nouveau, et il pivota pour regarder dans sa direction. Il avait l'air si surpris qu'elle éclata de rire. Empoignant ses jupons, elle descendit les degrés de pierre d'un pas pressé et courut vers lui.

Il n'était pas revenu de sa surprise qu'elle se jetait à son cou et s'y accrochait avec tant de force qu'elle craignit un moment de l'avoir choqué.

— Je suis heureuse de vous revoir, déclara-t-elle, les pieds touchant à peine le sol.

Severin eut un instant l'air embarrassé, puis, lentement, il l'entoura de ses bras et la serra étroitement contre lui.

— Vous m'avez manqué, chuchota-t-elle, avant de lui effleurer le cou de ses lèvres. Les jours m'ont paru bien longs en votre absence. Soyez le bienvenu chez vous, my lord.

Pour faire bonne mesure, elle y alla d'un autre baiser, tout près de la bouche. Severin desserra son étreinte et, la saisissant par les bras, l'écarta doucement de lui pour la scruter au fond des yeux. En un instant, ils révélèrent leur secret. Il n'était ni aveugle ni stupide. Il aurait fallu l'être pour ne pas se rendre compte que l'étincelle qui crépitait au fond de cette prunelle n'avait d'autre intention que de le séduire. La jeune femme dut deviner sa pensée, car il la vit rosir.

— Qu'avez-vous donc à vous faire pardonner ? s'enquit-il sans la lâcher. Auriez-vous tué un de mes soldats ? Empoisonné nos gens en voulant les soigner ? À moins qu'une de vos décoctions n'ait métamorphosé nos biques en béliers...

Joanna prit le parti d'en rire, et étreignit de nouveau son époux.

— Pas du tout, vous m'avez simplement manqué. Et moi, vous ai-je manqué, ne serait-ce qu'un peu ?

— Il se peut que vous m'ayez manqué, en effet. J'ai quitté Oxborough avec amertume, et cette amertume ne m'a pas quitté des jours durant.

— Vous m'en voyez désolée. Mais venez, my lord, je vais vous faire servir de notre meilleur vin ainsi que l'excellent chapon que MacDear nous a accommodé.

Elle lui coula un regard sous ses cils baissés, recula d'un pas puis, se ravisant, elle se hissa sur la pointe des pieds et l'embrassa sur la bouche. Le contact de ses lèvres tièdes et douces l'étonna. Elle ne s'attendait pas à cela. Mais déjà elle se demandait si elle s'y était prise correctement.

— Allons, avouez, reprit Severin. Vous avez fait pendre notre abbé, brûlé nos greniers, saccagé notre armurerie...

— Non, gloussa-t-elle en lui plantant un nouveau baiser sur la bouche.

Elle ne s'était pas trompée, sa bouche était incroyablement chaude, ainsi que son haleine.

— Joanna... commença-t-il, avant de s'interrompre en entendant les rires de ses hommes.

Il leva les yeux et aperçut dame Agnès qui les regardait, le sourire aux lèvres.

— ... vous voulez que je vous prenne ici même, devant nos gens !

Elle l'embrassa une fois encore, un baiser léger de petite fille, comme les précédents, du moins ceux qui avaient atterri sur sa bouche. Oui, vraiment, songea-t-il, elle n'était qu'une petite fille quand il s'agissait d'embrasser.

— Je voulais seulement vous accueillir comme une épouse accueille son mari, se défendit-elle. Mais dites-moi, my lord, pourquoi ne m'embrassez-vous pas ? Est-ce à dire que mes baisers vous déplaisent ? Ce sont pour moi les tout premiers, et je ne sais rien de la manière dont il faut procéder. Mais je dois avouer que j'aime le goût de vos lèvres. Je les trouve étonnamment douces et chaudes.

Severin frissonna pour de bon. Il attira Joanna contre lui, lui souleva le menton et l'embrassa à son tour. Il mit dans son baiser toute l'ardeur qui brûlait en lui, et elle était considérable. Il perçut sa surprise et sentit le choc qu'il venait de susciter en elle. Non point de la répulsion, mais un choc. Il allait trop vite, trop loin. Il ne devait pas oublier qu'elle n'avait encore jamais été embrassée ainsi. Il se calma, se contentant de lui effleurer la bouche, puis, lentement, il lui caressa la lèvre inférieure de la langue.

Elle laissa échapper un étrange petit bruit. Il leva la tête et la regarda.

— C'était votre langue ? s'étonna-t-elle. C'est très curieux. Non pas que je trouve cela déplaisant, mais, Severin, êtes-vous certain que cela puisse se faire ?

— Il y a quantité de choses qu'un homme et une femme peuvent faire ensemble et qui peuvent vous paraître curieuses aujourd'hui, et pas demain, ou le jour d'après.

Autour d'eux, les rires et les plaisanteries fusaient.

— Nous venons d'offrir un divertissement à mes hommes et ils ne manqueront pas de m'abreuver de conseils dans les heures qui vont suivre, dit-il avec un sourire. Je ne puis m'expliquer votre métamorphose, continua-t-il, néanmoins, je l'accepte, car je la trouve fort plaisante !

— Quand vous monterez dans notre chambre, je veillerai à votre toilette, lui murmura-t-elle en retour à l'oreille avant de l'abandonner.

Aurait-il encore été en selle, qu'il serait tombé à la renverse. Lui qui se sentait fourbu en arrivant, voilà qu'il n'avait qu'une idée en tête : la prendre dans ses bras et, tout en la couvrant de baisers ardents, monter les marches quatre à quatre pour aller la jeter sur son grand lit, la dévêtir entièrement et…

— Soyez le bienvenu, my lord.

Severin sursauta, et les rires fusèrent à nouveau.

— C'est aimable à toi de me le rappeler, Gwent, répliqua-t-il. Tout a dû bien se passer sinon tu ne rirais pas comme un bouffon. Et toi, Beamis, poursuivit-il, as-tu participé à l'entraînement de ces rustres ?

Les rires des deux hommes redoublèrent, cependant qu'ils échangeaient des clins d'œil complices, Severin éprouva une franche satisfaction en constatant qu'ils s'étaient liés d'amitié. Une ombre passa soudain devant ses yeux quand lui revint en mémoire la jeune fille qu'il avait accueillie dans sa chambre, au château de Fontivale. Elle était plus jeune que Joanna, mais elle en savait plus que la plupart des femmes qu'il avait mises dans son lit durant sa croisade en terre sainte. Il avala sa salive. Il la revoyait, étendue sur sa couche, souriante et offerte. Comme elle avait admiré sa force et sa virilité ! Et quel réconfort elle lui avait procuré en ne le traitant pas d'animal en rut ! Tout à son plaisir, c'est pourtant le visage de Joanna qui s'était imposé à son esprit, son visage pâle et grave qui le fixait avec une haine féroce. Et il l'avait haïe de le détester à ce point. Il avait pris Anne trois fois avant de sombrer dans le sommeil. Et là encore, il avait rêvé de Joanna, de l'instant où elle avait détourné de lui le couteau de l'assassin, de sa main fraîche et légère posée sur son front brûlant de fièvre...

Dès le lendemain matin, la culpabilité l'avait saisi. Il n'avait pas identifié aussitôt ce malaise en lui. Et quand il avait compris, il s'en était voulu de réagir ainsi. La culpabilité n'était-elle pas une preuve de faiblesse ? Devait-il se sentir coupable parce qu'il avait pris du plaisir auprès d'une autre femme ? C'était absurde ! Cependant, il avait avancé son départ d'un jour, et n'avait pas revu Anne.

Qu'était-il arrivé à Joanna ? se demandait-il à présent. Pourquoi un tel revirement ? Se sentait-elle, elle aussi, coupable de l'avoir traité comme elle l'avait fait ?

— Je n'ai pu encore décider si mes soupçons sur Torric étaient fondés, déclara Gwent, le tirant de ses pensées. Je ne sais compter et calculer aussi bien que vous.

— J'y songerai demain, pour l'heure…

— Lady Joanna va requérir toute votre attention, compléta l'écuyer avec un regard entendu. D'autant que nous assistons à un vrai miracle, murmura-t-il, songeur.

— Veux-tu dire que Joanna aurait reçu la visite d'un esprit qui lui aurait expliqué quels devoirs incombent à une épouse ?

— Quelque chose comme ça, acquiesça Gwent. Ne gâchez pas tout, Severin.

— Qu'entends-tu par là ?

— Pliez comme elle a su plier.

— Oh, certes ! Mais, en vérité, courber l'échine devant une femme ne sera pas facile. Sais-tu qu'elle m'a embrassé comme une petite fille, Gwent ? Elle n'a aucune expérience, mais je saurai y remédier, et puis, cette innocence n'est pas pour me déplaire…

L'écuyer rejeta la tête en arrière et éclata d'un rire sonore. Severin lui donna une bourrade dans l'épaule et, se détournant, grimpa les marches du château.

Le changement d'attitude de Joanna le laissait perplexe. Cela ne cacherait-il pas un sentiment de culpabilité ? Pour avoir accueilli un homme dans son lit, par exemple… Cette façon qu'elle avait eu de se jeter à son cou ne lui ressemblait pas. Il ne comprenait pas la raison d'un tel revirement et se demandait s'il était appelé à durer ou à s'éteindre rapidement, tel un feu de paille…

12

Une éponge imprégnée de savon parfumé à la lavande à la main, Joanna se pencha en riant sur le dos de son époux. Elle sentait sous ses doigts ses muscles puissants, et s'étonnait du plaisir que cela lui procurait. Le fait que son corps ne fût pas très sale ne manqua pas de la surprendre. Il avait chevauché de longues journées et n'avait pas dû prendre beaucoup de bains au cours de ces deux dernières semaines.

— Ah, comme c'est bon ! murmura Severin en s'adossant au baquet, les yeux fermés.

Bien qu'à chaque étape, il se fût trouvé une femme pour se livrer à semblable rituel, la situation était différente, cette fois-ci, et les façons de Joanna l'étaient tout autant. Il aurait aimé la voir lâcher son éponge et la remplacer par ses mains nues.

— Vous êtes très fort, dit-elle enfin d'une voix ténue, avant de faire entendre un petit rire forcé.

Se retournant, Severin lui saisit le poignet et vit alors combien elle était troublée. L'œil un peu égaré, elle se mordillait nerveusement la lèvre, semblant aussi peu sûre d'elle-même que du rôle qu'elle était tenue de jouer.

Se souvenant de ce que Gwent lui avait dit, Severin la relâcha.

— Embrassez-moi, puis laissez-moi, dit-il. Sinon, nous ne goûterons pas au chapon de MacDear avant demain.

Joanna battit des paupières, puis, s'appuyant légèrement sur les épaules de son mari, elle se pencha et l'embrassa sur la bouche, lèvres closes. « Scellées », songea aussitôt le jeune homme. Mais cela n'avait pas d'importance. Attrapant l'éponge, il renvoya sa femme d'un geste.

Après avoir refermé la porte derrière elle, Joanna s'y adossa un instant. Elle prit une profonde inspiration. Tout cela lui paraissait très étrange. Parce qu'elle l'avait simplement accueilli avec de grandes effusions, Severin semblait tout à coup métamorphosé. Se pouvait-il que dame Agnès et Alice aient été dans le vrai ? Il lui suffirait de sourire, de l'embrasser, de s'assurer qu'il avait la panse bien remplie, et il ne la forcerait plus ? Il ne la brutaliserait plus, ne crierait plus, se comporterait avec douceur ? Elle se détacha de la porte et descendit précipitamment l'escalier.

Elle se demanda soudain où Tristan était passé. Curieux comme cet animal pouvait lui manquer… Elle veillerait à ce qu'on lui prépare des œufs mollets.

Severin portait la nouvelle tunique que Joanna lui avait confectionnée. Elle était bleue et d'une étoffe aussi douce que le pelage de Tristan, un peu serrée au niveau des épaules, cependant. Pourtant, il n'avait pas hésité à s'en revêtir. Pour lui faire plaisir. Elle l'avait laissée en évidence sur le lit, et voilà qu'il la portait.

Quand leurs yeux se croisèrent, elle sourit et, pendant qu'elle en avait encore le courage, elle posa les mains à plat sur son large torse en déclarant :

— Vous êtes superbe, messire, mais je ne vous savais pas les épaules si larges. Je ferai la prochaine plus ample.

Elle prit ses mesures avec ses doigts, sans oser le regarder.

— Cette tunique est très belle, répondit-il d'une voix basse et un peu rude.

Il allait ajouter autre chose quand il prit conscience du silence qui était tombé dans la grande salle. Même Edgar, le lévrier, qui, quelques instants plus tôt, courait en aboyant après la balle de laine que lui lançaient des fillettes, s'était mis sur son séant, et les observait d'un œil intrigué.

— Je me demandais pourquoi vous êtes toujours vêtu de gris.

— Je suppose que c'est la seule couleur que le teinturier de Langthorne savait utiliser. À la longue, j'ai fini par m'y habituer et n'ai pas cherché à me vêtir différemment. Vous pensiez qu'il s'agissait là d'une sorte de superstition de ma part ?

— En effet. Mais je connais, moi, l'usage des teintures, Severin. Vous plairait-il que je couse pour vous des tuniques de différentes couleurs ?

— Faites comme bon vous semblera. Celle-ci, en tout cas, est très réussie, et je vous en remercie.

— Chacun, ici, se demande ce qui s'est passé entre nous, chuchota Joanna qui, pour se prouver à elle-même qu'elle savait ce qu'elle faisait, redressa fièrement le menton et plongea son regard dans celui de son mari.

— Devrais-je leur dire que rien n'est pourtant encore arrivé ?

— Mais ce n'est pas le cas, se récria-t-elle d'un air presque désespéré.

— J'en conviens. J'aime vous entendre rire. Jamais je ne vous avais vue rire avant aujourd'hui.

— Mon rire n'a donc rien d'ordinaire ?

— Non, sourit-il en faisant glisser ses doigts sur la joue de Joanna.

— Vous êtes si douce, dit-il en s'inclinant vers elle pour déposer un léger baiser sur ses lèvres. Plus encore que ma nouvelle tunique.

Il rit devant son expression étonnée et gagna son siège à haut dossier. Joanna prit place près de lui, tandis qu'une servante déposait devant eux un grand plat sur lequel on avait dressé un chapon rôti, trônant sur un lit d'oignons et de chou braisés. Les cuisiniers des châteaux qu'il avait visités pendant son périple avaient redoublé d'efforts pour plaire. Pourtant, rien de ce qu'ils avaient cuisiné n'aurait pu être comparé aux plats de MacDear.

Severin se jeta presque sur la nourriture, pressé d'en finir et d'entraîner Joanna dans leur chambre à coucher. Ce soir, elle ne lui résisterait pas. Elle lui sourirait, lui ouvrirait ses bras, comme l'avait fait Anne à Fontivale. Non, il ne voulait plus penser à Anne. À cette femme qui lui avait donné un si coupable et merveilleux plaisir. Il n'aurait pas dû se sentir coupable. Joanna était sa femme, rien de plus, rien de moins.

Certes, elle avait changé et il en était ravi. Il espérait seulement que cela durerait. Pour sa part, il ne lui frotterait pas le nez dans la poussière pour la contraindre à s'incliner devant lui. Il se montrerait magnanime, comme il l'avait été jusqu'alors. Il se demandait tout de même ce qui avait bien pu transformer la furie à la langue acérée en cette adorable jeune femme qui le regardait en souriant, comme si elle y prenait un infini plaisir. Quoi que ce fût, ce n'était pas lui qui allait gâcher un pareil miracle.

À l'entour, on bavardait, ses hommes l'interpellaient, mais il restait indifférent, acquiesçant brièvement en avalant sa nourriture, pourtant succulente, comme s'il avait hâte de voir le fond de son assiette.

Le repas n'en était qu'à ses débuts quand il repoussa son siège et attrapa la main de Joanna. Toutes les têtes se tournèrent dans leur direction. La main de la jeune femme se raidit dans la sienne.

— Ignorez tous ces gens. Ils n'ont pas la moindre idée de nos intentions, murmura-t-il.

C'était le plus gros mensonge qu'il eût proféré depuis longtemps.

— Allons, venez, Joanna, croyez que je saurai vous donner du plaisir.

Lui donner du plaisir ? Elle n'avait pas la moindre idée de la manière dont il s'y prendrait. Pourtant, elle lui sourit, hocha la tête et serra sa main plus étroitement. D'un bond, Tristan alla se percher sur son épaule.

Quand les hourras retentirent, elle eut l'impression que ses jambes refuseraient de la porter, non parce qu'elle était embarrassée, mais parce qu'elle craignait que son impatience ne se lise dans ses yeux. Chacun, sauf elle, semblait savoir en quoi consistait ce fameux plaisir. Elle vit Belle, lourdement appuyée contre le vieux Torric, en train de lui glisser un morceau de viande dans la bouche, tandis que l'autre palpait ses énormes seins. Comment expliquer que, jusqu'à ce jour, ce genre de spectacle lui eût échappé ? Belle lui décocha une œillade complice. Dame Agnès et Alice devaient, à coup sûr, rire à gorge déployée, mais Joanna ne se risqua pas à regarder de leur côté.

Alors qu'ils arrivaient au pied de l'escalier, Severin souleva brusquement Joanna et la jeta sur son épaule avec un grand éclat de rire auquel répondirent aussitôt les acclamations des convives. Les acclamations redoublèrent quand, se retournant vers la salle, Severin tapota ostensiblement la croupe de Joanna. C'est dans un tel climat de liesse qu'aurait dû se passer leur nuit de noces, songea-t-il en traversant le couloir à grands pas.

Il ne la lâcha pas avant d'atteindre leur chambre. Là, il la fit glisser lentement le long de son corps, éprouvant le contact de son ventre et de ses seins contre son torse. Quand ses pieds touchèrent le sol, il pressa ses mains sur ses fesses et la plaqua contre lui.

Joanna étouffa un petit cri.

— Regardez-moi, Joanna, murmura-t-il. Tout va bien, vous n'avez rien à craindre de moi. Oubliez les nuits que nous avons passées ensemble, je vous en prie. Ce n'était qu'un mauvais rêve que le temps saura vous faire oublier. Voulez-vous essayer ?

— Oui, souffla-t-elle.

En ce qui le concernait, il ne pouvait parler de mauvais rêves, tant il est vrai qu'un homme peut assouvir ses instincts facilement. Cela dit, il aurait préféré recevoir un autre accueil de sa part. Mais tout cela était terminé. Joanna avait plié, et il ne ferait rien qui risquerait qu'elle se rebelle à nouveau.

— Viendrez-vous à moi de votre plein gré, Joanna ?

— Oui. Mais je vous trouve le souffle un peu court, Severin. Est-ce le chapon de MacDear qui vous est resté sur l'estomac ?

Il retint un sourire. La poussant doucement, il l'incita à s'asseoir au bord du lit. Elle obéit docilement et, les mains sagement croisées sur les genoux, le détailla avec intensité, lèvres entrouvertes. Ainsi elle voulait le voir ? S'il ne fallait que cela pour ne pas tout gâcher, alors il obtempérerait.

Il se dévêtit et, en un instant, il fut nu devant elle, s'astreignant à garder les bras le long du corps.

— Vous êtes très bel homme, dit-elle enfin, sans esquisser un geste. J'ai toujours trouvé que vous l'étiez, mais ce n'était qu'une simple pensée sans conséquence. Je ne me rendais pas compte de ce que cela pouvait signifier pour moi. Cela vous ennuierait de vous approcher, assez près pour que je puisse vous toucher si l'envie m'en prenait.

Jamais, avant ce jour, il ne s'était présenté dans un tel appareil devant une femme, le sexe gonflé sans qu'il ne puisse rien y faire. Il savait qu'il allait durcir encore et encore, et espérait que Joanna ne s'en effraierait pas trop. Juste un peu. Oui, il voulait un soupçon d'embarras quand elle le regarderait. Il se campa bien devant elle, comme elle le lui avait demandé. Il la vit tendre les mains et les poser à plat sur son abdomen. Il tressaillit et son sexe durcit un peu plus. Les yeux clos, elle semblait vouloir éprouver la force qui se dégageait de lui, de ses abdominaux qu'elle effleurait de ses doigts. Sa main descendit lentement jusqu'à son bas-ventre. Severin attendait, il désespérait si fort de se sentir touché qu'il se dit qu'il allait hurler à la mort si elle ne le faisait pas. Finalement, avec une délicatesse extrême, elle se saisit de lui.

Il n'existait rien en ce bas monde qui fût plus étranger à Joanna qu'un corps masculin, il le savait. Alors qu'elle serrait les doigts, Severin se demanda combien de temps il tiendrait ainsi. Elle ouvrit les yeux pour le regarder, puis contempler le sexe qu'elle tenait entre ses mains.

— Ne soyez pas effrayée, Joanna, ou alors juste un peu, ce n'en sera que plus flatteur pour moi…

La jeune femme se passa la langue sur les lèvres et il faillit se jeter sur elle. La tête rejetée en arrière, Severin ferma les yeux et retint son souffle, luttant pour garder le contrôle de ses sens, contrôle qu'il risquait, au train où allaient les choses, de perdre d'un instant à l'autre. Il la repoussa doucement.

Pourtant, à sa grande surprise, voilà qu'au lieu de le lâcher, Joanna s'accrochait à lui, le retenait, et se mit à le suivre au moment où il décida de reculer.

Il eut un rire douloureux, certes, mais rire quand même parce que cette étrange danse à laquelle ils se livraient prêtait à rire, sinon à s'étonner. Alors, il lui saisit les mains.

— Lâchez-moi, Joanna, sinon je risque de répandre ma semence sur ce beau tapis.

— Vous auriez tort, c'est un tapis des Flandres et il est très ancien, répliqua-t-elle, le caressant doucement. Mais tâchez de vous retenir, je vous sens doux et chaud ; j'aime à vous avoir entre mes mains.

— Ce n'est pas possible, Joanna ; l'affaire est imminente.

— Fort bien, concéda-t-elle avec un soupir.

Puis, se levant :

— M'aiderez-vous à me dévêtir, Severin ?

Le souffle de plus en plus haletant, il répondit :

— Non, Joanna. Je risquerais de déchirer à nouveau vos vêtements. Faites-le seule, ma douce. Mais hâtez-vous, je ne peux plus attendre.

L'homme qui lui faisait face n'était pas celui qui, à deux reprises, l'avait humiliée. Ce n'était pas celui qui l'avait insultée et traitée comme si le fait de l'avoir épousée était sans importance aucune. Non, décidément, ce n'était plus le même. Elle n'en comprenait pas la raison, mais elle devait se rendre à l'évidence : elle avait désiré tenir entre ses mains cette partie de son anatomie qui l'avait pénétrée. Pis, elle n'avait pas boudé son plaisir face à ce besoin pressant, à cette sorte de fébrilité qui s'était emparée d'elle. Elle s'était sentie soudain investie d'un étrange pouvoir.

Elle ne s'était pas aperçue que sa respiration s'était accélérée – ce qui n'avait pas échappé à Severin. Il s'assit à son tour sur le lit pour la contempler. Elle ne perdit pas son temps. Elle se débarrassa de sa robe et de sa chemise en un tournemain. Elle ôta jarretières et bas après avoir envoyé promener ses souliers d'un coup de pied.

— Venez près de moi, dit-il.

Elle battit des paupières, jeta un coup d'œil pardessus son épaule, puis déclara :

— Fort bien.

— Pensiez-vous voir quelqu'un derrière vous ?

— Non, mais je suis nue, et je ne suis pas certaine de devoir l'être.

— Je le suis bien, moi...

Alors qu'elle se tenait debout entre les jambes écartées de son époux, ce dernier prit ses seins entre ses mains. Elle avait la peau douce et tendre, d'une blancheur presque nacrée. Elle baissa les yeux et vit qu'il avait fermé les siens. C'était aussi bien ainsi. Se rapprochant, elle posa ses mains sur ses épaules. Sa blessure n'avait laissé qu'une mince cicatrice à peine perceptible sous ses doigts.

Les mains de Severin se refermèrent sur la taille de sa femme, les pouces tournés vers le bas pour aller caresser le nombril. Des mains d'homme puissantes et hâlées qui contrastaient avec la carnation si pâle sur laquelle elles étaient posées. Le simple fait de les regarder fit croître en Joanna cet étrange et pressant désir, si nouveau pour elle. Elle avait envie qu'il la touche, là, tout en bas. Elle l'avait pris entre ses mains parce qu'elle avait senti que c'était ce qu'il voulait. Et maintenant, elle voulait ses doigts sur elle. Où précisément, elle n'aurait su le dire, mais elle sentait quelque chose palpiter en elle, une chaleur intense se répandre dans tout son corps.

— Severin… murmura-t-elle.

Il ne leva pas la tête. Il ouvrit les yeux et fixa ses mains qui à présent écartaient les replis humides de son intimité. Joanna crut défaillir, son cœur battait la chamade tandis que des sensations inouïes déferlaient en elle. Elle ne put retenir un gémissement quand les doigts rêches commencèrent à la caresser doucement. Elle cambra les reins, se pressant contre ces doigts si habiles, comme pour s'offrir un peu plus à cette délicieuse et torturante caresse. Puis, stupéfaite, elle sentit soudain la bouche brûlante de Severin se poser là où se trouvaient ses doigts un instant plus tôt.

Elle cria sans se soucier de ce que l'on pourrait l'entendre. Elle cria, le corps tendu comme un arc, les mains crispées sur les épaules de Severin, avec l'impression d'avoir atteint un paroxysme tout en sentant confusément qu'il n'en était rien. Ce qu'il était en train de lui faire avec sa bouche dépassait l'imagination.

— Severin, je ne sais pas…

Elle sentit en elle son baiser chaud et profond, et ne résista pas. Emportée par le plaisir, elle se laissa aller contre lui. Il la fit doucement basculer sur le lit et ses doigts s'enfoncèrent en elle, la caressant sans relâche. Les sensations se succédaient, explosant comme autant de volcans, et elle se demanda confusément comment une femme pouvait résister à pareil cataclysme. Le dos arqué, elle ferma les yeux et souffla :

— Jamais je n'aurais pensé qu'une telle chose pouvait exister…

— Je sais. Ne bougez plus, je vais venir en vous, à présent…

Ce qu'il fit, mais avec lenteur et précaution. Elle se surprit à s'arc-bouter pour lui permettre d'entrer plus profondément en elle. Émerveillé, Severin se mit à bouger en elle, il l'emplissait tout entière, et pourtant elle se pressait contre ses hanches comme pour se fondre en lui, ne plus faire qu'un avec lui. Il se raidit, frissonna longuement. Joanna leva les yeux vers lui tandis qu'il prenait son plaisir, et ce qu'elle ressentait ne ressemblait en rien à ce qu'elle avait ressenti quand, fulminant d'une colère froide, elle s'était retrouvée sous lui pour la première fois.

Le souffle rauque, le corps luisant de sueur, il était appuyé sur les coudes et la contemplait, son regard bleu légèrement trouble, si éloigné de ce regard glacial qu'il avait lorsqu'il avait franchi les portes d'Oxborough à son arrivée.

— Vous n'avez rien d'ordinaire, lui murmura-t-il en l'embrassant sur la bouche. Entrouvrez vos lèvres pour moi.

Elle obéit sans se faire prier, et il se mit à l'embrasser avec fougue. Elle sentit la langue de Severin s'insinuer entre ses lèvres puis explorer avidement sa bouche. Elle poussa un petit cri bref, qui l'incita à s'écarter pour la regarder.

— Quel bruit étrange, sourit-elle. Est-ce Tristan ?

— En effet, il ne cesse de miauler à mon oreille.

Elle eut un rire de gorge qui poussa Severin à l'embrasser à nouveau. Puis, avec un soupir d'aise, il se détacha d'elle et roula sur le dos en l'entraînant avec lui. Elle resta un long moment ainsi, la tête reposant sur sa poitrine, la main pressée sur le cœur de son mari.

— C'est cela le plaisir, Joanna, murmura-t-il enfin.

Un battement de cils lui chatouilla brièvement la poitrine. Il sentit son souffle tiède quand elle répondit :

— C'est quelque chose que je n'aurais pu imaginer.

— Peu de femmes le peuvent avant d'en avoir fait l'expérience. Mais je dois avouer que vous avez des dispositions.

Sentant sa main errer sur son dos, puis caresser longuement sa hanche, elle se serra un peu plus contre lui.

— Ma semence est en vous...

Il en semblait si satisfait qu'elle le mordit, pour l'embrasser aussitôt au même endroit.

— Oui, dit-elle, et je vous ai gardé si profondément en moi que vous êtes tout aussi plein de moi que moi de vous.

Il tressaillit, émit un grognement, puis ne souffla plus mot. Elle écouta son souffle ralentir jusqu'à prendre le rythme lent du sommeil.

Grâce en soit rendue à dame Agnès et à Alice...

Tristan s'installa sur le torse de son maître, les pattes sur la main de Joanna. Comment un homme pouvait-il trouver la force de répéter cinq fois pareil exercice en l'espace d'une seule et même journée ? se demanda-t-elle, incrédule, avant de sombrer à son tour dans le sommeil.

13

Joanna regarda Torric entrer d'un pas hésitant dans la salle où, naguère, le comte de Trent avait coutume de rendre justice après avoir entendu les doléances de ses vassaux. Flanqué de Gwent, son écuyer, Severin avait pris place sur la chaise à haut dossier dressée sur une estrade.

La jeune châtelaine ne devait sa présence en ce lieu qu'au fait que Severin l'y avait invitée, ce dont elle lui savait gré d'autant plus qu'elle était curieuse d'entendre les arguments qui plaideraient la cause de l'intendant. Car les chiffres parlaient d'eux-mêmes : année après année, ce dernier avait effectué d'importantes ponctions dans la trésorerie, sans qu'il eût un seul instant songé à s'en cacher et moins encore à s'en expliquer.

— Approchez, messire l'intendant, le héla Severin. Approchez que je vous fasse la preuve de votre vilenie.

Le front bas, les épaules affaissées, Torric s'avança jusqu'aux pieds de son nouveau maître.

— Je n'ai commis ni crime ni larcin ! protesta-t-il d'une voix si forte que les murs de la salle s'en firent l'écho. Ma seule faute fut de demeurer ici après la mort de mon seigneur, le comte de Trent.

— Soit. Mais, à présent, messire, j'attends vos explications sur les retraits que vous avez faits au fil des ans, sans même tenter de les dissimuler. Serait-ce par un excès d'arrogance de votre part ? N'avez-vous jamais pensé que Lord de Trent pouvait vous demander des comptes comme je le fais aujourd'hui ?

Torric ne fit que jeter un bref coup d'œil sur le livre de parchemin que Severin lui brandissait sous le nez, et dont, du reste, il savait les chiffres par cœur.

— Il n'y a en moi ni arrogance ni duperie, my lord, reprit-il en déglutissant douloureusement. Mon affaire me semble cependant mal engagée, n'est-ce pas ?

— À vrai dire, Gwent, qui se trouve ici, brûle de vous passer la corde au cou. Allons, avouez, qu'avez-vous fait des écus du comte ? Seraient-ils enterrés en quelque lieu secret ?

— Par Dieu, my lord, je vous jure que je n'ai rien à me reprocher. Mais, puisque ma vie en dépend, peut-être serais-je mieux avisé de vous relater toute l'affaire.

— C'est, en effet, votre unique chance de rester en vie. Faites en sorte, cependant, que votre fable soit crédible.

L'intendant parut en débattre intérieurement durant quelques instants, puis, redressant la tête, déclara sans ciller :

— Les chiffres que vous voyez là sont ceux que Lord de Trent m'a ordonné de transcrire. Je n'ai fait qu'obéir à ses directives.

— Ces propos sont dénués de sens, trancha Severin. Certes, ces prélèvements n'ont pas mis en péril la châtellenie, qui est fort riche. Mais cela doit cesser. Aujourd'hui, c'est à moi que vous dérobez ces écus. Renoncez donc à ces mensonges qui ne font que vous accabler.

En dépit de ces paroles menaçantes, l'intendant Torric ne semblait pas vouloir en démordre :

— Je ne mens pas, my lord, et si je n'ai jamais soufflé mot de cette affaire, c'est parce que j'en ai fait solennellement la promesse à messire le comte de Trent.

Incapable de se contenir davantage, Gwent s'écria :

— En voilà assez de tes fables ! Avoue ton crime, sinon je transperce ta misérable carcasse de mon épée !

Terrifié, l'intendant jeta un coup d'œil par-dessus son épaule comme pour s'enfuir, mais la main que posa sur son épaule le garde qui l'accompagnait l'en dissuada aussitôt.

— De grâce, my lord, je vous supplie de me croire. Les écus manquants sont du seul fait de Lord de Trent. Tous les trois mois, il partait dans le Sud, escorté de quelques cavaliers fortement armés. J'ai vu les sacs, accrochés aux animaux de bât, mais personne n'a jamais su à qui ils étaient destinés. Ses hommes étaient tenus au silence, comme moi-même. Qui, du reste, se serait risqué à trahir notre maître, sachant la punition qu'il encourrait ?

— Mais à présent qu'il est mort, vous n'avez plus de raisons de vous taire, intervint Joanna. Comment se fait-il que rien de tout cela ne m'ait été révélé, Torric ?

— Pourquoi l'aurait-on fait, quand votre père vous a tu jusqu'au nom de votre futur époux, my lady ? À vous aussi j'en fais le serment : ma seule faute fut d'obéir aux ordres de votre père. J'ai prié le ciel pour que la chose reste secrète après que Lord Langthorne vous eut épousée. Je me rends compte à présent que c'était impossible. Pendez-moi si vous le décidez ; il n'en reste pas moins que j'ai dit la vérité. L'argent allait dans une possession située dans le Sud.

— Connaissez-vous le nom de cette possession ?

— Rosehaven.

— Et qui vit à Rosehaven ? À qui Lord de Trent envoyait-il ces écus ?

— Je l'ignore ; je vous le jure.

— Eh bien, notre affaire se révèle plus captivante que je ne l'escomptais, conclut Severin. Joanna, avez-vous déjà entendu ce nom de Rosehaven ?

Celle-ci secoua négativement la tête, avant de s'adresser de nouveau à Torric.

— Je me rappelle ces départs. Croyant qu'il allait visiter ses terres, j'ai demandé en quelques occasions à mon père de l'accompagner, mais il a toujours refusé. Ces écus étaient-ils destinés au seul Rosehaven ?

— Oui. Je l'entends encore menacer ses hommes des pires châtiments s'ils s'avisaient de ne pas tenir leur langue. Chaque fois, il partait pour seize jours, pas un de plus, pas un de moins. Toutefois, se sachant mourant, il dépêcha Beamis, lors du dernier voyage, avec quantité d'écus, comme s'il avait eu un compte à solder. Je n'ai jamais osé l'interroger, de crainte que le comte ne l'apprenne et ne me fasse pendre.

— C'est précisément ce qui m'a mis la puce à l'oreille, expliqua Gwent en se tournant vers Severin. Les livres montrent qu'une très forte somme a été récemment prélevée. Croyez-vous que ce triste sire puisse dire vrai, my lord ?

— Depuis combien de temps êtes-vous à Oxborough, Torric ? s'enquit Severin, préférant ignorer la question de son écuyer.

— Depuis onze ans, my lord, dont cinq au service de Lord de Trent, et je ne pense pas qu'il ait jamais eu à se plaindre de moi. Du reste, la confiance qu'il m'accordait se mesure à l'aune de mes appointements. Si justice doit être rendue, ce n'est pas à Oxborough, my lord, mais sur les terres de Rosehaven.

— Où se situe Rosehaven ?

— Sur la côte, près de Folkstone, à quatre jours de cheval d'ici.

Severin observa un long silence, pendant que sa main caressait distraitement Tristan. Finalement, il se leva pour déclarer :

— Je ne saurai la vérité qu'à condition de faire le voyage jusqu'à Rosehaven. Joanna, vous m'accompagnerez, ainsi que toi, Gwent. Quinze hommes nous serviront d'escorte ; j'entends partir, dès demain matin.

— Beamis sait toute la vérité, my lord, objecta Joanna.

— Cela est vrai, mais je ne pense pas qu'on puisse éclaircir ce mystère autrement qu'en se rendant sur place. Torric, vous vaquerez à vos tâches comme à l'accoutumée. Je veillerai à ce qu'on garde un œil sur vous, avec ordre de vous pendre si vous tentiez de vous enfuir. M'avez-vous bien entendu ?

— Oui, my lord, j'ai parfaitement entendu.

14

À l'inverse de ce qui avait été décidé, Joanna et Severin ne partirent pas pour Rosehaven. Le jour venait à peine de se lever qu'un messager accouru des terres de Langthorne vint annoncer la disparition de la mère de Severin.

— Comment est-ce possible ? s'étonna ce dernier. Ma mère était sous étroite surveillance. Avant mon départ, j'avais moi-même choisi ses dames de compagnie. Que s'est-il passé ?

L'irritation était perceptible dans la voix de Severin. Le messager déglutit douloureusement, mais parvint néanmoins à articuler :

— Il est apparu que l'une d'elles a été prise de malaise et que, sur la demande de votre mère, sa compagne est allée la soigner. En regagnant la chambre elle s'est rendu compte que votre mère avait disparu. Sire Roger a aussitôt organisé des recherches. Il ne croyait pas utile de vous prévenir, mais Thurston, votre maître d'armes, était très inquiet et a décidé de me dépêcher auprès de vous.

— Je crains de devoir reporter notre voyage à Rosehaven, my lady, déclara Severin à l'adresse de Joanna. Je vais partir immédiatement pour Langthorne.

— Je serai prête dans moins d'une heure, Severin.

Ce dernier haussa un sourcil.

— Je serais plus vite rendu si seuls quelques hommes m'accompagnent.

— Je ne vous retarderai pas, vous verrez, insista-t-elle. Et puis, qui sait ? lorsque nous la retrouverons, mes herbes médicinales pourront peut-être quelque chose pour elle. De quoi souffre-t-elle, exactement ?

— De démence.

De démence ? Si le comte, son père, avait eu vent de la chose, il n'aurait sûrement pas confié au jeune baron de Langthorne le soin de perpétuer sa lignée.

— Dites-moi précisément quel est son comportement.

— Eh bien, elle peut se conduire tout à fait normalement, et soudain au cours d'une conversation, elle se met à rouler des yeux blancs et à débiter d'étranges paroles. Elle ne reconnaît plus son entourage, et je l'ai vue maintes fois tomber à genoux et se frapper la tête contre le sol. Puis elle s'endort, épuisée, des heures durant. À son réveil, elle paraît de nouveau normale, mais rien n'assure que son mal ne resurgira pas l'heure suivante. C'est pourquoi j'avais chargé deux femmes de veiller sur elle en permanence.

— Ah, fit simplement Joanna, tant ce récit la surprenait. Cela ne ressemble pas à de la folie ordinaire. J'aimerais aller consulter la guérisseuse de la forêt, avant notre départ.

— Fort bien, mais Gwent et quelques hommes vous escorteront. Je ne veux pas courir le risque que vous soyez enlevée.

Joanna ne s'y opposa pas. Quoique s'étant rendue souvent seule dans la forêt, elle comprenait les inquiétudes de son mari. Surtout à présent que les nuages qui assombrissaient leur ciel de lit s'étaient dissipés.

— Souffrez que je m'inquiète de votre sort, Joanna, lui murmura-t-il.

— J'ignorais que vous pouviez lire aussi aisément dans mes pensées, s'étonna-t-elle.

— Cela m'arrive parfois, dit-il avec un sourire. Revenez-moi vite.

Elle tournait les talons, quand soudain elle s'immobilisa pour demander :

— Severin, comment se fait-il que sire Roger ait rechigné à vous faire prévenir ?

— Bonne question. Nous n'allons pas tarder à avoir la réponse.

Joanna avait toujours cru que la guérisseuse avait l'âge du vieux chêne qui croissait près de sa cabane, au cœur de la forêt – parfois même, elle se demandait si elle n'était pas apparue à la surface de la terre comme par magie. Pourtant, son visage ne portait aucune trace des atteintes du temps. Sa peau était souple et lisse, et, hormis quelques fils argentés, ses cheveux étaient aussi noirs que le jais. Elle portait la robe de laine brune, ceinte à la taille par une simple corde, que Joanna lui connaissait depuis toujours.

Elle regarda le groupe de cavaliers s'immobiliser devant sa cabane sans sourire. Son visage resta de marbre quand elle aperçut Joanna. Les bras ballants, elle attendait patiemment qu'on lui apprît les raisons de cette visite.

— Je vous trouve bonne mine, lui sourit Joanna en sautant à terre. Et voilà Alfred ! s'esclaffa-t-elle en chancelant, quand un énorme chat noir bondit dans ses bras.

Un cheval rua et fit entendre un bref hennissement. Un murmure courut parmi les hommes. Certains d'entre eux se signèrent, car jamais on n'avait vu pareil matou dans tout le royaume d'Angleterre. Joanna lui caressa un instant la tête, puis lui rendit sa liberté.

— Entrez, Joanna, fit la femme, et dites-moi ce qui vous amène.

Des odeurs qui flottaient dans la cabane, Joanna reconnut celle du romarin, du basilic, de l'hysope, du thym et de cent autres plantes aromatiques dont le subtil assemblage dégageait une senteur qui chatouillait les narines et picotait les yeux. Prenant place sur un tabouret, Joanna attendit que la guérisseuse lui serve une infusion connue d'elle seule et dont elle désespérait qu'elle lui communiquât un jour la recette.

— Il s'agit de la mère de mon époux, commença la jeune châtelaine avant de lui rapporter les propos de Severin. Croyez-vous posséder quelque potion qui pourrait la guérir de cette étrange maladie ?

La femme alla se pencher à son étroite et unique fenêtre, et vit un des cavaliers qui, en faisant distraitement reculer sa bête, répandit sur le sol les bûches qu'elle avait soigneusement empilées.

— J'ai toujours tenu les hommes en grande aversion, dit-elle de sa voix douce et chantante. Ils piétinent mes plants parce qu'ils ne voient pas plus loin que le bout de leur nez. Ils jurent, ils crachent et leur esprit est plein de pensées lubriques. Je débarrasserais la terre entière de ces animaux, si je le pouvais.

— Mon époux n'est rien de tout cela.

— Il est trop tôt pour que vous en jugiez. Je suppose qu'il vous est apparu comme un diable venu des enfers jusqu'à ce qu'il vous fasse découvrir la volupté. Allons donc, Joanna, rougissez autant que vous voudrez, mais ne vous leurrez pas. Votre père était ainsi, Richard de Luci était ainsi, et pis encore, puisqu'il a assassiné sa femme pour vous enlever. Je suis heureuse qu'il ait échoué dans son entreprise, mais pas fâchée qu'il ait envoyé sa misérable épouse en enfer. J'ai entendu dire que tout n'allait pas pour le mieux à Sedgewick. Un danger plane, et j'ai bien peur que tout cela ne finisse en tragédie.

— Eloïse serait-elle menacée ?

— Je crains, il est vrai, le pire pour la pauvrette.

— Lady Marjorie la maltraiterait-elle ?

La femme haussa les épaules.

— Ce ne serait pas la première fois, ne pensez-vous pas ? Montrez-vous prudente, Joanna, et ne vous fiez jamais aux apparences. Jamais. Gardez cela en mémoire. Et maintenant, laissez-moi vous donner des herbes qui soulageront la mère de votre mari. Si j'en juge par vos airs alanguis, vous semblez à présent vous plier à l'autorité de Lord Langthorne. Qu'est-ce qui nous vaut un tel revirement ?

— Je n'aime guère me quereller, mais ignorant tout des hommes, je me suis violemment heurtée à Severin. Dame Agnès et ma chambrière se sont chargées de m'expliquer comment m'y prendre avec lui. Et c'est ainsi que j'ai décidé de traiter mon époux avec plus d'égards. Voilà, c'est tout.

— Il doit se targuer auprès de ses hommes de vous avoir mise à ses pieds.

— Il se pourrait que ce soit le contraire…

La guérisseuse secoua la tête, tandis que l'ombre d'un sourire passait sur son visage.

— Vous êtes une personne sans fard ni artifices, Joanna, c'est pourquoi vous devrez redoubler de prudence. Sauvez-vous, à présent, j'ai dans mes chaudrons quelques décoctions qui ne peuvent attendre.

Joanna se pencha en avant et posa une main affectueuse sur le bras de la femme avant de sortir.

— Étrange femme, en vérité, déclara Gwent en aidant la jeune femme à monter à cheval. Étrange chat aussi...

Il plut à verse toute la journée, et la campagne, jusqu'alors verdoyante, se recouvrit d'un voile gris, au grand désespoir des hommes et des chevaux. Ils étaient douze, chacun chevauchant l'échine courbée sur l'encolure de sa bête. Joanna se félicita de s'être munie d'un vaste assortiment d'herbes séchées, sachant que l'un d'entre eux aurait sûrement à souffrir de quelque maladie. Vers 6 heures de l'après-midi, Severin décida une halte. Sur leur route se trouvait l'abbaye de Wigham, énorme bâtisse de pierre grise, érigée un siècle plus tôt. Elle leur apparut à tous lugubre et menaçante. Joanna frissonna, non point de froid, mais de la sourde appréhension qui venait de l'envahir.

Le révérend Michael accueillit Severin en personne et invita cordialement la petite troupe à pénétrer dans la vaste salle commune. Cependant, il perdit de son affabilité en apercevant Joanna.

— My lord, murmura-t-il, embarrassé, en éclaircissant sa voix, votre dame ne peut en aucun cas demeurer ici. Un de mes moines la conduira dans un bâtiment voisin où elle pourra séjourner jusqu'à l'heure du départ.

— Je ne le pense pas, se contenta de répliquer Severin.

Joanna ne manqua pas de remarquer l'expression soudain irritée de son époux. Elle ne comprenait pas la raison de sa colère.

— La règle le commande ainsi, my lord, insistait le révérend. Une femme ne peut demeurer parmi des hommes dans l'enceinte de l'abbaye. C'est un sacrilège.

Joanna s'apprêtait à intervenir pour dire à Severin que cela n'avait pas d'importance, qu'elle voulait juste qu'on lui indiquât un lieu où elle pourrait passer des vêtements secs quand, sortant sa dague, son mari la pointa sous la gorge du révérend.

— Je sais de quelle manière vous traitez les femmes, mon père. Mais je ne souffrirai pas que mon épouse aille s'exiler dans une cellule humide, avec une brassée de paille en guise de matelas, pour y claquer des dents le restant de la nuit. Je ne permettrai pas davantage qu'un de vos moines lui serve pour tout repas un de vos clairs brouets. En conséquence de quoi, Lady Joanna demeurera ici, en notre compagnie.

Partagé entre la colère et l'étonnement, le révérend Michael ouvrit la bouche pour protester, mais d'une légère pression de sa lame, Severin l'en empêcha.

— Nous ferons comme je l'ai dit, mon père. En échange de quoi, je veillerai à ce que vos moines ne soient pas trop émoustillés par la présence d'une gente dame en la gardant à mes côtés.

Le révérend père n'était pas stupide. Il ne fut pas long à comprendre que, tout Bénédictin qu'il était, cet homme vêtu de gris n'hésiterait pas à lui trancher la gorge, même s'il risquait les flammes de l'enfer. Il se soumettrait donc, mais de mauvaise grâce.

Observant, parmi les hommes aux vêtements ruisselants, la femme qui le toisait sans vergogne, il conclut aussitôt que c'était elle, et personne d'autre, qui avait inspiré cette révolte contre Dieu, et qu'elle avait ensorcelé son époux et la soldatesque qui l'accompagnait. Elle était l'incarnation du Mal. Du reste, toutes les femmes l'étaient. Quel que soit le nom qu'on leur donnât, ces tentatrices du diable méritaient d'être livrées au bûcher ou, au mieux, jetées dans des culs-de-basse-fosse, loin des hommes de bonne volonté.

— Nous sommes recrus de fatigue, trempés et affamés, veillez à y remédier, mon père, reprit Severin d'un ton égal.

Le visage empourpré, les lèvres pincées de colère, le révérend rejoignit son troupeau de moines apeurés.

— Severin, les femmes sont donc toujours tenues à l'écart et si mal accueillies dans les abbayes ? s'étonna Joanna. Je ne savais pas cela.

— Cela ne serait pas bien grave si le temps n'était pas si mauvais. Mais cette humidité pourrait vous causer quelque maladie. Vous devez retirer ces vêtements mouillés sans plus tarder.

— Quelle est cette règle à laquelle le révérend a fait allusion ? insista-t-elle.

— Un grand débat est en cours au sein de notre Église afin de savoir si les femmes possèdent une âme ou pas. Pensez-y un instant, my lady : si vous n'en possédez pas, alors vous devriez être exclue de la compagnie de cette parfaite créature de Dieu qu'est l'homme, et reléguée au rang d'animal.

— Cela me semble d'autant plus étrange que le père Carreg ne m'en a jamais soufflé mot.

— Le père Carreg n'est pas sot : connaissant votre tempérament, il se sera dit que vous lui joueriez quelque tour pendable s'il s'avisait de prêcher pareilles inepties dans l'enceinte du château. Il n'empêche que les choses se passent généralement ainsi : si les voyageurs sont bienvenus dans les abbayes et les monastères, les femmes en sont invariablement écartées, parce qu'elles souillent les lieux de leur présence maléfique.

Joanna eut l'air un instant perplexe, puis un sourire malicieux éclaira son visage.

— J'essaierai de n'être maléfique qu'avec vous, dit-elle.

Severin éclata de rire et, la prenant par la main, l'entraîna à la suite du révérend, lequel leur désigna la cellule dans laquelle ils passeraient la nuit. Une heure plus tard, après que les hommes eurent séché leurs vêtements devant un grand feu, et que Joanna eut changé de robe, le petit groupe se retrouva dans la salle à manger où il leur fut servi du pain frais et de la volaille rôtie.

C'est seulement à la fin du repas qu'un homme d'armes commença à se plaindre de fièvre et de douleurs dans la poitrine. L'ayant sommairement examiné, Joanna lui prépara une potion constituée de gentiane diluée dans du lait chaud.

— Et si la gorge vous fait mal, il vous suffira de mâcher ces feuilles d'ancolie, conseilla-t-elle. En attendant, gardez-vous au chaud et tâchez de dormir ; il se peut que, dès demain, vous soyez rétabli.

Comme il avait appris les talents de la belle voyageuse, un jeune moine vint la voir quelques minutes plus tard, en jetant autour de lui des regards furtifs, comme s'il craignait d'être surpris.

— Une dent du fond de la bouche me fait horriblement souffrir, my lady, se lamenta-t-il. Auriez-vous quelque potion capable de me soulager ?

— Bien sûr, mon père, répondit Joanna sans se faire prier, pilez les graines de pieds-d'alouette que voici et diluez-les dans un verre de bière ou de vin ; votre dent cessera de vous tourmenter. Vous ne serez pas guéri pour autant. Le seul remède efficace serait d'extraire votre dent gâtée. Je vous conseille de ne pas trop tarder, sinon votre mal ne fera qu'empirer.

Le jeune moine acquiesçait docilement, quand le révérend fit soudain son apparition.

— Comment ? tonna-t-il avec des gesticulations qui balayèrent en un instant le sachet de pieds-d'alouette. Vous avez osé aborder cette femme ? Vous avez accepté une de ses diaboliques potions ?

Le jeune moine parut sur le point de fondre en larmes. Le front baissé, il regardait d'un œil hagard les graines répandues sur le sol.

— Vous vous méprenez, père Michael, se défendit-il faiblement. La dame que voilà voulait seulement apaiser le mal qui ne cesse de me tourmenter.

— Sachez, pauvre sot, que la potion qu'elle vous aurait administrée aurait été la cause des pires cauchemars, rétorqua le révérend d'une voix tremblante d'indignation. Vous n'auriez rêvé que de chair et de luxure, et votre âme aurait été vouée aux feux de l'enfer pour l'éternité.

Joanna s'efforçait de ne pas intervenir, non sans mal. Elle n'avait qu'une envie : souffleter le révérend. La sentant près de se jeter dans la bataille, Severin la retint par le bras.

— Venez, dit-il, vous ne pouvez rien pour ce moine. Il a choisi d'adhérer à cet ordre, moyennant quoi, il doit en respecter les règles.

Sur ces mots, il entraîna Joanna, qui le suivit tout en regardant par-dessus son épaule le jeune moine à la joue tuméfiée.

— Je ne voudrais pas troubler ces pauvres moines. Aussi, il serait bien que nous nous comportions comme frère et sœur, expliqua Severin quand ils eurent regagné leur cellule.

Ils n'étaient pas allongés depuis quelques minutes sur l'étroite couchette, que des cris s'élevèrent de la grande salle. Severin, dont les mains reposaient sur les seins de Joanna, lâcha un juron. Il bondit, s'habilla en hâte et sortit, l'épée hors du fourreau.

Quand Joanna, enveloppée dans une couverture, s'immobilisa sur le seuil de la grande salle, elle vit le jeune moine, à genoux sur les dalles froides. Il gémissait, la main appuyée contre la bouche comme pour en retenir le sang qui s'en échappait. Le dominant de toute sa hauteur, le père Michael brandissait une paire de tenailles dont les mâchoires enserraient une molaire ensanglantée.

— Foin de lamentations, voilà une bonne chose de faite, déclara-t-il avec un sourire satisfait.

— Je pourrais lui faire un emplâtre qui enrayerait le saignement, dit Joanna à l'intention de Severin.

— N'en faites rien. Cela ne ferait qu'accroître la fureur du révérend, soupira Severin en se passant la main dans les cheveux. Allons plutôt nous coucher, Joanna, la nuit est déjà bien avancée. Je voudrais partir au lever du soleil. Prions le ciel pour que la pluie ait cessé d'ici là, je n'ai pas envie de m'attarder ici.

Ses prières furent exaucées.

Joanna fut tirée de son sommeil par un baiser sur la tempe. Après un bref frémissement des paupières, elle ouvrit les yeux et lui caressa doucement la joue en souriant.

— Je suis heureuse que vous m'ayez gardée auprès de vous.

— Oui, mais je ne vous laisserai pas le temps de m'exprimer davantage votre gratitude, répondit-il en repoussant la couverture.

Moins d'une heure plus tard, Severin et son escorte quittaient l'abbaye de Wigham. Se retournant sur sa selle, Joanna contempla une dernière fois la vieille bâtisse qui demeurait inhospitalière malgré le soleil éclatant.

— Je me demande si les couvents sont aussi sinistres, murmura-t-elle.

— Les Bénédictins aiment à se fustiger dans leur chair, intervint Gwent. Personnellement, je ne crois pas que ce soit la volonté de Dieu, mais qui pourrait le jurer ?

Tabar, le soldat souffrant, avait remercié Joanna avec effusion, tant il s'était senti revigoré au réveil.

— En voilà encore un qui va secrètement s'éprendre de vous, ironisa Severin. Je vais devoir m'armer de patience et supporter en silence la foule de vos amoureux transis, à moins que je ne les fasse tous pendre haut et court.

Joanna éclata de rire et tendit la main vers Severin, qui n'hésita pas à s'en saisir. Avec un grognement approbateur, Gwent, qui n'avait encore jamais vu son maître si bavard – il était plutôt du genre laconique avec ses hommes –, marmonna dans sa barbe :

— Espérons que rien ne viendra gâter un si beau miracle…

15

Ils atteignirent le Yorkshire à l'issue du cinquième jour sous un soleil tiède et un ciel clément. Contournant Leeds par l'est, ils obliquèrent vers la côte jusqu'à la ville de Hawksmere, le village de Langthorne se situant sur les terres voisines, à la pointe sud de l'estuaire. Joanna était partagée entre l'excitation à l'idée de découvrir le château de Langthorne et l'inquiétude que lui causait la mère de Severin. Pauvre femme. Elle espérait que les herbes de la guérisseuse sauraient la soulager. Parce que, elle le savait, un mal qui ne se traduisait par aucune fièvre ni douleur, un mal caché et inconnu inspirait une grande crainte à l'entourage.

Le village de Langthorne était érigé sur un contrefort de l'estuaire. Il semblait aussi vieux que les rochers noirs qui se dressaient un peu partout dans les champs alentour. Le muret qui constituait son enceinte présentait de larges trouées au pied desquelles s'accumulaient des tas de pierres. De loin en loin, quelques serfs en haillons s'employaient à gratter une glèbe en friche dans l'espoir d'en retirer de quoi se nourrir. Bien que sachant que Severin l'avait épousée pour restaurer ses biens grâce aux écus de son père, Joanna ne s'attendait toutefois pas que le désastre atteigne de telles proportions. Un coup d'œil en coin lui permit de constater que son mari demeurait imperturbable, même si aucun détail n'échappait à son œil acéré. Tôt ou tard il aurait dû venir ici, et elle était contente que ce soit plus tôt que prévu. Il y avait beaucoup à faire pour que la baronnie retrouve son lustre d'autrefois, et il fallait s'y employer sans retard s'ils voulaient que leurs enfants puissent un jour en profiter.

La baronne de Louges était au château. Sire Roger l'avait découverte, assise à califourchon sur la branche d'un chêne. Quand, à force de recherches, les gens du château l'avaient aperçue, elle avait été saisie d'un rire inextinguible.

— Vous me voyez navré, my lord, qu'il nous ait fallu trois jours pour la retrouver, expliqua l'intendant, d'un air cependant satisfait.

Visiblement, il avait été averti de l'arrivée de Severin. C'était un homme maigre et de haute taille, qui s'exprimait avec force gestes. Joanna ne put s'empêcher de se demander si sa nervosité était naturelle ou due à l'inquiétude que suscitait en lui la venue de son maître, sachant qu'il avait manqué à sa tâche.

— Est-elle dans son état normal ?

— Apparemment, my lord, répondit sire Roger. C'est en tout cas ce que m'ont dit les servantes qui veillent sur elle. Je crois que jamais nous ne l'aurions retrouvée, si elle ne s'était pas manifestée si bruyamment. Qui l'aurait imaginée capable de grimper à un arbre ?

— Puis-je la voir, Severin ? demanda Joanna.

Après avoir présenté son épouse à sire Roger, Severin la précéda dans l'étroit escalier, à la suite de l'intendant. La chambre où la baronne était cloîtrée était sombre, minuscule et malodorante. Consternée,

Joanna demeura sur le seuil de la pièce, sans voir, de prime abord, la femme qui s'y tenait, le dos raide, plaquée contre un mur.

— Mère... murmura Severin, sans faire mine cependant de s'approcher d'elle.

La femme secoua la tête, puis pointa le doigt en direction de Joanna.

— Qui est cette femme ? Et pourquoi vous accompagne-t-elle ? s'écria-t-elle, des tremblements dans la voix.

— C'est Joanna, mon épouse.

— Je ne suis pas aussi folle que certains le prétendent ici. Je me souviens, à présent : c'est la comtesse que vous avez épousée pour sauver nos biens du naufrage.

— Oui. Je suis content que vous ayez recouvré la mémoire. Comment allez-vous, mère ?

— Comment je vais, me demandez-vous ? Auriez-vous donc perdu la vue ? s'indigna la baronne. Regardez donc mes pieds et vous serez édifié. La catin de votre intendant m'a chassée du château, et j'ai dû rester cachée presque une semaine dans la forêt jusqu'au jour où les hommes d'armes sont apparus. Si je ne m'étais pas réfugiée sur la branche d'un arbre, les loups m'auraient depuis longtemps dévorée. La catin a dû avoir peur que je ne meure, et sire Roger craignait sans doute votre colère, c'est pourquoi on m'a fait rechercher. Si vous ne me croyez pas, jetez un coup d'œil aux plaies purulentes de mes pieds, dont personne, d'ailleurs, ne semble se soucier.

— Je vais, moi, vous soigner, madame, intervint Joanna avant de s'adresser à Severin : Qu'un de vos hommes me rapporte le coffre qui contient mes herbes médicinales. De plus, j'aimerais qu'on me laisse seule avec votre mère.

Severin regarda sa mère et parut hésiter.

— Rassurez-vous, my lord, je saurais me défendre en cas de nécessité.

Là-dessus apparut une servante des plus replètes que Joanna apostropha aussitôt :

— Que l'on apporte des vêtements propres, des baquets d'eau chaude et quantité de linges de toilette, ordonna-t-elle.

— Oui, my lady, acquiesça la femme, avec un tressautement de son triple menton.

— Est-ce la dame de compagnie qui était censée veiller sur votre mère ? voulut savoir Joanna après que la servante fut partie.

— En effet. À la voir, on serait tenté de croire qu'en plus de ses repas, elle mangeait aussi ceux de ma mère. Je vais de ce pas interroger sire Roger. J'aimerais en savoir un peu plus sur tout ceci.

Il se tut un instant et jeta un regard circulaire sur la pièce.

— Cette chambre rendrait fou le plus sain des esprits.

— En effet. Mais nous en parlerons plus tard, si cela ne vous ennuie pas.

Severin quitta la chambre, l'air soucieux. Il s'éloignait à peine que la voix de sa mère s'éleva :

— De grâce, prenez garde à mes pieds !

Tant bien que mal, Joanna parvint à la convaincre de s'asseoir sur le lit étroit. Elle retint un cri quand, se penchant sur ses pieds, elle découvrit qu'outre les multiples écorchures, la plante n'était plus qu'une épaisse croûte de sang séché. Levant sur la mère de Severin, à présent silencieuse, un regard embué de larmes, elle lui dit simplement :

— Permettez, madame, que je prenne soin de vous.

En réponse, la malheureuse étendit une main crasseuse pour aller caresser la joue de Joanna :

— Il y a fort longtemps de cela, j'étais belle et aimée, comme vous. Celui qui fut mon compagnon n'était pas sans ressemblance avec l'homme qui se tenait à vos côtés. Mais il est mort, voyez-vous. Et cette mort fut des plus mesquines, parce qu'à cause de son ivrognerie, il tomba de cheval et se noya, non pas dans les douves, mais dans une flaque d'eau. Amusant, ne trouvez-vous pas ?

— Très amusant, en effet. Cependant, l'homme que vous avez aperçu est votre fils Severin, madame.

— Severin, dites-vous ? Par la Vierge Marie, où suis-je donc allée chercher pareil prénom ? J'aurais dû le nommer Guillaume, comme notre bien-aimé conquérant. Je me le rappelle, toutefois, enfant : il était calme, mais sa force ne cessait d'impressionner ses compagnons de jeux.

Tout en soignant les blessures de sa belle-mère, Joanna se disait qu'elle ne pourrait demeurer dans cette chambre minuscule, à plus forte raison si deux personnes devaient constamment veiller sur elle. Quelques minutes se passèrent, silencieuses, puis elle demanda :

— Puis-je savoir votre nom, madame ?

— Je me nomme Lady Moraine, et j'étais autrefois aussi jolie que vous.

— Vous l'êtes encore, répondit Joanna en grimaçant devant les pieds sanguinolents de la pauvre femme.

— Sire Roger prétend que ma mère s'est enfuie après qu'une des suivantes se fut absentée à cause d'un malaise. C'est tout.

Severin arpentait nerveusement la grande salle du château, tout en relatant à Joanna son entretien avec l'intendant.

— Il se dit navré de l'incident, tout en se félicitant de l'avoir retrouvée saine et sauve, poursuivit-il. Si le message que nous avons reçu n'était pas envoyé par lui, c'est parce qu'il craignait de m'inquiéter sans raison. À l'entendre, notre voyage était donc sans objet. Il serait allé jusqu'à châtier le messager pour avoir transgressé ses ordres, si je ne l'en avais dissuadé.

« Il affirme que Glenda, sa concubine, a toujours été très gentille avec ma mère, et que celle-ci aime beaucoup Glenda quand elle n'est pas sous l'emprise de sa folie. Quand je lui ai demandé pourquoi la baronne était recluse dans cette chambre sordide, il m'a répondu qu'il ne voyait rien là que de très normal ; après tout elle est folle et, la plupart du temps, elle ne sait même pas où elle se trouve.

— Ne croyez-vous pas qu'il mérite la corde, my lord ?

Severin s'immobilisa. Lentement, il se dérida et adressa un sourire à son épouse.

— J'y ai songé, mais, par bonheur pour lui, j'ai encore quelques doutes à son sujet. Ce qui m'étonne le plus, c'est qu'il semble de bonne foi. Je crois même qu'il s'attend à être récompensé pour avoir retrouvé ma mère. J'aurais aimé l'interroger davantage, mais il a profité de la venue de mon écuyer pour s'esquiver.

— Vous avez entendu votre mère : par je ne sais quelle malveillance, cette Glenda l'a obligée à s'enfuir et à se réfugier dans la forêt. Or, sire Roger prétend exactement le contraire. Que diriez-vous de l'attacher au pilori, sur la place du village, durant sept jours et sept nuits ? Nous finirons peut-être par apprendre la vérité.

— Et si nous les y mettions l'un et l'autre nus et dos à dos ? renchérit Severin.

— J'aime votre façon de concevoir les châtiments, sourit Joanna, une étincelle au fond des yeux. Je pense que l'indifférence de sire Roger, de cette Glenda, et des suivantes envers votre mère est à l'origine de toute cette affaire. À ce propos, la seconde de ces suivantes demeure introuvable. Votre mère est mal en point, Severin, et ses pieds sont affreux à voir. Je lui ai prodigué les soins nécessaires et j'ai donné l'ordre de l'installer dans la chambre des maîtres que sire Roger et sa maîtresse avaient investie. Elle dort, à présent.

— Et les effets de l'intendant et de sa concubine, qu'en avez-vous fait ?

— Je les ai fait transporter dans cette même chambre où ils avaient relégué votre mère.

— Votre esprit d'initiative me plaît beaucoup, Joanna. Je trouve l'idée excellente. Cependant, je veux encore interroger sire Roger. On m'a dit que cette Glenda était au village, mais qu'elle serait bientôt de retour. Il semble aussi que les écus que je lui ai fait envoyer aient à peine suffi à nourrir nos gens affamés. Sur ce point aussi, je veux lui demander des comptes.

— J'ai hâte de le voir revenir et d'entendre ce qu'il a à vous dire.

— Je ne serais pas étonné qu'il se soit empressé de rejoindre sa concubine afin de convenir des réponses à nous faire. Le diable m'emporte si ces deux-là ne finissent pas cloués au pilori !

Le rire de Joanna fut ce que sire Roger entendit en premier quand il se présenta à l'entrée de la grande salle, Glenda à ses côtés. Malgré le visage renfrogné de son maître, l'intendant s'efforça de réprimer les battements précipités de son cœur. Au moment même où se il se plaignait de la somme qui lui avait été envoyée, il avait vu la contrariété se peindre sur le visage de Severin. Puis, alors qu'il battait prudemment en retraite, il s'était retrouvé nez à nez avec Gwent, lequel lui avait décoché un regard à lui glacer le sang. Le sourire sardonique du maître d'armes Thurston ne lui avait pas davantage échappé. Ce dernier n'avait pas hésité à envoyer un messager, outrepassant ses ordres. Thurston était un homme de Severin, et il savait bien qu'en tant qu'intendant, il pouvait le commander, mais non le châtier.

L'expression courroucée de Lord Langthorne après qu'il eut vu sa mère l'avait d'abord affolé. Mais quoi, la baronne était vivante, non ? Et c'était grâce à lui, sire Roger, qu'elle avait été retrouvée ? Non, en vérité, il n'avait rien à redouter de son maître. Au contraire ! Il risquait fort d'être remercié par quelques écus sonnants et trébuchants.

— My lord, my lady, commença-t-il d'un ton déférent à l'excès, si surprenante qu'elle soit, votre visite me comble d'aise. Comme vous avez pu le constater, Lord Langthorne, votre mère est saine et sauve. Les servantes ont pris soin d'elle. Mais hélas ! l'une d'elles a été emportée par la maladie.

— Il ne reste plus donc que la femme corpulente que nous avons aperçue à notre arrivée, intervint Joanna.

— Donner des soins à une démente requiert de bien se nourrir.

Le mot « démente » suffit à allumer une lueur meurtrière dans l'œil de Joanna. Sentant qu'elle se tendait, Severin posa une main apaisante sur la sienne. Elle se força à respirer lentement et posa un regard scrutateur sur la jeune fille qui se tenait immobile aux côtés de sire Roger. Elle avait l'œil clair, les hanches rondes, des cheveux blonds bouclés retenus par un filet doré, et semblait à peine sortie de l'adolescence. Son visage respirait une telle suffisance que, pour un peu, Joanna se serait levée pour aller la souffleter. Sentant les regards hostiles que Joanna faisait peser sur elle, sire Roger crut bon d'intervenir :

— Glenda, allez chercher du pain, du vin et du fromage pour nos maîtres, commanda-t-il avec un coup d'œil hypocrite à l'adresse des époux.

La fille acquiesça d'un hochement de tête maussade et s'en fut. À la vue de son fessier rebondi, Joanna ne put s'empêcher de se demander si elle n'avait pas englouti la nourriture destinée à Lady Moraine. Avant qu'elle ait fêté ses vingt ans, elle serait aussi grasse que la servante censée s'occuper de sa belle-mère, se dit-elle.

L'intendant fit un pas hésitant vers le siège sur lequel son maître avait pris place. Il s'apprêtait à demander à un serviteur d'en avancer un pour Joanna, quand Glenda réapparut, suivie de deux servantes portant des plateaux.

— Installez donc le siège que voici devant la table, lui ordonna Severin en se levant.

Pestant intérieurement qu'on le traitât comme un vulgaire domestique, sire Roger s'exécuta et porta la lourde chaise jusqu'à l'endroit indiqué. Severin convia d'un geste Joanna à prendre place près de lui, tandis que, du regard, il enjoignait à l'intendant et à sa concubine de rester debout.

— Avant votre départ précipité, reprit-il en rompant un morceau de pain, nous en étions à parler des écus que je vous avais envoyés et qui, disiez-vous, suffisaient à peine à vêtir et nourrir nos gens.

— Cela est vrai, my lord, vous n'êtes pas sans savoir tous les travaux qui sont à faire pour que Langthorne retrouve sa grandeur de jadis.

Joanna jeta sur le sol un croûton de pain moisi oublié sur la table avec un geste de dégoût.

— Vous devez avoir raison, ironisa-t-elle. Ici, nettoyer une simple table coûte apparemment plus cher que je ne l'imaginais !

Sire Roger eut un imperceptible haussement d'épaules et continua de s'adresser à Severin comme s'il n'avait pas entendu.

— De servantes, nous avons suffisamment, encore qu'un grand nombre nous ait quittés après que votre frère eut été assassiné. Glenda s'emploie de son mieux à les diriger, mais c'est moins facile qu'il n'y paraît.

— C'est vrai, renchérit la jeune fille. Ne sont restées chez nous que les plus souillonnes.

La voix était douce et musicale, le ton presque caressant, et la dentition d'une blancheur étincelante. Joanna se dit aussitôt que sire Roger devait avoir fort à faire avec une gamine aussi rouée.

— Des réparations que j'avais ordonnées, rien, à première vue, n'a été commencé, dit Severin en repoussant son plat d'étain. Puis-je savoir pourquoi ?

— Je manque de bras, my lord.

— Gwent m'a appris que vous disposiez de dix-neuf hommes ; que font-ils donc à longueur de journée ?

— Ils battent la campagne à la recherche d'éventuels maraudeurs ou s'exercent au maniement des armes.

— Dès demain, vous diviserez ces hommes en trois groupes, qui assureront à tour de rôle les patrouilles, les exercices et la réfection du château. De plus, j'avais compté sur vous pour que les gens du village entreprennent les travaux des champs ; que sont devenues les sommes allouées à cet effet ?

— Je vous l'ai déjà dit, my lord, elles étaient à peine suffisantes pour vêtir et nourrir nos gens.

— Ah, oui ? Pourtant, je n'ai vu ici que des ventres affamés et des enfants en haillons. Ma propre mère est vêtue de hardes. Si vous avez utilisé mes écus pour faire confectionner des vêtements, qui les porte donc ?

— Votre pauvre mère n'a pas besoin de vêtements neufs, messire comte. Étant donné son état, elle est incapable de faire la différence entre une robe et un sac.

— Pourtant, Lady Moraine devait disposer d'une garde-robe importante ; qu'est-elle devenue ? Je n'ai trouvé que des guenilles dans le coffre du galetas qui lui servait de chambre.

— Qui est donc Lady Moraine ? s'enquit la jeune Glenda en ouvrant de grands yeux candides.

— Allons, mon amie, vous le savez bien, la reprit Joanna d'un ton fielleux, c'est la vieille dame à laquelle vous vous dites si attachée ; celle à qui vous consacrez tant de soin.

— Glenda ici présente ignorait le nom de votre mère, messire comte ; c'est aussi simple que cela, intervint précipitamment l'intendant.

— Cela ne me dit pas ce que sont devenus les vêtements de ma mère.

Un ange passa, avant que Joanna s'écrie avec une innocence feinte :

— Peut-être se trouvent-ils dans les grands coffres que j'ai aperçus, soigneusement cadenassés, dans la chambre des maîtres !

— Vous avez vu juste, my lady. Je les ai rangés dans ces coffres afin qu'ils ne soient pas mis en pièces par la pauvre Lady Moraine, comme cela lui arrive parfois, au cours de ses crises de démence, expliqua la jeune fille sans se démonter.

— Mais n'est-ce pas une de ses robes que je vous vois là ?

— Sûrement pas ! se défendit Glenda. Les siennes sont trop fanées pour que je puisse les porter !

— Je veux examiner les livres de comptes sans plus tarder, trancha Severin.

— C'est que nous n'avons plus de clerc aux écritures, my lord.

— Alors, montrez-moi le détail de vos dépenses.

Le feu aux joues, sire Roger se mit à transpirer abondamment.

— À vrai dire, my lord, les sommes que vous m'avez allouées n'ont pas toutes été dépensées. Je n'ai fait procéder qu'au strict nécessaire, car je voulais en faire usage avec sagesse et parcimonie.

Severin repoussa son siège. Il se dressa lentement, le fouet enroulé autour du poignet, l'expression indéchiffrable. Si Joanna sentit le flot de terreur qui submergeait l'intendant, elle ne souffla mot, et attendit, les yeux rivés sur son mari. Ce dernier fit quelques pas en direction de l'intendant et, saisissant sire Roger par le col, le souleva de terre sans effort.

— Je veux voir ces écus sur-le-champ, ainsi que l'état de vos prétendues dépenses, articula-t-il calmement en plongeant son regard dans celui de l'homme. Je vous attends. Veillez à ne pas abuser de ma patience.

L'ayant relâché, il s'adressa à Glenda, que toute suffisance avait abandonnée.

— Quant à vous, je vous ordonne d'apporter ici les vêtements que vous vous êtes indûment appropriés.

Alors qu'elle filait sans demander son reste, Joanna eut la surprise de voir Severin se tourner vers elle et lui adresser un clin d'œil complice.

— Nous allons mettre bon ordre à tout cela, dit-il, avec un sourire.

Joanna se souvint alors de Severin, tel qu'il était apparu dans la grande salle d'Oxborough. Sa froideur, son calme l'avaient alors effrayée. Mais, aujourd'hui, il était son mari, son amant. Il venait de terroriser deux larrons et, dans le même temps, de lui lancer une œillade.

Elle sentit son cœur chavirer…

16

Glenda réapparut, précédant deux servantes lestées d'une lourde malle qu'elles déposèrent aux pieds de Severin. Comme les trois femmes faisaient mine de prendre congé, le jeune homme se tourna vers Joanna.

— Je suggère que vous rendiez également les robes qui vous ont été offertes grâce aux écus que votre galant a détournés, déclara celle-ci sèchement. Sinon il vous en cuira.

La jeune fille leva alors sur Severin un regard embué de larmes.

— My lord, implora-t-elle, il n'y en a que deux, et ce sont les seules qui me restent. Voudriez-vous que j'aille nue ? Je ferai tout ce que vous voudrez pour vous plaire.

Puis elle ajouta à voix basse :

— On ne cesse de répéter à travers le pays combien votre union vous contraint, et qu'on vous aurait donné pour femme une mégère. Il ne tient qu'à vous que j'allège cette épreuve, si tel est votre bon plaisir.

Severin n'eut pas le temps de répondre que déjà Joanna se précipitait sur l'effrontée et, la saisissant par les cheveux, éructait à deux pouces de son visage :

— Que jamais plus je ne t'entende tenir pareil langage à mon mari ! Que croyais-tu ? Que je serais assez sotte pour me laisser bafouer sans réagir ? Sache que je suis la comtesse d'Oxborough, et que Lord Langthorne n'a que faire de tes complaisances. Sans doute ignores-tu que je suis guérisseuse. Attise un tant soit peu ma colère, et je te jure de faire en sorte que ton flux menstruel ne s'interrompe qu'après que tu te seras vidée de tout ton sang ! Est-ce là ce que tu veux, pauvre écervelée ?

Le ton était si lourd de menace que Severin en resta un instant ébahi. Jamais il n'avait imaginé que Joanna puisse se révéler sous un jour aussi inquiétant. Glenda était blanche comme un linge. Elle semblait proprement terrifiée.

— Tu as peur ? Eh bien, tu as raison, reprit Joanna d'une voix sourde. N'oublie jamais qui je suis. Et rapporte ces robes sans tarder, avant que ton sang ne se mette à couler.

La jeune fille s'éloigna en courant presque, comme si le diable était à ses trousses. Severin observa son épouse, s'attendant à la voir, sinon jubilante, du moins satisfaite, mais il n'en était rien. Son visage était blême et ses yeux, habituellement si clairs et transparents, s'étaient obscurcis jusqu'à devenir deux puits sombres. Il fit un pas vers elle.

— Que se passe-t-il, Joanna ?

— Rien, répondit-elle avec un geste qui voulait décourager toute question. Rien du tout.

Il l'attira contre lui, et elle sentit sa large main lui caresser les reins.

— Allons, dites-moi la vérité ou je vous en voudrai.

— J'avais promis à la guérisseuse de ne jamais proférer des menaces que j'aurais envie de mettre à exécution, avoua-t-elle alors, une expression douloureuse au fond des yeux.

Severin eut un instant l'air décontenancé.

— Et c'est la première fois que vous le faites ? Est-ce à dire que les menaces que vous aviez proférées contre moi n'auraient jamais eu de suite ?

— Je ne saurais même pas comment faire. Et même si je le savais, je n'aurais jamais mis ma menace à exécution.

— Je me souviens d'avoir eu envie de vous tordre le cou en pensant que vous le méritiez amplement. En revanche, je ne me rappelle pas pourquoi, exactement.

— Peut-être que cela n'est plus important.

À ces mots, Severin se rembrunit et planta son regard dans celui de son épouse. Que croyait-elle ? Qu'il hésiterait à la châtier si elle le méritait, sous prétexte qu'une bonne entente régnait entre eux ? N'avait-elle donc pas compris qu'il lui avait pardonné parce qu'elle avait su se montrer douce et soumise ?

— Il faudra que je confesse mes fautes à la guérisseuse de la forêt, en revenant à Oxborough, murmura-t-elle en baissant la tête. Il n'est pas impossible qu'elle m'inflige un terrible purgatif en guise de punition.

Cette pensée fit sourire un instant Severin. Soulevant le menton de Joanna, il la força à le regarder dans les yeux.

— Cette promesse que vous avez faite à la guérisseuse, était-ce la condition pour qu'elle vous enseigne sa science ?

Joanna acquiesça, appuyant sa joue contre la paume de son mari.

— Dès mon plus jeune âge, elle m'a fait jurer de ne jamais faire un usage inapproprié de mes plantes. Elle m'a assuré que si je manquais à cette règle, elles perdraient toute leur efficacité.

— Alors oubliez vos menaces, elles n'étaient dictées que par une colère passagère. Tout va bien maintenant. Ah ! voici revenir messire Roger. Ce qui va suivre ne devrait pas manquer d'être intéressant.

Aux gouttelettes de sueur qui perlaient sur le front de l'intendant, à ses regards furtifs et inquiets, Severin sut aussitôt que de nombreuses pièces d'or manquaient dans la bourse de cuir que l'homme venait de déposer sur la table. Severin entreprit de les compter scrupuleusement.

— Que comptiez-vous faire de ces écus que vous gardiez par-devers vous, messire l'intendant ? s'enquit-il en le toisant de toute sa hauteur, le visage sombre.

— Je vous l'ai déjà dit, my lord, le meilleur usage dans l'intérêt du château.

— Il me semble pourtant vous avoir donné, à ce sujet, toutes les instructions nécessaires. N'avez-vous donc pas remarqué nos champs dévastés, nos remparts à demi effondrés ? Et ces visages désolés, autour de vous, vous auraient-ils échappé ? Par les cornes du diable, messire, vous n'avez fait que vous vêtir de beaux atours, vous et votre maîtresse ! Je veux que d'ici le repas du soir ces lieux soient récurés, et que vêtements et nourritures soient équitablement distribués à tous ces pauvres gens.

— Me reprocheriez-vous de m'être montré parcimonieux, my lord ? se défendit sire Roger d'une voix mal assurée. Ces sommes ne me sont parvenues que depuis deux semaines ; cela est très peu pour entreprendre ce que vous m'avez commandé. En outre, je ne m'attendais pas à vous voir avant le prochain printemps.

Glenda réapparut dans la grande salle, les bras chargés de vêtements. Elle ne tremblait pas comme son galant, mais n'en montrait pas moins un air coupable, et s'attendait visiblement à ce que son maître lui annonce son châtiment.

— Joanna, j'aimerais que vous triiez ces vêtements et jugiez lesquels conviendraient à ma mère.

— My lord ! protesta Glenda, votre très estimée mère est beaucoup plus maigre que moi. Et je ne comprends pas pourquoi je lui céderais ces vêtements, alors qu'elle ne sait pas même dire son nom. Elle ne fera pas la différence et risque de les souiller.

— Peu m'importe que vous le compreniez ou pas, répondit Severin lentement. Mais si je vous entends une fois encore parler de ma mère en ces termes, je laisserai Lady Joanna décider de votre sort. À présent, allez veiller au repas du soir, et emmenez sire Roger avec vous, avant que je ne perde patience.

Le couple s'éclipsa sans demander son reste. Gwent, qui venait d'entrer, leur jeta au passage un regard de profond mépris.

— Allez-vous embrocher ce coquin ? demanda-t-il à Severin.

— J'y songe, répondit ce dernier.

Puis il désigna du doigt les sacs remplis d'or.

— Au moins, il n'aura pas eu le temps de dépenser ces écus-ci pour sa maîtresse. Mais il en a englouti une belle portion. Je me demande pourquoi tant d'hommes perdent la tête pour de simples femelles !

Ne sachant que répondre, l'écuyer se tut et attendit.

— Que diriez-vous, Gwent, si je confiais l'intendance de ce château à Thurston ?

— Je dirais que vous avez raison, my lord. Sitôt que nos paysans seront nourris et vêtus, soyez assuré qu'ils seront prêts à lui jurer fidélité. Et je ne doute pas un instant qu'il saura leur redonner du cœur à l'ouvrage pour reconstruire Langthorne.

— Nous sommes d'accord.

Ce soir-là, Severin alla se pencher sur le sommeil de sa mère, et fut surpris de la trouver aussi fraîche et rajeunie. Joanna avait accompli un vrai miracle.

— C'est toujours ainsi, dit-il en se retournant vers sa femme. Elle va dormir de longues heures, et au réveil, elle se souviendra de son nom, et son esprit fonctionnera normalement durant une semaine ou plus.

— Qui sait? Peut-être que la potion que m'a remise la guérisseuse sera efficace. En attendant, j'ai ordonné à Glenda de retoucher une robe afin que votre mère puisse s'en vêtir dès demain. J'ai découvert avec surprise qu'elle excellait dans les travaux d'aiguille.

Severin marcha jusqu'à leur lit et s'y assit en soupirant.

— J'ai l'intention de confier le château à Thurston, mon maître d'armes, expliqua-t-il. C'est un homme de bien. Il fera de son mieux pour me servir, j'en suis sûr, mais je crains que ce ne soit insuffisant pour asseoir son autorité. Il ne possède aucun titre, et n'est pas encore marié. C'est pourquoi je songe à l'élever au rang de chevalier.

— En avez-vous le pouvoir?

— Bien sûr.

— Si cela se fait, je lui trouverai la femme qui sera à la hauteur de ses mérites, et saura diriger d'une main de fer dans un gant de velours les domestiques de ce château.

— Et où dénicherez-vous ce parangon de femme?

Elle s'absorba dans la contemplation de ses ongles en chantonnant.

— Joanna ?

— Je réfléchis. Peut-être que votre mère aura une suggestion à nous faire à son réveil.

— Son sommeil est-il suffisamment profond ? demanda-t-il à brûle-pourpoint.

— La potion que je lui ai donnée est très puissante, se contenta-t-elle de répondre.

Severin hocha la tête et, se levant, entreprit de se dévêtir.

— Saurez-vous retenir vos cris, Joanna ?

Elle eut un lent sourire.

— Et vous, my lord ? Vous mugissez comme un taureau.

— Je ferais de mon mieux, mais je ne peux plus tenir, cela fait longtemps…

« La veille seulement », songea-t-elle, ravie. Il faisait si doux, la nuit passée, qu'il l'avait entraînée dans la forêt après qu'ils eurent mangé du lapin rôti sur le feu de camp. Ils s'étaient caressés jusqu'à ce qu'elle le supplie de venir en elle. Il ne lui avait pas obéi aussitôt. Et lorsque, n'en pouvant plus, elle avait crié, il lui avait doucement plaqué la main sur la bouche, avant de la satisfaire.

Severin lui caressa la joue, puis se pencha sur elle pour lui donner un baiser. Jamais encore il ne s'était laissé aller à autant de familiarité avec une femme. Non, pas *une* femme, *sa* femme. Et dire qu'il y a peu, il aurait voulu l'étrangler, la frapper, et même, lorsqu'il avait quitté Oxborough pour aller sur ses terres, ne plus jamais la revoir. Et puis le miracle avait eu lieu. La haine qu'il avait lue dans son regard au moment où il l'avait déflorée avait disparu.

Pourquoi ? se demanda-t-il. Pourquoi lui lançait-elle des œillades alanguies et ne cherchait-elle plus à lui tenir tête quand, tout récemment encore, elle semblait y prendre un malin plaisir ? Il savait qu'il aurait dû se taire et continuer à jouir de ce bonheur sans poser de question, mais sa curiosité fut la plus forte. Il attendit qu'elle soit allongée près de lui sur le lit. S'appuyant sur un coude, il se mit à dessiner des cercles sur son ventre d'un air songeur.

— Pourquoi votre attitude envers moi a-t-elle à ce point changé ? questionna-t-il. Il y a peu, vous me haïssiez, vous me traitiez d'animal, vous n'aviez qu'une envie : me voir disparaître de votre vie.

Elle se figea.

— Joanna ?

— Vous avez l'intention de me pousser dans mes retranchements ?

— Certes, non ! Je suis votre mari et il n'y a aucune raison pour que je fasse cela. Ce devrait toujours être un plaisir pour vous de me dire ce que je souhaite savoir.

— Très bien, soupira-t-elle. Je devine que vous n'aurez de cesse que je vous aie répondu. Alors, sachez que c'est pour une large part à dame Agnès et à Alice que vous devez ma transformation. Elles m'ont instruite de mon inexpérience et de la manière dont une femme doit se comporter avec un homme. Un sourire ici, un baiser là, vous témoigner un certain intérêt, tels ont été les conseils qu'elles m'ont donnés. Je doute cependant que dame Agnès ait pensé un seul instant que j'y parviendrais. Elle me croit plutôt encline à mordre et à griffer qu'à embrasser et à caresser. Mais je vous ai embrassé et cela m'a plu. Tout comme votre étonnement.

Severin dit alors, d'un air pleinement satisfait :

— C'est que vous vous êtes pliée si complètement. Vous m'avez accepté de si bon gré comme votre seigneur et maître.

— Si j'étais vous, je me garderais de tirer des conclusions trop hâtives.

— Pourquoi pas ? C'est bien ce qu'elles vous ont conseillé de faire, non ?

— Certes. Alice m'a même dit que, d'après vos hommes, vous n'aviez rien d'une brute, que vous saviez vous montrer aimable et doux avec les femmes et leur donner du plaisir. Ne sachant rien de ce fameux plaisir, j'ai refusé de la croire. Mais, elle a insisté, allant même jusqu'à me proposer de partager votre lit à seule fin de m'en fournir la preuve. Je l'ai remerciée de s'offrir ainsi en sacrifice, et je lui ai dit que je préférais m'en assurer par moi-même. Elle a même ajouté qu'il suffirait que je demeure sereine et détendue à votre approche pour que je fasse d'intéressantes découvertes.

— Dame Agnès et Alice vous ont dit toutes ces choses à mon sujet ? s'écria-t-il, effaré. Mais de qui diable le tenaient-elles ? Avec lequel de mes hommes se sont-elles entretenues ?

— Je ne saurais le dire. Mais je côtoie Alice depuis toujours, et je la tiens pour une personne digne de foi, en particulier en ce qui concerne la gent masculine. Je suppose qu'elle s'est informée çà et là, tant auprès de vos hommes qu'auprès de Gwent.

Severin se laissa retomber sur le dos. Il était partagé entre se sentir le dernier des sots ou le plus heureux des hommes. Mais à n'en pas douter, il avait beaucoup gagné dans cette affaire. S'il était une chose dont il était certain, c'est que Joanna se plaisait à partager son lit, au-delà de ses plus folles espérances même.

— Tout ceci est très intéressant, Joanna. Cependant, je peux vous assurer que je vous traite aujourd'hui de la même façon que je l'aurais fait il n'y a guère, si vous ne vous étiez pas comportée comme une...

Il s'interrompit, et bien lui en prit, car Joanna venait de grimper sur lui et le regardait intensément, le souffle soudain plus rapide.

— Oui, Severin, vous vouliez ajouter quelque chose ?

— ... une pimbêche, cela vous convient-il ? proposa Severin avec un sourire moqueur. Une mégère, une chipie, une harpie, je vous laisse le choix...

— Êtes-vous en train de me dire que notre différend est uniquement dû à ma nature rebelle ?

— Sans l'ombre d'un doute. Vous êtes fière et entêtée, Joanna. Tandis que moi, je suis un homme paisible. Je m'efforce toujours de me comporter avec modération, avec les hommes comme avec les femmes. Je n'ai jamais voulu entrer en conflit avec vous, alors que vous, dès le premier instant, m'avez déclaré la guerre sans raison.

C'en était trop. Joanna lui lança un violent coup de poing dans l'estomac. Il réagit au quart de tour, l'empoigna, et la fit rouler sur le ventre. Il l'enfourcha pour l'empêcher de se débattre et la cloua sur le lit d'une main posée en travers de la nuque. Dans la seconde qui suivit, il se rendit compte de sa position. Ils étaient tous deux nus et il était à cheval sur son ravissant derrière. Sans réfléchir, il lui lâcha la nuque et la saisit par la taille. Il la regarda se tortiller sous lui et soudain eut une envie folle d'être en elle. Le souffle court, il la força à s'agenouiller, s'apprêtant à la pénétrer. Puis il s'immobilisa. Bon sang, il ne pouvait pas faire une chose pareille ! Elle n'était pas prête à le recevoir, il risquait de la blesser. Pour le coup, elle aurait raison de le traiter d'animal en rut, songea-t-il. Pas question de gâcher le miracle !

Il glissa la main entre les cuisses de Joanna et découvrit, ébahi, qu'elle était humide. Il en aurait presque pleuré de gratitude. Alors qu'il continuait son exploration, elle gémit doucement. C'était tellement inattendu qu'il s'arrêta aussitôt, et murmura :

— Joanna, qu'est-ce que cela veut dire ? Vous êtes... prête, alors que je ne vous ai ni embrassée ni caressée !

La tête enfouie entre ses bras, elle se sentait horriblement embarrassée. Pas au point, toutefois, de lui demander de ne pas continuer.

— Venez, Severin, dit-elle d'une voix étouffée. Maintenant. Je vous en supplie.

Il ne se fit pas prier. Il la prit comme elle le lui avait demandé, avec une ardeur presque farouche. Son désir d'elle était si violent qu'il en était presque douloureux. Malgré tous ses efforts pour se contenir, la jouissance monta en lui et explosa en quelques minutes. Il avait été trop rapide et savait qu'elle n'avait pas eu le temps de prendre son plaisir.

Il se retira et la retourna avec douceur. Penché sur elle, il écarta ses cheveux de son visage et la contempla, osant à peine croire que cette femme si passionnée était la sienne. Il lui captura les lèvres et l'embrassa avec fougue, tandis que ses mains s'égaraient sur ce corps fait pour la volupté. Elle lui répondit avec flamme et il sentit son sexe se durcir. Elle gémissait maintenant, s'arc-boutait à sa rencontre, comme pour le supplier de faire cesser son supplice. D'un geste caressant, il écarta ses cuisses à la peau si lisse et vint se glisser entre elle. Elle poussa un petit cri qui ressemblait à un sanglot, et, l'agrippant aux épaules, se mit à onduler contre son bassin. Il ne la quitta pas des yeux tandis qu'elle atteignait le paroxysme du plaisir. Pantelante, elle ouvrit les paupières et posa sur lui un regard ébloui.

— Vous avez une superbe paire de fesses, Joanna, lui chuchota-t-il en riant.

Il s'allongea à ses côtés et elle vint se nicher tout contre lui, le sourire aux lèvres.

Lorsque Severin s'éveilla, le lendemain matin, Joanna n'était plus près de lui. Il s'habilla et alla voir sa mère. Elle dormait encore, mais son visage serein et son souffle régulier suffirent à le rassurer.

En entrant dans la grande salle, il constata avec étonnement qu'elle était pleine de monde. Elle avait été récurée et les tables autour desquelles s'affairaient pas moins de quatre servantes étaient soigneusement dressées. La pièce embaumait la viande rôtie et le pain frais. Il avait certes demandé à Joanna de s'occuper des problèmes domestiques, mais il ne s'attendait pas qu'elle se soit exécutée avec tant de célérité. À croire qu'elle possédait des talents de magicienne ! Du reste, où se cachait-elle ?

Comme à l'accoutumée, Severin prit son repas sans mot dire, flanqué de Gwent à sa droite et de Thurston à sa gauche. Sire Roger se tenait prudemment à distance. Quant à Glenda, elle servait la tablée avec les autres servantes et faisait grise mine. Ces gestes demeuraient cependant gracieux et vifs.

Où diantre était passée Joanna ? se demanda de nouveau Severin. Comme il achevait son repas, un grand silence se fit dans la salle. Levant les yeux, il l'aperçut alors, accompagnée de sa mère. Oui, cette femme aux cheveux soigneusement peignés, et à la taille bien prise dans une robe richement brodée, était sa mère. Plus étrange encore, elle souriait, et lorsque Joanna lui murmura un mot à l'oreille, elle eut un petit rire amusé qui ne s'apparentait en rien à celui d'une démente.

Severin eut un regain d'optimisme, puis se souvint combien la maladie de sa mère était fluctuante. Nul doute que, d'ici quelques jours, il redeviendrait pour elle un étranger. Lady Moraine adressa un sourire à la cantonade, jusqu'au moment où, apercevant Glenda, elle se pressa craintivement contre sa Joanna.

— Mère ? s'enquit le jeune homme en s'approchant d'elle.

— Ah ! vous voilà donc, mon cher Severin, dit-elle en effleurant de sa main décharnée le visage de son fils. Votre père et votre frère sont morts, mais vous, par la grâce de Dieu, êtes encore vivant. Je suis heureuse que vous soyez revenu, mon fils.

Tandis qu'il la serrait dans ses bras, Severin lui murmura à l'oreille :

— Vous n'avez plus rien à craindre de cette diablesse, mère. Je veillerai à ce qu'elle demeure à jamais loin de votre personne.

— C'est une méchante fille, déclara Lady Moraine en étreignant son fils. J'ai grand faim, savez-vous ? Reste-t-il un vieux croûton de pain pour votre pauvre mère ?

L'entraînant doucement vers la table, Severin ordonna d'un geste qu'on lui fît une place près de la sienne. Tandis qu'il emplissait son assiette, un coup d'œil à la dérobée lui permit de se rendre compte à quel point sire Roger était troublé. Il avait le regard effaré de quelqu'un qui se trouve en présence d'un fantôme. Jamais sans doute, se dit-il, sa mère n'avait été admise dans la grande salle commune depuis son départ pour Oxborough.

Glenda, quant à elle, ignorait ostensiblement Lady Moraine. Severin se promit de demander à Joanna d'interroger les servantes. Il voulait savoir précisément ce que Glenda avait fait à sa mère.

Finalement, la réponse à cette question lui fut donnée l'après-midi même, quand il alla voir sa mère pour prendre de ses nouvelles. À peine parvenu à proximité de la chambre, il entendit sa voix, une voix ténue, presque effrayée, qu'il reconnut à peine.

— J'ai connu sire Roger enfant, disait-elle, et il s'est toujours montré aimable et doux. Il a été un bon chevalier jusqu'au jour où il vous a rencontrée. Il n'avait aucune chance contre vous. Vous l'avez ensorcelé et vous vous êtes emparée de son âme, comme vous rêvez de vous emparer de nos biens. Mais mon fils ne le permettra pas. Tout comme Dieu n'a pas permis que je meure, quand vous m'avez abandonnée en haillons et pieds nus dans la forêt.

— Ce n'est que partie remise, vieille folle que vous êtes, rétorqua la fille sans la moindre émotion. Votre place n'est plus ici. Sitôt que votre fils et sa catin seront repartis, nous verrons qui, de vous ou de moi, est la vraie maîtresse de Langthorne. Je serai patiente. Je continuerai de ravauder vos robes sans maugréer. Mais croyez-moi, je saurai prendre ma revanche en temps voulu. Et n'attendez d'aide de quiconque. Nul n'ignore qu'avant longtemps vous sombrerez de nouveau dans la folie, et quoi que vous disiez de moi, personne ne vous croira.

À ces mots succéda le claquement sec d'une gifle. Severin ouvrit la porte et vit sa mère, effondrée sur un tabouret, tandis que Glenda la secouait violemment en lui criant au visage :

— Qu'attendez-vous pour vous mettre à vociférer, vieille folle ? Faites-nous donc entendre votre belle voix !

17

C'était en des instants comme celui-là, quand sa fureur touchait à son paroxysme, que Severin affichait un calme souverain. Il entra dans la chambre, le visage de marbre, et alla droit vers sa mère. Glenda se retourna brusquement et se figea.

— Vous êtes très belle, madame, murmura-t-il à sa mère en se penchant vers elle pour lui baiser la joue.

Elle semblait terrifiée. Severin lui sourit et lui caressa doucement la joue.

— Approchez donc, Glenda, lança-t-il par-dessus son épaule.

— Non, de grâce, non, protesta faiblement Lady Moraine. Ne la laissez pas s'approcher près de moi.

— Soyez sans crainte, mère, l'apaisa le jeune homme. Qu'elle s'approche, au contraire. Faites-moi confiance, vous ne courez plus aucun danger.

Puis il se retourna vers la jeune fille qui attendait, les bras croisés sous la poitrine, la mettant ainsi en valeur, pour attirer son regard, supposa-t-il.

— J'ai entendu les propos que vous avez tenus à Lady Moraine, dit-il le plus calmement du monde.

Glenda demeurait immobile, un léger sourire flottant sur ses lèvres. Visiblement, elle ne le croyait pas.

— Je lui disais combien elle était gracieuse, mentit-elle effrontément, et le plaisir que je prends à mes travaux d'aiguille afin qu'elle soit belle. C'est bien ce que vous avez entendu, n'est-ce pas, my lord ?

— Je déteste le mensonge et plus encore la méchanceté, dit posément Severin en l'attirant à lui d'une main ferme. Aussi, dorénavant, porterez-vous les haillons dont vous avez si bien su affubler ma mère.

Et il entreprit de mettre en lambeaux les vêtements qu'elle portait.

— À moins que vous ne préfériez quitter le château de Langthorne nue comme au jour de votre naissance. Quant à moi, cela m'importe peu.

— Vous ne pouvez me traiter ainsi, my lord ! protesta-t-elle d'une voix haut perchée. Je ne peux aller nue ; vos hommes me feront...

— Peu m'importe ce qu'ils vous feront, l'interrompit-il d'une voix lasse. Je veux vous savoir partie avant la cloche de midi.

Il regarda Glenda sortir de la chambre en sanglotant, puis se retourna vers sa mère.

— Plus jamais personne ne viendra vous tourmenter, lui dit-il. Je vous en donne ma parole.

— Cette fille est le diable en personne, mon fils. Sire Roger n'y résistera pas. Il ignorait que c'était elle qui m'avait entraînée hors des murs de Langthorne pour m'abandonner dans la forêt.

— Il aurait dû le savoir, rétorqua froidement Severin. Un homme doit se conduire comme un être responsable. Je lui avais confié Langthorne. Mais, laissons là cette triste affaire. Je vais vous envoyer Joanna. Elle va se faire une joie de redonner des couleurs à vos joues.

Mais Severin n'était pas au bout de ses peines, car, à la mi-journée, non contente de s'en être allée, Glenda avait emmené sire Roger et la bourse pleine d'écus.

— Dois-je rassembler des hommes et me lancer à leurs trousses ? s'enquit Gwent en se frottant les mains d'avance.

— Oui, Gwent, retrouve les fuyards, récupère les écus, mais laisse-les repartir. Avant peu, sire Roger répondra de ses actions. Entre ses remords et les transes dans lesquelles le jetteront les caprices de sa maîtresse, il aura, je crois, le châtiment qu'il mérite.

— Une telle idée ne m'aurait jamais effleuré l'esprit, my lord. Mais il me semble que vous avez raison, dit l'écuyer avant de quitter la grande salle.

Une semaine plus tard, au cours du repas du soir, alors que Lady Moraine se remettait lentement de ses épreuves, on l'entendit déclarer, d'une voix claire :

— Je sais la femme que notre bon Thurston doit épouser.

Cuillères et couteaux restèrent un instant en suspens, pendant qu'un grand silence descendait sur l'assistance. Severin ne fut pas des moins surpris. Il n'osait encore croire à la guérison de sa mère, même si Joanna lui administrait assidûment la potion dont l'avait pourvue la guérisseuse.

— De qui s'agit-il, mère ?

— Je songeais à la fille de sire William Dorset, qui possède un château près de Hawksmere. Je la crois en âge de convoler. Qu'en dites-vous, Thurston ?

Ce dernier sentit une cuisante rougeur lui monter aux joues. Tout récemment adoubé, il pouvait désormais prétendre au titre de sire Thurston de Hornsby.

Il allait devoir assurer le commandement de la châtellenie de Langthorne – ce qui était une lourde responsabilité –, et il ne se sentait pas encore prêt à prendre femme.

— Je ne sais pas, my lady, hésita-t-il en roulant des yeux effarés. Il se pourrait fort que je déçoive cette demoiselle, tant les galanteries me sont inconnues. Il se pourrait que, par mégarde, je l'offense...

— Que diriez-vous d'administrer à notre cher Thurston un peu de cette potion que vous me donnez chaque matin, Joanna ? lança Lady Moraine avec vivacité. Ne pensez-vous pas que cela dissiperait ses inquiétudes ?

Thurston ne se déroba pas et, une semaine plus tard, épousa en justes noces Blanche Dorset, charmante demoiselle de dix-neuf ans. Joanna ne cachait pas sa satisfaction. Tout comme elle, la jeune fille était orpheline de mère depuis l'âge de douze ans et avait dû s'exercer à la bonne marche du château de son père dès l'adolescence. De l'avis général, il ne pouvait échoir à Langthorne meilleure châtelaine.

De son côté, Lady Moraine gardait l'esprit étonnamment clair. Sa silhouette retrouva quelques rondeurs et son visage un sourire avenant et doux, à l'image de son caractère. Grâce aux soins de Joanna, Severin avait retrouvé la mère de son enfant, et s'en réjouissait.

— Croyez-vous vraiment que le remède est tout à fait efficace, Joanna ? s'inquiétait-il. Le miracle va-t-il durer ?

— Je ne saurais le dire.

— J'aimerais que Lady Moraine nous accompagne à Oxborough, annonça-t-il tout à trac.

Joanna le gratifia d'un sourire radieux et le serra dans ses bras.

— Je priai le ciel que vous en décidiez ainsi, lui souffla-t-elle en se hissant sur la pointe des pieds pour lui déposer un baiser sur la bouche.

Severin demeura silencieux. Il était toujours surpris quand elle lui témoignait son affection hors de leur chambre à coucher. Il se rappela Gwent qui, quelques jours auparavant, lui avait dit combien il paraissait heureux d'avoir épousé une aussi ravissante femme.

— Ravissante, dites-vous ? avait-il protesté, affectant d'ignorer que Joanna se tenait à proximité. Allons donc, elle me semble, quant à moi, tout à fait ordinaire, tant par le corps que par l'esprit, et…

Joanna avait poussé un cri et s'était précipitée sur lui, mais il était prêt. Il l'avait prise dans ses bras et, la soulevant de terre s'était esclaffé :

— Cela vous apprendra à prêter l'oreille aux conversations des autres, madame.

Gwent avait tourné les talons en hochant la tête. Il devinait que ces deux-là n'allaient pas tarder à s'embrasser et préférait les laisser à leur doux tête-à-tête. Restait à prier le ciel qu'aucun incident fâcheux ne vienne troubler cette merveilleuse entente.

Le lendemain, la troupe reprit le chemin d'Oxborough. Après avoir aidé Lady Moraine à monter en selle, Gwent assura Severin qu'il garderait un œil sur elle, sachant que le mutisme dans lequel elle s'était repliée depuis la veille ne cessait de l'inquiéter.

Alors que le château de Langthorne n'était plus qu'une masse grise se découpant sur l'azur, Severin se retourna pour contempler le lieu qui l'avait vu naître. Grâce aux bons soins de Thurston, il ne doutait pas que le domaine retrouverait son éclat de jadis. Le jeune chevalier semblait apprécier pleinement les joies du mariage, et, s'il fallait en juger par les confidences que Blanche avait faites à Joanna, la réciproque était vraie.

— Avez-vous parlé à Thurston, my lord ? Lui avez-vous expliqué comment se comporter envers une épouse ? lui demanda Joanna après avoir immobilisé sa monture près du palefroi de Severin.

— Oui. Mais avant notre départ, il m'a dit avec un grand sourire que mes conseils ne concernaient guère Lady Blanche. C'est, semble-t-il, une tigresse, qui ne déteste pas être un peu malmenée.

— Je ne comprends pas, murmura Joanna, étonnée.

— Eh bien, aussi étrange que cela puisse vous paraître, certaines femmes se plaisent à être conquises, quitte à se faire rudoyer. Et votre gente Blanche au si doux visage serait de celles-là. D'après Thurston, elle a fait montre d'une incroyable passion avant même que son hymen soit brisé. Il n'en est pas encore revenu…

— Voilà un phénomène auquel je n'avais jamais réfléchi, fit Joanna d'un air rêveur. Peut-être pourriez-vous m'expliquer cette frénésie, Severin.

— Je ne pense pas, ma douce. Tout ce dont vous devez vous souvenir, c'est que lorsque nous sommes seuls, nous sommes libres de faire ce qui nous plaît. Cela dit, s'il vous arrivait un jour d'être en colère contre moi, évitez de me planter un couteau dans le dos !

Joanna ne répondit rien, ses yeux fixant un point invisible entre les oreilles de sa jument. La troupe s'était éloignée. La laissant à ses pensées, Severin piqua des deux éperons les flancs de sa monture et alla se placer à la tête de ses hommes.

18

Après que la guérisseuse eut, de ses longs doigts osseux, soigneusement palpé le crâne de Lady Moraine, elle lui renversa la tête en arrière et examina ses yeux. Elle lui tâta ensuite les oreilles, tout en chantonnant doucement.

Lady Moraine restait silencieuse, osant à peine caresser le chat Alfred, venu se coucher sur ses genoux. L'animal ronronnait si bruyamment que quiconque, hormis sa maîtresse, se serait laissé distraire.

Se tournant vers Joanna, la guérisseuse déclara simplement :

— Je suis décidément la meilleure guérisseuse d'Angleterre. La potion que j'ai préparée à l'intention de votre belle-mère a dégagé les voies de son cerveau et rééquilibré ses humeurs.

S'éclaircissant la voix, Lady Moraine prit doucement la parole :

— Grand merci à vous, madame. Cependant, devrai-je absorber cette potion jusqu'à la fin de mes jours ?

— Ce serait plus sage, my lady, car je ne saurais dire si ses effets sont permanents ou si les voies de votre cerveau ne seraient pas de nouveau obstruées si vous interrompiez les soins.

— Alors je la prendrai, jusque sur mon lit de mort.

— Ainsi aurez-vous l'esprit clair quand vous vous préparerez à quitter cette terre... Joanna m'a dit qu'une de vos blessures au pied tardait à guérir.

Alfred dut renoncer au giron de Lady Moraine et se laisser poser sur le sol, non sans avoir exprimé son mécontentement par un miaulement déchirant. La guérisseuse eut un éclat de rire, puis se pencha sur les pieds que sa patiente venait de dénuder. Après un bref examen, elle déclara que la plaie était sans gravité, et que l'onguent qu'elle lui donnerait suffirait à sa guérison.

— Et n'oubliez pas de les laver à l'eau claire très fréquemment, lui recommanda la guérisseuse.

Au moment du départ, Joanna et Lady Moraine retrouvèrent leurs montures que gardaient Gwent et deux autres hommes. L'écuyer venait de donner à la guérisseuse une paire de faisans, quand Alfred apparut sur le seuil de la cabane. Assis sur son séant, l'animal se mit à observer les trois hommes en remuant doucement la queue.

— Cette bête me semble tout droit sortie de la marmite du diable, marmonna Gwent dans sa barbe.

Comme s'il avait compris ses propos, l'énorme chat hérissa son poil et, les oreilles couchées en arrière, fit alors entendre un feulement qui fit bondir l'écuyer.

— Sale bestiole ! pesta-t-il, plus furieux contre lui-même que contre l'animal.

Un des hommes risqua un ricanement, mais le géant lui décocha un regard si éloquent que l'autre parut se ratatiner sur sa selle.

— Comment allez-vous, madame ? s'enquit-il en s'approchant de Lady Moraine afin de l'aider à monter en selle.

— Je garderai l'esprit sain, Gwent. Cela me permettra de donner quelques conseils à mon fils pour l'administration du château. Que dites-vous de cela ?

— J'en dis que Lord Langthorne en sera si heureux qu'il donnera à coup sûr une grande fête. Pour ce qui est des conseils, my lady, je crois qu'il vous faudra lutter avec Lady Joanna.

— Je ne saurais lutter avec elle. Elle est la plus parfaite des belles-filles.

La jeune femme battit des paupières. Elle ouvrait la bouche pour lui retourner son compliment, mais Lady Moraine ne lui en laissa pas le temps :

— En outre, elle est très jeune et a sûrement plus besoin de conseils que mon fils, que j'ai vu, du reste, très contrarié au lever, ajouta-t-elle. Je n'en sais pas la raison. Mais si Joanna en est la cause, je lui dirai volontiers quelques stratagèmes qui sauront lui redonner le sourire.

— Je crains qu'entre dame Agnès, Alice et vous, la lutte ne soit chaude, lui répondit la jeune femme avec un sourire amusé. Elles ne tarissent pas de conseils, et j'avoue que la plupart ne me déplaisent pas.

Après un dernier salut pour la guérisseuse et son chat, Lady Moraine éperonna sa monture. Impassible, la guérisseuse regarda s'éloigner la petite troupe, les bras croisés sur la poitrine.

— Rien n'est normal en cet endroit, grommela l'écuyer en secouant la tête.

À peine atteignaient-ils Oxborough que de gros nuages noirs s'amoncelaient dans le ciel, tandis que l'air fraîchissait rapidement. Si les hommes avaient hâte de se mettre à couvert avant que la pluie ne se mette à tomber, Joanna, elle, ne s'en souciait pas. Elle pensait à son mari, et bénissait Alice et dame Agnès de lui avoir prodigué des conseils si éclairés.

La nuit passée, Severin l'avait laissée en faire à sa guise avec lui, comme elle le lui avait demandé. À ce souvenir, elle rougissait presque. Elle l'avait caressé lentement, avait exploré chaque pouce de son corps avant de le mener à l'extase d'une manière inédite pour elle. Oui, une femme habile détenait un formidable pouvoir sur l'homme qui tombait entre ses mains, s'était-elle dit alors. Et Severin aussi, qui lui avait demandé :

— Vous croyez me contrôler ?

— Non, lui avait-elle répondu. Je crois que j'aime vous donner du plaisir.

Et cela était vrai. Il avait eu l'air étonné, et avait entrepris aussitôt de lui démontrer qu'il en était de même pour lui…

Un éclat de rire la tira de ses voluptueuses pensées, fort à propos d'ailleurs, car ses sens commençaient à sérieusement s'échauffer. Se retournant, elle vit Gwent et Lady Moraine chevauchant côte à côte, la main de la baronne familièrement posée sur le bras de l'écuyer.

— Alfred n'est qu'un gros chat, le rassurait-elle, et, quoi que vous en disiez, ses ronronnements ne surpasseront jamais en nuisance les ronflements d'un homme.

Joanna écouta quelques instants leur divertissant bavardage. Elle nota l'empressement avec lequel Gwent se saisit des rênes de sa belle-mère quand sa bête fit un faux pas, et pria le ciel que la guérisseuse ait eu raison, et que Lady Moraine ne retombe plus jamais dans sa folie.

Au détour du chemin, elle aperçut son époux s'exerçant parmi une vingtaine d'hommes au maniement des armes. En voyant son torse musclé luisant de sueur, les mèches brunes collées sur son front, elle eut envie de courir vers lui pour lui murmurer à l'oreille les mots qui les auraient précipités vers leur chambre, pour y reprendre les ébats auxquels ils s'étaient livrés la veille. Bien sûr, elle n'en fit rien, sachant, avec un soupir résigné, qu'il ne quitterait pas ses hommes, à moins que la pluie ne se mette à tomber à verse. La gorge nouée par une étrange émotion, elle observa Severin, ferraillant à tour de bras : il était grand et vigoureux, et respirait la santé, un homme dont sa femme faisait grand cas. Oh ! comme elle aimerait qu'un jour, il nourrisse les mêmes sentiments à son égard ! Appuyée sur l'encolure de sa jument, elle secoua la tête. Elle ne pouvait aimer, et encore moins être aimée d'un homme à qui elle avait été donnée de force. Elle ne devait pas oublier que leur union n'avait été dictée que par des intérêts supérieurs et que Langthorne et elle avaient chacun leur rôle à jouer. Ce qui n'empêchait pas que, parmi ces rôles, il en était certains dans lesquels elle se complaisait.

Peut-être devrait-elle s'en ouvrir à dame Agnès, songea-t-elle. Mais il était encore un peu tôt. Rien ne pressait. Au salut que lui adressa Severin elle répondit simplement par un geste de la main.

Severin ne la rejoignit que tard dans la nuit en prenant garde de ne pas troubler son sommeil. Le soleil était à peine levé qu'il décida de la réveiller, déposant une pluie de baisers légers en diverses parties de son anatomie.

— Je ne vous ai pas entendu vous coucher, ronronna-t-elle en s'étirant voluptueusement.

— En effet, dit-il en se laissant retomber sur le dos pour contempler le ciel par la fenêtre. La tempête qui menaçait est passée.

Joanna ne répondit rien, devinant qu'il avait une nouvelle à lui annoncer.

— Je dois partir sans retard pour Rosehaven, déclara-t-il. Je veux savoir de quoi il retourne précisément dans l'affaire des écus que votre père y envoyait. J'ai l'intention de partir à la fin de la matinée.

— Je vous ai suivi à Langthorne. Refusez-vous que je vous accompagne à Rosehaven ?

Il observa un instant de silence, puis tourna le visage vers elle pour déclarer :

— J'ignore ce qui m'attend là-bas, et je m'en voudrais de mettre votre vie en danger.

— Comment puis-je être en danger si vous êtes à mes côtés ?

— Vous me flattez pour parvenir à vos fins, Joanna, répliqua-t-il. Mais dites-moi plutôt pour quelles raisons vous tenez à m'accompagner à Rosehaven.

— Je veux savoir qui s'y trouve, et pourquoi mon père y séjournait si régulièrement depuis tant d'années. À l'évidence, quelque chose l'y attirait. S'acquittait-il d'une dette contractée envers le roi Edward ? Envers un ami ? Y cachait-il une amante ?

— Je pencherais pour cette dernière éventualité ; c'est la seule qui me semble plausible. Mais là encore, pourquoi aurait-il entrepris ces voyages, quand il aurait pu s'entourer des faveurs de cent maîtresses, ici même, à Oxborough ?

Joanna haussa les épaules.

— Quoi qu'il en soit, dit-elle tranquillement, je ne pourrais rester ici sans vous. Vous avez éveillé en moi des appétits contre lesquels vous ne pouvez rien, hormis les satisfaire. C'est votre devoir de mari.

Severin eut l'air quelque peu abasourdi, puis prit le parti de rire.

— C'est donc ainsi que vous comptez me faire plier, dit-il d'un air faussement rêveur. Très bien, vous m'accompagnerez à Rosehaven, puisqu'il m'incombe de satisfaire vos appétits féminins. Nous partirons après le repas de midi.

Severin devait toutefois déchanter, car le départ allait, une fois encore, être ajourné.

— Messire comte ! Des hommes de Sedgewick s'approchent des remparts ! criait Alart, un des hommes de guet.

— Des hommes de Sedgewick ? s'étonna Severin. Sire Alan aurait-il des ennuis ?

Les soldats étaient sous le commandement d'un homme que Severin connaissait bien pour l'avoir souvent côtoyé. Il s'appelait Remis, et son âge avancé n'avait entamé ni sa vigueur ni sa loyauté. Du haut des remparts, Severin le vit ordonner à sa troupe de s'immobiliser, puis pousser sa monture jusqu'à l'entrée du pont-levis.

— My lord, déclara-t-il. Les fièvres ardentes se sont abattues sur Sedgewick. J'ai ramené avec moi l'enfant Eloïse, sa tutrice, Lady Marjorie, ainsi que dix soldats épargnés par la maladie. Sire Alan est sauf, lui aussi, mais il a insisté pour demeurer au château afin de continuer à en assurer le commandement. C'est sur son ordre que nous sommes ici.

Tristan pointa son museau hors de la chemise de son maître. Ayant un instant humé l'atmosphère, il appuya la tête contre le cou de Severin.

— Vous avez bien fait, Remis. Qui reste-t-il au château ?

— Les soldats valides sont postés sur les remparts, mais d'autres ont préféré s'enfuir. Si une troupe de pillards venait à forcer l'entrée du château, ils sont encore assez nombreux pour les repousser.

Joanna, qui se tenait près de Severin, fit un pas en avant et s'adressa à Remis :

— Afin de nous assurer que les fièvres ardentes ne s'étendent pas sur Oxborough, il est plus sage que vous et vos hommes campiez hors ses murs trois jours d'affilée. Si les provisions viennent à vous manquer, nous vous les ferons parvenir.

— Grand merci à vous, my lady. Je ne manquerai pas de faire appel à vous en cas de besoin.

— Quelle pitié ! se rembrunit Severin. Rares sont ceux qui survivent aux fièvres ardentes, et sire Alan est de mes amis. Dieu sait combien de pauvres gens vont encore périr.

Au cours des trois journées qui suivirent, aucun signe avant-coureur de la terrible maladie ne se manifesta parmi les gens de Sedgewick. Le père Carreg en rendit dévotement grâce à Dieu, tandis que Tristan ne semblait plus vouloir quitter le pourpoint de son maître. Finalement, les portes d'Oxborough s'ouvrirent à la petite troupe. Remis fut le premier à mettre pied à terre. À peine avait-il abandonné les rênes de sa monture à un palefrenier qu'il se précipitait pour saluer Severin.

— My lord, my lady, nous sommes bénis de Dieu puisqu'il nous a laissé la vie. J'ai cru comprendre, messire, que vous étiez absent, lors du passage en ces lieux de Lady Marjorie, ajouta-t-il. Permettez-moi donc de vous présenter la nouvelle tutrice de la jeune Eloïse.

Se retournant avec un sourire, il invita d'un large geste la jeune femme à s'approcher. La jeune femme s'avança de sa gracieuse démarche, puis releva son voile.

Severin se figea.

Joanna ne s'en rendit pas compte immédiatement, fascinée qu'elle était par la radieuse beauté de la jeune femme qui leur faisait face. Elle lui semblait encore plus belle que dans son souvenir.

— My lord, reprit le vieux capitaine, voici Lady Marjorie.

— Ma foi, Severin ! s'exclama-t-elle de sa voix mélodieuse, voilà bien des années que nous ne nous sommes rencontrés.

Joanna tressaillit et se retourna vers son époux. Ce dernier demeurait immobile, pétrifié, comme s'il était en présence d'un revenant. Pour la première fois, elle vit une rougeur lui monter au visage, tandis qu'il déclarait d'une voix curieusement rauque :

— Est-ce vraiment vous, Lady Marjorie ?

— En effet, Severin. Me voilà veuve pour la seconde fois. Mon père m'avait forcée à épouser ce vieil avare de baron Lipwait, vous en souvenez-vous ? Après sa mort, ce fut au tour de mon frère de me contraindre à épouser le baron Outbraith, un jeune homme assez avenant.

— On m'avait rapporté que la tutrice d'Eloïse était la veuve d'un preux chevalier qui avait sauvé la vie du roi Edward. Qu'en est-il, exactement ?

— Cela est vrai. Notre bon roi lui doit la vie. En remerciement, il m'a choisie pour être la tutrice d'Eloïse de Luci et diriger Sedgewick jusqu'au jour où elle serait en âge de convoler. J'ai grand plaisir à vous revoir, my lord.

Ne pouvant en supporter davantage, Joanna intervint pour demander avec une exaspération mal contenue :

— Lors de votre précédent passage, pourquoi ne m'avez-vous pas dit que vous connaissiez mon époux ?

Lady Marjorie lui adressa un gracieux sourire qui creusa de charmantes fossettes de part et d'autre de ses lèvres.

— Sur le moment, cela m'a paru sans importance aucune, my lady. Seule l'enfant comptait à mes yeux. D'ailleurs, la voici, ajouta la jeune femme en se retournant : Approche, Eloïse, viens saluer Lady Joanna et Lord Langthorne.

Eloïse n'était plus l'enfant frêle et maladive qu'ils avaient connue. Son air maussade avait fait place à une expression aimable et souriante. Après que Lady Marjorie lui eut soufflé un mot à l'oreille, elle sourit à Joanna, salua Severin d'un bref hochement de tête, puis, reculant d'un pas, fit une révérence.

Joanna aurait aimé la serrer dans ses bras et lui dire combien elle la trouvait ravissante. Mais déjà la fillette avait pris la main de Lady Marjorie et semblait ne plus vouloir la lâcher.

Torric, l'intendant, donna l'ordre de préparer une chambre pour la jeune femme et sa protégée. Joanna leur rendait visite afin de s'assurer que rien ne leur manquait quand, par la porte entrebâillée, elle les entendit discuter :

— Je sais que ces lieux t'indisposent, car ils te rappellent de mauvais souvenirs, mon enfant. Et je n'ignore pas que Lady Joanna t'a un peu malmenée avant que je vienne te chercher. Mais tu n'as plus rien à craindre, à présent, je suis là pour te protéger.

Joanna tendait l'oreille, le cœur battant, prête à fuir au cas où la porte s'ouvrirait. Ainsi, Eloïse avait dit avoir été malmenée ? Malmenée, quand sa seule contrainte avait été de s'alimenter ? Quand elle lui avait épargné les sévices que Beale lui faisait subir depuis tant d'années ?

— Pas du tout, Lady Marjorie, Joanna a été pour moi...

— Voilà que ta mémoire te joue encore un de ses vilains tours, ma pauvre Eloïse, l'interrompit la jeune femme d'une voix suave. Mais je me souviens, moi, de tes sanglots, des cris affreux que tu poussais durant ton sommeil. Des larmes qui sillonnaient tes joues quand tu me disais combien tu avais été malheureuse à Oxborough. Mais rassure-toi, je saurais prendre soin de toi, et faire en sorte que personne ne vienne plus te tourmenter.

— J'ai pour vous une grande affection, Lady Marjorie.

— Et moi de même, mon enfant; je suis la seule qui saura jamais t'aimer.

Joanna recula silencieusement, ne sachant trop que penser. La seule chose dont elle était sûre, c'est qu'elle voulait que Lady Marjorie quitte Oxborough dans les plus courts délais. Et elle qui avait dit à Severin qu'il ne serait pas sage de retourner à Sedgewick avant deux semaines au moins ! Fallait-il qu'elle soit sotte ! Elle se promit d'en parler à la guérisseuse, priant pour qu'elle raccourcisse le délai.

En attendant, une question subsistait : de quelle nature avait été la relation entre Marjorie et Severin ?

19

— Pourquoi ne m'avez-vous pas dit que Lady Marjorie était la nouvelle tutrice d'Eloïse ?

La question de Severin resta suspendue dans l'air tandis qu'il avalait son gobelet de bière d'un trait, sans quitter Joanna du regard – un regard froid et distant, pareil à celui qu'il avait quand il avait posé le pied pour la première fois dans la salle commune d'Oxborough. Il ne restait plus rien de l'homme qui, depuis quelques semaines déjà, profitait du moindre instant d'intimité pour la prendre dans ses bras et la couvrir de baisers. Elle le regarda droit dans les yeux, essayant de deviner ses pensées.

— Je l'ai fait, lui rappela-t-elle. L'auriez-vous oublié ?

— Vous vous êtes gardée de me dire la femme de grande beauté que c'était ; l'auriez-vous fait que je l'aurais aussitôt reconnue. Pourquoi ne m'en avoir rien dit, my lady ?

— Que vouliez-vous que je fasse ? Une description détaillée de sa personne ? s'énerva-t-elle. Que je me répande en éloges sur ses lèvres pulpeuses et ses longs cheveux argentés ? Vous n'auriez pas trouvé étrange que je vous tienne un tel discours ? Bien sûr que j'ai été frappée par sa beauté ! Mais je n'avais pas de raison de m'en soucier outre mesure.

Severin balaya l'air de la main, puis se mit à caresser Tristan avec application. Joanna observa son visage fermé, se demandant ce qui le tourmentait à ce point.

— Mais qui est donc cette femme ? lâcha-t-elle à brûle-pourpoint. Je devine que vous l'avez fort bien connue.

— En effet, je la connais depuis ma plus tendre enfance. À dix-sept ans, je voulais l'épouser. Mais étant le second fils, je savais que je n'hériterais ni de titre ni de biens. Or, son père voulait qu'elle épouse un homme riche. Quand elle s'est mariée avec le baron Lipwait, j'ai décidé de partir en terre sainte. C'est là que j'ai rencontré Graelam et le roi Edward.

— Une rencontre heureuse, ne croyez-vous pas ? Grâce à eux, vous voilà aujourd'hui un des hommes les plus riches d'Angleterre.

Severin ne répondit rien, se contentant de continuer à caresser Tristan.

— Donc, vous ne l'avez pas revue depuis huit ans, enchaîna Joanna. C'est très long, Severin. Les gens changent. Les sentiments aussi. Les vôtres ont-ils changé ?

C'est alors que, fort inopportunément, Gwent apparut, flanqué de Beamis.

— My lord ! lança ce dernier. Consentez-vous à ce que Lady Marjorie fasse une promenade avec Eloïse ?

Il avait à peine achevé sa question que Severin abandonnait précipitamment son siège, sans un regard pour Joanna, comme si elle avait soudain cessé d'exister. Le chien Edgar fit entendre sa désapprobation par un bref aboiement.

— Je les accompagne ; elles ne peuvent courir les champs sans protection, décréta Severin en traversant la salle à grandes enjambées.

Un peu plus tard, alors qu'elle s'adonnait à des travaux de couture en compagnie d'Agnès, Joanna se confia à la vieille dame.

— Je ne sais que penser, soupira-t-elle. Dès l'instant où cette femme est apparue, l'attitude de Severin à mon égard a radicalement changé. À cet instant précis, il chevauche à ses côtés. Quand il en parle, il ne tarit pas d'éloges sur sa beauté. Il semble lui vouer une admiration démesurée. Je ne l'ai jamais vu ainsi.

— Cela ne signifie rien, la tempéra aussitôt dame Agnès, tapotant les mains de celle qu'elle avait vue naître et qu'elle aimait comme sa propre enfant.

Une enfant qui était devenue une femme et dont elle ne pouvait s'empêcher d'admirer la finesse des traits et la force de caractère.

— Il est en adoration devant elle et vous me dites que cela ne signifie rien ? se récria Joanna, maintenant pâle et tendue. C'est que vous n'avez pas vu l'expression de son visage ! Il était épris d'elle quand il n'était qu'un tout jeune homme, Agnès ! S'il ne l'a pas épousée, c'est uniquement parce qu'il n'avait ni titre ni fortune à lui offrir. Inutile d'essayer de m'abuser, il l'aime comme au premier jour, je le sais.

— Permettez-moi d'en douter, repartit tranquillement la vieille dame. Il est possible, en effet, qu'il la voie encore avec ses yeux d'adolescent, mais cela ne durera pas, Joanna. À l'inverse de sire Roger, Lord Langthorne n'est pas sot. En vous prenant pour épouse, il s'est donné à vous et aux enfants qui naîtront de votre union. Vous êtes la comtesse d'Oxborough et, sans vous, sa condition l'aurait déchu au rôle de vassal. Et s'il me fallait dire le fond de ma pensée, je n'hésiterai pas à déclarer qu'il vous doit tout : sa fortune, son titre, sa descendance à venir, et même sa mère que vous lui avez miraculeusement rendue. Allons, mon enfant, cette Lady Marjorie n'est rien, rien qu'un souvenir que les circonstances ont fait resurgir, une chimère, un rêve d'adolescence...

— À vous entendre parler ainsi, je comprends mieux la situation, dit Joanna en levant les yeux de son ouvrage. Mais j'aurais tout de même aimé que vous puissiez voir le visage de Severin quand il parle d'elle, et la précipitation avec laquelle il a quitté la salle commune pour l'accompagner à sa promenade. Gwent lui-même avait l'air outré. Il n'osait plus regarder son maître en face, tant il était embarrassé.

— Nous verrons. En attendant, ne le blâmez pas. Observez et attendez votre heure. Et surtout, faites preuve de patience.

— La patience n'a jamais fait partie de mes qualités.

— Je suis bien placée pour le savoir. Mais il n'est jamais trop tard pour commencer. Faites un effort, et tâchez de vous montrer aimable et gracieuse avec Lady Marjorie.

— Gracieuse ? Quand je l'ai entendue raconter les pires mensonges à Eloïse ? Je crains d'avoir beaucoup de mal, dame Agnès. Ah ! s'écria-t-elle soudain, voilà Lady Moraine. Je demandais justement à dame Agnès ce que vous penseriez de mes travaux d'aiguille.

Saisissant l'ouvrage que lui tendait sa belle-fille, la châtelaine l'examina en détail pour déclarer avec une surprenante acuité :

— Quelque chose a dû vous troubler, car les derniers points sont au mauvais endroit.

Tout en le restituant, elle ajouta, l'air tout à coup enjoué :

— Avez-vous remarqué que je ne claudique plus ? La potion que m'a donnée votre amie guérisseuse est vraiment miraculeuse. Du reste, je suis allée la voir, aujourd'hui, et elle m'a demandé de vous remettre la petite fiole que voici. Additionné au vin de votre époux, son contenu aurait, semble-t-il, l'inestimable vertu de lui donner une meilleure vision de vous, et de l'inciter à vous rendre l'affection que vous lui portez.

« Un philtre d'amour », songea aussitôt Joanna. Probablement à base de mandragore. Comment la guérisseuse avait-elle appris si vite à propos de Severin et de Lady Marjorie ? Tout cela était très humiliant, se dit-elle en glissant la fiole dans l'échancrure de sa robe.

Alors que dame Agnès et Lady Moraine prenaient congé, la vieille dame de compagnie lança par-dessus son épaule :

— Rappelez-vous mes conseils, Joanna. À votre place, je m'abstiendrais de faire usage du contenu de cette fiole. Je pense que vous n'en avez nul besoin.

Qu'en savait-elle ? Que savait-elle du chagrin qui avait envahi chaque fibre de son corps ? Savait-elle ce que c'était que d'avoir pour rivale une femme qui laissait tout un chacun bouche bée chaque fois qu'elle apparaissait ? Récupérant la fiole, elle la secoua comme pour s'assurer de son contenu. Se pouvait-il que dame Agnès soit dans le vrai ? Severin regardait-il son ancienne promise avec les yeux de l'adolescent qu'il était autrefois et non point de l'homme qu'il était devenu ?

Elle alla voir le père Carreg dans la chapelle. Il était plongé dans la lecture des Saintes Écritures. Sans un mot, elle prit place près de lui.

Au repas du soir, Gwent observa un mutisme qui n'échappa pas à Joanna. Pas plus que ne lui échappèrent les regards furtifs qu'il décochait de temps à autre en direction de Severin. Toutefois, si le maître d'Oxborough n'avait d'yeux que pour Lady Marjorie, cette dernière, en revanche, semblait ne pas s'en apercevoir, tant elle était préoccupée par la fillette à ses côtés.

Apparemment endormi, Tristan était perché sur l'épaule de son maître. Du bout des doigts, Joanna lui avait tendu quelques morceaux de viande qu'il avait acceptés, quoique de mauvaise grâce. Il n'avait pas manifesté le moindre intérêt pour Eloïse.

— J'espère que le civet de lièvre de MacDear vous plaira, dit la jeune femme en se penchant vers son mari, qui mangeait avec moins d'appétit que d'ordinaire.

— Il ne manque pas de saveur, admit ce dernier. J'ai également remarqué que notre chambre embaumait. Quelle est donc cette senteur ?

— Celle de la lavande, my lord, répondit spontanément Joanna, trop heureuse de constater que Marjorie n'occupait pas toutes ses pensées.

Quelle tristesse cependant d'en être réduite à ce genre d'échanges, alors qu'elle ne rêvait que de d'embrasser son mari, de se blottir contre lui, de lui demander de l'aimer elle, et non cette femme tout droit sortie de ses rêves d'adolescent.

Tout en picorant dans son assiette, elle songea au philtre de la guérisseuse. Il était là, dans sa robe, à portée de main, et cependant elle hésitait à en faire usage. Si Severin devait lui revenir, songeait-elle, ce ne serait pas grâce à la mandragore, mais seulement de sa propre volonté. Elle voulait qu'il la désire avec cette ferveur qui avait été la sienne, avant que ses yeux ne se posent sur Lady Marjorie.

Elle soupira et, presque distraitement, se mit à caresser Tristan qui leva brusquement la tête, l'observa longuement, puis tendit la patte vers elle.

— Tristan a trouvé une compagne, j'en ai la certitude, fit entendre Severin, premières paroles de la soirée que Joanna n'avait pas sollicitées.

— Il en paraît ravi, dit-elle, sans en penser un mot.

— À présent qu'il s'est accouplé, il se désintéressera de sa femelle jusqu'à ce qu'elle ait mis bas. Alors, il regagnera la forêt afin de s'assurer que sa progéniture est bien protégée.

— Agiriez-vous de la sorte si je venais à porter un enfant de vous ?

Il tressaillit, et son regard passa du visage au ventre de Joanna.

— Qu'est-ce que cela signifie ? Votre flux menstruel ne serait-il pas survenu ?

Comment répondre à pareille question, quand elle n'avait jamais su prévoir le jour où survenait son flux ? Plusieurs semaines s'étaient écoulées depuis la fois précédente, mais elle aurait été incapable de dire si elle attendait un enfant.

— Je l'ignore, répondit-elle en lâchant un juron parce qu'elle était incapable de mentir.

— Que disiez-vous ?

— Que tous les saints du paradis ne suffiraient pas à me venir en aide, lança-t-elle, exaspérée.

Il ne répondit rien. Suivant son regard, Joanna s'avisa de ce qu'il s'était replongé dans la contemplation de Lady Marjorie. Le gracieux mouvement de tête qu'elle eut à cet instant pour écarter une mèche de ses longs cheveux argentés la rendit plus détestable encore à ses yeux. Elle n'était pas aveugle ! Elle avait remarqué la crispation des doigts de Severin autour de son gobelet, ainsi que l'avidité dans son regard. Il désirait Marjorie avec la même ferveur qu'il l'avait désirée, elle, Joanna, il y avait si peu de temps encore. Avec *plus* de ferveur peut-être…

Ah, bien sûr ! Cela faisait trois mois qu'il l'entourait d'une indéfectible affection. Mais à qui cette affection allait-elle, sinon à une femme soumise qui se donnait à lui sans la moindre retenue ? Et que valaient ces petits trois mois, en regard des huit années durant lesquelles il n'avait cessé de penser à Marjorie ? Elle n'avait aucune chance... Ses doigts se refermèrent sur la fiole. Non, pas encore. Elle ne supportait pas l'idée d'en faire usage. En revanche, planter son couteau dans le cœur de sa rivale ne lui aurait pas déplu. Et qu'importe si c'était un péché !

Un jongleur apparut et se mit à lancer en l'air cinq balles de cuir en attendant que le silence se fît. Ayant achevé son numéro, il s'inclina devant Severin et déclama un fabliau qui chantait la vaillance du nouveau maître d'Oxborough qui, à lui seul, avait trucidé soixante Sarrasins en défendant la ville de Saint-Jean-d'Acre. Tous les regards convergèrent vers Lady Marjorie quand elle fit entendre son rire de gorge, profond et voluptueux.

Le jongleur se tourna alors vers Joanna, et, prenant la pose, déclama :

Dame Joanna sa main donna à messire Severin.
Gracieuse et sage elle est, soignant tout un chacun
Elle n'est point ordinaire, et de sa loyauté
Son doux seigneur et maître est désormais assuré.

Joanna vit Severin tressaillir : d'où diantre ce jongleur tenait-il qu'elle n'était pas ordinaire ? Certains de ses hommes avaient sans doute trop bavardé.

Il en était là de ses réflexions quand le troubadour fit face à Lady Marjorie, la main posée sur le cœur :

Tant de grâce et d'attraits,
Et des cheveux si beaux qu'il en faudrait pleurer,
Par Lady Marjorie, toute dame surpassée.
Déesse de l'Olympe, créature de beauté,
Dont les hommes rêveront de toute éternité.

Joanna ravala un cri, et jeta un coup d'œil à Severin. Il regardait fixement Marjorie, sans songer un instant à l'insulte qu'était ce fabliau pour celle qu'il avait épousée.

Marjorie fit entendre son rire en cascade tout en secouant modestement la tête en signe de protestation. Le ménestrel s'inclina profondément devant Severin et Joanna avant de se laisser tomber à genoux devant Marjorie.

Son humiliation était telle que Joanna aurait voulu être foudroyée sur place – après avoir tué cette divine créature et ce damné jongleur qui chantait ses louanges, bien sûr !

Severin pénétra dans la chambre alors que la nuit était très avancée. Joanna ne fit pas un geste ni ne souffla mot, se bornant à écouter le froissement des vêtements tandis qu'il se déshabillait. Elle ne le voyait pas, mais imaginait son grand corps nu et musclé. Il ne la toucha pas.

Elle s'éveilla juste avant l'aube. Severin était tout contre elle, le dos tourné. Elle poussa un profond soupir et glissa la main le long de son flanc jusqu'à son bas-ventre. Il se retourna et, les yeux encore clos, l'embrassa, avant de murmurer tout contre ses lèvres le prénom de sa rivale. Telle une furie, Joanna bondit hors du lit :

— Que le diable vous emporte, Severin ! s'écria-t-elle. Puissiez-vous rôtir en enfer !

Elle arracha la couverture, envoyant promener Tristan, l'enroula autour d'elle et quitta la chambre à grand fracas.

Le ménestrel se tenait dans la salle commune, se régalant de beurre et de pain frais tout en écrivant un poème, sans doute à la gloire de Lady Marjorie. Elle le somma de vider les lieux séance tenante, sans même lui laisser le temps d'achever sa dernière bouchée.

Immobile au milieu de la pièce, elle réfléchit, les sourcils froncés. Agnès avait beau lui conseiller la patience, quelle femme était capable de ne point se révolter alors que son mari murmurait le nom d'une autre tout en l'embrassant !

Levant les yeux, elle aperçut Severin, les yeux fixés sur elle.

— Puis-je savoir pourquoi vous vous êtes enfuie avec cette couverture ?

— Si j'avais eu une épée, je vous l'aurais passée à travers le corps, rétorqua-t-elle.

— Il me semble vous avoir dit, my lady, que je ne saurais tolérer de menace sortant de votre bouche.

— Désolée, mais vous ne m'avez jamais rien dit de tel.

— Eh bien, j'ai eu tort. Vous voilà prévenue maintenant : ne me menacez jamais plus, Joanna.

— Pas même si vous murmurez le nom d'une autre femme tout contre ma bouche ? cingla-t-elle.

S'emparant d'un gobelet rempli de lait, il le vida d'une traite, puis s'essuya la bouche du revers de la main en haussant les épaules. Joanna le regardait, interdite. Il haussait les épaules pour toute défense, comme si ce qu'elle lui reprochait était sans conséquence !

— Peu importe ce que j'ai dit. Même si j'avais murmuré le saint nom de Marie, vous n'avez pas à me quereller ainsi. Allez plutôt me chercher du pain et du fromage, j'ai faim.

Tristan sortit la tête de la tunique de son maître à cet instant précis et tendit la patte à Joanna. Souriant bien malgré elle, elle la secoua doucement, tout en remarquant que Severin avait revêtu la chemise qu'elle avait cousue à son intention.

— Je n'en ferai rien, Severin. Je peux toutefois commander à l'une de nos servantes de venir vous servir.

Elle s'essaya à siffloter d'un air désinvolte sans trop de succès, et sortit de la salle commune d'un pas léger. Elle sentait le regard de Severin peser sur elle et se demandait s'il allait la rappeler.

Il n'en fit rien. Cela signifiait-il qu'il se sentait coupable ?

Joanna n'aurait su le dire, mais elle se garda bien d'envoyer une servante auprès de Severin.

Cet après-midi-là, elle décida, sans en aviser quiconque, d'aller rendre visite à son amie Ellen. Elle engageait sa jument sur les pavés glissants d'une venelle, quand un bruit, une sorte de raclement, attira son attention. Levant les yeux, elle n'eut que le temps d'entrevoir une selle en équilibre sur le bord d'une fenêtre. Puis celle-ci bascula dans le vide et vint la heurter, la jetant à bas de sa monture.

À travers un brouillard, elle aperçut la fenêtre où personne n'apparut, sentit une sourde douleur se répandre dans son crâne, puis s'évanouit en balbutiant le prénom d'Ellen.

20

Quelqu'un lui léchait consciencieusement le visage. Joanna souleva une paupière. Ce quelqu'un était le chat Alfred. Pourquoi diable se trouvait-elle dans la cabane de la guérisseuse ?

— Ah ! elle se réveille, dit cette dernière, penchée sur le visage de la jeune femme. M'entendez-vous ?

— Non seulement je vous entends, mais je vous vois.

— Bien. Je vais vous relever la tête pour que vous puissiez boire. Le breuvage que je vais vous donner n'est pas trop désagréable, aussi ne vous plaignez pas.

Un gloussement parvint aux oreilles de Joanna sans qu'elle puisse mettre un nom sur celui qui l'avait fait entendre.

Elle obéit à la guérisseuse et avala le breuvage au goût de fraise des bois.

— C'est délicieux, murmura-t-elle, avant qu'un brutal élancement dans la boîte crânienne ne lui arrache un gémissement.

— Heureusement que vous n'en voyez pas la couleur… Cette potion la soulagera des nausées et évitera qu'elle ne souffre trop de l'épaule et du crâne, ajouta-t-elle à l'intention d'une autre personne qui se trouvait vraisemblablement dans la pièce. Je l'ai examinée. Elle ne chantera pas de sitôt, mais pourra néanmoins vaquer à ses occupations.

Joanna ferma les yeux quand une douleur fulgurante lui traversa la nuque. Tout contre son visage, Alfred s'en donnait à cœur joie. Pour un peu, le chatouillement de sa langue l'aurait fait sourire.

— Je vous la confie, reprit la voix masculine. Des tâches urgentes m'attendent, je reviendrai la chercher cet après-midi.

— C'est parfait, my lord.

My lord ? C'était donc Severin. Joanna essaya de redresser la tête, mais le vertige qui la saisit l'en dissuada.

— Ne vous agitez pas, Joanna. Vous devriez savoir cela.

— Je voulais seulement voir mon époux.

— Vous le verrez plus tard. Vous l'avez entendu : « des tâches urgentes », a-t-il dit. Les hommes ont toujours des tâches urgentes. Mais à part s'enivrer et se pourfendre à coups de hache, quelles sont-elles, ces tâches, je vous le demande ? Tous les hommes sont semblables à des animaux, malpropres, brutaux et pervers qui plus est. Votre Severin n'y fait pas exception. Je dirais que c'est une race sans valeur ni mérite, qui serait tout à fait inutile, si nous n'avions besoin du peu qu'ils ont à offrir pour perpétuer la race humaine. Ah ! Quelle pitié que nous ne puissions les rassembler en un grand et ultime combat qui les précipiterait du haut d'une falaise ! Allons, Joanna, fermez les yeux. Alfred bercera votre sommeil.

Quand Joanna ouvrit de nouveau les paupières, la douleur avait fait place à un sourd élancement dans le crâne doublé d'un engourdissement de l'épaule. Penché sur elle, Severin la regardait attentivement.

— Vous ne semblez pas avoir de fièvre, dit-il en posant la main sur son front. La guérisseuse m'a rassuré à votre sujet. Vous rappelez-vous ce qui est arrivé ?

— Oui, répondit-elle, alors que se dissipaient peu à peu les brumes de son cerveau. J'étais au village quand une selle est tombée d'une fenêtre et m'a fait choir en bas de ma monture.

— C'est votre amie Ellen qui vous a vous découverte. Elle s'est précipitée au château pour me prévenir, et je vous ai aussitôt fait transporter ici. Le plus étrange, c'est que cette selle m'appartient. Gwent l'avait fait porter chez le sellier, et c'est de la fenêtre de sa remise qu'elle est tombée...

— Mais pourquoi est-ce justement votre selle, et pas une autre, qui m'a blessée ? Une chose pareille ne s'est jamais produite...

Il haussa les épaules, mais un pli soucieux barrait son front.

— Je ne sais pas encore ce qui s'est passé, mais je finirai bien par le découvrir.

— J'aimerais rentrer au château, déclara Joanna, se rappelant soudain que Marjorie s'y trouvait.

— Seulement si la guérisseuse y consent.

Elle accepta, à condition toutefois que Joanna garde la chambre encore une journée.

Installée devant Severin, sur sa monture, le plaisir de Joanna aurait été sans mélange si son crâne ne l'avait atrocement fait souffrir. Blottie dans les bras de son mari, elle n'eut pourtant qu'à poser la tête sur son large torse pour s'endormir comme une enfant.

Lorsqu'elle ouvrit de nouveau les yeux, Marjorie, debout avec Eloïse sur les marches du donjon, occupait entièrement son champ de vision.

— Ah, my lord, vous voilà enfin ! s'exclama-t-elle. Portez Lady Joanna jusqu'à sa chambre. Tout est prêt pour la recevoir.

« Pour un peu on croirait que c'est elle, et non moi, la maîtresse d'Oxborough », songea Joanna dans une demi-somnolence.

Le temps qu'on l'installe dans son lit, elle s'était rendormie. Quand elle sortit enfin de sa léthargie, il faisait nuit. Dame Agnès était assise près de son lit, absorbée dans ses travaux d'aiguille.

— Vous voilà enfin réveillée, mon petit, murmura-t-elle avec un sourire. Je vais demander à une servante qu'on vous serve un repas léger. MacDear en a préparé à votre intention en suivant scrupuleusement les prescriptions de la guérisseuse.

Joanna resta silencieuse. Elle était étonnée que dame Agnès fût seule pour la veiller. Où était donc Severin ? Et Marjorie ?

— Où est mon époux ? s'enquit-elle d'une voix ténue.

— Avec ses hommes, dans la salle commune.

— Et Lady Marjorie ?

— Avec eux, sans doute. Mais que vous importe ? Ce qui compte, c'est que vous guérissiez.

— Comment expliquez-vous qu'une selle appartenant à Severin ait pu tomber d'une fenêtre juste à mon passage, Agnès ?

Pour toute réponse, la vieille dame tira sur la manche de sa robe et examina ses ongles avec un froncement de sourcils.

— Nul ne le sait, dit-elle enfin, dissimulant son malaise derrière ses paupières baissées. Severin a interrogé tout le monde. Vous savez que la selle est tombée de la fenêtre de la remise de Robert, le sellier. Trois de ses apprentis y dorment, mais tout porte à croire qu'il s'agit d'un accident. Il est heureux qu'Ellen soit venue nous en avertir.

— Je voudrais descendre dans la grande salle, dame Agnès.

— Il me semble que c'est un peu tôt.

Ignorant les réticences de la vieille dame, Joanna se leva avec précaution, attendit de se sentir suffisamment ferme sur ses jambes, et déclara :

— Aidez-moi plutôt à me vêtir. Il est certaines choses que je veux voir de mes yeux.

Dix heures sonnaient au clocher quand Joanna apparut dans la salle commune. Elle se tint un instant immobile sur les derniers degrés. Quoiqu'elle s'y attendît, elle ne put réprimer un sursaut en découvrant Lady Marjorie installée à la droite de Severin, à sa *propre* place. Le sourire aux lèvres, la jeune femme prêtait une oreille complaisante aux propos que tenait Severin, dans un joyeux désordre de rires et de conversations. Les victuailles affluaient, et chacun se servait à profusion. Apparemment, l'absence de Joanna ne semblait guère avoir entamé l'appétit ni l'humeur des convives. Personne ne semblait trouver à redire à la situation. Tout était parfaitement normal, hormis le fait que la comtesse d'Oxborough n'était pas à sa place. Mais puisque Lady Marjorie l'était…

Joanna se sentit vaciller sur ses jambes, et, sans le bras secourable de dame Agnès, se serait effondrée en bas de l'escalier. Tous les regards se tournèrent vers elle quand elle lança d'une voix mal assurée :

— Il me semble que Lady Marjorie s'est trompée de siège.

— Non, rétorqua Severin. Lady Marjorie s'est assise près de moi sur mon invitation : un des pieds de la chaise où elle avait pris place s'est brisé. N'y voyez pas d'offense, Joanna. Vous êtes malade et vos pensées sont un peu embrouillées.

— Non, je ne le crois pas, répliqua-t-elle calmement, s'efforçant de dissimuler le chagrin qui lui tordait les entrailles et lui coupait presque le souffle. Aussi vais-je regagner ma chambre.

Severin fit mine de se lever, quand Lady Marjorie lui souffla quelques mots. Il tourna la tête vers elle, les yeux ostensiblement posés sur les doigts pâles qui effleuraient la manche de sa tunique.

— Voilà qui dépasse les bornes, murmura Joanna en reprenant son ascension, le dos courbé.

Le lendemain, elle garda le lit toute la matinée. Une douleur sourde lui vrillait les tempes et son épaule lui élançait sans relâche. Elle n'avait pas vu Severin de la nuit. Il l'avait passée dans le lit de Marjorie, cela ne faisait aucun doute.

Quelques instants plus tard, Alice apparut, tenant un plateau sur lequel elle avait disposé un bol de bouillon de poulet, du fromage et des tranches de pain beurré.

— Ne vous inquiétez pas, Joanna, my lady, tout va bien, la rassura-t-elle en lui tapotant la main. Chacun a à cœur de tenir son rôle et se soucie de vous. Lord Langthorne est retourné au village interroger les apprentis de Robert. Apparemment, ce n'était qu'un accident. N'empêche que je me demande, et Gwent aussi, comment une selle peut tomber d'une fenêtre.

Dans l'esprit de Joanna, la chose était pourtant limpide : Marjorie avait soudoyé quelqu'un pour qu'il fasse tomber la selle à son passage. Sa mort – un accident regrettable – lui aurait laissé le champ libre pour devenir, en toute impunité, comtesse d'Oxborough. Cela dit, ce n'était pas là la meilleure façon de se débarrasser d'une rivale. Et puis, pourquoi avoir choisi la selle de Severin ? À moins que ce ne soit Severin lui-même qui ait fait basculer la fameuse selle...

Elle soupira. Tout cela n'avait aucun sens. Elle passa le reste de la journée dans son lit, le regard perdu sur la tapisserie que son aïeule avait tissée.

Quand Severin entra dans la chambre, hors d'haleine, si plein de vie et d'énergie, elle ferma les yeux. Cela faisait trop mal de le regarder.

— La chaise de Lady Marjorie a-t-elle été réparée ? se borna-t-elle à demander.

— Vous allez bien, Joanna ? Auriez-vous l'esprit troublé ? se rembrunit-il. Du diable si je sais de quelle chaise vous parlez !

Les yeux de Joanna s'ouvrirent brusquement et se plantèrent dans ceux de Severin tandis qu'il s'avançait vers le lit.

— Elle était assise à ma place, la nuit dernière, sous prétexte que son siège était brisé. Je réitère donc ma question : a-t-il été réparé ?

— Je n'en sais rien ; personne ne m'en a parlé. À présent, je veux que vous vous leviez. Demeurer dans ce lit ne fera qu'accroître votre morosité. La guérisseuse vous a recommandé de vous reposer, non de vous cacher sous vos draps. Allons, levez-vous, des tâches vous attendent.

— Plus tard, peut-être, je suis lasse et je veux dormir un peu.

Severin scruta quelques instants le visage de sa femme.

— Tout cela ne me plaît pas, marmonna-t-il en tournant les talons.

Surgissant de sa tunique, Tristan bondit sur le lit.

— Où étais-tu la nuit dernière ? demanda Joanna à la petite martre après que son maître eut quitté la chambre. Étais-tu avec lui ? Et lui, était-il avec elle ?

En réponse, Tristan s'approcha de Joanna et lui mordilla le menton.

— Tu trouves que je me conduis comme une sotte ? reprit-elle. Il est vrai que tu n'es pas un homme, et que les cheveux d'or de Marjorie ne te font pas tourner la tête. Tu ne peux pas comprendre ce que j'éprouve.

Tristan la mordit de nouveau, comme pour marquer sa réprobation, et Joanna ne put s'empêcher de sourire. Quelques instants plus tard, elle s'abîmait dans un profond sommeil qui allait durer tout l'après-midi.

— Réveillez-vous, Joanna. Ces façons ont assez duré. Cessez de jouer les femmes délaissées, vous êtes la maîtresse de ces lieux et devez vous conduire comme telle. Alice et moi allons vous aider à faire votre toilette.

La jeune femme obéit à dame Agnès sans rechigner. Elle permit tout aussi docilement à Alice de lui mettre un peu de fard sur les joues et les lèvres, et ne souffla mot quand, aidée d'Agnès, elle la vêtit de la robe d'apparat, celle-là même qu'elle portait le jour de ses noces.

— Vous êtes la beauté même, my lady ; n'est-ce pas, Alice ?

— Ah ça oui ! Il n'est plus belle lady dans toute la contrée.

— Le siège de Lady Marjorie a-t-il été réparé ? s'enquit Joanna tout à trac.

— J'y ai personnellement veillé, répondit dame Agnès. Il semblerait cependant que quelqu'un l'ait aidé à se briser…

— D'abord, une selle qui tombe d'une fenêtre, puis une chaise qui se brise mystérieusement, murmura la jeune femme. Voilà qui est bien étrange.

La première vision qu'elle eut en entrant dans la grande salle fut celle de Severin tirant galamment un siège – son siège ! – afin d'inviter Lady Marjorie à y prendre place.

— Bonsoir, my lord ! claironna-t-elle.

Les conversations s'interrompirent et tous les regards se tournèrent vers elle. Severin suspendit son geste, tandis que Marjorie se contentait de sourire. Après avoir murmuré quelques mots au maître des lieux, elle regagna sa place, effleurant au passage les cheveux d'Eloïse.

Severin ne put faire moins que de se montrer pareillement galant avec sa femme. Il alla jusqu'à s'assurer qu'elle était bien assise, et lui frôla l'épaule de la main.

— Vous me semblez aller mieux, dit-il, en s'installant auprès d'elle. Mais, par tous les saints du paradis, quel est donc ce rouge sur vos joues et vos lèvres ? Auriez-vous la fièvre ?

— Non. Il s'agit seulement d'une tentative d'Alice pour me faire paraître moins ordinaire.

— Eh bien, je trouve que tout ce fard ne vous va guère. Ôtez-moi cela, ordonna-t-il en lui tendant un linge.

Elle s'exécuta.

— Vous êtes pâle, admit-il, mais au moins vous êtes vous-même.

À cet instant, Lady Marjorie se pencha vers Joanna.

— J'avais l'intention de vous rendre visite dans votre chambre, mais vos servantes m'en ont dissuadée. Elles voulaient que vous vous reposiez. Je suis ravie de voir que vous allez mieux, Joanna. Nous étions tous si inquiets quand Severin vous a ramenée.

— Merci, répondit simplement Joanna en trempant sa cuillère dans son potage.

— Quand j'ai demandé à MacDear ce qui vous plairait pour le repas du soir, il m'a répondu sans hésiter un potage aux cerises, en précisant qu'il n'en avait pas préparé depuis fort longtemps. Le brave homme nous a même autorisé, Eloïse et moi, à demeurer dans sa cuisine, mais je dois avouer que je n'avais jamais entendu un homme crier aussi fort.

Joanna se tourna vers Eloïse qui, tête basse, triturait ses aliments du bout de sa cuillère.

— Ainsi, tu as retrouvé MacDear dans sa cuisine... Que t'a-t-il enseigné, cette fois ?

— Mais, qu'entends-je, Eloïse ? Tu ne m'avais pas dit que ce bon cuisinier t'avait révélé quelques-uns de ses secrets ! intervint Lady Marjorie en couvrant de sa main celle de la fillette.

— Il ne l'a pas fait, répondit cette dernière de mauvaise grâce. Joanna le voulait, mais il faisait trop chaud dans la cuisine. Le cuisinier criait, les marmitons criaient ; je ne suis pas restée.

— C'est faux, Eloïse, s'indigna Joanna. Tu t'es même assise sur ses genoux, tu ne t'en souviens pas ?

— Je me souviens que c'est vous qui m'avez assise sur ses genoux. Cet homme sentait la sueur et parlait très fort. Cela ne m'a pas plu du tout.

— Dans ce cas, pourquoi y être retournée aujourd'hui ?

— Parce que Marjorie m'accompagnait, et qu'elle ne m'oblige pas à faire ce qui me déplaît. D'ailleurs, je déteste les cerises, déclara la gamine.

— Je n'en doute pas, mon enfant. D'ailleurs, ta langue en est encore rouge de colère.

Pour toute réponse, Eloïse tira la langue à Marjorie, puis éclata de rire avant de se serrer contre elle. Sa tutrice lui tapota affectueusement l'épaule, puis se tourna vers Joanna avec un sourire attendri.

— Cette enfant me donnera des cheveux blancs avant que je ne sois vieille, soupira-t-elle.

— Vous ne serez jamais vieille, intervint péremptoirement la fillette. Vous êtes la plus belle dame du monde entier.

— Tu n'es qu'une vile flatteuse, la gronda gentiment la jeune femme en lui pinçant le nez. Ma tête va enfler au point que je ne pourrai plus passer la porte de notre chambre.

Eloïse fut alors saisie d'un fou rire qui ne manqua pas de surprendre Joanna. Jamais elle ne l'avait vue de si joyeuse humeur. Poussant son miaulement si particulier, Tristan alla se jucher sur l'épaule de Joanna, lui arrachant une grimace de douleur. Profitant de ce que sa rivale s'était engagée dans une conversation avec son voisin de table, elle se tourna vers Severin, qui affichait une expression lointaine.

— Dormirez-vous dans votre chambre, ce soir ?

Il sursauta.

— À condition que vous soyez bien portante, répondit-il. La nuit dernière, j'ai jugé plus sage de ne pas troubler votre repos.

— Mon état s'est grandement amélioré. Oserais-je vous demander où vous avez dormi, la nuit dernière ?

— Ici, dans la salle commune, enroulé dans une couverture, avec les ronflements de mes hommes et votre chien Edgar pour me tenir compagnie.

Peut-être disait-il la vérité, songea Joanna. Il n'aurait pu passer la nuit avec Lady Marjorie, sachant qu'elle occupait la même chambre qu'Eloïse. À peine commençait-elle à se sentir rassérénée, que la fillette fit entendre sa voix flûtée.

— J'espère que je ne dormirai pas auprès de dame Agnès, comme la nuit dernière. Elle ne cesse de ronfler.

Joanna parcourut l'assistance du regard. Tout lui apparaissait soudain à travers un voile de tristesse. Severin avait menti. Il avait partagé le lit de cette femme alors que sa propre épouse se trouvait à quelques pas de là. C'était plus qu'elle n'en pouvait supporter.

Ses doigts se crispèrent un instant sur le manche de son couteau, puis elle se leva avec lenteur. Tristan fit entendre un miaulement plaintif, mais resta fermement agrippé à son épaule.

Sans un mot pour quiconque, pas même pour Severin, elle traversa lentement la grande salle pleine de rires et de conversations, jusqu'à l'escalier.

Elle entendit Severin appeler Tristan, qui fit la sourde oreille. Son mari ne chercha pas à la suivre.

Ce fut Marjorie qui vint à sa place.

Elle frappa doucement à la porte de sa chambre. Attendant dame Agnès, Joanna cria d'entrer. Quand elle vit qu'il s'agissait de Marjorie, et que celle-ci portait une exquise robe couleur safran qui lui appartenait, elle faillit lui ordonner de quitter la pièce immédiatement. Pourtant, elle n'en fit rien, se contentant de la regarder s'approcher jusqu'au lit de sa démarche gracieuse.

— Êtes-vous malade, Joanna ? s'enquit-elle. Severin m'a demandé de monter prendre de vos nouvelles. Il s'inquiète pour vous.

— Pourquoi portez-vous une de mes robes ? riposta Joanna en la regardant droit dans les yeux.

— Cela m'ennuyait beaucoup, mais Severin a insisté pour que je la prenne. Vous savez que nous avons dû quitter Sedgewick précipitamment en emportant un bagage léger. Je n'ai pris que deux robes, et toutes deux sont passablement sales. Toutefois, si cela vous désoblige, je m'empresserai de la retirer, proposa-t-elle.

— Cela me désoblige, en effet. Cependant, allez-vous l'ôter sur-le-champ ou bien préférez-vous attendre qu'Eloïse se soit endormie auprès de dame Agnès ?

— Ah ! s'exclama Marjorie en passant les doigts dans sa superbe chevelure. Je comprends à présent votre hâte à quitter la salle. Si je me suis séparée de l'enfant, c'est que j'ai pris froid et que je craignais que ma toux ne la réveillât.

Joanna regardait ostensiblement la grande tapisserie par-dessus l'épaule de Marjorie. Elle avait l'impression de la voir pour la première fois.

— Je vais de ce pas dans ma chambre retirer cette robe qui vous appartient, poursuivit la jeune veuve. Je n'aurais pas manqué de vous demander votre consentement, mais vous dormiez, et Severin a décidé de me la donner. J'ignorais qu'une simple robe puisse avoir pareille importance à vos yeux.

— Eh bien, c'est le cas.

— Je vais vous laisser, Joanna. Je vous souhaite une bonne nuit, et j'espère que vous irez tout à fait bien demain.

— Je vous le souhaite aussi. Encore que je ne me souvienne pas de vous avoir entendue tousser au cours du repas.

Comme cette dernière s'apprêtait à lui répondre, Severin entra dans la chambre, plus imposant et intimidant que jamais.

— Marjorie ! Que faites-vous ici ? s'étonna-t-il.

À cet instant, Joanna haït son époux comme elle ne l'avait jamais haï, pas même le soir de ses noces.

— Je discutais simplement avec Joanna, répondit la jeune femme le plus calmement du monde. Je me dépêche d'aller retirer cette robe, et je vous la fais porter rapidement, Joanna, ajouta-t-elle en se dirigeant vers la porte.

— Retirer votre robe ? Qu'est-ce encore que cela ?

Lady Marjorie répondit par un sourire tout en secouant la tête, puis sortit de la chambre sous le regard perplexe de Severin.

— Pourquoi êtes-vous partie si brusquement en emportant Tristan ? lâcha-t-il sèchement en se retournant vers Joanna. Et qu'est-ce que cette histoire de robe, Joanna ?

21

Elle aurait aimé tenir un couteau entre ses doigts pour le lui planter dans le cœur, mais elle n'avait, hélas ! que Tristan, perché sur son épaule. Elle regarda son mari avec réticence et déclara :

— Saviez-vous que la chaise de Marjorie a été brisée à dessein ? Ne trouvez-vous pas cela étrange ? Pourquoi quelqu'un aurait-il fait cela, Severin ? Et puis-je savoir pour quelle raison vous l'avez invitée à s'installer à ma place alors que son siège était réparé ?

Exaspéré, Severin ratissa ses cheveux d'une main nerveuse. Il semblait à peine troublé par ses propos.

— Tout cela n'a aucun sens ! Que vous arrive-t-il ? La guérisseuse ne m'avait pas prévenu que vous risquiez de perdre l'esprit…

— Mon esprit n'a jamais été aussi clair, riposta Joanna. À propos, qu'en est-il exactement de cette selle – la vôtre – s'envolant mystérieusement par la fenêtre ?

— Cette selle m'appartient, en effet, rétorqua-t-il d'un ton sec. Mais qu'allez-vous imaginer ? Que j'aurais fait en sorte qu'elle tombe sur vous ?

— Non. Vous êtes plus direct que cela. Si vous vouliez me voir morte, vous m'étrangleriez, tout simplement !

— En effet. Et l'envie m'en a pris plus d'une fois.

Severin se détourna et commença à retirer ses vêtements. Joanna se rallongea et lui offrit son dos. Quelques instants plus tard, elle sentit le matelas s'affaisser sous son poids. Il souffla la chandelle, plongeant la chambre dans l'obscurité.

— Qu'est-ce que cette histoire à propos de la robe de Marjorie ? s'enquit-il après quelques instants de silence.

— Ce n'est pas la robe de Lady Marjorie, mais la mienne. Je l'ai donc priée de me la restituer, bien qu'elle prétende que vous la lui ayez donnée.

— C'est exact, puisqu'elle manque de vêtements. D'ailleurs, dame Agnès ne s'y est pas opposée... Mais enfin, pourquoi tant de tumulte, Joanna ?

— Je ne veux pas qu'elle dispose de ce qui m'appartient.

— Ce n'est pourtant qu'un stupide vêtement !

Joanna resta silencieuse. Elle écouta son mari respirer, allongé près d'elle, immobile. Quelques instants plus tard, le rythme régulier de son souffle lui apprit qu'il s'était endormi.

— Tout cela est détestable, Tristan, murmura-t-elle en caressant la tête de l'animal. Que dois-je faire ?

Elle n'avait pas réussi à se montrer patiente, comme dame Agnès le lui avait conseillé. Elle avait tout gâché, et Severin semblait maintenant la croire aussi folle que sa propre mère avant que la guérisseuse n'y trouve remède.

Deux jours plus tard, Joanna se rendit au village pour voir Ellen. Celle-ci l'étreignit chaleureusement, puis lui raconta son effroi en la découvrant inanimée dans la ruelle du sellier.

— J'étais si désemparée que je ne savais que faire. Mon père t'a transportée jusqu'à son archerie, pendant que je courais au château prévenir Lord Langthorne. Il est venu aussitôt, et m'a même fait l'honneur de me prendre en croupe derrière lui.

— Merci, Ellen. Savais-tu que la selle qui m'a blessée lui appartenait ?

Ellen en avait eu vent. Tout le village devait maintenant jaser et en tirer les conclusions qui s'imposaient. Cet homme, qui avait épousé une riche comtesse, venait d'accueillir en son château une femme divinement belle. Que fallait-il en déduire ? La poitrine oppressée, Joanna imaginait sans peine les commérages dont elle faisait l'objet.

— Je veux éclaircir cette affaire, et comprendre par quel hasard une selle peut tomber d'une fenêtre.

— Tu crois qu'on l'a poussée intentionnellement ? Afin de te tuer ? demanda Ellen en baissant la voix. C'est insensé, Joanna. Personne ne croit vraiment qu'une chose pareille soit possible. Certes, il y en a qui pensent qu'il s'agit d'un acte de malveillance délibéré, d'autres pas. Les avis sont très partagés.

Un acte délibéré. Pas dans le but de la tuer... Dans quel but alors ? L'effrayer ? Mais pourquoi ?

— Si je comprends bien, quelqu'un se serait trouvé à la fenêtre avec la selle à portée de main et, me voyant passer dans la ruelle, aurait brusquement décidé de me la lancer à la tête. Cela me semble complètement ridicule. Néanmoins, je veux interroger les apprentis.

— Fort bien, je t'accompagne.

La sellerie de maître Robert fleurait un mélange de cuir, d'huile et de sueur. L'artisan s'y tenait avec ses trois apprentis et un compagnon. Son énorme panse ceinte d'un tablier de cuir, il accueillit Joanna avec force courbettes.

— Lady Joanna, chère enfant, je suis si heureux de vous revoir en bonne santé ! s'exclama-t-il. Dire que c'est la selle de notre seigneur qui est tombée sur votre aimable personne ! Vous m'en voyez terriblement confus. Croyez que je ferai tout ce qui est en mon pouvoir pour me faire pardonner. Commandez et je vous obéirai séance tenante.

Habituée depuis longtemps à l'obséquieuse volubilité du sellier, Joanna acquiesça avec cette hauteur qui lui imposait le silence, du moins pour un moment.

— Je veux parler à vos gens, maître Robert.

Une heure plus tard, elle confiait à Thomas, maître archer et père d'Ellen :

— Personne ne semble avoir rien vu ni entendu. Il semblerait que, ce jour-là, une demi-douzaine d'hommes d'armes du château se trouvaient dans la remise. Je vais devoir en parler à Gwent.

— C'est un homme du meilleur bien, commenta laconiquement Thomas, qui, contrairement au sellier, était plutôt avare de ses paroles.

En arrivant en vue du château, Joanna aperçut Severin et Marjorie qui en sortaient sur leurs montures. Il n'y avait pas trace d'Eloïse, mais, du moins Marjorie portait-elle une robe qui lui appartenait, constata-t-elle. Elle était peut-être supposée se montrer patiente, mais elle n'avait qu'une envie : se lancer à leurs trousses ? Cependant, elle ne le fit pas. D'autres tâches l'attendaient. Plus urgentes. Comme celle d'interroger Gwent.

— Lord Langthorne a déjà interrogé ses hommes à ce sujet. Personne n'a rien vu. Cela ne peut être qu'un accident.

— On voit bien que ce n'est pas vous qui avez reçu une selle de palefroi sur la tête, Gwent !

— C'est vrai, admit-il. Mais les faits n'en demeurent pas moins. Oubliez donc tout cela, Joanna.

Celle-ci passa l'heure suivante auprès de Lady Moraine, le lévrier Edgar couché à ses pieds, la tête posée entre ses pattes démesurées.

— Je couds une robe à votre intention, lui apprit la baronne de Louges. Elle sera vert tendre, comme vous pouvez le voir, assortie à la couleur de vos yeux. J'en ai moi-même conçu le modèle. J'espère que vous l'aimerez.

— Pardonnez-moi, Lady Moraine, mais j'ai entendu Lord Severin dire à Marjorie que cette robe était pour elle.

Ces paroles émanaient d'Eloïse qui, à l'évidence, prêtait l'oreille à leur conversation.

— Vraiment, Eloïse ? s'étonna Lady Moraine sans laisser à Joanna le temps d'intervenir. Quand donc aurait-il dit cela ?

— Ce matin, je crois, madame. Il disait à Lady Marjorie que cette étoffe la ferait ressembler à une déesse. Mais, pour moi, c'est une déesse, tant elle est belle. Elle mérite les plus beaux atours qui soient.

Cela dit d'une seule traite, en regardant Joanna sans un battement de cil.

— Peu importe ce que tu as entendu, Eloïse, rétorqua Lady Moraine non sans brusquerie. Il n'en reste pas moins que cette robe est destinée à Lady Joanna. À présent, toi qui as la langue si bien pendue, que dirais-tu d'apprendre la couture ?

Pour toute réponse, la fillette secoua vigoureusement la tête et s'en alla.

— Étrange, murmura la baronne en la regardant s'éloigner. Je n'ai commencé cet ouvrage que cet après-midi. Pourquoi cette enfant a-t-elle menti ?

— Elle éprouve pour Marjorie un amour et une admiration démesurés. Peut-être s'est-elle aperçue que Marjorie rêvait de prendre ma place, et s'emploie-t-elle à l'y aider par tous les moyens, hasarda Joanna.

— La fausseté chez une enfant est une chose fort fâcheuse, et qui peut se révéler très dommageable pour son entourage, répondit Lady Moraine. Il faudra que je réfléchisse à cela. En attendant, je dois retourner voir la guérisseuse, je n'ai plus de potion.

Ce soir-là, Lady Marjorie apparut dans une jolie robe que Joanna ne lui connaissait pas. Sa chevelure cascadait en lourdes vagues dans son dos, retenue par un bandeau doré. Gracieuse et souriante, elle saluait chacun, ses fines mains blanches voletant dans les airs. Tous n'avaient d'yeux que pour elle, et Severin n'y faisait pas exception.

Mais, alors que le repas battait son plein, son nez se mit à enfler et prendre d'inquiétantes rougeurs. Joanna cligna des paupières, n'en croyant pas ses yeux. Elle ouvrit la bouche puis, pressentant l'inutilité de ses paroles, la referma.

Non content de virer à l'écarlate, le nez de Marjorie grossissait à vue d'œil. Déjà, certains convives lui lançaient des regards obliques en riant sous cape. Occupé à nourrir Tristan, Severin ne vit rien de la scène, jusqu'au moment où, levant la tête, il prit un air éberlué, puis éclata d'un rire sonore que l'assistance s'empressa d'imiter. Eloïse quant à elle éclata en sanglots. Lentement, les rires se muèrent en un silence embarrassé.

— Que se passe-t-il, mon enfant, pourquoi ces pleurs ? s'enquit Lady Marjorie en se penchant vers la fillette.

— Parce que tout le monde se moque de votre nez.

— Dieu du ciel ! sursauta la jeune femme en portant machinalement la main à son visage. Oh non ! s'écria-t-elle, horrifiée. Que m'arrive-t-il ?

— Votre nez est rouge et tuméfié, intervint Joanna. Voulez-vous m'accompagner, Marjorie ? Je pourrai vous préparer une potion qui en atténuera la rougeur et le gonflement.

Jamais Joanna ne l'avait vu se déplacer aussi rapidement. Il ne lui fallut pas une seconde pour quitter la salle. Il semblait évident pour tous que jamais l'exquise Lady Marjorie n'avait été aussi humiliée de sa vie.

— Sauriez-vous dire la cause de cela ? s'enquit la jeune femme après qu'un coup d'œil dans son miroir l'eut instruite de l'étendue des dégâts.

Joanna composait patiemment sa mixture aux fortes senteurs de vinaigre, sous le regard attentif de Lady Marjorie, assise sur un tabouret.

— Vraisemblablement, il y a des nourritures que votre corps ne peut tolérer. Il s'agit, en fait, d'une sorte d'empoisonnement. Le breuvage que voici aura tôt fait de vous guérir, rassurez-vous.

— De quelles nourritures s'agit-il ? Cela ne m'était jamais arrivé auparavant.

Joanna eut un haussement d'épaules puis, baissant la tête, se remit à l'ouvrage. Elle n'oubliait pas qu'elle était guérisseuse avant tout, même si, comme dans le cas présent, cela se révélait affreusement difficile de guérir ses semblables. Elle n'oubliait pas non plus qu'elle détestait Marjorie et ne put s'empêcher de verser dans la potion quelques gouttes d'urine de chèvre.

— Il est possible que MacDear ait fait usage dans ses mets de quelque épice inconnue qui ne convient pas à votre tempérament. Le plus sage serait peut-être que vous cessiez de manger les plats qu'il cuisine, conseilla-t-elle en lui tendant un gobelet rempli de sa mixture. Tenez, buvez cela d'une traite.

Si, une heure plus tard, le nez de Lady Marjorie avait retrouvé son aspect habituel, elle ne retourna pas dans la salle commune pour autant. Joanna se chargea d'aller chercher Eloïse pour la mener à sa chambre, puis elle regagna la sienne, un sourire au coin des lèvres.

« Je suis vraiment méchante », se dit-elle. Mais dans ce cas, sa belle-mère l'était tout autant...

Au matin, elle s'éveilla nauséeuse, l'abdomen et les seins douloureux. Cela faisait plusieurs semaines que son flux menstruel n'était pas apparu.

Elle attendait un enfant. L'enfant de Severin.

Elle se demanda amèrement si, dans les semaines à venir, il n'en serait pas de même pour Marjorie.

Un moment plus tard, elle se précipita aux écuries et fit seller sa jument.

Quand elle immobilisa Marella devant la cabane, la guérisseuse était à genoux, cueillant les herbes de son potager. Le chat Alfred était couché non loin, le poil luisant sous le soleil qui filtrait à travers les frondaisons.

— Regardez ceci, Joanna, dit-elle en manière de préambule, c'est une sorte de pâquerette, dont je suis convaincue, qu'une fois additionnée à ma potion, elle guérira pour toujours Lady Moraine de ce mal qui lui trouble l'esprit depuis si longtemps. Pour l'avoir essayée sur deux garçons du village, j'ai découvert qu'elle a également le pouvoir d'éliminer les verrues. Du reste, en apprenant la nouvelle, les patients ont afflué, ils m'ont témoigné leur reconnaissance en m'apportant plus de provisions que je ne pourrai jamais en manger. Ma modestie dût-elle en souffrir, il semblerait que je sois la meilleure guérisseuse du royaume d'Angleterre. Que dites-vous de cela, Joanna ?

— J'en dis que j'attends un enfant.

La guérisseuse se redressa lentement en s'essuyant machinalement les mains sur sa jupe. Elle s'avança vers Joanna en la regardant à peine et, après lui avoir brièvement palpé le ventre, lui demanda de tirer la langue. Puis, lui prenant la main, elle lui égratigna légèrement la peau et examina attentivement ses ongles. Elle s'éloignait à peine, que le chat Alfred fit entendre un miaulement plaintif et, avec un long étirement, manifesta son intention de sauter dans les bras de Joanna.

— Non, commanda sèchement la guérisseuse.

À sa grande surprise, Joanna vit alors, et pour la première fois, un chat se renfrogner. Le museau plissé, balançant ostensiblement la queue, il exprima son dépit par un autre miaulement, puis s'enfonça dans les broussailles.

— Souffrez-vous de vomissements ?

— Non. Seulement de nausées de temps à autre.

— Je crois que vous ne vous êtes pas trompée. Votre époux est fécond, tout comme, hélas, le premier manant venu, ce qui nous condamne, nous femmes maudites, à porter le fruit de leur semence, que nous le voulions ou pas… Ah, les hommes ! s'exclama la guérisseuse. Si cela m'était donné, je m'empresserais de tous les empoisonner ! Mais les femmes comme vous n'en seraient pas ravies.

— À l'heure qu'il est, je n'en suis pas certaine.

— Est-ce à dire qu'il se montre déloyal ? Amenez-moi donc cette Lady Marjorie, que je vois à quoi elle ressemble ! s'écria la femme en exhibant des dents blanches et pointues de carnassier.

— Oh ! Elle se montre toujours parfaitement aimable avec moi, dit Joanna avec une moue de dépit. Elle est également très belle, sauf le soir où son nez est brusquement devenu écarlate et boursouflé.

Je lui ai préparé une potion et, dès le lendemain, son mal était passé.

— Elle aurait guéri, même si vous n'étiez pas intervenue...

— C'est vrai, mais j'ai fait preuve de faiblesse. Je n'ai pas voulu la laisser souffrir. J'ai néanmoins eu l'ineffable plaisir de verser de l'urine de chèvre dans sa potion, qu'elle a, du reste, avalée sans la moindre hésitation.

— Bien joué, s'esclaffa la guérisseuse en tapotant la joue de la jeune comtesse. Vous voilà devenue une femme rouée, Joanna. Vous ai-je dit ce que j'ai appris d'un moine de passage, il y a deux jours ? Des feuilles d'ancolies moulues additionnées de safran guériraient de la jaunisse ; que dites-vous de cela ?

Sachant les ravages que provoquait cette maladie, Joanna ne put cacher son enthousiasme :

— Donnez-m'en la recette, je vous en conjure.

La guérisseuse se mit à rire.

— Si votre ventre était resté stérile plus d'une année, je vous aurais prescrit de la giroflée jaune distillée, à boire deux fois par jour pendant un mois, déclara-t-elle doctement. Malheureusement, Lord Severin est comme tous les hommes, il sème et sème, et sa semence trouve immédiatement un terrain fertile. Quelle pitié ! Allons, venez, je vais vous administrer une décoction de mon cru qui apaisera vos nausées et vous fera retrouver votre bonne humeur. Non, non, ajouta-t-elle avec un sourire malicieux, je ne vous en donnerai pas la composition.

Severin fit irruption dans la pièce, les traits tendus, le geste rude, la mine ulcérée de ce que, depuis trois jours, son épouse ne lui adressait plus la parole.

Assise à sa table, Joanna se livrait à ces mystérieuses activités qui, peut-être en raison de la crainte qu'elles lui inspiraient, ne cessaient d'irriter son mari. Joanna leva brièvement la tête puis se pencha de nouveau sur son mortier.

— Je suis las de tout cela, Joanna, commença-t-il. Vous m'évitez, vous m'ignorez. Le miracle a pris fin, et vous voilà redevenue la femme des premiers jours de notre mariage. J'ignore ce qui vous a fait changer, mais je vous retrouve bien là, avec votre air revêche et vos lèvres pincées. Si c'est une reprise des hostilités que vous souhaitez, préparez-vous à être servie. Cependant, vous devrez satisfaire mes besoins, lesquels sont grands, comme vous le savez. Nous allons donc nous coucher, séance tenante, et je ne tolérerai aucune récrimination.

— Aviez-vous remarqué que la fleur d'ancolie rappelle par sa forme la tête d'une colombe ? lança innocemment Joanna.

Elle avait à peine terminé sa phrase, qu'il fondait sur elle, la face écarlate, les tempes bourdonnantes.

— Avez-vous l'intention de me violenter, Severin ?

— Seulement si vous m'y contraignez.

— Que se passe-t-il avec Marjorie ? Est-elle dans ses périodes ou bien lassée de vous ? Serait-ce que vous tardez trop à m'éliminer afin de pouvoir l'épouser ?

Severin tressaillit violemment comme si elle l'avait giflé.

— Vous êtes complètement folle ! s'exclama-t-il.

Saisissant la robe de Joanna par l'encolure, il la déchira d'un geste brusque jusqu'à la taille.

— Cessez de proférer pareilles absurdités ! Marjorie ne m'était pas destinée ; le sort en a décidé ainsi il y a fort longtemps.

Il s'attaqua à sa chemise, lui dénudant les seins.

— Vous ne me violenterez pas de nouveau, Severin.

— Je ferai ce que bon me semblera.

Joignant le geste à la parole, il souleva Joanna dans ses bras et la jeta sans ménagement sur le lit. L'instant d'après, il était sur elle, le souffle court, soulevant ses jupons. Soutenant son regard, elle lui dit :

— Prendriez-vous le risque de compromettre la vie de votre enfant ?

Cette déclaration fit à Severin l'effet d'un baquet d'eau froide sur la tête. Il se figea.

— Vous ? Porter un enfant de moi ? Quel mensonge est-ce encore là ? Il y a une éternité que je ne vous ai pas touchée !

— En effet, et la faute m'en revient, bien entendu...

— J'avais l'esprit ailleurs, mais à présent, mes sens réclament leur dû.

Elle rua, se cabra, si furieuse qu'elle l'aurait tué. Comme il se penchait pour lui baiser les lèvres, elle tenta de le mordre, ce qui ne fit que décupler la colère de Severin. Il recula et, la saisissant par les genoux, la força à se soumettre. Joanna poussa un cri, moins de douleur que de rage de se sentir à ce point impuissante.

— Vous n'êtes qu'un animal, et je vous hais ! vociféra-t-elle, sans se soucier que les domestiques puissent l'entendre. C'est sur votre tête, et non la mienne, qu'aurait dû tomber cette maudite selle !

Soufflant comme une forge, Severin ne l'écoutait pas. Une seule chose importait : l'assouvissement de son désir. Comme il se figeait dans un ultime spasme, Joanna déclara entre ses dents :

— Jamais je ne vous pardonnerai ce que vous venez de m'infliger. Vous m'avez trahie et je ferai en sorte que vous ne posiez plus jamais la main sur moi. Allez retrouver votre Marjorie et laissez-moi en paix.

— C'est une bonne idée, haleta-t-il. Elle, au moins, m'accueille toujours avec le sourire, comme au temps de notre jeunesse. Que vous a-t-il pris de vouloir l'humilier ainsi ?

— De quoi parlez-vous ?

— Je vous parle de son nez.

— Son nez ? Je n'ai fait rien d'autre que de le soigner.

— Peu m'importe que vous mentiez encore, mais je veux connaître les raisons qui vous poussent à me priver de votre sourire et à vous opposer à moi comme vous le faites. Je veux savoir pourquoi vous m'acculez à de telles extrémités, pourquoi vous me refusez vos caresses et vos baisers.

— J'ai gardé le sourire jusqu'à ce que cette femme arrive et que vous vous mettiez à la couver des yeux comme un amoureux transi. Vous ne vous souciez même pas de savoir si je pleure ou si je ris. Oserez-vous nier que vous ne vous plaisez qu'en sa compagnie, et que vous ne cessez de vous exhiber avec elle ? Jusqu'à mon siège que j'ai dû lui abandonner ! La passion que vous éprouvez pour elle crève les yeux, même un aveugle s'en apercevrait !

Ces paroles produisirent l'effet escompté. Severin se leva et se tint un instant debout près du lit, les yeux baissés sur Joanna. Elle le regarda remettre de l'ordre dans ses vêtements sans songer à rabattre ses jupons, son indifférence étant pour elle la plus éclatante façon de lui dire son mépris.

— J'attends un enfant de vos œuvres, dit-elle d'une voix calme. Si je n'étais pas guérisseuse, peut-être inclinerais-je à m'en défaire, car je ne veux rien de vous. Rien !

— Vous blasphémez, madame ! s'écria Severin en la saisissant par le cou. Ne savez-vous pas que je pourrais vous tuer de mes mains pour avoir prononcé ces mots ? Mais je ne me laisserai pas prendre à vos propos mensongers.

La relâchant, il s'effondra à ses côtés avec un soupir las.

— En voilà assez : vous n'attendez pas d'enfant. Il vous suffira de plier et tout ira bien entre nous. Je vous prendrai aussi souvent qu'il me plaira, car ainsi vont les choses. Ne me tenez pas tête, ne me résistez pas. Souriez, montrez-vous douce et caressante, vous n'avez aucune raison de me refuser cela.

— Qu'avez-vous fait ce matin ? Je vous ai vu chevauchant aux côtés de Lady Marjorie.

— Je voulais lui faire découvrir les marécages, au nord de l'estuaire. Mais enfin, Joanna, pourquoi une telle jalousie ? Cela ne vous ressemble pas. Mettons fin à cette querelle, et redevenez telle que vous étiez voilà quelques semaines à peine. Je vous l'ai dit, Marjorie n'est pour moi qu'un amour de jeunesse qui a pris fin du jour où je suis parti pour les croisades.

Et d'où diable Lady Marjorie tenait-elle sa nouvelle robe ? « Qu'ils aillent se faire pendre ! » jura silencieusement Joanna.

— Croyez-vous être en droit de me trahir ? dit-elle à voix haute. Deux femmes sous votre toit, n'est-ce pas trop ? Mais peut-être que je dois m'attendre à recevoir une autre selle sur la tête ?

Severin la regarda fixement, pâle de rage. Comme il ouvrait la bouche pour répondre, elle l'arrêta d'un geste de la main.

— Non, j'ai entendu suffisamment de mensonges. Je n'en supporterai pas davantage.

Au moment même où elle disait ces paroles, elle s'avisa que la colère de Severin était à son paroxysme. Comme pour le confirmer, il vint sur elle et la reprit sans un mot. Lui maintenant les bras au-dessus de la tête, il n'attendit pas de retrouver son souffle pour lui déclarer d'une voix rauque :

— Plus de mensonges ? Très bien. Alors je vais dès à présent vous dire le fond de ma pensée. Vous êtes pathétique ! Regardez-vous : vous ne savez que m'insulter, rester immobile et dépenaillée, en n'ayant rien à offrir qu'une colère que je n'ai pas méritée. Vous seule êtes responsable de ce gâchis. Alors, si l'envie vous prenait de redevenir celle que vous étiez, vous n'aurez qu'à prendre exemple sur Marjorie. Chacun ici loue sa douceur, sa grâce et son amabilité. C'est un ange tombé du ciel qui nous éclaire, le jour comme la nuit. Oui, modelez-vous sur elle, vous avez tout à y gagner.

Il la lâcha, se leva d'un bond et se dirigea vers la porte.

— Puissiez-vous mourir de male mort ! tempêta Joanna. Tout ce qui s'est passé entre nous n'était que mensonges et faux-semblants ! Je n'ai été pour vous qu'un objet, dont vous avez disposé à votre convenance ! La peste soit de vous, je ne suis pas pathétique ! Et j'aimerais mieux ressembler au diable qu'à votre Marjorie !

Severin claqua la porte. Joanna demeura immobile de longues minutes. Quand elle se leva pour faire sa toilette, sa décision était prise.

22

— Je vous le demande en souvenir de mon père, Beamis, vous ne pouvez me le refuser.

Évitant avec soin le regard de la jeune châtelaine, le maître d'armes exprimait son embarras en se grattant énergiquement les aisselles. Hésitant, il espérait voir apparaître l'écuyer Gwent, afin qu'il entende de ses propres oreilles ce qu'on attendait de lui, et qu'il s'y oppose fermement.

— Écoutez-moi, Beamis, mon père entreprenait ce voyage trois ou quatre fois par an. Inutile de secouer la tête, vous êtes son maître d'armes, et il vous est arrivé de l'accompagner. Oserez-vous le nier ?

Malgré ses réticences, Beamis finit par acquiescer. À défaut de Gwent, il aurait aimé voir apparaître Severin. Non, pas son maître ! Tout le monde au château le tenait pour responsable de la violente discorde qui régnait entre sa jeune épouse et lui. Il suffisait de regarder ses yeux pour comprendre la violente passion qu'éveillait en lui Lady Marjorie. Certes, celle-ci était d'une grande beauté, et n'importe quel homme aurait eu envie d'enfouir les mains et le visage dans sa somptueuse chevelure. Mais, pour Beamis, elle n'était qu'une femme parmi tant d'autres, si belle fût-elle. Joanna quant à elle était d'abord comtesse, ensuite guérisseuse, la femme n'arrivant qu'en dernier lieu.

— Je ne peux pas ! dit-il finalement, mais ce refus lui était un déchirement.

Joanna s'accrocha frénétiquement à son bras.

— Beamis, je ne peux rester ici à la regarder tranquillement prendre ma place !

— Ce que vous me demandez là est impossible ! gémit-il.

Son désarroi avait beau être sincère, Joanna ne s'en souciait pas. Elle déclara posément, comme si elle faisait la leçon à un enfant :

— Cette selle qui est tombée de la fenêtre – la selle de Lord Severin – vous savez comme moi que le hasard n'y est pour rien. Souhaitez-vous que la fille du comte de Trent finisse assassinée ? C'est ce qui m'arrivera si je demeure ici.

Beamis fit entendre un grommellement dubitatif. La moitié de ses hommes évoquait la malchance, l'autre s'interrogeait à haute voix, mais Beamis n'ignorait pas ce qu'ils pensaient vraiment. Chacun s'accordait à dire que quelqu'un souhaitait voir Joanna supplantée par Lady Marjorie, mais encore fallait-il savoir qui. Lady Marjorie, elle-même ? Se pouvait-il qu'une femme si délicieusement belle puisse être aussi perfide ? Le visage de Beamis s'éclaira soudain.

— Nul n'attentera à votre vie, my lady. Je goûterai vos viandes pour que vous ne risquiez pas d'être empoisonnée, proposa-t-il avec un large sourire.

— Je porte un enfant, Beamis, expliqua Joanna avec un soupir impatient. Condamneriez-vous le petit-fils du comte à disparaître avant même qu'il ait vu le jour ?

L'homme étouffa un juron, cracha sur le sol et chassa d'un coup de pied une poule qui ne lui avait rien fait. Ratissant à deux mains sa crinière noire, il déclara enfin, à bout d'arguments :

— Si j'accède à votre désir, c'en sera fait de moi, car Lord Langthorne me pendra haut et court dans la minute où la chose lui aura été rapportée. Et comment ne l'apprendrait-il pas, devant votre disparition et la mienne ? En outre, le voyage n'est pas sans péril ; il se trouve davantage de brigands sur la côte sud que de soldats au service de notre roi. Je ne suffirais pas à vous protéger. De toute façon, messire Severin se lancera à notre poursuite et me passera la corde au cou avant même que nous ayons fait la moitié du chemin.

Joanna ne pouvait imaginer pareille éventualité. Mais elle n'avait pas de certitude à opposer à Beamis. Elle pourrait fort bien voyager seule, songea-t-elle, si seulement elle savait où se trouvait Rosehaven...

— Vous avez raison, dit-elle à l'homme d'armes en lui tapotant familièrement le bras. Je n'avais pas réfléchi à cela. N'y pensons plus. Ce que je vous demande vous coûterait trop.

Beamis n'était pas sot. Il connaissait Joanna depuis sa plus tendre enfance et il savait combien elle pouvait se montrer opiniâtre quand une idée lui trottait dans la tête. Aussi, loin de le rassurer, les paroles de la jeune femme ravivèrent son inquiétude.

— Vous n'avez pas l'intention d'entreprendre ce voyage seule, n'est-ce-pas, my lady ? demanda-t-il, suspicieux. Par tous les saints, promettez-moi de ne pas vous lancer dans cette folle entreprise.

— Comment le pourrais-je, quand j'ignore où se trouve Rosehaven ? répliqua aussitôt Joanna, bien que le sachant non loin de Canterbury.

— C'est juste, fit le maître d'armes, visiblement soulagé.

Joanna découvrit Severin en compagnie de l'intendant Torric, lequel était rentré dans ses grâces depuis que son innocence avait été démontrée. Elle le vit soupirer devant la mine hostile qu'elle ne cessait d'afficher, puis abandonner l'intendant à ses chiffres pour venir à elle. Lui saisissant le coude, il l'entraîna sans ménagement dans la cour.

— Alors, qu'avez-vous décidé ? s'enquit-il. Allez-vous me demander pardon ? Me donner un baiser devant nos gens ? Peut-être même m'étreindre ?

Au regard acéré qu'elle lui décocha, il comprit qu'elle en était encore bien loin. Affectant de n'avoir rien entendu, elle déclara, plus glaciale que jamais :

— Les gens de Sedgewick ne peuvent encore regagner le château sans risque. Il leur faudra patienter encore une semaine au moins.

— Eh bien ?

— Étant donné que vous refuserez de quitter Lady Marjorie, je vous demande de mettre à ma disposition une escorte pour que je puisse me rendre à Rosehaven. Je veux savoir ce qui s'y cache, et ce qui y retenait mon père.

— Et pour quelle raison refuserais-je de quitter Lady Marjorie.

— Parce que vous êtes épris d'elle.

— Je ne suis épris de personne, Joanna, et vous le savez parfaitement. Il fut un temps, il est vrai, où j'aurais donné ma vie pour elle, mais je n'étais alors qu'un enfant. Je n'ai pas pris de plaisir avec elle depuis de nombreuses années. Oui, elle était alors un rêve de jeunesse.

Comment ? Cela signifiait-il que leur dernière étreinte remontait à la veille de son départ en terre sainte ?

— Faites-moi grâce de vos mensonges, Severin. Ils sont inutiles. Je veux simplement partir. Vous pourrez ainsi l'installer à ma place à table et lui offrir mes robes. Elle pourra même partager votre lit.

— Je peux tout aussi bien le faire vous ici, rétorqua-t-il. Ma réponse est non. Vous demeurerez à Oxborough et veillerez aux tâches qui vous incombent. Nous ne partirons pour Rosehaven que lorsque je l'aurai décidé.

Lui tournant abruptement le dos, il regagna le donjon. Sans réfléchir, Joanna se saisit d'une pierre et la lui lança à la tête, ne le manquant que de peu. Il fit volte-face, son poignard à la main. Il la regarda, regarda la pierre qui avait roulé non loin.

Elle se figea, le souffle haletant, sentant soudain tous les regards converger sur eux.

Il rengaina son poignard, et revint vers elle à pas lents. Il s'arrêta à quelques pouces d'elle. Elle attendit, immobile.

— Ne m'avez-vous donc pas cru quand je vous disais de ne jamais lever la main sur moi ?

— Je regrette seulement de vous avoir manqué.

L'empoignant avec rudesse, Severin l'entraîna à travers la cour. Elle se mit à gesticuler, à ruer, à se débattre, tant et si bien que la manche de sa robe se déchira. Raffermissant sa prise autour de son bras, Severin se borna à forcer l'allure, obligeant Joanna à courir pour ne pas se faire traîner. Ils atteignaient à peine les écuries que le jeune homme commandait d'une voix de stentor qu'on lui selle son cheval.

— Je vais vous emmener jusqu'au rivage pour vous infliger la correction que vous méritez. Je pourrais tout aussi bien le faire en présence de nos gens afin qu'ils sachent qui est le maître, mais, je répugne à éprouver leur loyauté. MacDear pourrait bien décider de m'empoisonner !

— Vous entendez me battre à mort comme mon père l'a fait avec ma mère ? Eh bien, allez-y, Severin. Seulement, quelle raison invoquerez-vous pour agir ainsi ? Je vous rappelle que dans le cas présent, l'époux adultère, c'est vous, et non moi. Et donc que c'est moi qui serais en droit de vous frapper !

— Vous ne saurez donc jamais tenir votre langue ? gronda-t-il d'une voix sourde.

Tuggle apparut, tenant par la bride la monture de son maître. Sans plus attendre, ce dernier saisit son épouse à bras-le-corps et la jeta en travers de la bête comme un vulgaire ballot, puis sauta en selle en maintenant fermement Joanna pour l'empêcher de ruer. C'est alors que Gwent survint, hors d'haleine, affolé.

— My lord ! My lord ! Que se passe-t-il ? Voulez-vous que je vous accompagne ? s'écria-t-il en gesticulant comme un beau diable.

— Je trouve étonnant qu'un homme qui me doit fidélité essaie si désespérément de vous protéger, fit Severin en se penchant légèrement sur Joanna.

— Je vous préviens que je vais vomir si je reste dans cette position !

Sans prêter attention à ses protestations, il déclara à son écuyer, en flattant la croupe de son épouse comme il l'aurait fait pour une de ses juments :

— Lady Joanna et moi allons avoir une petite conversation privée sur la plage, Gwent. Nous ne tarderons pas.

Sur ses mots, il éperonna sa monture et, quelques instants plus tard, franchit le pont-levis. Contre toute attente, le parcours se révéla moins éprouvant que ne l'avait craint Joanna. Au lieu de vertiges ou de vomissements, elle fut saisie d'une demi-somnolence qui se dissipa dès que Severin immobilisa sa monture au bord de la falaise. Il sauta à terre et posa Joanna sur le sol sans ménagement.

— Suivez-moi sans rechigner, ordonna-t-il en la poussant devant lui en direction du sentier qui descendait vers la plage.

Par deux fois, elle faillit tomber, mais il la retint. Leurs pieds foulaient à peine le sable que Joanna se mit à tituber, simulant un vertige. Severin relâcha aussitôt sa prise. Mal lui en prit : l'instant d'après, Joanna se dérobait et, vive comme l'éclair, prenait ses jambes à son cou, indifférente aux morceaux de bois flotté qui lui écorchaient les chevilles. Éperdue, elle courait, tout en réfléchissant au moyen d'échapper à la colère de son mari. Mais hormis le sentier par lequel ils étaient arrivés, ne s'offrait à elle qu'un amas de roches nues, impossibles à escalader.

S'immobilisant brusquement, elle fit volte-face et, le regard farouche, s'empara d'une grosse pierre et la brandit au-dessus de sa tête. La sachant prise au piège, Severin s'était jusque-là dirigé vers elle sans se presser. Mais, loin de le désarmer, l'attitude menaçante de son épouse l'incita à presser le pas.

— Lâchez cette pierre ! ordonna-t-il d'une voix forte pour couvrir le tumulte des vagues se brisant sur le rivage.

Les cheveux chahutés par le vent, la robe plaquée contre les jambes, Joanna serra plus fort encore la pierre. Il y avait sûrement un moyen d'échapper à Severin autrement qu'en lui lançant au visage un caillou qu'il n'aurait, du reste, aucun mal à éviter. Il devait bien en exister un, mais lequel ?

Si désespérée fût-elle, elle refusait de se soumettre, refusait d'attendre son châtiment, telle une chèvre attachée à un piquet. Elle savait qu'il allait la frapper – la tuer peut-être ! Il suffisait de le regarder pour le savoir. Ses yeux, l'expression de son visage, la tension de son corps, tout en lui clamait sa colère. Jamais encore il ne l'avait battue. Mais aujourd'hui, il y avait Marjorie. Et cette selle tombée d'une fenêtre, qui avait failli la tuer.

— Oseriez-vous faire du mal à votre enfant ?

— Cessez de vouloir m'abuser, madame, fit Severin en balayant l'argument d'un geste de la main. Marjorie tiendrait d'une de vos servantes que vos flux ont commencé le jour de son arrivée. C'est d'ailleurs pour cette raison que je me suis gardé de vous approcher.

— Lady Marjorie a menti.

Severin secoua la tête avec lassitude et reprit sa progression en direction de Joanna. Le soleil disparut derrière un nuage. Elle frissonna et attendit. Et soudain, ne pouvant se résoudre à l'inévitable, elle lâcha le caillou, empoigna sa jupe et courut se jeter dans les vagues.

— Joanna !

L'eau était si froide qu'elle en eut le souffle coupé. Mais il lui en fallait plus pour l'arrêter. Sa réputation de nageuse n'était plus à faire, et elle aurait tôt fait de contourner la pointe rocheuse pour rejoindre la plage voisine. Là se trouvait un autre sentier, plus abrupt encore que celui qu'elle venait de descendre, et dangereux pour qui ne le connaissait pas, ce qui n'était pas son cas. L'eau lui arrivait à mi-cuisse. Elle s'apprêtait à plonger dans la vague suivante, quand elle se sentit vigoureusement saisie par la taille, puis soulevée dans les airs et ramenée en quatre enjambées sur la plage.

Elle se débattit, griffa, mordit. Severin la laissa tomber sans ménagement sur le sable, et se tint au-dessus d'elle, la toisant de toute sa hauteur tout en massant son avant-bras endolori.

— Vous avez perdu la raison, Joanna. En un clin d'œil, ces eaux vous auraient changée en glace.

— Non, je n'ai jamais craint l'eau froide.

— Qu'espériez-vous donc ? Périr noyée ?

Jugeant inutile de répondre, Joanna demeurait étendue sur le dos, les yeux fixés sur son époux. Elle grelottait, non tant parce qu'il lui cachait le soleil et qu'elle avait froid, que parce qu'elle était terrifiée.

Severin allait lui faire du mal. Cela ne faisait aucun doute. Il y avait si peu de temps encore, il se serait incliné sur elle pour lui baiser tendrement les lèvres, et elle l'aurait serré dans ses bras, le regard soudé au sien, convaincue qu'ils seraient ainsi ensemble pour toujours.

Un irrépressible fou rire la saisit devant sa sottise et sa naïveté.

Severin ne fit pas un geste.

Elle roula sur le côté en se tenant les côtes, secouée de hoquets tant elle riait ; riait ou pleurait, elle n'aurait su dire, car des larmes coulaient en abondance sur ses joues.

Severin s'agenouilla près d'elle et la remit sur le dos. Il l'avait à peine effleurée qu'elle détendit brusquement les jambes pour aller le frapper dans la partie la plus sensible de son anatomie. Les yeux agrandis de stupeur, Severin la regardait fixement, sachant qu'il allait sous peu se tordre de douleur au point de vouloir mourir. De Joanna, il ne voyait plus à présent qu'une forme diffuse à travers un voile rouge. Puis soudain de formidables haut-le-cœur le secouèrent tout entier.

— Vous avez eu tort, hoqueta-t-il en s'effondrant, les mains crispées sur son bas-ventre.

Joanna se releva et s'enfuit en courant vers le sentier.

Elle atteignit, hors d'haleine, le sommet de la falaise, et faillit heurter Gwent qui lui barrait le passage, les mains sur les hanches, l'air atterré.

— Vous n'auriez jamais dû faire une chose pareille, Joanna, s'écria-t-il. Quelle folie de votre part ! Attendez-vous à de sévères représailles. Comment Severin pourra-t-il espérer un héritier si vous l'émasculez ?

— Un héritier lui sera donné dans moins de neuf mois, seulement il est trop obtus pour y croire.

— Cela ne justifie pas pour autant un coup à cet endroit ! Êtes-vous certaine de porter un enfant ?

Joanna acquiesça, soudain très lasse.

— Retournez à Oxborough, je me charge de Severin.

— Prenez garde qu'il ne s'en prenne pas à vous…

— Vous avez une mine épouvantable, Joanna.

— Merci, Marjorie. Et vous, vous ressemblez à une déesse.

— Vous voilà tout échevelée, la robe déchirée et maculée de sable… Severin vous aurait-il corrigée ? Je constate qu'il n'a pas touché à votre visage, ce qui est fort sage, car il pourrait s'attirer la colère des quelques fidèles qui vous restent à Oxborough.

— Votre mansuétude me touche beaucoup, répliqua Joanna avec un sourire fielleux, mais c'est de Lord Severin que vous devriez vous soucier, Marjorie, car je doute qu'il vous soit de quelque utilité ce soir.

— Severin est le seigneur d'Oxborough ; il ne m'est utile que dans la mesure où il protège Eloïse, rétorqua Lady Marjorie.

— Était-il aussi gauche et dépourvu de tact au temps de vos amours ?

— Je déplore qu'il vous ait fait des confidences à ce sujet. Néanmoins, sachez que nous étions très jeunes, et que je ne désirais pas épouser le vieil homme auquel j'étais destinée. C'est pourquoi j'ai préféré offrir ma virginité à Severin. C'était il y a bien des années.

Joanna ne fit aucun commentaire. Bousculant sa rivale, elle se précipita vers l'escalier de pierre et courut jusque dans sa chambre. Elle devait fuir. Rester à Oxborough était plus dangereux que de se lancer sur les chemins. Sitôt rétabli, Severin n'aurait d'autre issue que de laver l'affront qu'elle lui avait infligé. Elle ne doutait pas un instant qu'il la battrait, si ce n'est à mort, du moins avec assez de violence pour faire couler son sang, et risquer de lui faire perdre son bébé. Elle se voyait déjà foulée aux pieds, publiquement humiliée. Elle se rendit aux écuries, tête haute, et ordonna qu'on lui selle sa jument.

Elle prévint le garde au passage qu'elle se rendait au village, franchit le pont-levis et, piquant des deux éperons, mit sa monture au galop.

Elle se rendit directement chez le sellier et, sous prétexte de visiter les lieux, demanda qu'on lui laisse visiter seule la remise par la fenêtre de laquelle était tombée la selle. Malgré la pénombre, elle eut tôt fait de déceler le coffre de bois où les apprentis avaient coutume de ranger leurs vêtements. L'idée de se travestir en garçon l'avait déjà traversée en arrivant aux écuries. Toutefois, même en subtilisant ceux du plus grand des palefreniers, les habits qu'elle aurait pu y trouver auraient été trop étroits, sans parler de l'odeur nauséabonde dont ils étaient imprégnés. Ayant trouvé quelques pièces à sa convenance, elle les dissimula sous ses jupons et quitta la sellerie sans tarder.

Poussant sa monture jusqu'à la forêt de Beethorpe, elle se cacha derrière un grand chêne afin de troquer sa robe contre une tenue d'apprenti sellier. Ainsi accoutrée, elle remonta en selle. C'est seulement en arrivant à la lisière de la forêt qu'elle se rendit compte qu'elle ne possédait ni arme, ni provisions de bouche, ni même un sou vaillant. Que faire ? Les yeux perdus dans le lointain, elle médita, se disant qu'en vérité, elle méritait une bonne correction, non pour avoir suscité la colère de Severin, mais pour s'être conduite si stupidement depuis le début. Après réflexion, elle décida finalement de regagner le village en espérant y trouver Ellen.

Par bonheur, son amie se trouvait seule dans son jardin.

Quelques minutes plus tard, Joanna quittait le village, nantie d'un arc et de flèches, d'un poignard et de trois miches de pain dissimulées dans une couverture.

— Que dites-vous ?

— Je dis qu'elle est la comtesse d'Oxborough, my lord, et qu'à ce titre, je n'aurais pu lui interdire de sortir du château, à plus forte raison après qu'elle m'a dit qu'elle se rendait au village.

Severin se frappa le front de la paume de la main. Il avait traîné Joanna sur la plage avec l'intention de la châtier, jusqu'au moment où ne subsisterait plus une once de colère en lui. Hélas ! La diablesse ne lui en avait pas laissé le temps. Plus d'une heure s'était écoulée, qu'il se ressentait encore du méchant coup qu'elle lui avait porté. S'emparant de la chope de bière que lui tendait Alice, il la vida d'une traite, avant de poser un regard soupçonneux sur la servante.

— Je suppose que vous ignorez où elle est allée…

— Même si je le savais, je ne vous le dirais pas, my lord, répondit-elle sans se démonter. Je ne voudrais pas prendre le risque que vous la blessiez, elle ou l'enfant qu'elle porte.

— Elle ne porte pas d'enfant ! tonna Severin en abattant son poing sur la table.

— Si Lady Joanna le dit, alors c'est vrai, répliqua Alice avec assurance.

— Vous l'a-t-elle personnellement annoncé ?

— Non. Mais dame Agnès s'interroge, car elle a observé certains changements chez notre maîtresse, notamment ces nausées qui surviennent et passent aussi vite qu'elles sont apparues. Joanna n'est pas femme à se confier facilement. Elle préfère attendre avant de parler.

— Eh bien, elle n'a pas attendu pour me décocher le plus sale coup de pied que j'aie reçu de ma vie !

Alice s'apprêtait à répondre à cela, mais un signe de Gwent l'en dissuada. Severin ajouta alors, davantage pour lui-même que pour ses interlocuteurs, encore qu'il espérât quelques paroles bienveillantes :

— Je voulais seulement m'entretenir avec elle en privé, mais à peine étions-nous arrivés sur la plage qu'elle m'a menacé d'une pierre...

Gwent fit entendre un raclement de gorge en voyant apparaître Lady Marjorie. Il savait que Severin n'allait pas tarder à annoncer qu'il partait à la recherche de Joanna. Gwent connaissait son maître de longue date. Il savait que malgré sa rancœur il avait mauvaise conscience. Ce qui était une bonne chose pour Joanna, car le temps qu'il la retrouve, sa colère serait en grande partie tombée.

Gwent se racla de nouveau la gorge pour prévenir son maître de l'arrivée de Lady Marjorie.

— My lord, que s'est-il passé ? s'enquit-elle.

— Ah ! c'est vous, Marjorie. Je suis sur le point de partir à la recherche de ma femme pour la ramener au château.

— Elle vous a attaqué, Severin ! Tout le monde le sait. Allez-vous la tuer ?

— C'est une idée, dit-il en jetant un regard à Alice avant de se lever.

Il gravissait l'escalier, quand sa mère apparut, fébrile, inquiète.

— Il faut vous hâter, Severin. Voilà plus d'une heure que Joanna est partie.

— Je la retrouverai, mère.

— Votre épouse n'est pas heureuse, mon fils.

— Je ne le suis pas davantage. J'ai beau être un des hommes les plus riches du royaume, le premier manant venu est plus heureux que moi. Du reste, c'est bien ce que je suis à ses yeux : un rustre et un manant.

— Je n'en crois pas un mot.

— Les occasions ne manqueront pas pour vous en rendre compte par vous-même.

Lady Moraine regarda son fils entrer dans la chambre et refermer brutalement la porte derrière lui. Serrant dans sa main le philtre d'amour, elle se hâta d'aller retrouver Gwent. À peine avait-elle fait un pas dans la grande salle, que Lady Marjorie venait au-devant d'elle, le sourire aux lèvres.

23

— Vous me semblez bien lasse, Lady Moraine, constata Marjorie. Aimeriez-vous prendre un peu de lait chaud en ma compagnie ?

La baronne secoua la tête avec véhémence, cherchant Gwent du regard.

— Qu'avez-vous donc ? reprit la jeune femme avec une attention excessive. L'éclat affolé de vos yeux m'inquiète, tout à coup. Seriez-vous malade ? Souffririez-vous encore de troubles de l'esprit ? Laissez-moi vous soutenir, Lady Moraine, je vais vous accompagner jusqu'à votre chambre ; un peu de repos vous fera le plus grand bien.

La vieille dame l'écoutait à peine.

— Alice ! s'écria-t-elle.

Baissant les yeux, Lady Marjorie s'effaça devant la servante empressée.

— Je dois parler à Gwent.

Bien que murmurés, ces quelques mots n'échappèrent pas à Marjorie, pas plus que la fiole que Lady Moraine serrait convulsivement entre ses doigts. Son contenu ne lui était pas étranger, car Eloïse avait surpris une conversation entre Joanna et sa belle-mère, et s'était empressée de l'en informer.

Les trois femmes se retournèrent d'un bloc en entendant le pas de Severin dans l'escalier.

— Je reviendrai dans les délais les plus courts, mère, déclara-t-il hâtivement. En attendant, je confie Oxborough à Beamis et à Lady Marjorie, ici présente. Prenez soin de vous.

« Trop tard », songea la vieille dame en glissant la fiole dans la manche de sa robe. Elle se fit cependant la promesse de verser le philtre d'amour dans la coupe de Severin dès son retour. S'il ramenait Joanna vivante ! Sa colère était grande, et elle se demandait ce qui l'avait suscitée. Avec un pincement au cœur, elle se souvint qu'il venait de confier l'administion du château à Lady Marjorie. Sans doute ne devait-elle pas l'en blâmer, se dit-elle avec un soupir. Du moins pas encore.

Un vent vif se leva alors que le soleil était à son déclin. Joanna avait chevauché sans ménager sa monture trois heures durant. Elle n'avait croisé sur sa route que deux quidams, l'un assis dans un chariot tiré par un vieux cheval, l'autre ployant sous un énorme fagot de bois. Les deux hommes l'avaient à peine regardée, le premier se contentant de jeter un coup d'œil envieux sur Marella.

Arrivée sur un monticule, elle s'immobilisa. À ses pieds s'étirait une vallée au fond de laquelle, tel un troupeau de moutons, des toits de chaume se pressaient les uns contre les autres. Elle jugea préférable de contourner le village. La proximité d'une écurie provoqua chez la jument un bref piaffement.

— Allons, ne t'impatiente pas, lui dit Joanna en lui flattant l'encolure. Il se fait tard et nous sommes affamées. Nous allons trouver un coin de prairie discret au bord d'un ruisseau. Crois-moi, Marella, il vaut mieux que Lord Severin ne mette pas la main sur nous !

Le vent tomba aussi subitement qu'il s'était levé, pour faire place à une brise aussi douce qu'inhabituelle. Joanna l'accueillit comme un heureux présage. Peut-être finirait-elle par trouver ce Rosehaven avant que des brigands ne s'en prennent à elle ?

Elle s'imagina Severin, fulminant de rage, lancé à sa poursuite à la tête de ses hommes. Elle eut un bref tressaillement au souvenir de ses yeux hagards après qu'elle l'eut frappé au bas-ventre. La douleur avait dû être abominable, songea-t-elle. Mais il avait mérité ce qui lui été arrivé. Elle n'avait fait que se défendre, ainsi que l'enfant qu'elle portait.

Une demi-heure plus tard, elle découvrit un endroit parfait pour faire halte. Après que Marella se fut abreuvée au ruisseau, elle étendit sa couverture et sortit un de ses pains. Il était délicieux et elle dut faire un effort pour ne pas en manger un second. Elle alla à son tour se désaltérer.

La nuit tombait rapidement.

Laissant sa jument sellée au cas où elle devrait prendre la fuite, elle s'enroula dans sa couverture, le coutelas serré dans la main, l'arc et les flèches à proximité.

— Comment crois-tu que ce maraud s'est procuré une si belle jument ? Il l'aura volée, pardi !

Joanna s'éveilla brusquement. Elle se pétrifia en entendant les murmures qui venaient de briser le silence de la nuit. Le cœur battant à lui défoncer la poitrine, elle fouilla l'obscurité des yeux.

— Y a qu'a à lui planter un couteau dans les côtes et repartir avec la jument, reprit l'homme.

— Hé ! il a l'air pas vilain, on pourrait peut-être le vendre, suggéra le second.

— Non, ça causerait trop d'ennuis. On prend que la jument.

Apparemment, ils n'étaient que deux. Ce qui ne changeait pas grand-chose à l'affaire. Ils étaient trop près pour que Joanna puisse utiliser son arc. Retenant son souffle, elle attendit en étreignant son couteau, prête à bondir.

Un des deux hommes s'approcha, seul, Dieu merci ! Arrivé près d'elle, il s'immobilisa et, baissant les yeux, fouilla l'obscurité du regard.

— Mais... tu es réveillé...

Joanna brandit son couteau. C'est à peine si elle sentit la lame s'enfoncer dans la panse de son agresseur. Surpris, ce dernier eut un hoquet de stupeur. Quand il ouvrit la bouche pour appeler à l'aide, seul un flot de sang en jaillit.

— T'as fini avec le gamin ?

Retirant prestement son coutelas, Joanna voulut l'achever par un coup à la poitrine, mais la lame ripa sur une côte. Le brigand tituba un instant, puis s'effondra comme une masse en poussant un grand cri.

— Qu'est-ce qui se passe ? cria son complice en se précipitant vers lui.

— Le bougre m'a planté son couteau dans les tripes, gémit le blessé.

Sans demander son reste, Joanna se précipita vers sa monture et grimpa en selle en un éclair. Déjà, l'homme s'était lancé à sa poursuite en poussant force jurons. Saisie de frayeur, Marella rua et lui décocha un coup de sabot en pleine poitrine. Le brigand roula à vingt pas avec un cri sourd.

À cet instant, Joanna perçut des éclats de voix, entrecoupés de jurons. Il ne s'agissait plus là de murmures, mais de véritables rugissements de colère.

Elle les reconnut sur-le-champ.

Elle s'apprêtait à talonner sa monture, quand trois cavaliers apparurent et lui barrèrent le passage. Elle voulut tourner bride, mais se heurta à Severin et aux trois autres hommes qui l'accompagnaient. Comment diable avait-il fait pour réagir aussi vite ? Maudit soit-il !

Sautant prestement à terre, elle tenta de s'enfuir. Elle n'avait pas fait trois pas qu'un grand choc entre les omoplates lui fit mordre la poussière.

— Vous narrerez vos exploits de la journée à mes hommes, fit la voix de Severin tout contre son oreille. Cela les divertira beaucoup.

Le jeune homme pesait lourdement sur ses épaules et lui serrait la nuque afin de la maintenir face contre terre. Aurait-elle seulement voulu se plaindre qu'elle ne l'aurait pu. La libérant enfin, il s'assit auprès d'elle, sans qu'elle fît un geste pour changer de posture. Ils restèrent donc ainsi de longues minutes, lui assis, les coudes posés sur les genoux, elle à plat ventre, immobile, le visage dans la terre. Quand elle se mit enfin à genoux, elle demeura tête basse, respirant avec difficulté. Loin de s'en émouvoir, ce fut à peine si Severin lui adressa un regard.

— Ce que vous venez de me faire m'importe peu, articula-t-elle. À telle preuve que j'aurais pu vous planter mon couteau dans la panse et que je ne l'ai pas fait. Vous êtes mon époux, après tout.

— Savez-vous que vous auriez pu vous faire assassiner sans que j'aie eu le temps d'intervenir ? riposta-t-il d'une voix tendue.

— Votre intervention n'était nullement nécessaire.

— C'est juste. Seulement, que serait-il arrivé s'ils avaient été trois au lieu de deux ?

— Je me serais tirée d'affaire de la même façon, rétorqua-t-elle, tout en sachant pertinemment que c'était faux.

Agacé, Severin se leva d'un bond et brossa ses vêtements. Puis il se tint là, debout, et la regarda.

Elle se sentit soudain très faible. Elle voulut se lever, mais se rendit compte que cela lui était impossible. Saisie d'un vertige, elle contempla le coutelas ensanglanté qui gisait là où elle était allongée quelques instants auparavant. Elle ne l'avait donc pas lâché en s'enfuyant... Machinalement, elle porta la main à son flanc, et la retira aussitôt, rouge de sang. Elle leva les yeux vers Severin.

— Qu'attendez-vous pour vous lever? Vous ne croyez tout de même pas que je vais vous aider? Regardez-vous, madame!

Puis de lancer par-dessus son épaule, tandis qu'il tournait les talons :

— Si vous tentez encore de vous enfuir, je vous le ferai amèrement regretter.

— Je ne m'enfuirai pas.

— Eh bien, dans ce cas, venez. Je suis fatigué et affamé.

Après maintes tentatives, elle parvint enfin à se mettre debout et, chancelante, à faire face à son époux.

— Je ne puis vous suivre, Severin. Laissez-moi ici, cela est sans importance. Vous possédez Oxborough et Lady Marjorie. Partez sans moi.

Severin se campa devant elle, les poings sur les hanches, et siffla d'une voix menaçante :

— Vous tenez vraiment à ce que je vous étrangle sur place, Joanna?

Le ton était âpre, plein d'une colère rentrée, pourtant, Joanna ne s'en émut pas. Tout ce qu'elle ressentait, c'était la douleur qui irradiait peu à peu dans tout son corps. Elle avait l'impression de flotter au-dessus du sol et n'arrivait plus à penser correctement. La souffrance la fit se plier lentement en avant.

— Cela ne pourrait être pire que ce que je ressens en ce moment, souffla-t-elle avant de s'effondrer aux pieds de Severin.

Elle l'entendit lâcher un juron sonore, sentit son souffle sur sa joue, sa main contre son flanc. Puis ce fut tout.

— Buvez ceci, Joanna, vous en avez grandement besoin.

« Besoin de quoi ? » se demanda-t-elle en ouvrant machinalement la bouche. Le liquide était tiède et sucré, son goût agréable, mais elle ne put lui donner de nom. Une violente quinte de toux la secoua, qui réveilla une fulgurante douleur au côté, lui faisant régurgiter le breuvage qu'elle venait d'avaler. Recroquevillée sur elle-même, elle voulut basculer sur le côté, mais ne le put, tant la douleur était insoutenable.

— M'avez-vous empoisonnée ? gémit-elle. Est-ce du poison que vous avez versé dans ce que je viens de boire ?

— Taisez-vous ! Gwent, aide-moi à la maintenir, sinon sa blessure risque de saigner à nouveau. Heureusement que Carlic a quelques connaissances des plantes médicinales. Il m'a assuré qu'un cataplasme de cette civette qui pousse en abondance au bord du ruisseau enrayera l'écoulement de sang. Nous verrons bien.

Il observa quelques instants de silence, puis se pencha vers Joanna pour lui murmurer à l'oreille :

— Écoutez-moi attentivement, Joanna. Évitez de respirer par la bouche et ne prenez que de petites inspirations, sinon la douleur ne fera qu'empirer. À présent, regardez-moi, non, ne détournez pas les yeux ainsi…

— Et l'enfant ?

Severin se serait giflé de l'avoir malmenée comme il l'avait fait, de l'avoir balancée en travers de sa selle, de l'avoir brutalement jetée sur le sable… il avait failli les blesser, elle et l'enfant. Tout cela parce qu'il avait refusé de la croire ! Mais à présent, ce n'était plus le cas…

À la pensée que Joanna portait en son sein un enfant de lui, il sentit sa poitrine se gonfler d'orgueil, mais aussi de quelque chose d'indéfinissable, qui se nichait quelque part au plus profond de lui. Il secoua la tête, et se pencha plus près encore de Joanna.

— L'enfant est sauf. La lame a pénétré de biais dans la chair. La blessure n'est pas profonde et je l'ai d'ores et déjà nettoyée avec de l'eau chaude. Le goût sucré que vous avez senti dans votre breuvage était celui du pied-d'alouette ? Cela devrait apaiser vos souffrances.

— Ce n'était pas du poison.

— Non. Ce n'était pas du poison.

Joanna essaya de hocher la tête, mais la douleur la terrassa.

— Severin, dit-elle dans un souffle.

— Oui.

— Avez-vous jamais battu ou étranglé une femme ?

— Jamais. En fait, je n'ai commencé à en parler qu'après vous avoir épousée. Une façon de décharger ma bile, je suppose.

Le rire bref qui la secoua la mit au supplice. Les ongles enfoncés dans la main de Severin, elle attendit que l'onde douloureuse qui lui traversait le corps se dissipe.

— Le pied-d'alouette… semble efficace, haleta-t-elle. J'en toucherai deux mots à Carlic.

— Plus tard, Joanna, dormez, à présent.

Elle sombra dans un sommeil qui dura peu de temps. Severin en profita pour examiner sa blessure, et s'avisa que, bien que faiblement, elle continuait de saigner. La plaie devrait donc être suturée.

— Prends deux hommes et va au village, commanda-t-il à Gwent. Lady Joanna n'est pas en état d'être transportée. Il me faut du fil et des aiguilles afin de recoudre sa plaie.

— Fort bien, my lord, s'empressa de répondre l'écuyer en frissonnant.

Déchirant sa manche, Severin en fit un pansement qu'il appliqua sur la blessure de Joanna. Il s'accroupit près d'elle et, dès qu'elle se réveillait, lui donnait à boire le breuvage à base de pied-d'alouette.

Désœuvrés, ayant enterré les deux coupe-jarrets, les hommes avaient fait un feu pour y rôtir au bout d'une branche le lapin que l'un d'eux avait attrapé au collet. Affamé comme il l'était, Severin ne put retenir un juron.

— Je vais devoir recoudre votre plaie, sinon vous perdrez tout votre sang, annonça-t-il en voyant que Joanna ne se rendormait pas. Y a-t-il quelque chose que je puisse faire pour soulager votre douleur ?

— Frottez les bords de la plaie avec des racines de pied-d'alouette ; cela devrait en atténuer la sensibilité.

Quelques instants plus tard, le soldat qui répondait au nom de Carlic était au chevet de Joanna, avec les pieds-d'alouette qu'il venait de cueillir.

— Est-ce que je dois les utiliser tels quels ? demanda-t-il.

— Non. Lavez-les au ruisseau, puis réchauffez-les près du feu afin de les rendre plus malléables.

Suivant scrupuleusement les instructions de Joanna, Severin fit un cataplasme avec les racines puis en frotta légèrement le contour de plaie. Retenant son souffle, il le plongea à l'intérieur de la blessure. Ayant administré à la jeune femme une nouvelle dose de potion sédative, il attendit fébrilement le retour de Gwent. Ce dernier réapparut moins d'une heure plus tard, nanti de fil, d'aiguilles, de linges propres et, pour le plus grand plaisir de tous, d'une outre remplie de bière.

— Désolé, my lady, mais je n'ai trouvé que du fil noir, plaisanta-t-il.

Joanna lui répondit par un faible sourire suivi d'un gémissement.

— Je suis prête, dit-elle à Severin en détournant la tête.

— Si vous perdiez connaissance, ma tâche en serait grandement facilitée.

De nouveau, il frotta de son emplâtre les lèvres de la plaie. À son grand soulagement, Joanna eut à peine un sursaut quand il lui planta l'aiguille dans les chairs. Encouragé, il procéda rapidement. Les bords de l'entaille étaient nets et ne dépassaient guère en largeur celle de la lame du couteau. Il confectionna un pansement propre avec les linges que Gwent avait rapportés et le maintint en nouant l'un d'entre eux autour du ventre de Joanna.

Celui-ci était plat et Severin demanda :

— Quand votre ventre prendra-t-il des rondeurs ?

— Avant la fin de l'automne, murmura-t-elle, avant d'ajouter : Merci, Severin.

Il resta longtemps sans trouver le sommeil. Assis en tailleur près du feu, il fixait les braises mourantes d'un regard pensif. Des ronflements s'élevaient parmi ses hommes endormis. Sa femme attendait un enfant, et lui n'osait encore y croire.

Quand il alla s'étendre auprès d'elle, elle laissa échapper un gémissement et se tourna sur le côté. Il la remit doucement sur le dos. Elle ouvrit les yeux. Lentement, elle tendit la main et lui effleura la ligne du menton du bout des doigts.

— Je n'avais pas l'intention de me poignarder, dit-elle d'une voix ensommeillée. Je doute de pouvoir vous échapper, à présent.

— J'espère que vous ne le souhaiterez plus jamais.

Elle le fixa un instant sans rien dire.

— Lady Marjorie refusera de demeurer indéfiniment votre maîtresse, Severin, murmura-t-elle finalement. C'est ma place qu'elle veut.

— Lady Marjorie n'est pas ma maîtresse.

Pour toute réponse, Joanna ferma les yeux et détourna le visage.

24

— Vous êtes épris de moi depuis l'âge de douze ans.

— Oui, je vous aimais comme peut aimer un jeune garçon, d'une passion dénuée de fondement.

— Votre passion me semblait fort bien fondée, quand vous m'avez déflorée.

Les yeux de Severin prirent alors une expression rêveuse. Il se souvenait, comprit-elle, et il la désirait encore. Mais cela ne dura qu'un instant car, déjà, il éperonnait sa monture.

— Saviez-vous que je portais un enfant de vous quand j'ai épousé mon premier mari ? lui lança-t-elle.

Comme Severin se retournait sur sa selle, elle s'empressa d'ajouter :

— Cela est vrai, à telle enseigne qu'en apprenant que je n'étais plus pucelle, le barbon m'a corrigée. Et j'ai perdu l'enfant. Il se peut même que j'en sois devenue stérile, car il m'a été impossible de concevoir auprès de mon second époux.

— Deux années de vie conjugale me paraissent fort peu pour risquer une telle hypothèse.

— Il s'appelait Keith. J'ai détesté ce prénom, tant il était synonyme de faiblesse et de lâcheté. Son père n'avait aucune estime pour lui, et il le lui faisait constamment savoir. Ils sont morts l'un et l'autre à quelques mois d'intervalle en me laissant complètement démunie. Si le roi avait oublié sa dette envers cette famille, j'aurais été reléguée au rang de roturière, avec à peine de quoi survivre. Vous n'auriez pas dû me quitter, Severin; c'est moi que vous auriez dû épouser, et non cette comtesse.

— Je n'avais pas le choix. En outre, à supposer que vous ayez été ma compagne durant ces années, nous n'aurions pas survécu. Avec la meilleure volonté du monde, je ne possédais rien, Marjorie. Rappelez-vous, il m'incombait de me faire une place et un nom. Même après la mort de mon frère, je n'ai hérité que de terres dévastées et d'un château presque en ruine. Si Lord Moreton n'avait intercédé en ma faveur auprès du roi, je ne serais pas aujourd'hui le comte d'Oxborough.

— Vous m'aimez encore, cependant.

— Je pensais être épris de vous quand j'étais adolescent, mais j'ai appris que c'était une folie de croire une telle chose. Ce que l'on prend pour de l'amour est en fait du désir. Il fleurit partout, et conduit parfois aux pires extrémités. C'est ce qui s'est passé avec sire Roger, à Langthorne. Il m'a trahi parce que son désir pour une femme était plus fort que sa loyauté envers moi. Oui, j'en suis à présent convaincu : il n'existe rien d'autre que le désir. Mais un homme peut le dominer aisément pour peu qu'il ait conscience de son devoir et des responsabilités qui sont les siennes. Et puis, si la paix ne règne pas vraiment à Oxborough, je dois avouer on ne s'y ennuie pas.

— C'est à cause d'elle que vous ne connaissez pas la paix.

— Sans doute. Néanmoins, c'est elle que j'ai épousée, Marjorie. Les dés sont jetés. Pourquoi, voilà quelques semaines, m'avez-vous laissé entendre qu'elle était dans ses périodes menstruelles ?

— Je n'ai jamais rien dit de tel ; tout au plus qu'elle se plaignait de crampes à l'abdomen. Les conclusions s'imposaient d'elles-mêmes, ne croyez-vous pas ?

— Apparemment pas, puisqu'elle attend un enfant.

— Ainsi, commença lentement Marjorie, la main en visière pour protéger ses yeux du reflet scintillant de la mer, c'est donc ce qu'elle a manigancé pour vous retenir. Je comprends mieux pourquoi vous êtes soudain si distant avec moi.

— Pour l'instant, je ne crois pas que Joanna ait particulièrement envie de me retenir. Pas plus que je ne crois qu'une femme puisse être fécondée par sa seule volonté.

— Ah ! Mais comment donc ! Elle peut fort bien vous séduire pour vous attirer dans son lit, et c'est exactement ce qu'elle a fait !

Severin se contenta de la regarder tout en flattant d'une main distraite l'encolure de son cheval. Il se remémorait les précieux et rares instants où Joanna était venue à lui pour le chérir, l'embrasser, lui dire combien elle le désirait.

— Elle est jalouse de moi, continua-t-elle. Elle sait qu'à choisir, vous me préféreriez comme épouse.

— En effet, elle est jalouse. Mais dès que vous retournerez à Sedgewick, tout sera oublié. Le fait qu'elle porte un enfant relève de ma responsabilité. Je me dois d'avoir un héritier.

— Me rendrez-vous visite au château de Sedgewick ?

Severin plongea son regard dans celui de Marjorie. Les moments passionnés qu'il avait passés en sa compagnie étaient encore vivaces dans sa mémoire, et probablement le demeureraient-ils toute sa vie.

Quoi qu'on puisse en dire, Marjorie l'avait aimé, lui avait accordé sa confiance et s'était donnée à lui, pour se retrouver finalement seule et abandonnée, elle pourtant si belle, si douce et si docile. Il secoua la tête, comme pour chasser ces tristes pensées.

— Il est temps de regagner Oxborough, dit-il.

À sa grande surprise, Lady Marjorie éclata alors d'un grand rire et, avec un gracieux mouvement de tête, rejeta en arrière son incroyable chevelure. Et tandis que sa monture faisait demi-tour, elle lança par-dessus son épaule, :

— Je n'ai pas oublié le jeune garçon que vous étiez, pas plus que vous n'avez oublié la jeune fille que je fus. Vous me reviendrez, j'en suis convaincue.

De retour au château, Severin découvrit Joanna assise dans la grande salle, la mine pensive. Huit jours s'étaient écoulés depuis son escapade, et sa blessure était en bonne voie de guérison. Allongé auprès d'elle, Tristan regardait son maître s'approcher.

— Il est temps, déclara-t-elle quand Severin fut près d'elle.

— Pour quoi ?

— Pour que les gens de Sedgewick rentrent chez eux.

— Je crains que non, hélas ! Le cavalier que j'ai envoyé aux nouvelles m'a rapporté de nouveaux cas de fièvre ardente. Au train où vont les choses, il ne restera bientôt plus un seul survivant. Au moins, sire Alan est-il encore sain et sauf, par la grâce de Dieu.

Joanna réprima à grand-peine un juron et se leva avec précaution.

— Je voudrais que vous vous reposiez un peu, Joanna. Alice m'a appris que vous étiez levée depuis plusieurs heures.

À cet instant, Tristan décida d'aller se jucher sur l'épaule de son maître.

— Si je le suis, c'est justement à cause de votre animal, qui refuse de me quitter. Sa paresse est telle qu'il en devient replet. Regardez-le : ce n'est plus une martre, mais un porcelet.

Comme s'il avait compris, Tristan agita la patte en guise de protestation, ce qui suscita chez Joanna un rire amusé que Severin regretta de n'entendre plus souvent. Mais déjà, elle retrouvait son expression grave pour déclarer :

— Lady Marjorie s'est empressée de venir me rapporter votre promenade à cheval.

— Ah ? Et que vous a-t-elle dit d'autre ?

— Que vous aviez évoqué le passé, et combien vous l'aviez aimée quand vous n'étiez encore qu'un jeune garçon.

— C'est assez vrai…

Ulcérée, Joanna tourna les talons avec l'intention d'aller se cloîtrer dans sa chambre.

— Ce n'est toutefois pas l'entière vérité ! ajouta-t-il en tentant de la retenir.

Sourde à ses paroles, le menton fièrement redressé, elle s'éloigna sans se retourner. Severin eut un soupir désespéré. Qu'attendait-elle de lui ? Qu'il renvoie Lady Marjorie à Sedgewick, au risque de la voir à son tour succomber ? Non, cela lui semblait impossible. Mais il lui fallait cependant faire quelque chose.

Il la suivit jusqu'à sa chambre. Il s'apprêtait à pousser la porte, quand la voix de Joanna l'arrêta :

— Avant l'automne, je serai aussi pansue que toi, Tristan. Dès lors, qu'adviendra-t-il de moi ? Je ne serai plus ici qu'une prisonnière, et ton maître pourra faire ce que bon lui semblera, non pas qu'il s'en soit jamais privé d'ailleurs, particulièrement avec moi. Que dois-je faire selon toi ?

— Vous pouvez toujours commencer par me faire confiance.

Elle sursauta et, levant la tête, découvrit la haute silhouette de son mari qui s'encadrait dans la porte. Tristan, qui se vautrait près d'elle sur le lit, se redressa et, en quatre bonds, alla se percher sur l'épaule de son maître. Joanna attendit sans mot dire.

— Je suis venu examiner votre blessure. Vous m'avez tenu à l'écart sept jours durant. Je voudrais m'assurer de votre guérison.

— Tiens donc, Marjorie vous aurait-elle repoussé ? Vous avez besoin d'assouvir vos instincts ?

— En partie, répondit-il, à la grande surprise de Joanna. Mais il m'importe davantage de vous savoir bien portante. Vous m'avez affirmé que la plaie ne s'était pas envenimée, permettez que je m'en rende compte.

— Douteriez-vous de mes paroles ou de celles de la guérisseuse ?

— Allongez-vous, Joanna, ordonna-t-il.

Cela faisait une huitaine de jours qu'il n'avait fait preuve d'autorité. Encore que, à part lui enjoindre de garder la chambre, il n'ait guère eu l'occasion de l'exercer. Il constata non sans étonnement qu'elle lui obéissait sans rechigner. Assis près d'elle, il entreprit alors de soulever sa robe. Elle eut un geste de protestation.

— Gardez les bras le long du corps, je n'ai nul besoin d'aide.

— Je ne veux pas vous aider, Severin, j'essaie de vous frapper.

— Tristan, va donc t'asseoir sur sa poitrine, commanda-t-il au petit animal qui s'exécuta aussitôt. Voilà qui est mieux !

Joanna retint un rire, et Severin continua de la dévêtir en silence.

— Je vous trouve le ventre fort plat, remarqua-t-il finalement. Je ne crois pas être trop exigeant en espérant y voir un petit renflement.

— Douteriez-vous encore que je porte un enfant ?

— Votre mauvaise humeur s'est dissipée, à l'inverse de la mienne, qui n'a fait que s'accroître, répondit Severin, en dissimulant un sourire. Je plaisantais, ajouta-t-il vivement. Je vais changer votre bandage. Combien de temps encore devrez-vous garder cet épais cataplasme ?

Joanna était nue jusqu'à la taille et se sentait plus vulnérable que jamais. Une pensée licencieuse lui vint au moment où Severin posa la main sur sa cuisse, mais qu'elle repoussa aussitôt. Elle le vit, entre ses paupières mi-closes, s'employer à défaire les nœuds de son bandage, puis soulever précautionneusement le cataplasme d'herbes. Il soupira de soulagement en s'avisant qu'il n'adhérait pas à la plaie.

La suture ne présentait que six points. Severin aurait été assez fier de son ouvrage sans cet affreux fil noir qui se détachait sur la blancheur laiteuse de la peau. Mais le ventre demeurait le même, avec ses renflements duveteux, ses creux et ses vallons sur lesquels la lumière se plaisait à jouer. Le souffle un peu haletant, il se sentit emporté dans un tourbillon de souvenirs qui firent courir un frisson le long de sa moelle épinière. Il n'avait rien oublié de la chaleur de la peau de Joanna, de la tension de ses muscles quand ses doigts se hasardaient sur les parties tendres de son corps, de leurs ébats et de tout ce qu'ils recelaient de douceur et de violence.

— Quand pourra-t-on retirer les sutures ? demanda-t-il d'une voix étrange, presque mal assurée.

— Dans deux ou trois jours, répondit-elle. Que vous arrive-t-il, Severin ?

— Rien de particulier, sinon que vous êtes à demi nue et que j'essaie de me concentrer sur votre blessure, ce qui n'est pas chose aisée…

— Efforcez-vous-y quand même.

— La cicatrisation se fait parfaitement, commenta-t-il. Dois-je appliquer un onguent ?

Elle lui indiqua un pot de crème sur sa commode.

— Je l'utilise chaque jour, expliqua-t-elle. Il semble que cela adoucisse la peau et permette à la cicatrice de se résorber.

— Votre peau est déjà d'une douceur remarquable, fit-il, avant d'ajouter : Pourquoi ne m'avez-vous pas demandé de vous soigner ?

— Parce que je répugne à me montrer nue dans un tel état, Severin. Vous pourriez oublier les fils noirs qui ornent mon flanc, et moi, je n'oserais me défendre de crainte de rouvrir ma plaie.

— Vous voulez dire que vous vous abandonneriez comme une vierge sacrifiée, sans ruer ni chercher à porter atteinte à ma masculinité ?

— Il le faudrait bien.

Severin ne dit rien. Il la regarda fermer les yeux, tandis que d'une main légère il appliquait l'onguent sur sa peau. Il la sentit se détendre un peu.

— Je déteste cette cicatrice sur votre corps. Elle me rappelle trop votre fuite.

« Nous y voilà », songea aussitôt Joanna. Dans quelques instants, il allait reprendre son long chapelet de reproches et de récriminations. Combien de temps un homme passionné comme lui pouvait-il ravaler sa rancœur ? À vrai dire, pas très longtemps…

— Vous allez, à présent, me dire combien je suis sotte et me menacer…

— Chut.

Il s'acquittait de sa tâche consciencieusement, elle devait lui accorder cela. Plus que consciencieusement même ; jamais main glissant sur sa blessure ne lui avait procuré plus agréable sensation.

— Un bandage sera superflu, murmura-t-elle.

— En êtes-vous sûre ?

— Certaine. La cicatrisation n'en sera que plus rapide.

Severin avait à présent la main posée sur le ventre de Joanna, une main si large qu'elle le recouvrait presque entièrement.

— Si, en cet instant, je vous menaçais de vous corriger pour les injures que vous m'avez faites, vous ne me prendriez sans doute pas au sérieux.

— En effet. Vous craindriez trop pour votre héritier.

Severin grommela un juron, auquel elle ne répondit pas, se bornant à soutenir le regard qu'il faisait peser sur elle. Elle était mal à l'aise. Elle était nue, la main de son mari reposait toujours sur son ventre, et il la regardait fixement. Elle aurait dû se dérober, elle le savait, mais elle ne le fit pas.

Finalement, Severin rabattit ses jupes sur ses jambes, qu'il recouvrit ensuite d'une couverture. Pas une syllabe ne fut prononcée. Joanna ne manqua cependant pas de noter les gouttelettes de sueur qui perlaient à son arcade sourcilière.

À la décharge de Severin, Joanna devait reconnaître que, depuis son retour à Oxborough, ce dernier avait fait montre d'une grande retenue. S'il n'avait pas manqué de lui rendre visite chaque jour, allant même parfois jusqu'à prendre son repas à son chevet, il n'avait pas, en revanche, fait lit commun avec elle.

Cette attitude n'avait pas manqué de la plonger dans un abîme de perplexité. Comment expliquer qu'il ne lui ait pas adressé le plus petit reproche ni qu'il ait eu le moindre geste d'irritation à son endroit ?

Dieu sait pourtant que dame Agnès, Gwent, Beamis et tous les autres ne s'étaient pas gênés pour faire savoir à Joanna qu'ils désapprouvaient son attitude. Mais Severin, lui, était resté de marbre, retranché dans un silence inexplicable. Cette absence de griefs à son égard l'avait jetée dans un désarroi profond. Cela ne pouvait plus durer, elle allait devenir folle.

— Je voulais seulement aller à Rosehaven, souffla-t-elle, alors qu'il demeurait silencieux. Beamis a refusé de m'y conduire par crainte des représailles. J'ai eu beau insister et lui dire que vous étiez juste et bon, qu'il encourrait tout au plus une bastonnade, rien n'y a fait. Sachant que Rosehaven se trouvait près de Canterbury, j'ai cru que je pourrais l'atteindre par mes propres moyens. Déguisée en garçon comme je l'étais, personne, pas même vous, ne m'aurait reconnue. Le seul risque, c'était qu'on cherche à me dérober ma jument. C'est elle que ces hommes voulaient, pas moi.

Comme Severin ne disait toujours rien, elle s'emporta et abattit son poing sur son lit :

— Voilà sept jours et sept nuits que j'attends vos cris et vos reproches. Que se passe-t-il, Severin ? Je ne peux croire que vous ayez ravalé votre bile, cela ne s'est jamais produit depuis que je vous connais !

— Pourquoi tant d'animosité ? s'étonna-t-il d'une voix si calme qu'elle en resta ébahie. Il est vrai que je n'ai rien dit à propos de votre escapade. J'ai cru que vous seriez heureuse d'échapper à ma colère et au châtiment que vous méritez. Vous venez d'affirmer à l'instant même que j'étais juste et bon – ne niez pas, ce sont vos propres termes. Vous êtes coupable, en effet, Joanna, si coupable que j'en ai mal à la tête. Cependant, je ne m'attendais pas que vous jacassiez ainsi comme une pie coupable.

— Je ne suis ni une pie ni coupable.

— Loin de moi l'idée de vous offenser… Poursuivez donc votre confession et ne vous privez surtout pas d'y mettre tous les arguments susceptibles de vous excuser.

— Par le diable, Severin, pourquoi ne videz-vous pas votre sac, une fois pour toutes ?

— Est-ce à dire que vous êtes impatiente de recevoir votre châtiment ?

— Croyez-vous vraiment qu'un châtiment soit nécessaire ? Quelques vociférations ne suffiraient-elles pas à apaiser votre colère ?

Severin observa quelques instants de silence durant lesquels il en profita pour caresser Tristan, allongé sur la poitrine de Joanna.

— Vous recevrez votre châtiment quand on vous aura retiré ces fils noirs, déclara-t-il enfin en se redressant. Pour l'instant, reposez-vous.

Il claqua des doigts, et la martre sauta sur son épaule.

— Bonne nuit, Joanna, lança-t-il par-dessus son épaule en quittant la chambre.

Restée seule, Joanna réfléchit de nouveau à la conversation qu'elle avait eue avec Marjorie à propos de la promenade que celle-ci venait de faire en compagnie de Severin. Sa voix si insupportablement douce résonnait encore à son oreille :

— Vous ai-je dit que Severin était épris de moi depuis sa plus tendre enfance ? Et quelle passion il a toujours manifestée à mon égard ?

— Je ne crois pas que vous ayez jamais été une enfant, Marjorie, répondit Joanna. Nul n'imaginerait qu'à un instant de votre vie, vous puissiez avoir été gauche et sans grâce, le visage criblé de taches de rousseur. Non, à vous voir, cela me semble impossible.

— Vous excellez dans le sarcasme, Joanna. Cependant, je ne saurais trop vous conseiller de vous regarder dans un miroir. Car enfin : croyez-vous sincèrement que Lord Langthorne puisse se satisfaire de cette pâleur, de cette minceur, sans parler de ces cheveux attachés si serré ?

— Je le crois, en effet.

— Satisfaire, oui, admit Marjorie avec un haussement de ses belles épaules, mais rien de plus. Dites-vous bien qu'il ne partage votre couche que pour assurer sa descendance. Severin est un homme et, comme tout homme, peut honorer la première femme qui passe à sa portée... sauf, bien sûr, à éprouver pour son épouse une affection sans bornes, ce qui n'est point le cas.

La jeune femme effleura sa somptueuse chevelure avant de conclure.

— Je dois aller brosser mes cheveux. Avez-vous observé avec quelle fascination Severin la contemple ?

— Assurément, et à raison d'ailleurs, ils sont magnifiques. Quant à moi, c'est plutôt ce qui se trame en vous qui m'intrigue.

— Que voulez-vous dire ? questionna-t-elle d'une voix soudain moins suave.

— Je me demandais simplement jusqu'où vous vous abaisseriez pour parvenir à vos fins.

Marjorie fit entendre son rire cristallin.

— Vous avez l'art de la plaisanterie, Joanna, mais c'est bien là votre seul talent ! Ma pauvre, j'ai de la peine à vous voir claudiquer ainsi, telle une vieille femme...

Pour Joanna, la nuit ne fut pas aussi bonne que Severin la lui avait souhaitée. Les intentions de Lady Marjorie la tourmentaient sans relâche. Elle se rendit compte aussi que le seul bénéfice de son escapade avortée avait été une blessure au flanc et un époux qui la traitait d'étrange façon.

Dès le lendemain, résolut-elle, elle s'emploierait à faire en sorte qu'Oxborough ne soit plus sous la houlette de Lady Marjorie. Quand elle avait soulevé cette question, deux jours auparavant, c'est à peine si Severin avait froncé les sourcils. Pour toute réponse, il lui avait ordonné de se reposer. Mais Oxborough était *sa* demeure, et ses occupants étaient *ses* gens, et non ceux de Marjorie. Elle allait leur montrer à tous qu'elle était désormais rétablie et prête à reprendre sa place !

Baignée, parfumée, sa chevelure brillante tombant librement dans son dos, la taille bien prise dans une robe à traîne ocre qui ne cachait rien de ses formes épanouies, Joanna n'était pas peu fière du reflet que lui renvoyait son miroir. Lady Marjorie aurait beau l'examiner de la tête aux pieds, elle ne trouverait rien à redire. Certes, sa blessure continuait de la faire un peu souffrir, mais pas au point d'affecter sa démarche.

À peine avait-elle pénétré dans la salle commune que son regard se porta instantanément sur son siège. Elle constata avec soulagement qu'il était vacant. Lady Marjorie avait pris place entre Eloïse et Lady Moraine laquelle, installée à gauche de son fils, devisait avec lui. Un peu plus loin, Gwent et Beamis ponctuaient leurs incessantes plaisanteries de rires tonitruants, en échangeant des coups de coude dans les côtes. L'atmosphère était joyeuse ; les rires fusaient et les conversations allaient bon train. Rien que de très normal en somme. Jusqu'à Edgar, le chien qui se délectait de l'os de gigot que Severin venait de lui lancer.

— Quel plaisir de vous revoir à cette table ! s'exclama Lady Marjorie. J'ai demandé à MacDear de préparer vos mets préférés, jusqu'au pudding à la rose, qui, m'a-t-il dit, était le dessert favori de votre mère.

— En effet, acquiesça Joanna. Je crois même que c'est elle qui lui en a communiqué la recette.

Elle s'apprêtait à ajouter que l'accès des cuisines lui serait désormais interdit, mais Eloïse ne lui en laissa pas le loisir :

— J'ai entendu dire que Lady Janet était si méchante que votre père la fit fouetter jusqu'à ce qu'elle en meure, déclara la fillette.

Non seulement la maîtresse de son époux se permettait d'évoquer sa mère avec désinvolture, mais voilà qu'elle avait empoisonné l'esprit d'Eloïse. C'était plus que Joanna n'en pouvait supporter. Elle ouvrit la bouche pour répondre à la fillette, mais Lady Marjorie la prit de vitesse :

— Voyons, Eloïse, dit-elle d'un ton faussement grondeur. Ce sont de vilaines histoires dont tu n'as pas à parler. Personne ne sait exactement ce qui est arrivé à Lady Janet. Allons, mange plutôt ces savoureux petits pois qui nous viennent du jardin de Lady Joanna.

Quand Joanna fut à sa hauteur, elle ajouta en gardant le même sourire plaqué sur le visage :

— Pardonnez à cette enfant, Joanna. Il est vrai que le sort qu'a connu votre mère est parfois évoqué, mais cela ne l'autorise pas pour autant à vous apostropher de cette façon. Vous êtes toute pâle ! Croyez-vous que vous soyez assez bien portante pour prendre votre repas parmi nous ? Vous peiniez à marcher et vous vous tenez toute courbée. Peut-être devriez-vous remonter dans votre chambre…

Joanna souffrait, certes, mais sa blessure n'y était pour rien. Elle aurait aimé… peu importe la manière dont elle aurait aimé se venger. Elle resta silencieuse, les yeux rivés sur Severin. Il acheva sa conversation avec sa mère, tourna le regard vers son épouse qui s'approchait et se leva pour lui reculer son siège.

— Je vous suis reconnaissante de ne m'avoir pas humiliée devant nos gens, lui dit-elle à voix basse.

— Dois-je voir dans ces paroles une allusion ? s'enquit-il, en levant un sourcil.

— Pas du tout. Je voulais seulement vous remercier de m'avoir permis de m'asseoir à ma place.

— Eloïse dit chaque jour une prière à votre intention, intervint Lady Marjorie, plus mielleuse que jamais.

En retour, Joanna décocha à la fillette un sourire bienveillant.

— J'espère que les plaies de tes genoux sont guéries, lui dit-elle.

— Vous êtes ravissante, ma fille, lança alors Lady Moraine à l'adresse de Joanna. Je raffole de ces rubans qui retiennent vos cheveux, ils mettent en valeur le vert de vos yeux.

La jeune comtesse fit entendre un petit rire et leva son gobelet d'étain pour saluer les paroles de sa belle-mère. Était-ce la crème qu'elle s'était passée sur les mains ? Toujours est-il que le gobelet lui glissa d'entre les doigts, et que le vin de Bourgogne qu'il contenait se répandit sur la nappe blanche. Allongé sur l'épaule de son maître, Tristan releva la tête, intrigué, puis, d'un bond, sauta sur la table. Sous le regard amusé des convives, il trempa une patte dans la flaque de vin, la renifla prudemment et enfin la lécha. Trouvant le breuvage à son goût, il recommença l'opération. Mais au moment où il s'apprêtait à le faire pour la troisième fois, on le vit brusquement se raidir, le poil hérissé. Avec un long miaulement plaintif, il s'effondra sur le côté. Severin se dressa debout.

— Tristan, satanée bestiole, que se passe-t-il ?

Mais la martre demeurait immobile.

— Oh, non ! gémit Joanna en se couvrant la bouche. Oh, non !

— Me direz-vous ce qui se passe, enfin ?

— Je ne sais pas. Le vin… il y a trempé la patte. Il y avait quelque chose dedans.

Sans réfléchir, Joanna se saisit de l'animal inerte, et sortit en courant de la grande salle.

25

— My lord ! s'exclama Lady Marjorie en se levant à son tour. Lady Joanna aurait-elle perdu l'esprit ? Cet animal est mort ; nous l'avons tous vu s'effondrer. Où l'a-t-elle emporté ?

Ignorant l'intervention de Marjorie, Severin se lança aux trousses de Joanna, recommandant au passage à Gwent de ne laisser personne goûter au vin.

Il la rejoignit alors qu'elle arrivait aux écuries. S'emparant de l'animal, il le glissa à l'intérieur de sa tunique pour le réchauffer, quand il se ravisa.

— Non, c'est inutile. Marjorie a raison ; cette pauvre bête est morte.

— Non, elle ne l'est pas. Nous allons l'emmener chez la guérisseuse. Vite, Severin, le temps presse !

Dans la lumière mourante de cette fin d'après-midi, la guérisseuse leur apparut, pieds nus et d'humeur encore plus revêche qu'elle ne l'était dans la journée.

— La martre ! haleta Joanna en mettant pied à terre avant même que sa monture ne soit immobilisée. Elle a bu du vin probablement empoisonné !

D'une main tremblante, Severin tira de son pourpoint le corps flasque du petit carnassier.

— S'il vous plaît, dit-il. Je ne voudrais pas le perdre.

— Je ne connais rien aux animaux, déclara sans détour la guérisseuse. Je soigne les gens. Retournez au château.

— Je vous en prie, implora Joanna, le visage sillonné de larmes. Celui-là nous est cher, autant à moi qu'à son maître.

— Bon, très bien, soupira la guérisseuse en s'emparant de Tristan pour l'emporter à l'intérieur.

Sous le regard anxieux de Severin, elle posa la petite bête sur une table et, tandis que Joanna lui tenait la gueule ouverte, lui administra à l'aide d'une cuiller une de ces potions dont elle avait le secret. De longues minutes s'écoulèrent, au bout desquelles, incapable de contenir son impatience, Joanna colla l'oreille sur l'animal pour tenter de percevoir les battements de son cœur.

— Il bat ! s'exclama-t-elle, les yeux embués de larmes. Écoutez, Severin !

Le jeune homme l'imita. Il crut à son tour déceler une faible palpitation, quoi qu'il n'eût pu le jurer. Il regardait son épouse, un peu ébahi de la voir verser des larmes pour un animal qui n'était pas le sien.

Saisissant Tristan à pleines mains, la guérisseuse lui administra quelques secousses énergiques puis, le déposant sur la table, entreprit de le masser sur toute la longueur du corps en un mouvement long et appuyé.

— J'ignore où se trouve précisément la panse de cet animal, grommela-t-elle. Sûrement quelque part entre la tête et la queue.

Ces paroles à peine prononcées, la martre eut un soubresaut. Une de ses pattes se tendit convulsivement vers son maître. Joanna la vit se recroqueviller lentement, pour finalement se dresser et régurgiter un liquide verdâtre en tressaillant violemment. Il se mit à se tordre de douleur.

— Il lutte contre la mort, murmura Joanna.

— Il a une chance de survivre s'il vomit tout le poison qu'il a avalé, expliqua la guérisseuse.

La martre hoqueta encore deux ou trois fois, pour finalement retomber, inerte. La femme fit quelques tentatives pour susciter une réaction chez l'animal, en vain. Lui ayant palpé le poitrail dans la région du cœur, elle se redressa finalement en secouant négativement la tête.

— Désolée, my lord, c'était un petit animal. Il a lutté, mais cela n'a pas suffi.

Pâle et silencieux, Severin s'empara de Tristan et le glissa délicatement dans son pourpoint. Sans un mot, la guérisseuse s'employa à nettoyer la table des déjections de l'animal. Joanna était accablée.

C'est alors qu'apparut Alfred, le chat. De ses grands yeux félins aux pupilles dilatées, il observa tour à tour les deux intrus en émettant un miaulement sonore. Sautant sur la table, il s'approcha de Severin et, s'appuyant des pattes avant contre lui, renifla la bosse que formait le corps de la martre dans sa tunique. Soudain, alors que les femmes s'interrogeaient du regard, un miaulement ténu, semblable à un ongle crissant sur de la porcelaine, se fit entendre. Plongeant la main dans son vêtement, Severin en tira l'animal et le prit dans ses bras avec mille précautions, comme s'il s'était agi d'un enfant. Tristan eut un nouveau hoquet qui le fit régurgiter sur le pourpoint de son maître.

— Il a vomi tout le poison qu'il avait avalé, déclara la guérisseuse. Votre animal est sauf, grâce à moi, mais aussi grâce à Alfred.

— Voilà qui est bien, renchérit Joanna en caressant doucement Tristan, le regard soudain lumineux. Dans quelques jours, tu pourras remercier Alfred comme il le mérite !

La main qui caressait l'animal alla se poser sur la joue de Severin.

— Vous pleurez, messire, constata-t-elle, attendrie.

— Jamais autant que vous, my lady, répondit-il en déposant un baiser sur ses lèvres.

— Votre flanc vous fait-il toujours souffrir, Joanna ? demanda la guérisseuse.

Severin se rembrunit quelque peu et, sans laisser à Joanna le temps de répondre, déclara :

— J'aimerais que vous l'examiniez. La plaie semble bien se cicatriser ; j'y ai appliqué ce matin l'onguent que vous avez prescrit.

— Et ensuite, que s'est-il passé ?

Le jeune homme haussa un sourcil, avant de répéter :

— Examinez Joanna.

La guérisseuse obtempéra. Quelques instants plus tard, elle se redressa, alla à sa cheminée, et se mit à tisonner les braises de son feu.

— Partez, à présent, marmonna-t-elle d'un air grincheux. J'ai grand faim et mon repas n'est pas encore prêt.

— Est-ce là tout ce que vous avez à dire ?

À l'indignation de Severin la femme répondit par un petit rire sans joie :

— Fort bien, puisque vous insistez, je dirai qu'il serait peut-être bon que vous vous montriez plus aimable envers votre épouse, my lord. Le libertinage est une chose, et nombre de femmes vont jusqu'à y prendre du plaisir. Cela ne fut jamais mon cas, mais je me suis laissé dire que certaine femme avait cette faiblesse. Enfin, peu importe, l'affaire qui nous préoccupe est d'une tout autre nature. Si vous deviez encore pourchasser votre femme, évitez de le faire quand elle a un couteau à la main. Elle guérit fort bien. L'enfant est sauf. Dans deux jours, elle devra revenir pour que je lui ôte ses fils. Pour ce qui est de votre animal, donnez-lui à boire quantité de lait ; si tant est qu'il en reste, cela résorbera le peu de poison qu'il garde dans sa panse. Ne lui donnez de la viande qu'à petites doses durant les jours à venir.

Tristan exprima son contentement par un miaulement plaintif, tandis que, pour ne pas être en reste, Alfred sautait dans les bras de Joanna avec tant de vivacité qu'elle bascula sur la couche où elle était assise.

Joanna et Severin dormirent dans le même lit. Allongé entre eux, Tristan respirait irrégulièrement, et semblait bien faible, ce qui ne laissait pas d'inquiéter son maître.

— Nous le nourrirons demain, lui dit Joanna. Pour l'heure, le lait suffira. Du reste, je doute qu'il ait très faim, après ce qu'il a régurgité.

— Cependant ?

— Vous vous tourmentez beaucoup plus pour lui que vous ne l'avez fait pour moi.

— Vous êtes trop coriace pour mourir.

Joanna y réfléchit longuement, puis déclara finalement, le plus posément du monde :

— J'aime à croire que vous avez raison. J'aurais bu ce vin que nous aurions su alors à quel point je le suis.

— Je préfère ne pas y penser, répondit-il, piqué par cette repartie. Gwent m'a appris que vous et moi étions les seuls de notre tablée à ne pas avoir encore goûté à ce vin. Il a pris soin de conserver celui qui se trouvait dans ma coupe, ainsi que le peu qui subsistait dans la vôtre. Pourriez-vous les examiner demain ?

— Assurément, encore que le problème réside moins dans la nature du poison – j'interrogerai la guérisseuse, à ce sujet – que dans son origine.

— Tant d'étranges épices nous ont été rapportées par les croisés…

« Mais qui voudrait m'assassiner ? » Cette question brûlait les lèvres de Joanna, mais elle n'osait la poser à voix haute, comme si de le faire risquait de rendre la chose plus réelle. Si la chute inexpliquée de la selle pouvait à la rigueur passer pour un accident, il n'en était pas de même d'un gobelet de vin empoisonné !

Sans cette crème sur ses mains, son sort serait définitivement scellé à l'heure qu'il était. Elle posa la main sur le flanc de Tristan.

— Cette affaire ne me plaît guère, Joanna, fit Severin d'une voix profonde et grave.

Joanna l'entendit à peine. Elle se demandait à présent si, morte, il l'aurait pleurée, s'il aurait versé une larme comme il l'avait fait pour sa martre.

— À moi moins encore, répliqua-t-elle.

— Désormais, vous ne toucherez à aucun mets, à aucun breuvage sans qu'on y ait préalablement goûté. J'ai l'intention de l'annoncer à nos gens dès demain, pour que la personne qui en veut à votre vie se le tienne pour dit, au cas où lui prendrait l'envie de recommencer.

— Vous savez que c'est cette sorcière aux cheveux blonds qui a tenté de vous empoisonner, n'est-ce pas, Joanna ? disait Lady Moraine. Qu'avez-vous l'intention de faire à son sujet ?

— Je veillerai à ce que les gens de Sedgewick regagnent le château dans les plus courts délais. Severin va se rendre avec quelques hommes jusqu'aux remparts afin de voir ce qu'il en est. Je prie le ciel qu'il y ait des survivants. Aux dernières nouvelles, sire Alan comptait parmi eux.

— Elle veut mon fils, et elle ne renoncera pas de sitôt, soyez-en assurée. Je me demande si nous ne devrions pas employer contre elle ses propres méthodes.

Joanna observa sa belle-mère, si avenante avec son regard doux, son corps mince et ses cheveux clairs à peine parcourus de fils argentés.

— Vous pensez que j'ai perdu l'esprit ?

— Non, je pense que vous êtes impitoyable. Comme votre fils.

— Cette femme veut votre place, Joanna. Vous n'auriez pas renversé votre coupe que vous seriez morte à l'heure qu'il est.

— Je le sais.

— Il est bon que Severin ait pris les dispositions nécessaires pour vous protéger. Je trouve excellente cette idée qu'il a eue de désigner une personne au hasard pour goûter vos mets. Ainsi, personne ne pourra prendre de dispositions à l'avance.

— Cela est très astucieux, en effet. Mais il existe bien d'autres façons de me supprimer.

— Oh, je le sais bien ! soupira Lady Moraine. Gwent ne cesse de trembler pour vous. S'il ne tenait qu'à lui, la personne qui vous veut du mal serait déjà entre les mains du bourreau.

Joanna retrouva Lady Marjorie dans la salle commune, cousant une robe près de l'âtre – d'où en provenait l'étoffe ? –, Eloïse assise à ses pieds.

— Ah, Lady Joanna ! s'exclama-t-elle, avec un enthousiasme affecté. Le petit animal survivra-t-il ?

— Oui. Son maître le garde constamment avec lui. Il est encore très faible, mais son état s'améliore d'heure en heure.

— Ce n'est qu'un stupide animal, lâcha Eloïse.

— Je croyais que tu le trouvais beau, fit Joanna d'une voix neutre.

— Je suis grande, à présent, et j'ai changé d'avis.

— Cela te plairait-il de faire une promenade à cheval avec moi, Eloïse ? proposa la jeune femme en se disant que ce serait sa dernière tentative pour l'amadouer.

Joanna vit une lueur d'intérêt s'allumer dans le regard de l'enfant, qui s'empressa de se tourner vers Marjorie pour requérir son approbation.

— Je pense que c'est une excellente idée, Eloïse. Ainsi, tu pourras visiter les lieux où Lady Joanna a passé son enfance.

Severin pénétra dans la salle et la traversa à grandes enjambées, tout en retirant ses gantelets. Il hocha brièvement la tête en direction de Marjorie, avant de s'adresser à Joanna :

— Gwent m'apprend à l'instant que le vin empoisonné a disparu. Personne n'a rien vu.

— Seule la guérisseuse aurait pu reconnaître à coup sûr le poison contenu dans le vin. Je crois, moi, qu'il s'agit d'extrait de pavot. S'il apaise la douleur à dose infime, il se révèle fatal en grande quantité. Tristan a eu beaucoup de chance.

— Grâce à vous, my lady.

En manière d'approbation, un miaulement s'éleva de la tunique de Severin, de laquelle sortit une patte que Joanna serra en souriant.

— Eloïse et moi allons faire une promenade à cheval, annonça-t-elle ensuite.

— Non, je n'en ai plus envie, décréta l'enfant. J'ai mal au ventre.

— Pauvre petite ! s'écria Lady Marjorie, abandonnant aussitôt son ouvrage pour poser sa main sur le front d'Eloïse. Qu'as-tu donc mangé, ce matin ?

— Du pain. D'ailleurs, je lui ai trouvé un goût étrange, un peu amer.

Le mensonge était si flagrant que Joanna réprima une violente envie de la gifler.

— Je l'ai trouvé, quant à moi, excellent, rétorqua-t-elle. Toutefois, si ton ventre te fait souffrir, je pourrais te préparer une...

— Non, je ne veux rien de vous, l'interrompit la gamine avec un mouvement de recul.

— Et pourquoi donc ? s'enquit Joanna sans se départir de son calme.

Après les paroles infamantes sur sa mère, à quelle autre perfidie devait-elle à présent s'attendre de la part de cette enfant dont l'attitude vis-à-vis d'elle avait tellement changé ?

— Parce que je crois que c'est vous qui avez volé le vin pour que personne ne découvre quel poison vous avez utilisé ! Je vous ai vue verser quelque chose dans votre gobelet. Mais vous n'avez pas eu le temps d'empêcher Tristan d'y tremper la patte.

— Tiens donc ! s'exclama Severin en se caressant le menton. Voilà une éventualité à laquelle je n'avais pas songé. Et pourquoi, selon toi, Joanna aurait-elle empoisonné son propre vin ?

Livide, Eloïse se tenait raide comme une statue, pendant que Lady Marjorie gardait les yeux pudiquement baissés sur son ouvrage.

— Pourquoi, Eloïse ? insista Severin.

— Parce que Lady Joanna sait que vous êtes amoureux de Lady Marjorie ! cria alors la gamine.

Elle espérait ainsi que vous auriez pitié d'elle et que vous cesseriez de regarder Lady Marjorie !

Tristan pointa le museau et posa sur la fillette un regard sévère. Même Edgar, pourtant si placide, laissa échapper un grognement.

— C'est la vérité ! cria l'enfant de plus belle, avant de s'enfuir à toutes jambes. Je ne mens pas ! Je l'ai vue verser le poison !

— Qui, demanda Joanna en posant un regard pénétrant sur sa rivale, a volé le vin empoisonné ?

« Et pourquoi ? » s'interrogea-t-elle en se dirigeant vers l'escalier. Tout le monde savait que le vin était empoisonné. Quel intérêt y avait-il à le subtiliser ?

26

— Pourquoi l'enfant a-t-elle menti ? questionna Severin un peu plus tard dans la journée.

— Elle n'a pas menti, répondit spontanément Marjorie en soutenant son regard. Elle m'a révélé ce qu'elle avait vu sitôt que vous êtes partis chez la guérisseuse avec votre animal.

— C'est absurde, intervint Joanna qui faisait les cent pas dans la salle commune.

— Pourquoi ne m'en a-t-elle rien dit ? insista Severin.

— C'est une enfant craintive, expliqua Marjorie avec un haussement d'épaules. Vous n'êtes pas sans savoir les sévices qu'elle a subis. Elle n'a pas compris tout de suite ce que ce geste signifiait. Ce n'est que beaucoup plus tard… et, comme je l'ai dit, elle était trop apeurée pour parler.

— Je n'ai versé aucun poison dans mon vin, déclara Joanna, cessant soudain ses allées et venues. Cela n'a aucun sens ! Est-ce que cela veut aussi dire que c'est moi qui ai dérobé le vin empoisonné ? C'est d'autant plus ridicule que moi seule, ici, aurais pu établir la nature du poison.

— Ou la guérisseuse… remarqua Marjorie.

Severin eut un geste pour commander le silence.

— Quand disiez-vous qu'Eloïse vous a fait ces révélations ?

— Je ne sais pas exactement ; à l'heure du dîner peut-être. Mais... où courez-vous, Joanna ? Je vous interdis de porter la main sur Eloïse !

Joanna fit alors volte-face, les mains sur les hanches.

— Pourquoi porterais-je la main sur elle ? J'ai seulement l'intention de lui poser quelques questions !

— Attendez, Joanna, intervint Severin. Ces questions, nous allons les lui poser ensemble. Je veux savoir de quoi il retourne exactement.

Ils se mirent à la recherche de la petite fille, mais elle demeura introuvable.

— Nous verrons cela plus tard, décida le jeune homme. Mais ne vous tourmentez pas outre mesure, ajouta-t-il en tapotant le nez de sa femme. Cette enfant se méprend certainement.

— Cet enfant a menti, Severin.

— Cela est aussi possible. Je dois aller retrouver mes hommes, mais souvenez-vous que je veux être présent au moment où vous l'interrogerez.

Craignait-il donc qu'elle ne s'en prenne à Eloïse ? Joanna eut un léger vertige et porta instinctivement la main à son ventre. Appuyée au dossier d'une chaise, elle regarda son mari quitter la grande salle sans dire un mot. Puis, avec précaution, elle descendit à son tour les marches qui menaient à la cour. Le soleil, qui brillait dans un ciel sans nuages, ne parvint pas à dissiper son humeur maussade.

— Votre entreprise a mieux réussi en sauvant la martre qu'en ayant absorbé le poison et souffert mille morts, fit la voix de Lady Marjorie dans son dos.

Joanna se retourna pour observer la femme dont la clarté du soleil semblait rehausser la beauté.

— Que disiez-vous ?

— Si Eloïse a raison, ce dont je ne saurais douter, dans cette affaire vous aurez gagné plus que de la pitié. Il n'en reste pas moins que vous avez aussi pris un risque considérable en laissant l'animal absorber le vin empoisonné.

— Croyez-vous vraiment que j'aurais couru un tel risque, alors que c'est un miracle que cette petite bête soit encore en vie ?

— Vous savez aussi bien que moi jusqu'à quelles extrémités peut aller une femme pour éliminer sa rivale. Certaines iraient même jusqu'à risquer la vie de leur propre enfant… Cependant, je ne crois pas que c'était là votre intention, car vous n'auriez jamais porté ce gobelet à vos lèvres, n'est-ce pas ?

Joanna ne répondit pas, se bornant à observer ses gens vaquer paisiblement à leurs activités, s'apostropher et rire, échangeant signes et saluts, autant de choses rassurantes auxquelles, depuis sa prime enfance, elle était accoutumée, et dont on cherchait aujourd'hui à la priver.

— Il est vrai, Marjorie, que vous m'inspirez une grande jalousie et, pour être tout à fait franche, je n'en suis pas fière. Néanmoins, vous serez bientôt repartie. Alors, les mensonges d'Eloïse ne seront pris que pour ce qu'ils sont, ceux d'une enfant qui a pour vous une adoration infinie. Elle sait que vous n'aspirez qu'à me supplanter auprès de Severin, et elle est prête à tout pour vous plaire, y compris mentir effrontément. Mais entendez-moi bien : je ne vous tiens pas pour ma rivale, car je suis la comtesse d'Oxborough, quand vous ne l'êtes pas et ne le serez jamais. Vous désirez être sa maîtresse ? Soit. En tout état de cause, vous n'avez été que cela. Reste à savoir si vous saurez vous en contenter.

Marjorie fit alors entendre son beau rire clair.

— Détrompez-vous, Eloïse n'est pas la seule à me vouer une adoration sans bornes, pas plus qu'elle n'est la seule à vouloir mon bonheur. Croyez-vous vraiment que je vais retourner à Sedgewick ?

— Il n'est rien dont je sois plus convaincue.

— C'est ce que nous verrons. Mais cela n'a pas d'importance. Je vous trouve moins livide, ce matin. Êtes-vous prête à assumer vos tâches de maîtresse d'Oxborough ?

— C'est déjà fait.

— Ah ! voilà la vieille mère folle de Severin qui vient vers nous.

— Ce n'est pas une folle. Elle s'est rétablie si vite que la guérisseuse se demande si c'était vraiment de folie dont elle souffrait. Enfin, peu importe. Elle va bien maintenant.

— Je n'en suis point sûre. Vous ne l'avez pas observée comme je l'ai fait. Il y a une lueur sauvage au fond de son regard, et ses gestes sont brusques et maladroits. Elle devait être enfermée.

— Votre véritable nature m'apparaît de plus en plus clairement, Marjorie ; elle est sombre et tortueuse. Peut-être, en fin de compte, est-ce vous qui avez empoisonné mon vin…

Pour la première fois, Marjorie ne réussit pas à cacher la haine qu'elle éprouvait pour Joanna. Le souffle court, les poings serrés, elle déclara d'une voix sifflante :

— Severin vous dit-il combien il vous aime, quand il est en vous ? Vous susurre-t-il à l'oreille qu'il vous trouve belle, qu'il vous désire et combien vous lui donnez du plaisir ?

Joanna tourna purement et simplement les talons et alla au-devant de Lady Moraine. Elle se rappela le philtre d'amour qu'elle dissimulait dans sa chambre et se promit de le verser dans la coupe de Severin au prochain repas.

— À voir son visage, j'ai le sentiment que Lady Marjorie a découvert son jeu, mon enfant, sourit Lady Moraine.

— Cela est vrai. Elle vient d'exprimer sa pensée on ne peut plus clairement.

— S'est-elle engagée à tenter encore de vous assassiner, afin de prendre votre place auprès de mon fils ?

— Elle n'est pas allée jusque-là. Mais Eloïse m'accuse d'avoir versé le poison dans mon propre gobelet, et d'avoir empoisonné Tristan à dessein. Quant à Lady Marjorie, elle affirme que j'ai agi ainsi afin de susciter la pitié de Severin.

Songeuse, Joanna passa la main dans ses longs cheveux avant d'annoncer :

— J'ai finalement décidé de faire usage du philtre et de le verser dans la coupe de mon époux.

— Excellente idée. Je trouve tout de même étrange que je n'aie jamais rien su de la passion qu'a éprouvée jadis mon fils pour Lady Marjorie. Il est vrai que mon époux me tenait à l'écart de mes fils, de crainte que mon influence ne leur amollisse le caractère. Mais cela se passait bien avant que je ne perde l'esprit.

— Vous n'avez pas perdu l'esprit, Lady Moraine. Le mal venait d'ailleurs. Je prie cependant pour que la potion de la guérisseuse continue de faire son effet.

La baronne tapota amicalement le bras de sa belle-fille avec un petit rire amusé.

— Votre guérisseuse est une personne pleine de ressources. Elle est digne de la confiance que vous lui accordez. Ne la lui retirez pas.

— Cela ne risque pas. À bien y songer, je ne ferai pas usage du philtre ce soir ; et peut-être même ne l'utiliserai-je jamais. Je ferai plutôt en sorte que Lady Marjorie retourne à Sedgewick.

Joanna vaqua à ses tâches quotidiennes, notamment celle de veiller aux travaux de tissage dont avaient la charge les trois femmes que sa propre mère avait formées bien des années auparavant. Elle s'adonna ensuite à son occupation favorite : l'entretien de son jardin et de ses plantes médicinales. Le soleil était haut dans le ciel quand elle décida de rendre visite à MacDear, dans sa cuisine.

— L'animal me semble bien portant, dit-il après les salutations d'usage. Je lui ai préparé quelques mets revigorants, mais il ne semble pas aussi vif qu'à l'ordinaire. Sa vie n'est plus en danger, au moins ?

— Non, répondit Joanna avec un sourire rassurant, il est plus fort de jour en jour. Quoiqu'il refuse encore de quitter le pourpoint de son maître, je ne doute pas qu'il trottine d'ici deux ou trois jours.

— C'est bon de vous revoir, my lady, dit l'énorme cuisinier en s'affairant auprès de ses chaudrons.

— Cela ne s'est pas bien passé avec Lady Marjorie ?

Se redressant, MacDear se frappa la poitrine.

— Je dois avouer que cette femme brille comme la plus belle des étoiles.

« Ainsi, vous aussi, MacDear, vous êtes laissé prendre à son charme », songea tristement Joanna.

— Cependant, je ne suis pas dupe, my lady. Je sais bien que derrière ce radieux sourire, ce n'est que complot, mensonge et hypocrisie, ajouta le cuisinier en confidence. Ayez-la à l'œil. Tout le monde sait ici que votre vin a été empoisonné, et nombreux sont ceux qui pensent que c'est à ce beau visage d'ange que vous le devez.

— Je ne veux pas l'avoir à l'œil ; je veux qu'elle quitte ce château.

— Alors, renvoyez-la, my lady; faites-le dès aujourd'hui.

Joanna s'apprêtait à répondre, mais déjà le gros homme s'éloignait pour tancer un jeune mitron qui avait laissé brûler un pain.

Plongée dans ses pensées, elle regagna la salle commune. Elle venait de comprendre qu'elle voulait être aimée de Severin, quelle que soit la divine créature – Marjorie ou une autre – qu'il croiserait sur son chemin. Elle voulait qu'il ne voie qu'elle, sans pour autant faire usage de ce satané philtre d'amour.

D'être restée trop longtemps courbée dans son jardin, sa blessure se remit à la faire souffrir, et c'est à pas comptés qu'elle regagna sa chambre. Dans deux jours, les fils lui seraient retirés et Severin la châtierait pour s'être enfuie d'Oxborough. Peut-être, ensuite, lui reviendrait-il.

Assis dans sa chaise à haut dossier, le seigneur d'Oxborough affichait un air froid et sévère. Habituellement, lorsqu'il s'adressait à Eloïse, il s'accroupissait pour être à sa hauteur et baissait le ton. Mais l'entretien à venir s'annonçait sous un jour très différent.

— Viens ici, Eloïse, et ne lambine pas; je n'ai que peu de temps à te consacrer.

La gamine obtempéra et s'approcha de Severin dont la nervosité se reconnaissait au tapotement de ses doigts sur son accoudoir. Joanna se tenait près de lui, immobile, les mains posées sur ses genoux. Du coin de l'œil, elle aperçut Lady Marjorie, que la décision de Severin d'interroger l'enfant hors de sa présence reléguait à distance respectable à l'extrémité de la salle.

Eloïse fit encore quelques pas, tête basse, en se tordant les mains, sans que Severin parût s'en émouvoir.

— Tu as accusé Lady Joanna d'avoir versé du poison dans son propre gobelet. Je veux savoir pourquoi tu as dit une chose pareille.

L'enfant se mit à trembler, puis éclata en sanglots.

— C'est assez ! rugit le jeune homme. Je suis lassé de tes insinuations, Eloïse ! Tu as gravement accusé Lady Joanna ! J'attends une réponse, sans quoi je serai grandement courroucé !

À la surprise de Joanna, la fillette fit entendre un ou deux hoquets, avant de redresser fièrement la tête. Regardant Joanna droit dans les yeux, elle pointa le doigt dans sa direction, le visage grimaçant.

— Je l'ai vue se glisser dans la grande salle et profiter de ce qu'il n'y avait personne pour verser de la poudre dans le gobelet posé à sa place.

— Quand cela s'est-il produit ? demanda Severin en se carrant dans son siège.

— Juste avant le dîner où Tristan a été empoisonné.

— Quel vêtement Lady Joanna portait-elle à ce moment-là ?

— Quel vêtement ? hésita la gamine en cherchant désespérément des yeux Lady Marjorie.

— Regarde-moi, Eloïse et réponds à ma question : quel était son vêtement ?

De grosses larmes roulèrent sur les joues de l'enfant qui semblait n'avoir d'autre désir que de se réfugier dans les bras de sa tutrice.

— Je ne m'en souviens pas, murmura-t-elle, le front bas.

— Cela est tout récent ; tu devrais te le rappeler, Eloïse.

— Elle portait la même robe que celle que je lui ai vue durant le repas. Oui, c'est cela ! La jaune qui lui fait le teint cireux.

Severin se pencha si brusquement en avant que la fillette eut un sursaut de frayeur.

— À présent, écoute-moi attentivement, Eloïse : jamais je n'ai vu cette salle vide. Jamais. Or, tu affirmes qu'il n'y avait personne ici, excepté Lady Joanna et toi, c'est bien cela ?

— Oui. Mais elle ne m'a pas vue, car j'étais cachée.

Severin se frotta pensivement le menton, puis lança :

— Dame Agnès, voudriez-vous nous rejoindre pour nous raconter ce qu'a fait Lady Joanna avant ce dîner ?

— Elle était en compagnie de votre mère, d'Alice et de moi-même. Nous l'aidions à se préparer pour le repas du soir, et quand elle est descendue dans la grande salle, la plupart des convives s'y trouvaient déjà.

— Veux-tu entendre ce qu'en disent Lady Moraine et Alice ? s'enquit Severin en s'adressant à l'enfant.

— Je vous déteste, vous et Lady Joanna ! s'écria-t-elle alors, avant de se précipiter dans les bras de sa protectrice.

— Je suis navré de vous avoir imposé une telle épreuve, murmura Severin à Joanna, avant de déclarer à l'intention de Lady Marjorie : Emmenez cette enfant dans votre chambre, et rappelez-lui que le mensonge est une chose détestable. Je suis très déçu par la manière dont vous l'éduquez, Lady Marjorie. Force m'est de reconnaître qu'elle a beaucoup changé depuis que Lady Joanna n'en a plus la garde. Elle est devenue sournoise et lunatique. Elle a en outre fait la preuve qu'elle mentait effrontément. Tout cela me déplaît souverainement.

Joanna ne pouvait détacher les yeux de son mari. Il était en train de tancer durement sa radieuse déesse ? Elle n'en croyait pas ses oreilles ! Il n'en restait pas moins que ses paroles reflétaient la réalité. Seul l'ascendant que Marjorie exerçait sur Eloïse pouvait expliquer son changement d'attitude envers Joanna. Aucun enfant n'aurait dit que sa robe safran lui faisait le « teint cireux ». Non, en vérité, Eloïse ne faisait que répéter les mots qu'elle avait entendus dans la bouche de sa tutrice. Des mots blessants, Eloïse ne l'ignorait pas.

Déjà, Severin leur adressait un signe pour leur donner congé :

— Ce soir, vous prendrez votre repas dans votre chambre, leur commanda-t-il.

Marjorie ne répondit rien. Elle se retira, tête haute, ses longs cheveux flottant dans son dos.

Joanna dut se retenir pour ne pas se jeter dans les bras de son époux. Severin venait de faire son choix et, pour un peu, elle se serait mise à chanter et à danser. Avant peu, il renverrait Marjorie et ses gens à Sedgewick. Pourtant, quelle ne fut pas sa déconvenue en l'entendant déclarer :

— Dame Agnès n'a sans doute pas menti, je lui fais confiance. Quant à ma mère et à Alice, elles diraient n'importe quoi pour vous protéger.

Joanna quitta brusquement son siège et, se saisissant du pichet d'eau posé sur la table, le lança au visage de son mari.

— Vous n'êtes qu'un goujat ! vociféra-t-elle, haletante d'indignation.

Effarée par son propre geste, elle regardait, hébétée, le visage ruisselant de Severin. Tristan pointa un museau étonné, mais tout aussi mouillé. Il observa un instant Joanna, puis redressa la tête, comme pour interroger son maître du regard.

Le cruchon d'étain que Severin avait arrêté d'un geste de la main gisait à présent sur le sol, tout cabossé. Edgar le chien lapait tranquillement le filet d'eau qui s'en écoulait.

Severin se leva avec lenteur, une lueur inquiétante au fond des yeux. Joanna voulut s'enfuir, mais à peine avait-elle fait deux pas, qu'il l'empoignait par la taille et la contraignait à lui faire face. Le souffle court, elle crut un instant qu'il allait la corriger, puis comprit qu'il s'en abstiendrait à cause de sa blessure, mais surtout à cause de l'enfant qu'elle portait. Il n'était qu'à quelques pouces d'elle et la fixait en silence. Refermant les mains autour de son cou, il la força à lever la tête en appuyant les pouces sous son menton.

— Vous me craignez, puis vous ne me craignez plus, articula-t-il avec calme. Plus grave encore, vous persistez à vous jouer de moi selon votre humeur et à votre convenance.

— Vous m'avez traitée de menteuse ! Vous avez même osé traiter votre mère de menteuse ! Qu'attendiez-vous de moi ? Que je demeure tête basse pendant que vous m'insultiez ?

— Je m'attendais à entendre votre point de vue sur ce sujet, mais pas à une attaque. La faute m'en revient : je vous ai accordé trop de liberté. Je crois qu'il est grand temps de vous mettre au pas.

— Qu'entendez-vous par là ? s'enquit Joanna, la bouche soudain sèche.

— Vos réactions sont incontrôlables ; vous êtes incapable de vous maîtriser. Vous agissez de manière impulsive sans vous soucier des conséquences de vos actes. Je ne saurai tolérer cela plus longtemps. C'est pourquoi, pour les deux jours à venir, vous prendrez votre repas avec Edgar, et, afin d'éviter que vous ne m'attaquiez de nouveau, vous serez attachée à lui. Je vous conseille de ne point revêtir vos plus beaux atours – Edgar bave considérablement – ni de tenter de nouveau de vous enfuir, sinon je vous le ferai regretter.

Sur ces mots, Severin quitta la grande salle sans un regard en arrière.

— Non ! hurla Joanna.

— Combien de fois devrai-je vous le répéter ? soupira dame Agnès en secouant tristement la tête. Non, ne vous en prenez surtout pas à moi, sous prétexte que votre mari a pris une décision injuste à votre égard ! Vous m'avez étonnée, my lady. Vous lui avez lancé un cruchon d'eau au visage. Il ne vous a pas corrigée parce que, contrairement à vous, messire Severin connaît les conséquences de ses actes. Il se soucie de ne pas vous blesser, vous, et l'enfant qui grandit en vous, alors que peu vous importe de lui fendre le crâne. Il va vous falloir apprendre à vous maîtriser, sinon vous risquez fort de passer les trois prochains mois au bout d'une laisse auprès de votre chien.

Dame Agnès quitta à son tour la salle sans cesser de secouer la tête.

Peu avant l'heure du repas du soir, Lady Moraine vint dans la chambre de Joanna, une robe défraîchie sur le bras.

— Le châtiment n'est pas si redoutable ; il ne durera que deux nuits.

— Il m'a humiliée au-delà du supportable. Il m'a traitée de menteuse. Il *vous* a traitée de menteuse. Cela vous laisse donc indifférente ?

— Avez-vous encore l'intention de vous enfuir ?

— Même si je le voulais, je ne le pourrais pas. Ses hommes ne me laisseraient pas aller plus loin que la cour. Je déteste votre fils, my lady.

— Vous lui avez lancé un cruchon au visage, Joanna. Il n'y a pas si longtemps, vous avez failli l'émasculer. Combien de fois l'avez-vous ainsi attaqué ?

— Il le méritait, se défendit Joanna. Ne l'avez-vous pas entendu ? Il m'a accusée de mentir, ainsi que vous et Alice ! Croyez-vous que cela ne vaille pas de se faire asperger ? Pourquoi faites-vous mine d'ignorer ses accusations ?

— Peut-être parce que c'est mon fils, soupira Lady Moraine. Allons, passez cette robe... Je dois quand même admettre qu'il ne s'est pas trompé : je dirais n'importe quoi pour vous protéger. Soyez courageuse, conclut-elle en serrant Joanna dans ses bras ; dans deux jours, tout cela sera oublié.

Lorsque Joanna pénétra dans la salle commune, un grand silence se fit. Nul n'ignorait l'incident qui était survenu au cours de l'après-midi ni ce qui l'attendait. Elle s'avança, regardant droit devant elle. Severin se leva, une corde à la main. Sans un mot, il lui fit signe de s'asseoir près de la cheminée, aux côtés d'Edgar qui la contemplait d'un œil compatissant. Comme elle prenait place, il lia une extrémité de la corde à sa cheville et l'autre au cou du lévrier. Il commanda à Alice de lui servir son repas et regagna sa chaise.

— Votre nourriture et votre breuvage ont été goûtés.

— À quoi bon vous en inquiéter, si vous me croyez coupable d'avoir empoisonné mon vin ? riposta-t-elle.

— Ça suffit, Joanna !

Il va sans dire que les conversations tardèrent à reprendre leur cours normal. Toutes les personnes présentes, dont la plupart avaient vu grandir Joanna, évitaient soigneusement son regard. Certains semblaient inquiets, d'autres presque effrayés.

Elle mangea du bout des lèvres. Profitant d'un instant de distraction, Edgar ne fit qu'une bouchée du poisson auquel elle avait à peine touché. Au bout de la table, Lady Moraine riait des plaisanteries que son fils lui murmurait à l'oreille. Maudite soit-elle ! Joanna se consola un peu en se disant que Lady Marjorie ne la voyait pas ainsi humiliée, tout en sachant qu'elle la verrait le lendemain.

Elle n'adressa la parole à personne.

Comme elle somnolait, adossée contre le chien, elle sentit qu'on la libérait de ses liens.

— Venez vous coucher, lui dit Severin en lui tendant la main.

Ignorant ostensiblement l'attention, elle se redressa avec lenteur, le contourna et se dirigea vers l'escalier.

Severin ne la suivit pas.

27

— Chacun vous a vue liée à cet animal pouilleux, sur cette litière malodorante. Du reste, vous empestez encore le chien à plein nez. Auriez-vous attrapé des puces, par hasard ?

Comme Joanna s'y était attendue, Lady Marjorie s'en donnait à cœur joie.

— Cette odeur est tenace, et j'ai grand mal à m'en défaire, répliqua la jeune comtesse sans s'émouvoir outre mesure. Cependant, il est chez certaines personnes des puanteurs qui leur viennent du fond de l'âme et qui leur resteront attachées toute leur vie.

— Messire Severin m'a gardée cloîtrée dans ma chambre, poursuivit Marjorie en ignorant le sarcasme, tandis qu'il vous a attachée à ce chien à la vue de tous. Intéressant, vous ne trouvez pas ? On m'a rapporté que vous lui aviez lancé un cruchon d'eau au visage. Voilà qui n'est pas très avisé de votre part, Joanna. Une femme sans grande beauté a tout intérêt à se montrer sage.

— J'en conviens, acquiesça Joanna en portant à ses lèvres son gobelet de lait.

Le réveil avait été nauséeux. Si son repas du matin lui avait procuré un semblant d'énergie, Joanna se sentait à présent le cœur si lourd, qu'elle se demandait si elle supporterait cela longtemps, *a fortiori* si Lady Marjorie persistait à étaler son fiel à la truelle, comme elle le faisait.

— J'ai hâte de vous voir de nouveau attachée à ce chien, reprit Marjorie de plus belle. Qui sait ? Peut-être Severin me conviera à prendre place sur votre chaise...

— Si jamais...

Elle n'eut pas le temps d'achever sa menace. En sueur, les vêtements tachés de sang, mais souriant, son époux venait de faire irruption dans la grande salle, flanqué de son écuyer.

— J'ai tué un sanglier, annonça-t-il. Il est chez MacDear. Joanna, allez en surveiller la préparation, et commandez à une de vos servantes de nous apporter un pichet de bière.

Joanna quitta la pièce sans mot dire.

Un peu plus tard, elle alla dans sa chambre chercher le philtre d'amour. Elle avait décidé d'apporter à son mari un gobelet du vin de Graelam dans lequel elle aurait versé un peu du contenu de la fiole. Bien entendu, elle s'assurerait auparavant qu'il n'y avait pas d'autre femme dans les parages. Ensuite, elle lui demanderait pardon pour lui avoir lancé un cruchon au visage, en espérant que les mots ne resteraient pas coincés dans sa gorge...

Elle n'avait pas réussi à se faire aimer de son mari, et seul l'élixir pourrait y remédier, songeait-elle. Elle se trouvait pathétique. Elle eut beau chercher parmi ses pots d'onguent et ses sachets d'herbes sèches, elle ne put mettre la main sur la fiole.

Severin se tenait sur le seuil de la chambre, une corde à la main.

— Veuillez me suivre, my lady.

Assise sur le lit, Joanna secoua la tête avec détermination, sans toutefois regarder son époux.

— Viendrez-vous de votre plein gré ou dois-je vous porter ? demanda Severin avec agacement. C'est le dernier soir ; évitez d'éveiller ma colère.

— Cela m'est insupportable. Je ne permettrai pas que vous m'attachiez de nouveau à un chien.

Le regard noir, il s'approcha d'elle à grands pas, la saisit à bras-le-corps et, en quelques enjambées, alla s'immobiliser en haut l'escalier de pierre.

— Allez-vous marcher et accepter votre châtiment, lui murmura-t-il à l'oreille. Ou préférez-vous que je vous porte comme un sac, au vu et au su de tous ?

Joanna avala sa salive et répondit d'une voix sans timbre :

— Je vais marcher.

La reposant sur le sol, il la regarda mettre de l'ordre dans sa tenue, puis descendre l'escalier et aller, la tête haute, jusqu'à l'âtre. En la voyant, Edgar fit entendre son aboiement grave et agita la queue. Elle entendit Lady Marjorie s'esclaffer et Eloïse glousser.

— Asseyez-vous, Joanna.

Elle obéit, et resta immobile même après que son époux lui eut, pour la seconde fois, lié la cheville au cou de l'énorme chien.

— Faites attention qu'Edgar ne dévore pas votre repas comme il l'a fait hier.

Puis il rejoignit sa place sans lui accorder plus d'attention. Les servantes arrivaient, les bras chargés de grands plateaux où se reconnaissaient les cuissots du sanglier que Severin avait tué au cours de sa partie de chasse. Tandis qu'elle servait Joanna, Alice lui chuchota à l'oreille :

— Prenez patience, my lady, demain tout cela sera terminé. Si furieux que l'on soit de vous voir ainsi, il n'est hélas ! pas grand-chose que nous puissions faire. Si cela peut vous consoler, Gwent m'a dit qu'il fendrait le crâne du premier qui le traiterait de menteur, quand bien même ce serait son maître en personne. Mais il a ajouté aussi que vous avez failli émasculer votre mari et, ne serait-ce que pour cela, votre châtiment est, selon lui, largement mérité. Il s'est chargé lui-même de goûter vos nourritures, c'est dire l'amitié qu'il vous témoigne. Mangez, à présent, my lady. Tout ira bien, ne vous inquiétez pas.

Malgré ces paroles réconfortantes, Joanna ne dîna pas. Elle ne tourna pas non plus la tête vers les tables, sachant que son regard ne manquerait pas de croiser celui, plein d'ironie, de Lady Marjorie. Elle entendit le murmure de sa conversation et les rires de gorge qu'elle avait pour Severin. Finalement, n'y tenant plus, elle coula un regard dans leur direction et vit Marjorie, penchée par-dessus son siège, tendant sa coupe à Severin.

— Goûtez donc de ce vin, my lord, c'est un flacon que j'ai ramené de Sedgewick ; je suis sûre que vous l'apprécierez.

À cet instant précis, Joanna comprit que Lady Marjorie lui avait dérobé le philtre d'amour et, qu'après en avoir absorbé une partie, elle offrait le reste de sa coupe à Severin. S'il acceptait de la boire, c'en serait fini d'elle. Lady Marjorie aurait gagné l'amour de son mari.

Elle bondit sur ses pieds, entraînant avec elle Edgar qui, croyant à un jeu, se mit à aboyer. Elle vit son époux porter la coupe à ses lèvres et la vider d'une traite sans quitter la belle veuve des yeux. Désemparée, elle se rassit et, comme s'il sentait sa détresse et voulait la consoler, Edgar posa la tête sur ses genoux. Pour ne pas être en reste, Tristan sauta sur les dalles de pierre et, en quelques bonds, alla se percher sur le dos du chien.

— Il est trop tard, Tristan, murmura-t-elle en le caressant. Elle a remporté la victoire.

Profondément attristée, elle s'appuya contre le lévrier, tandis que Tristan lui faisait un collet de fourrure de son corps.

Elle s'éveilla le lendemain pour découvrir son époux entièrement vêtu, près de son lit. Installé sur ses épaules, bien qu'encore faible et amaigri, Tristan se léchait consciencieusement les pattes.

— C'est moi qui vous ai installée dans votre lit, hier soir, déclara-t-il en guise de salut. Apprêtez-vous, j'ai l'intention de vous emmener chez la guérisseuse pour qu'elle retire les points qui suturent votre plaie.

Il semblait n'avoir pas changé. Mais elle était certaine que dès qu'il se retrouverait en présence de Marjorie, il afficherait son air béat d'amoureux transi.

— Je n'ai nul besoin de vous pour cela, Severin. Vous avez assurément cent autres choses plus importantes à faire.

— Habillez-vous, je ne le dirai pas une deuxième fois.

Mais enfin, que lui importait ? se dit-elle en repoussant ses couvertures. C'est alors qu'elle découvrit qu'elle était presque nue. Le regard qu'elle lui décocha en se recouvrant instantanément incita Severin à tourner les talons, non sans lancer par-dessus son épaule.

— Je vous attends dans la salle commune. Nous y prendrons notre repas de la matinée.

Pourquoi diable Severin s'était-il donné la peine de la dévêtir, quand il était censé mourir d'amour pour Marjorie ?

La tête rejetée en arrière, les yeux clos, la guérisseuse pressa les doigts sur la blessure.

— Eh bien ? s'enquit Severin.

— Ah ! Vous voilà encore, my lord ? Je vous croyais parti, répondit la femme avec un regard dédaigneux. Je n'aime guère vous voir dans ma cabane. Vous êtes trop grand et, comme la plupart des hommes, vous y prenez une place considérable. Du coup, mon pauvre Alfred est contraint de rester dehors. Cela dit, vous pouvez emmener votre épouse, elle est guérie, et si cela lui plaît, vous pourrez reprendre vos ébats. Comme je l'ai déjà dit à Joanna, ces jeux ne sont pas les miens. Mais elle est jeune ; il lui reste encore beaucoup à apprendre. Allez, emmenez-la.

— Comment va l'enfant ?

— Aussi bien que possible, ne vous tourmentez pas. Peu d'hommes se soucient de l'enfant qu'une femme porte en son sein. Ils ne s'y attachent que si c'est un garçon. S'il advenait que ce soit une fille, my lord, vous vous serez alors inquiété pour rien.

— Vous vous trompez, madame, rétorqua laconiquement Severin, en tendant la main à Joanna pour l'inviter à se lever : Venez, rentrons au château.

Comme il s'apprêtait à l'aider à monter en selle, Joanna s'exclama soudain :

— Pardonnez-moi, j'ai une question à poser à la guérisseuse ! Pourriez-vous m'attendre ici ? Cela ne prendra que quelques instants.

Le jeune châtelain fit comme elle le lui demandait et attendit patiemment son retour en observant Alfred se prélasser au soleil.

— Lady Marjorie m'a dérobé le philtre d'amour ! expliqua Joanna d'un ton inquiet. Elle l'a versé dans son vin, en a bu quelques gorgées, puis a tendu sa coupe à Severin qui l'a vidée sans hésiter, en la regardant dans les yeux. Que va-t-il se passer, à présent ?

— Par les cornes du diable ! En la laissant subtiliser cet élixir, vous lui avez tout simplement offert l'amour de votre époux sur un plateau ! Désormais, ils s'aimeront passionnément et rien au monde ne pourra les en empêcher.

— En êtes-vous certaine ?

— Bien sûr. Ah ! je devrais vous étrangler pour votre inconséquence ! C'en est fait de vous, à présent ! Quand bien même elle repartirait pour Sedgewick, soyez sûre qu'il l'y suivra ; il sera incapable de résister. Je suis désolée, Joanna.

La guérisseuse se détourna, l'air accablé, et alla remuer son brouet qui cuisait au coin du feu.

— Que vouliez-vous à la guérisseuse ? ne put s'empêcher de demander Severin en apercevant sa femme. Vous êtes toute pâle, Joanna ! Mais... vous pleurez ? Que se passe-t-il ? Est-ce l'enfant ?

Incapable d'émettre un son, Joanna secoua la tête et se laissa hisser sur le dos de Marella.

Ce n'est que tard dans l'après-midi que Lady Marjorie la découvrit enfin. Non pas que Joanna tentât de la fuir, mais cela faisait deux jours que la cabane des tisserandes était devenue son refuge.

— Ah, Joanna, vous voilà ! s'exclama Marjorie. Beaucoup de gens se demandaient où vous étiez cachée. Je leur ai expliqué que vous aviez sans doute besoin de vous isoler après l'humiliation que vous aviez subie. Personne n'y a trouvé à redire, bien au contraire, car chacun ici espère que la leçon vous aura profité.

Elle ponctua son sermon d'un petit rire satisfait, pendant que sa main s'attardait sur les fuseaux et les rouets.

— Que voulez-vous, Marjorie ?

— Rien, à vrai dire. Avez-vous vu Severin ? Nous avons tous deux profité de cette belle journée pour aller dîner de fromage et de vin sur le rivage. Le ciel est si bleu et le soleil si chaud. Nous nous sommes follement divertis… mais vous vous en doutez.

Joanna eut l'impression que son cœur allait cesser de battre en entendant Marjorie déclarer :

— Sachez, Joanna, que je ne retournerai pas à Sedgewick.

C'en était trop. Tendant son fuseau à une tisseuse, la jeune comtesse se leva lentement de son tabouret, et sortit de l'atelier.

— Quelle couarde, ma pauvre Joanna ! lança Marjorie sur ses talons. Vous vous dérobez, et prenez la fuite avec des airs de chien battu.

À cet instant, Joanna sut que rien n'aurait pu la dissuader de faire ce qu'elle s'apprêtait à faire, y aurait-elle réfléchi une année durant. Avec la vivacité d'un félin, elle fit volte-face, bondit sur sa rivale et, lui empoignant les cheveux à pleines mains, se mit à tirer dessus de toutes ses forces.

— Garce ! vociféra-t-elle. Vous n'êtes qu'une sale garce !

Loin de se laisser faire, Marjorie se défendit bec et ongles, tant et si bien que les deux femmes ne tardèrent pas à rouler dans la poussière en échangeant coups de pied et de poing. Alors que Joanna s'accrochait désespérément aux cheveux de sa rivale, cette dernière lui lacéra le visage et lui envoya un coup de genou dans le ventre.

Alerté par les cris, Severin accourut et n'en crut pas ses yeux, pas plus que les hommes qui le suivaient, quand il vit Marjorie, à califourchon sur Joanna, se démenant pour lui faire lâcher prise. Saisissant la veuve sous les aisselles, il la tira en arrière. Mais, Joanna s'accrochant toujours à sa chevelure,

Marjorie se mit à hurler et à se débattre tout en visant traîtreusement le ventre de son ennemie.

— Lâchez-la, Joanna ! Par Dieu, songez à l'enfant !

Voyant son époux qui retenait Marjorie, la jeune femme obtempéra sans protester. Elle constata non sans plaisir qu'une belle touffe de cheveux lui était restée entre les doigts.

— Qu'est-ce que cela signifie ? aboya Severin après qu'il eut forcé Marjorie à se relever.

Lentement, Joanna se leva à son tour. Elle était sale et échevelée, sa robe était déchirée et une de ses manches pendait lamentablement à son poignet. Si repoussante qu'elle parût, Marjorie ne valait guère mieux. Joanna sentit des gouttelettes de sang perler à sa joue, mais ne s'en soucia pas. Avec un sourire, elle brandit triomphalement la touffe de cheveux, puis la jeta dans la poussière en déclarant, d'un ton singulièrement enjoué :

— Voyez-vous, my lord, Lady Marjorie aspire à regagner Sedgewick. Elle se trouve fort mal en notre compagnie. Sa colère vient de ce que je l'ai invitée à demeurer parmi nous, en lui répétant combien sa présence vous est chère. Mais elle ne désire rien tant que son indépendance, m'a-t-elle rétorqué, et elle veut assurer seule l'éducation d'Eloïse. Elle souhaite donc partir dans les plus brefs délais.

— Je suis lassé de vos mensonges, Joanna, répondit Severin avant de se tourner vers Marjorie dont la bouche tuméfiée laissait échapper un filet de sang.

— Lassé, dites-vous ? répliqua Joanna. Je croyais pourtant que vous y étiez habitué ! Ne savez-vous donc pas que c'est moi qui ai empoisonné ma coupe ? Moi qui l'ai renversée pour tuer Tristan ?

— En voilà assez ! trancha sèchement son mari. Expliquez-moi plutôt pourquoi vous vous crêpez le chignon comme deux mégères.

— C'est une affaire de femmes qui ne vous concerne en rien, my lord, intervint Marjorie. Comme vous avez déjà pu le constater, votre épouse a beaucoup de mal à se contenir. C'est à croire que le châtiment que vous lui avez infligé était insuffisant. Quelques semaines de plus attachée au chien lui feraient le plus grand bien.

Joanna s'apprêtait à bondir quand Severin s'interposa :

— Cela suffit ! Assez de chamailleries, sinon je ne réponds plus de rien. Allez, à présent. Je vous trouve l'une et l'autre aussi répugnantes qu'Edgar après une journée de chasse.

Restée seule, Joanna s'apprêtait à regagner sa chambre, quand une voix l'interpella :

— My lady, attendez !

C'était Gwent qui la regardait, un profond désarroi peint sur le visage.

— J'ai pris la décision de faire en sorte que cette femme retourne à Sedgewick, déclara-t-il tout de go. Tous ici aspirent à la paix, et cela ne sera pas possible aussi longtemps qu'elle restera à Oxborough. Vous ne devez pas vous battre : vous portez l'héritier de notre maître. Je veillerai à ce qu'elle parte.

— Severin vous l'interdira, répliqua Joanna en haussant les épaules avant de se détourner.

— Bien au contraire, ajouta hâtivement l'écuyer. J'en ai touché un mot à Lady Moraine et elle en a parlé à son fils.

« Comme si cela changeait quelque chose », se dit la jeune femme, qui tressaillit en sentant une douleur soudaine dans sa jambe.

Joanna s'endormit d'un sommeil agité, rêvant des lupins qui croissaient dans son jardin – des lupins dont une certaine personne s'apprêtait à verser un extrait dans la coupe de Severin, sachant que c'était un poison mortel. Puis les lupins disparurent, remplacés par une main qui se posait sur son ventre et se mettait à le caresser doucement en évitant avec soin de toucher à sa cicatrice.

Comme elle posait la main sur celle qui lui effleurait la peau, elle la sentit s'immobiliser sur sa peau brûlante, se dérober lentement pour ensuite entremêler ses doigts aux siens. Tout engourdie de sommeil, elle voulut mettre un terme à ce jeu et repousser cette main, mais ne fit rien de tel, même après avoir compris que c'était celle de Severin. Cette main à laquelle elle ne pouvait résister, tant était grand le trouble où elle l'avait jetée.

— Que faites-vous ici ? souffla-t-elle, alors que les caresses se faisaient plus précises.

— Ceci est mon lit et vous y êtes, répondit-il sans pour autant s'interrompre.

Elle tenta de se lever, pour se rendre compte qu'il était à genoux entre ses jambes ouvertes. Il l'empêcha de se redresser tandis que son autre main s'insinuait entre ses cuisses. Pourquoi la caressait-il ainsi ? À peine eut-elle le temps de se poser la question qu'elle sentit ses doigts écarter doucement ses chairs pour se glisser en elle. Elle se cambra en gémissant. Elle avait été incapable de se retenir. Tout à fait réveillée, maintenant, elle comprit où il voulait en venir. Mais, peu lui importait. Elle ne songeait qu'à ce plaisir à venir. Ô Dieu, cela faisait si longtemps…

— Voilà qui est bien, murmura-t-il en la sentant frémir comme une feuille au vent d'automne.

Il s'inclina vers elle, et elle frissonna. Lorsque sa bouche l'effleura, elle crut s'évanouir. Ses mains volèrent dans les airs et s'abattirent sur les épaules de Severin, s'y agrippant frénétiquement tandis qu'elle criait son nom.

— Oui, souffla-t-il tout contre elle, prenez votre plaisir...

Et c'est ce qu'elle fit. Haletante, elle s'arc-bouta à sa rencontre, le suppliant avec son corps de venir en elle, de la combler comme lui seul savait le faire. Quand il la pénétra, elle poussa un petit cri et se colla à lui, les yeux clos, laissant le plaisir la submerger, l'emporter tel un raz de marée. Le sang battait à ses tempes, son cœur tambourinait follement dans sa poitrine et, dans le silence ponctué de gémissements, elle murmura contre ses lèvres :

— Je vous aime, Severin. Je vous aime depuis longtemps...

Il se figea une fraction de seconde, puis reprit son va-et-vient avec une ardeur redoublée avant de se laisser aller sur elle, pantelant.

Joanna retrouva lentement ses esprits. L'aveu qu'elle avait fait à Severin était comme suspendu entre eux, si réel qu'il en était presque palpable, ineffaçable et lourd de conséquence, car il la mettait entièrement à sa merci.

Elle se pencha pour le mordre à l'épaule. Il prit sans doute cela pour un geste de passion, mais ce n'était pas le cas. Elle aurait voulu le mordre jusqu'au sang pour l'avoir ainsi poussée à se dévoiler. Jamais elle ne se serait livrée s'il ne l'avait réveillée, caressée, aimée jusqu'à lui faire perdre la tête. Quand elle le mordit de nouveau, il se hissa sur les coudes pour la regarder.

— Accordez-moi quelques minutes le temps de recouvrer mes forces, se méprit-il en se laissant retomber à ses côtés.

Quelques instants plus tard, son souffle lui parvint, profond et régulier. Il était venu à elle simplement parce qu'elle était là, disponible, se dit-elle, tout en s'étonnant qu'il ne soit pas allé retrouver Marjorie. Il avait pourtant partagé le philtre d'amour avec elle. C'est vers elle qu'il aurait dû se tourner pour assouvir son désir. Pourtant, c'est le lit de sa femme qu'il avait choisi de partager. Pourquoi ? C'était d'autant plus inexplicable qu'elle portait déjà un enfant de lui.

Et elle, naïve et spontanée, s'était offerte, donnée à lui sans réserve, lui avouant son amour de surcroît.

Elle se maudissait de s'être montrée aussi incroyablement stupide !

28

Lorsqu'elle aperçut Marjorie qui faisait les cent pas devant la chambre de Joanna, Alice redescendit quelques marches en fronçant les sourcils. Que voulait donc encore cette femme à sa maîtresse ?

Il ne se passa guère de temps, avant que la lourde porte de chêne s'ouvrît pour livrer passage à Severin. Ah ! c'était donc lui, et non Joanna, que Marjorie attendait avec tant d'impatience. Alice n'en était pas autrement surprise, mais trouvait tout de même que cette femme avait plus de chance qu'elle ne le méritait. En effet, que se serait-il passé si, au lieu de Severin, c'était Joanna qui était apparue ? Ah, mais la renarde avait l'esprit vif ! Elle aurait, à coup sûr, trouvé quelque excuse pour justifier sa présence.

Plaquée contre le mur dans l'ombre de l'escalier, Alice tendit l'oreille.

— Je vous attendais, Severin.

— Il est très tôt, Marjorie. Que désirez-vous ?

— Que nous allions jusqu'à la plage afin d'y parler de notre avenir.

À ces mots, Alice faillit s'étrangler. La garce ! Elle ne manquait pas de toupet ! Le philtre d'amour lui donnait une grande confiance en elle. Peut-être devrait-elle s'en procurer à son tour, songea-t-elle, et le verser dans le gobelet de Beamis ou de Gwent.

Severin eut un long soupir, et la servante dut se retenir pour ne pas manifester bruyamment sa désapprobation.

— Fort bien, concéda-t-il.

Alice perçut un froissement de jupes, suivi qu'une sorte de grognement indiquant que les amants se livraient sans doute à quelque caresse ou alors s'embrassaient. Décidée à intervenir, elle grimpa les dernières marches en chantonnant pour annoncer son arrivée. Elle vit alors Severin nonchalamment adossé à la porte de la chambre, le bras tendu comme pour tenir Marjorie à distance. Soit il s'agissait là d'un sursaut de honte, soit la potion n'avait pas produit tout l'effet escompté.

— Je vous souhaite le bonjour, my lord, lança-t-elle joyeusement, trop heureuse de jouer les trouble-fête. Lady Joanna est-elle éveillée ? Je dois lui parler.

— Elle est dans sa chambre, en train de moudre des graines, m'a-t-elle dit.

— Je vais la voir de ce pas, fit la jeune servante sans un regard pour Marjorie.

Elle frappa à la porte de la chambre et y entra, sans attendre qu'on l'y ait invitée. Comme Joanna levait la tête, elle mit l'index devant sa bouche et lui fit signe de s'approcher de la porte qu'elle avait laissée entrouverte.

— Nous devons avoir cette conversation sur-le-champ, Severin, disait la voix de Lady Marjorie. Mais loin d'ici, loin d'elle.

Alice décida d'intervenir à nouveau ; ouvrant la porte en chantonnant, elle s'écria :

— My lord ! ma maîtresse voudrait vous parler de certaines herbes que lui aurait préconisées la guérisseuse pour soigner votre animal.

Joanna apparut à son tour sur le seuil de la chambre et lança d'un ton aussi glacial que la mer au bord de laquelle elle était née :

— Tristan est-il en votre compagnie ?

La martre pointa le museau hors du pourpoint de son maître qui eut à peine un regard pour Marjorie et se dirigea vers son épouse pour aller le lui confier. Dès qu'il fut sorti de la chambre, Alice agrippa la manche de Joanna pour lui dire avec véhémence :

— C'est elle qui l'entreprend, my lady, et non lui. Je l'ai vu, de mes yeux vu.

— Il ne l'a pas repoussée, me semble-t-il.

— Cessez donc de prendre cet air de chien battu ! Vous pensez qu'il ne peut résister au philtre d'amour, mais je n'en suis pas si sûre. Je l'ai entendu lui parler. On dirait qu'il ne sait comment faire pour s'en débarrasser. Écoutez-moi, my lady, Lady Moraine, dame Agnès et moi-même en avons longuement discuté et, d'un commun accord, nous avons décidé de vous délivrer une fois pour toutes de cette harpie.

— Songez-vous à l'éliminer ? s'exclama Joanna ; secouant la tête, elle ajouta : En ce qui me concerne, j'en suis incapable. J'aimerais l'être, mais ça m'est impossible. Et puis, le roi serait furieux d'avoir à chercher une nouvelle tutrice pour Eloïse.

— Ce n'était qu'une plaisanterie, s'esclaffa Alice. J'espérais qu'elle vous ferait retrouver votre bonne humeur. Rassurez-vous, il n'est pas question de l'assassiner, mais de quelque chose qui est à la fois très simple et très efficace. Une stratégie élémentaire et pourtant subtile selon Lady Moraine. Dites-moi ce que vous en pensez.

L'ombre de Severin s'étira sur les plants d'ancolie.

— Je dois vous châtier, my lady.

Joanna se retourna si précipitamment qu'elle en tomba sur son derrière, arrachant au passage une primevère à peine éclose.

— Oh, la pauvrette, se désola-t-elle. Je n'entendais pas l'arracher si tôt. N'est-elle pas ravissante ?

Elle dorlota quelques instants la fleur comme s'il s'était agi d'un enfant, sous le regard irrité de Severin, avant de daigner lever les yeux vers lui.

— Je n'ai nullement l'intention de subir de châtiment, Severin. Je n'aspire qu'à vous voir repartir guerroyer contre, que sais-je ?, les Gallois, les Écossais. Cela vous ferait grand bien, et à moi aussi.

Severin eut l'air d'y songer sérieusement.

— Pour l'heure, nous n'avons aucun ennemi. Mais il est vrai que ces longues périodes de paix sont difficiles à vivre pour un homme de guerre. Vous ne craignez pas que je tombe au combat ?

En vérité, une telle éventualité ne lui était pas venue à l'esprit. Aussi répondit-elle spontanément :

— Je ne voudrais pas que vous soyez blessé. Je ne serais pas forcément là pour panser vos blessures.

— J'aime à vous entendre dire que vous ne souhaitez pas ma mort.

— À quoi bon ? Je vous connais. Pourquoi préférerais-je un inconnu ?

Il imagina aussitôt Joanna épousant un autre homme s'il venait à mourir, et cette pensée ajouta à son irritation.

— Vous avez grandement dépassé les bornes, my lady. Je dois vous châtier. Ne tentez pas de m'en dissuader.

— Je m'en garderai bien ; vous êtes trop buté. Je ne vois pas votre corde ; l'auriez-vous oubliée ?

— Non. Mon père répétait souvent qu'il est bon de varier les châtiments, et que d'en connaître à l'avance la nature en amoindrissait les effets. Et n'allez pas prétendre, Joanna, que vous ne vous y attendiez pas. Vous savez comme moi que j'ai retardé ce châtiment jusqu'au jour où vos points de suture vous seraient retirés. Admettez, du reste, que vous l'avez amplement mérité. Vous vous êtes enfuie d'Oxborough, vous avez mis votre vie en danger, et m'avez fait perdre mon temps à vous retrouver.

— Nous y voilà ! Mon véritable crime est d'avoir dilapidé votre précieux temps.

— Cessez donc, my lady, je n'ai pas l'intention de me mettre en colère ; pas aujourd'hui.

— Pourquoi pas aujourd'hui ? Craignez-vous que je ne gâte cette belle journée, si propice à une promenade avec Marjorie ? Peut-être irez-vous sur la plage débattre de votre avenir et voulez-vous être certain d'être de bonne humeur.

Comment diable avait-elle eu connaissance de ce que Marjorie lui avait dit ? Alice, bien sûr ! À l'évidence, elle avait surpris leur conversation. Il secoua la tête et lui effleura l'épaule de la main.

— Non, il est des affaires plus urgentes auxquelles je dois me consacrer. J'ai proposé que Gwent l'y accompagne, mais elle a refusé. Je suppose qu'il faudra bien que je l'entende, à un moment ou à un autre.

Le moins qu'on puisse en dire, c'est que Severin n'avait guère l'air d'un homme que la passion dévore au point d'en perdre le boire et le manger. Non, il semblait presque harcelé ! Alice avait peut-être raison finalement : l'élixir ne produisait pas sur lui l'effet attendu ; auquel cas le plan élaboré par dame Agnès et Lady Moraine pouvait réussir. Joanna était un peu agacée que cette idée vînt de sa belle-mère mais, quoiqu'elle n'y crût qu'à moitié, elle la jugeait digne d'être tentée, ne serait-ce que pour le plaisir qu'elle en retirerait. De toute façon, elle ne pouvait plus reculer ; quant aux résultats, ils ne se feraient pas attendre.

— Qu'est-ce qui me vaut cette mine amusée, alors que je m'apprête à vous châtier ?

Avec un sourire rêveur, Joanna éprouva le contact velouté de la primevère contre sa joue.

— Savez-vous que j'ai eu grand plaisir à sentir vos lèvres sur moi, la nuit dernière ? murmura-t-elle à brûle-pourpoint en lui coulant un regard entre ses cils.

Severin se pétrifia sur place, les yeux rivés sur la bouche de sa femme qui poursuivit, le plus naturellement du monde :

— Oui, quand vous m'avez pénétrée, j'en aurais pleuré, tant vous, mon époux, m'avez donné de plaisir.

Severin continuait de l'observer, la bouche sèche, se demandant s'il avait bien entendu.

— Vous attendez un enfant, bredouilla-t-il enfin.

— En effet. Et si cela n'avait pas été le cas, je crois que ce le serait à l'heure qu'il est. Vous étiez si profondément en moi... rien que d'y penser, j'en suis troublée, et ne rêve que de recommencer. Je regrette que vous ne soyez retenu par des affaires plus urgentes...

— Par tous les saints ! Cessez ce petit jeu, my lady, vos propos me tuent !

Pour toute réponse, Joanna s'avança vers lui et, ayant glissé la primevère dans l'échancrure de sa robe, se pressa contre son époux pour le caresser à travers son vêtement. Il était aussi dur que le tuteur de bois qui soutenait ses iris, constata-t-elle avec satisfaction.

— Vous souvenez-vous de la première fois que je vous ai tenue entre mes mains ? Puis entre mes lèvres ? lui souffla-t-elle à l'oreille en se hissant sur la pointe des pieds.

Il allait mourir sur place si elle continuait ainsi. Il lui agrippa le poignet pour faire cesser ces caresses qui le mettaient au supplice. Pourtant, Dieu sait s'il n'en avait pas envie ! Oh non !

— Nos gens nous observent, Joanna, fit-il d'une voix rauque.

Elle noua les mains autour de son cou et chuchota tout contre ses lèvres :

— Emmenez-moi à l'écart, dans la forêt, et punissez-moi selon votre bon plaisir.

Du haut des remparts, Lady Moraine et Alice regardaient les deux époux galoper vers la forêt à bride abattue.

— À voir leur hâte, on croirait qu'ils partent en guerre, sourit la jeune servante.

— Une tendre guerre, en vérité, acquiesça la baronne. Notre plan a fort bien fonctionné. Lady Joanna s'étonnait de ce que l'on use toujours des mêmes subterfuges, mais il est vrai qu'à quelques variantes près, la fin est aussi toujours la même. Elle est encore très jeune, l'expérience lui viendra avec le temps, surtout si vous continuez à lui dispenser vos bons conseils, Alice.

— Je n'y manquerai pas, promit la jeune servante. Pour tout dire, continua-t-elle, les besoins d'un homme sont extrêmement simples. Le matin au réveil et le soir au coucher il ne pense qu'à une seule chose : forniquer. Sitôt que Lady Joanna l'aura compris, et qu'elle en aura tiré les conséquences, je doute que les motifs de discorde avec votre fils persistent.

— Cela est vrai, reconnut Lady Moraine. Je suis, du reste, heureuse qu'elle se soit finalement éprise de Severin, sans quoi notre plan n'aurait jamais fonctionné. Pour ce qui est des sentiments de mon fils, eh bien, nous verrons. Les hommes sont différents de nous, ce n'est pas à vous que je vais apprendre cela, Alice. L'amour ne leur vient pas aussi spontanément. Ils doivent au préalable s'adonner au plaisir, examiner la situation sous tous les angles, avant de se sentir en confiance pour l'apprécier avec le cœur et avec la tête. Mais voici que le vent se lève, retournons à l'intérieur, voulez-vous ?

— Je suis certaine que Joanna réussira, et qu'elle prendra énormément de plaisir, observa Alice en se dirigeant vers l'escalier.

— Je suis ravie qu'elle ait accepté de se soumettre au jeu de la séduction, même en étant convaincue que Severin la trompe avec Lady Marjorie. Loin de la rabaisser, cela prouve, au contraire, sa force de caractère.

— Il faut dire que non seulement Joanna aime votre fils, mais qu'elle prend aussi grand plaisir à partager son lit. Quant au philtre d'amour de la guérisseuse, je crois qu'il est loin de produire les effets dont elle s'est tant vantée.

— Rendons-en grâce à Dieu. Reste à savoir la manière dont Severin châtiera Joanna, conclut Lady Moraine avec un éclair de malice dans le regard.

Le rire d'Alice s'éleva si haut que les gardes se retournèrent, intrigués.

Joanna et Severin ne réapparurent qu'à l'heure du dîner. Ils tentaient de gagner discrètement leur chambre, quand Gwent les apostropha gaillardement :

— La tempête ne va pas tarder à se lever, my lord, clama-t-il d'une voix forte. Les hommes et les bêtes sont rentrés, nous n'attendions plus que vous et Lady Joanna. Mais vous voilà enfin, et nous sommes tous rassurés.

— J'ai l'impression que nous sommes en butte à quelques moqueries, Severin, chuchota Joanna avec un sourire.

— Vous avez des brindilles dans les cheveux et votre robe est froissée, dit le jeune homme en réponse.

— Je puis en dire autant de vous, my lord, répondit Joanna en cueillant une feuille morte dans les cheveux de son époux.

— Peut-être souhaitez-vous prendre un bain chaud avant de passer à table ! renchérit Beamis, encouragé par le visage détendu de son maître.

— Leurs allusions se font de plus en plus précises, observa Joanna, tout en faisant mine de démêler les nœuds de ses cheveux.

— Alice ! appela Severin. Apportez donc de quoi boire, cela clouera le bec à ces butors !

Quand Joanna et Severin revinrent dans la grande salle, près d'une heure plus tard, l'atmosphère était des plus joyeuses. Aux quatre coins de la salle, ce n'étaient que rires et chansons à boire. Edgar faisait entendre son formidable aboiement, pour réclamer un os ou un relief de nourriture. Le vin aidant, de nouveaux couples s'étaient formés, certains des plus surprenants, comme la vieille Belle et le maréchal-ferrant.

— C'est à se demander s'il reste une goutte de bière ou de vin dans nos caves, dit Joanna, le visage radieux.

S'immobilisant, Severin se tourna vers Joanna, oubliant les quelque soixante convives dont les regards étaient braqués sur eux.

— Je ne vous ai pas encore infligé votre punition, lui murmura-t-il en lui caressant la joue de l'index.

Elle tourna légèrement la tête et déposa un baiser sur sa paume.

— Peut-être serait-il plus sage d'attendre que notre enfant soit né...

— Qu'attendez-vous pour me montrer un petit renflement ici, Joanna ? dit-il en lui effleurant le ventre. Que je voie que mon enfant se trouve à l'intérieur.

— Bientôt, fit-elle.

Ils prirent place à la grande table, répondant aux plaisanteries de Gwent et de Beamis. Joanna, que tant de péripéties avaient affamée, plongeait sa cuiller dans sa soupe, quand Severin l'arrêta d'un geste :

— Attendez, commanda-t-il, avant de lancer à l'adresse de Lady Marjorie : Seriez-vous assez aimable d'échanger votre plat avec celui de Joanna ?

Déjà fortement irritée par l'empressement que Severin témoignait à Joanna, la belle veuve pâlit. La mine pincée, le regard assombri – de chagrin ou colère, Joanna n'aurait su dire – elle ne souffla mot. Recroquevillée sur sa chaise, Eloïse était tout aussi silencieuse.

— Veuillez aussi échanger vos coupes.

Marjorie s'exécuta encore une fois sans mot dire.

Les conversations et les rires se poursuivirent jusque tard dans la nuit. Soufflant en bourrasques, le vent s'élançait à l'assaut du château avec des hurlements de colère, jusqu'à en faire frémir les grandes tapisseries.

— Vous avez gagné.

Joanna termina sa coupe, avant de regarder Marjorie.

— Gagné ? répéta-t-elle.

À ses côtés, Severin était engagé dans une conversation animée avec Gwent.

— Vous vous trompez, Marjorie, poursuivit-elle. Pour gagner, il aurait fallu qu'il y ait affrontement, or, que je sache, il n'y en a jamais eu entre nous. Severin n'est pas votre époux, mais le mien. Le philtre d'amour que vous m'avez dérobé s'est révélé inopérant. Alors, écoutez-moi bien : je n'aspire qu'à retrouver la paix auprès de mon mari. Je ne désire même pas votre mort, seulement que vous quittiez Oxborough.

— Je vous ai observée, répliqua Marjorie en dardant sur sa rivale un regard pénétrant. Si avenante que vous soyez, vous êtes loin de m'égaler. Severin m'a toujours désirée, admirée, adorée, et le petit intermède que vous lui avez offert dans la forêt n'y changera rien. Sans l'aide de sa mère et de vos servantes, jamais vous ne l'auriez emporté. C'est moi que Severin aurait dû entraîner dans la forêt. Je ne comprends d'ailleurs pas qu'il ne l'ait pas fait.

— Il se peut que certaines qualités aient pour lui plus de valeur qu'un joli visage. Peut-être met-il un point d'honneur à être un époux aimant et attentif. Peut-être aussi vous a-t-il percée à jour. N'avez-vous pas tenté de m'empoisonner ?

Lady Marjorie se contenta de hausser les épaules tout en mâchonnant distraitement un morceau de pain.

— Je repartirai pour Sedgewick dès demain matin.

— Voilà un départ que je ne manquerai pas de saluer.

— Pourquoi n'avez-vous pas avalé le contenu de votre coupe, au lieu de le renverser ? Pourquoi cet animal n'a-t-il pas péri, au lieu que vous le sauviez ?...

À genoux dans la terre meuble, Joanna arrachait en fredonnant les mauvaises herbes qui croissaient au pied de ses lupins et de ses digitales. L'air était frais, réminiscence de la tempête de la nuit passée, le soleil haut dans le ciel, et Marjorie, partie. Grâce à Dieu !

S'asseyant sur ses talons, elle se rappela Severin échangeant brièvement quelques mots avec la belle veuve, tout en l'aidant à monter en selle. Que lui avait-il dit ?

Les mauvaises herbes débarrassées de leur terre, elle en fit un petit tas. Puis elle entreprit d'attacher un iris à son tuteur, dont elle assura la stabilité en l'enfonçant plus profondément dans la terre. Les ancolies étaient écloses en un bouquet d'un jaune éclatant. Bientôt elle en ferait la récolte. Un faible miaulement lui parvint.

Quelques secondes plus tard, Tristan sautait sur ses genoux et allait se blottir contre son ventre. Severin ne devait pas être loin, songea-t-elle aussitôt. Et, comme de fait, le jeune homme apparut. Elle leva les yeux vers lui et lui sourit. Il était venu à elle. Il savait qu'il la trouverait dans son jardin.

— Êtes-vous venu me chercher pour une promenade en forêt ? demanda-t-elle innocemment. Ou avez-vous l'intention de me plaquer contre un arbre et de relever ma robe comme hier ?

— Dans la forêt, dites-vous ? répondit-il en s'accroupissant pour caresser son animal. Vous désirez plus qu'une simple promenade ?

— Ce que je désire vraiment, Severin, murmura-t-elle en se penchant vers lui, c'est vous ôter tous vos vêtements, vous allonger sur la mousse et, peut-être, déclamer quelques poèmes pour voir l'effet que produiraient mes paroles sur vous ?

— Vous savez fort bien quel effet me font vos paroles, répliqua-t-il en cueillant un baiser sur ses lèvres. Vous plairait-il que je vous en fasse la démonstration ?

Joanna le regarda avec intensité, l'expression de son visage soudain grave.

— Demeurerez-vous près de moi, Severin ?

— Oui, jusqu'à ma mort ; n'êtes-vous pas mon épouse ?

Elle voulait l'entendre dire qu'il l'aimait, mais cela pouvait attendre, supposa-t-elle. Un jour, il serait épris d'elle autant qu'elle était éprise de lui, se promit-elle.

— Cela va finir par devenir une habitude, dit Gwent à Beamis en voyant ses maîtres s'éloigner au galop.

— C'est ce qu'on dirait, renchérit Beamis. Au moins la belle diablesse est-elle partie. En tout cas, je ne crains pas d'affirmer que messire Severin n'ira pas la voir à Sedgewick ; je sais quand un homme a pris une décision !

— Je suis d'accord avec vous, et pas mécontent, soit dit en passant. Notre maître fait preuve de bon sens.

— Je crois me souvenir que Lady Joanna l'avait menacé de lui infliger une terrible colique s'il venait à la trahir.

— Je doute qu'elle le fasse jamais, fit Gwent avec un rire. Elle serait trop lésée.

Un peu plus tard, faisant écho aux deux hommes, Lady Moraine déclara à Alice :

— Il va falloir nous habituer à voir mon cher fils et Joanna disparaître au milieu de la journée.

— En effet, dit Alice en regardant avec ostentation Beamis attablé devant sa chope de bière. J'étais en train de me demander s'il n'est jamais arrivé à notre maître d'armes de disparaître au beau milieu de la journée...

Au repas du soir, Severin ne demanda à personne de goûter aux nourritures de Joanna, et personne ne s'en étonna. L'air semblait soudain plus léger, et les échanges plus enjoués à présent que les gens de Sedgewick s'en étaient allés.

Ce soir-là, les conversations portèrent surtout sur Rosehaven. Qu'y découvriraient-ils ? La question était sur toutes les lèvres et dans tous les esprits.

Le lundi suivant, ils se mettaient en route.

29

— Reverrez-vous Lady Marjorie, my lord ?

Severin se retourna sous les couvertures pour faire face à Joanna. La nuit était plutôt froide. La pesante immobilité de l'air s'annonçait comme les prémices d'une tempête. Cela faisait deux jours qu'ils avaient quitté Oxborough, et, à moins d'être retardés par des brigands ou par la tempête, ils atteindraient Canterbury avant la nuit prochaine – mais peut-être était-ce un peu trop demander.

— Non, répondit-il sans hésiter.

Il tendit la main et se mit à caresser le ventre de Joanna. Douze cavaliers les accompagnaient, n'emportant avec eux que fort peu de bagages, ce qui les contraignait à dormir à la belle étoile dans leur vêtement de la journée, emmitouflés dans une couverture avec leur selle en guise d'oreiller. Joanna sentit la main de Severin glisser le long de sa cuisse.

— Allongez-vous sur le dos, lui souffla-t-il, que je puisse poser la main sur mon enfant.

La jeune femme obéit, trop heureuse de sentir contre son ventre la grande main de son époux.

— Pardonnez-moi, la question m'a échappé, soupira-t-elle. De ma vie, je n'ai éprouvé un tel sentiment d'impuissance et de jalousie, avoua-t-elle. Je détestais ce sentiment, plus encore, parfois, que Lady Marjorie elle-même.

— Je sais. C'était aussi difficile pour moi, Joanna. Elle est si belle, peut-être plus encore maintenant qu'autrefois. Je la voyais à travers le prisme du souvenir, avec les yeux d'un adolescent en adoration devant elle. En la quittant, j'étais submergé de chagrin, et voilà que, soudain, elle réapparaissait. Non, non, ne vous éloignez pas de moi, Joanna ! Ce n'est pas facile de vous parler de tout cela, mais je vous le dois. À cause de ce qu'elle a été, à cause de ce que je suis, j'ai gâché ce qui était pour moi un miracle.

— Un miracle ? De quel miracle parlez-vous ?

— Peu importe, fit-il en étouffant un rire. Même en étant sous son charme, je me suis rendu compte qu'elle représentait un danger pour vous, qu'elle avait changé et n'était plus celle que j'avais aimée. Je puis cependant vous jurer qu'adolescente, il n'y avait pas en elle une once de méchanceté.

Joanna ne fit pas de commentaire. En dépit des allégations de Severin, elle n'aurait pas misé un liard sur l'absence de méchanceté de Marjorie, à quelque âge que ce fût.

— Pour ce qui est d'Eloïse, j'en suis à me demander si Lady Marjorie n'a pas instillé de noirs sentiments dans son cœur. Elle a menti effrontément à votre sujet.

Joanna fut tentée de répondre « ô combien ! ». À l'évidence, Marjorie exerçait une influence exécrable sur la fillette. Cependant, elle préféra ne rien dire. Le moment aurait été d'autant plus mal choisi que, pour la première fois, Severin lui parlait à cœur ouvert. À proximité, quelques hommes ronflaient, un peu plus loin, d'autres bavardaient ; de temps à autre, un rire bref s'élevait.

— Que deviendrons-nous, Severin ?

— Eh bien, nous aurons de nombreux enfants et bâtirons ensemble une grande dynastie. Notre nom traversera les siècles, connu et respecté de tous.

— Ce n'est pas de toute cette magnificence que j'avais envie de vous entendre parler.

— Ah ? s'étonna-t-il en se penchant pour l'embrasser. Dans ce cas, nous irons dans la forêt pour y regarder les feuilles à l'envers. Cela vous convient-il ?

Joanna s'endormit, la main de Severin posée sur son ventre comme pour le protéger.

— Ce château est un véritable joyau, déclara Gwent en désignant du doigt l'élégante bâtisse de pierre blonde, juchée sur le promontoire qui descendait en pente douce vers la rivière Glin.

— Lord Brenfavern affirme qu'il appartient au comte d'Oxborough, ajouta Severin. Il est protégé par des soldats recrutés parmi les gens des environs qui en assurent la garde à tour de rôle, tout au long de l'année. Personne, dans le pays, n'a encore appris la mort du comte.

— Qui demeure dans ce château ?

— Nous allons le savoir bientôt. Même Lord Brenfavern n'a su me le dire, répondit Severin en éperonnant sa monture.

— Brandis bien haut notre oriflamme ! cria Gwent au porte-étendard. Je ne tiens pas à être accueilli par une volée de flèches !

Par bonheur, il ne se passa rien de tel et, quelques instants plus tard, les portes du château s'ouvraient toutes grandes pour livrer passage à la troupe de cavaliers. Au moment où ils franchirent la courtine, pas moins de douze soldats étaient là pour les accueillir. Après avoir ordonné à Gwent de l'attendre avec ses hommes, Severin et Joanna pénétrèrent dans la cour intérieure. Là, ils se figèrent de surprise. Partout, ce n'étaient que parterres et massifs de fleurs. Accrochées à un pan de mur, des roses trémières étalaient leurs larges corolles pourpres du sol jusqu'au sommet et même au-delà. Le silence n'était troublé que par le gargouillement des fontaines et les trilles des oiseaux. Une large allée pavée, rutilante de propreté, donnait accès à l'ouest vers les logis, au sud vers le donjon.

— C'est là le château d'une princesse, murmura Joanna en inhalant profondément la capiteuse odeur des roses.

— Probablement celui de l'amante de votre père, my lady. Il faut vous y préparer. Je ne serais pas étonné que ce que ce château ait été bâti tout spécialement à son intention.

Des rires d'enfants parvinrent jusqu'à Joanna, avant même qu'elle ne vît quatre fillettes faire bruyamment irruption dans la cour, malgré les protestations des femmes attachées à leur surveillance. À première vue, la plus âgée devait avoir dix ans, la plus jeune, cinq tout au plus. Elles s'immobilisèrent dans un silence soudain, ne sachant comment réagir face à ces intrus.

Étaient-ce là les bâtardes de son père ? se demanda aussitôt Joanna, l'estomac noué d'appréhension. Elle en était presque à regretter d'avoir accompagné Severin. Encore une déception à porter au compte de son père, qui n'avait pas hésité à assassiner son épouse pour cause d'adultère, alors que de son côté, outre entretenir une maîtresse, il avait eu secrètement quatre enfants.

— Gerden ne vous a donc rien dit ? les apostropha l'aînée. Mère interdit la présence de chevaux ici. Il faut les laisser à l'extérieur. Mère serait très en colère si vous piétiniez ses fleurs.

Severin démonta avec un signe d'acquiescement, puis aida Joanna à mettre pied à terre.

— Quel est ton nom ? demanda-t-elle.

— On m'appelle Marella.

— Mais... c'est le nom de ma jument !

La fillette s'esclaffa.

— Votre jument est très belle. Peu m'importe de porter son nom, car c'était aussi celui de la jument de Guillaume le Conquérant. On raconte qu'à sa mort, il l'a pleurée une semaine entière, puis l'a fait enterrer sous sa fenêtre.

— C'est vrai, acquiesça Joanna. Comme il est vrai que sa robe était blanche comme celle de ma Marella.

— Oui, c'est ce que Père m'a dit.

Soudain, la plus jeune des fillettes, boucles blondes et teint de lys, bouscula ses sœurs et se précipita vers Severin en souriant, au grand désarroi de sa préceptrice, qui lui ordonna de revenir, en vain.

— Et toi, comment te nomme-t-on ? s'enquit le jeune homme en se penchant vers l'enfant.

— Je m'appelle Matilda, my lord.

— Voilà un prénom fort célèbre.

— Oui, admit la fillette, avec un mouvement de tête que Severin crut vaguement reconnaître. C'était celui de la femme de Guillaume le Conquérant. Il paraît qu'elle était petite et rondelette, mais aussi la plus courageuse et la plus belle femme de Normandie. On prétend que je lui ressemble, sauf que moi, je suis née en Angleterre et que j'y resterai toute ma vie. Et vous, my lord, qui êtes-vous ?

— Je suis le comte d'Oxborough et voici mon épouse, Joanna.

— C'est le prénom que j'aurais aimé avoir, intervint la troisième, dont l'âge devait avoisiner les sept ans. Mais père m'a expliqué que c'était impossible, car une autre fille portait déjà ce prénom. Aussi me nomme-t-on Normandy. C'est là qu'est né Guillaume le Conquérant.

— Vous mentez, intervint Marella en tirant sa jeune sœur à elle. Vous ne pouvez être le comte d'Oxborough, parce que c'est le titre de mon père.

— Il viendra et vous fera la guerre, renchérit Matilda. Père ne permettra à personne de nous faire du mal.

C'est alors qu'une voix féminine s'éleva, péremptoire, couvrant celles des enfants :

— Qui êtes-vous, messire ? Que faites-vous ici ? Et comment se fait-il que les gardes vous aient permis d'entrer ?

Joanna se retournait à peine que, déjà, les souvenirs affluaient en sa mémoire. Mon Dieu ! Cette voix, cette haute et noble silhouette à la chevelure châtain et au regard d'un vert intense ne lui étaient pas inconnus. À peine empâté, le corps avait gardé son port altier, que rehaussait une robe à longue traîne. Joanna fit un pas en arrière, prête à défaillir. Elle tendit la main, comme fascinée par l'apparition qui se rapprochait d'elle. Non… C'était impossible…

— Mère ?

La femme se pétrifia, un faible gémissement lui échappa puis, soulevant les pans de sa robe, elle courut se jeter dans les bras de Joanna.

— Comment est-ce possible ? Est-ce vraiment vous, Joanna ? Oh ! mon enfant, mon enfant, je vous retrouve enfin !

— Je ne comprends pas très bien, grommela Gwent qui venait de rejoindre son maître.

— Moi non plus, ajouta Marella.

— Viens ici, Harlette, lança une préceptrice à une enfant aux cheveux bruns qui s'était glissée auprès de l'écuyer.

— Qui est donc Harlette ? s'enquit ce dernier.

— C'était la mère de Guillaume, répondit spontanément la fillette. La plus belle femme de Normandie, plus belle encore que Matilda. Mais qui est cette dame ? interrogea-t-elle en désignant Joanna que sa mère étreignait avec force.

— Cette dame est la comtesse d'Oxborough, répondit Severin. Mon épouse.

— C'est mère qui est la comtesse d'Oxborough, objecta la fillette.

— Je n'y comprends rien, déclara Marella. Comment peut-il y avoir deux comtesses d'Oxborough ? Quoi qu'il en soit, nul n'aurait osé contester qu'il s'agissait là de la mère et de la fille, tant la ressemblance était saisissante.

— Dame Agnès m'avait pourtant dit que vous aviez été battue à mort, articula Joanna entre deux sanglots de joie. Quand j'ai voulu vous voir, elle m'a répondu que père vous avait fait emporter. C'est elle qui m'a consolé et a veillé sur moi durant toutes ces années.

— Ah, cette bonne Agnès ! Comme elle m'aura manqué ! Il est vrai que votre père m'a fait fouetter, mais dès que je me suis évanouie, il m'a fait emmener. Ma mort a été annoncée dans tout le comté, mais, en vérité, j'ai été transportée dans la forêt de Pevensey, chez la guérisseuse. Après ma guérison, votre père m'a fait part de sa décision de m'interdire de revenir à Oxborough, prétextant qu'il ne pourrait supporter l'humiliation que je lui avais infligée. Il a cependant ajouté qu'il ne pourrait vivre sans moi. Et là, je l'ai vu pleurer, Joanna, pleurer en me suppliant de lui pardonner.

« J'ai refusé. Je l'ai traité d'animal sauvage, en lui criant au visage que jamais je ne lui pardonnerais. Alors, il m'a fait conduire dans ce petit château, près de la rivière Glin. À l'époque, il était en piteux état. Je lui ai redonné vie en y aménageant de nombreux jardins, et je l'ai baptisé Rosehaven, le « havre aux roses ». Plus tard, je vous montrerai mes rosiers. Du reste, l'un d'entre eux se nomme « Joanna », en souvenir de vous.

Sa mère fit une pause et la regarda avec tendresse, les yeux encore brillants de larmes.

— Vous êtes belle, mon enfant, plus belle encore que la rose qui porte votre nom. Chez chacune de mes filles, j'ai retrouvé quelque chose de vous : le rire de Marella ou sa façon de hausser les épaules, la manière de Matilda de rejeter la tête en arrière pour repousser une mèche de cheveux... Ah, si vous saviez combien vous m'avez manqué ! Que de fois je me suis demandé si vous pensiez à moi comme je pensais à vous ! Si vous me croyiez mauvaise, moi qui n'avais pas hésité à commettre le péché d'adultère...

Joanna secoua la tête avec véhémence, incapable de prononcer la moindre parole tant elle était émue.

— J'ai imploré de votre père la permission de vous revoir, mais il a refusé tout net. Il était convaincu que vous ne pourriez garder le secret, conclut Lady Janet.

— Je me demande pourquoi, sur son lit de mort, il n'en a rien dit, intervint Severin en se caressant le menton d'un air songeur.

— Mon époux ne s'encombrait guère de scrupules, répondit la mère de Joanna. Ainsi, il est décédé...

— Oui, mère, depuis déjà de longs mois. Avant de mourir, il a donné ma main à messire Severin, faisant ainsi de lui son héritier. Je suis désolée.

Lady Janet observa un long silence, fixant sans le voir le petit mélèze qui trônait au milieu d'un massif de fleurs.

— Ce n'était pas un méchant homme, reprit-elle enfin. Il me manquera, c'est certain. Si j'en suis venue à accepter une telle situation, c'est qu'aucune autre possibilité ne m'était offerte. Toutefois, je dois reconnaître qu'il aimait ses filles – toutes ses filles – et qu'il a toujours fait en sorte que Rosehaven ne soit jamais convoité par un seigneur voisin. S'il ne vous a rien dit, ma chère Joanna, c'est, je présume, pour n'avoir pas à subir vos reproches sur son lit de mort. À présent, entrons, voulez-vous ? Vous devez avoir grand faim. Je vais demander qu'on vous serve une collation et du vin.

Plus proche de celle d'un manoir que d'un château, la salle commune de Rosenhaven ne se comparait à celle d'Oxborough ni par la taille ni par le décor. C'est à peine si quatre tables y tenaient, toutes rutilantes de propreté. Tout en admirant les murs de pierre blonde qu'agrémentaient de vastes tapisseries, Severin songea qu'un tel château n'aurait en aucun cas pu soutenir un siège. Alors que ses yeux se posaient sur la petite cheminée aux chenets parfaitement récurés, il sourit ; Joanna avait raison : c'était là un château de princesse.

Après que ses hôtes se furent restaurés, Lady Janet allait leur faire visiter le château, quand Tristan jaillit soudain de la tunique de Severin. Matilda pointa le doigt vers lui, muette de stupeur, tandis qu'Harlette s'écriait :

— Regardez ! Regardez ! Un animal est caché dans le vêtement de messire Severin !

Joanna, elle, n'en croyait pas ses yeux de se découvrir subitement, outre une mère en vie, quatre sœurs dont on ne lui avait jamais soufflé mot. Elle parvint néanmoins à se ressaisir :

— C'est Tristan, la martre de messire Severin. Si vous vous montrez douces avec elle, et ne lui criez pas trop fort aux oreilles, elle acceptera de jouer avec vous.

Comme pour confirmer ces paroles, l'animal sauta sur la table et, après avoir scruté les quatre fillettes de ses yeux noirs et brillants, tendit la patte à Normandy. Celle-ci émit un petit cri de surprise qui incita l'animal à se détourner d'elle en agitant sa queue comme un fouet.

Profitant de ce que Lady Janet faisait quelques recommandations à ses filles au sujet de l'animal, Severin glissa à l'oreille de Joanna :

— Quel est donc le nom de votre mère ?

— Janet. Son père était le comte de Monmouth. Il est mort deux ans avant que mon père ait prétendument battu ma mère à mort.

— Ainsi, votre père n'avait pas à craindre de représailles.

— C'est vrai. Ma mère a un frère que je n'ai jamais eu la chance de rencontrer, mais il était alors bien trop jeune pour chercher à la venger.

S'emparant du pichet qu'une servante venait de poser sur la table, Lady Janet emplit la coupe de Severin.

— Je crois que celui-ci vous plaira aussi, dit-elle. Naturellement, il nous vient de Normandie, encore que je ne sois pas sûre que des vignobles puissent croître sous de telles latitudes.

— Père vous a menti, fit Joanna avec un sourire. Ce vin provient d'Aquitaine, et non de Normandie. Je le sais pour l'avoir entendu négocier avec un marchand de vin. Mais père ne jurait que par la Normandie, et ce ne sont pas les prénoms de mes sœurs qui me contrediront.

— C'est une tradition fort ancienne, expliqua Lady Janet. Il se peut que l'explication figure dans quelque parchemin dissimulé à Oxborough. En attendant, pardonnez-moi, j'ai des ordres à donner à notre cuisinière. Elle n'a certes pas les talents de MacDear, mais fait tout de même honneur à sa profession.

Les hommes d'armes d'Oxborough firent un effort particulier pour bien se tenir à table. Miraculeusement, aucun juron ne sortit de leur bouche et aucun d'entre eux ne cracha par terre. Cependant, si les mets furent savoureux, les conversations, elles, furent difficiles, au point que Joanna fut soulagée quand vint le moment de quitter la table.

Après les salutations d'usage, Joanna et Severin gagnèrent leur chambre. Petite, mais richement meublée de pas moins de quatre coffres, le lit s'ornait d'une peau d'ours, ajoutant ainsi à l'impression de chaleur que dégageaient les tapis disposés sur le sol. Dans un coin de la pièce, un paravent dissimulait pudiquement un baquet pour le bain.

Voyant son époux se dévêtir, Joanna se rendit compte combien il se suffisait à lui-même, quand d'autres seigneurs de sa condition auraient requis les services d'un page. Elle se demandait aussi s'il songeait à tout ce que Rosehaven signifiait en termes d'avenir.

— Me voilà donc plus riche de quatre sœurs, lâcha-t-elle.

— Pourquoi diable votre père ne m'en a-t-il rien dit ?

— Peut-être éprouvait-il de la honte à avouer que son épouse était encore en vie. Peut-être craignait-il qu'en l'ayant seulement bannie, on ne l'accuse de faiblesse.

— Cela me tourmente, Joanna. Il aurait dû se douter que je finirais par l'apprendre.

— Il a dû se dire qu'une fois mort, être encensé ou critiqué lui importait peu.

Severin acquiesça d'un grognement, alors que, nu, il se glissait dans le grand lit aux draps parfumés.

— Où est donc Tristan ? s'enquit-il.

— Avec mes sœurs, je suppose. J'espère qu'elles ne le gâteront pas trop, fit Joanna en grimpant à son tour dans le lit.

— Pourquoi avez-vous gardé votre chemise ? s'étonna-t-il.

— Vous n'avez pas la tête aux choses de la chair, Severin, répondit-elle. Et je ne voudrais pas vous tenter...

Avec un éclat de rire, il l'aida à se dévêtir et jeta son vêtement par terre. Lui qui était si soigneux avec ses propres habits ne se souciait pas vraiment des siens... Elle soupira et se blottit contre lui.

— Rosehaven... murmura Severin tout en lui caressant les cheveux. Lady Janet a nommé cette demeure ainsi à cause de ses rosiers. C'est d'elle que vous vient cette habileté à cultiver les fleurs et les plantes.

— Sans doute. Demain, elle me montrera la rose à laquelle elle a donné mon nom.

— Je ne serais pas étonné qu'elle soit d'une sorte à grosses épines.

— Je n'ai nulle envie d'être perçue comme une fleur douce et inoffensive, riposta-t-elle.

— Rassurez-vous, vous êtes une épine dans mon flanc, plaisanta-t-il. Je suis un peu perplexe, Joanna, ajouta-t-il plus sérieusement. Votre mère vit à Rosehaven depuis plus de dix ans. Elle est ici chez elle, et elle y est à l'abri. Je ne sais trop que faire.

— Le mieux serait encore de l'interroger. J'ai observé le peu de chagrin qu'elle a manifesté en apprenant la mort de mon père. À croire qu'elle ne s'en souciait guère.

— Personne ne peut le savoir. Tout cela est trop nouveau, pour elle comme pour vous. Il vous faudra du temps pour refaire connaissance. Ne vous tourmentez pas, Joanna, et prouvez plutôt votre affection à votre mari.

Ce qu'elle fit, après deux nuits passées à la belle étoile, avec un enthousiasme non simulé.

— J'ai quatre sœurs… murmura Joanna avant de s'endormir, la tête au creux de l'épaule de Severin.

« Que je me dois de protéger », renchérit mentalement le jeune homme. Lui qui n'avait jamais eu de sœurs, voilà qu'il s'enrichissait de quatre d'un coup. Autant ramener tout ce petit monde à Oxborough, décida-t-il alors. La famille ne s'en trouverait qu'agrandie. Oui, décidément, l'idée de s'entourer de quatre petites filles n'était pas pour lui déplaire.

— Cette demeure est la mienne, je ne peux quitter Rosehaven.

Lady Janet prononça ces mots d'un ton calme et serein, montrant ainsi un caractère égal. Caractère dont Joanna était loin d'avoir hérité, songea Severin.

— Assurément, mère, répondit cette dernière, mais comprenez qu'à présent que je vous ai retrouvée, je ne puisse vous abandonner ainsi. Il faut que vous nous accompagniez avec mes sœurs à Oxborough, c'est là qu'est votre véritable demeure.

— J'en ai gardé de trop mauvais souvenirs pour avoir le cœur d'y retourner.

— Les mauvais souvenirs dont vous parlez, Severin les a chassés en arrivant au château.

Les yeux de ce dernier faisaient d'incessants aller et retour entre la mère et la fille. À présent, il savait à quoi ressemblerait physiquement Joanna quand elle atteindrait sa quarantième année, et cela n'était pas pour lui déplaire, loin s'en fallait. En revanche, il priait pour qu'elle ne fasse pas preuve de la placidité de sa mère ! Il la voulait ardente, passionnée. Il voulait entendre ses rires, mais aussi ses cris de fureur quand ils se querellaient. Il voulait qu'elle lui donne une kyrielle d'enfants...

Il espérait aussi ne jamais revoir Marjorie. Jamais il n'avouerait à Joanna qu'il s'en était fallu de peu qu'il ne succombe à ses charmes. C'était le second soir où il avait attaché Joanna à son chien. Mais, au tout dernier instant, en la voyant endormie près d'Edgar, il s'était ressaisi. Et puis ensuite, elle s'était employée à le reconquérir.

Une épouse séduisant son mari... La chose était peu ordinaire, et pourtant, elle y était parvenue. Il déglutit en songeant à l'après-midi passé dans la forêt de Pevensey. Pareils à la tempête, ces instants avaient tout balayé sur leur passage. Désormais, seule Joanna existait.

— J'ai trouvé !

Le cri d'Harlette le fit sursauter. Tristan était juché sur son épaule. À en juger par son large sourire, la fillette semblait fort bien s'en accommoder.

— Mère refuse d'abandonner son jardin.

— Mais nous voulons l'avoir auprès de nous, ajouta Marella, qui caressait Tristan de la manière que lui avait enseignée Severin.

— C'est vrai, renchérit Matilda. Mère doit prendre soin de nous, pas seulement de ses rosiers.

Normandy ne disait mot, se bornant à garder les bras croisés sur la poitrine. Des quatre, observa

Severin, c'est elle qui, dans quelques années, ressemblerait le plus à Joanna.

— Mère, articula-t-elle finalement avec calme. Je partage l'opinion de mes sœurs. Vous consacrez tant de temps à vos fleurs, que nous avons hâte de voir venir l'hiver pour vous avoir enfin près de nous. Cela n'est pas une bonne chose. C'est pourquoi, après en avoir discuté entre nous, nous avons décidé de suivre Severin à Oxborough. Il a accepté d'y faire aménager deux jardins dans l'enceinte du château spécialement pour vous.

Severin, qui n'avait pas donné son accord, déclara pourtant sans l'ombre d'une hésitation :

— Cela est vrai, my lady. Ainsi, vos fleurs croîtront auprès de celles de Joanna. Nul doute que votre présence lui sera salutaire, car il suffit de voir vos massifs pour comprendre qu'elle a encore beaucoup à apprendre de vous.

Lady Janet dévisagea alors tour à tour ses filles pour s'arrêter enfin sur Joanna, l'air un peu contrarié.

— C'est vous, ma fille, et non moi, qui êtes aujourd'hui comtesse d'Oxborough, et je crains d'être importune dans la bonne marche de votre château. Rosehaven est sous ma seule autorité depuis plus de dix ans, sans que votre père s'en soit jamais préoccupé, car cela ne l'intéressait guère. Ma parole est souveraine en ces lieux, et je suis accoutumée à ce que les choses se passent à ma manière. Ma présence ici est plus que nécessaire.

Les quatre filles se consultèrent du regard puis, pleines d'espoir, se tournèrent vers Severin.

Il fallut deux jours pour trouver un compromis selon lequel Lady Janet et les fillettes passeraient les mois d'hiver à Oxborough.

— Après tout, commenta Harlette, contrairement aux fleurs, c'est en hiver que mes sœurs et moi nous épanouissons. Cela tombe bien : nous aurons notre mère toute à nous.

— Moi, je veux être auprès de Tristan, décréta Normandy en frottant sa joue contre le pelage de l'animal.

— Et moi, alors ? lança Joanna à la cantonade.

— Vous, il vous reste votre époux, déclara Severin, avant d'ajouter, à l'adresse de sa belle-mère : Vous souhaiterez probablement être auprès de votre fille, quand elle mettra notre enfant au monde, cet hiver.

Lady Janet écarquilla les yeux, puis applaudit en s'exclamant :

— Je vais enfin avoir un petit-fils ou une petite-fille dont le prénom ne fera pas référence à Guillaume le Conquérant ou à un membre de sa famille !

— Mère, je vous ferais remarquer que je porte le nom d'une jument, et que je m'en suis très bien accommodée, intervint Marella. Selon père, c'était la jument préférée de Guillaume Ier, celle-là même qu'il montait lorsqu'il rendait visite à Matilda, afin, disait-il, que l'odeur de sa jument lui rappelle sa bien-aimée.

— Comme c'est curieux, fit Joanna. Ce n'est sûrement pas cela qu'il a voulu dire.

— Père a ajouté que l'évêque Odo briguait la jument, mais que Guillaume la lui a refusée, ajouta Marella.

— C'est assez, ma fille, intervint Lady Janet. Tout ce que je demande à Severin, c'est de ne pas prénommer son fils Odo, ou Rolf ou Grayson, le valet de Guillaume qui a connu une si triste fin.

— Je vous le promets, répondit spontanément Severin. Qu'en pensez-vous, Joanna ?

— Je songeais davantage à un prénom comme lupin ou pourprée...

La prenant dans ses bras, Severin lui donna un baiser appuyé, sans se soucier des regards amusés des fillettes et de leur mère. Lorsqu'il la libéra enfin, Joanna lança avec un sourire :

— Que diriez-vous, my lord, du doux prénom de Primerose, au cas où nous aurions une fille ?

30

Quand survint le désastre, pas un nuage n'obscurcissait le ciel. Le premier homme tomba, les mains crispées sur son abdomen en hurlant de douleur, comme si la brise tiède et caressante qui soufflait de la mer avait suffi à le jeter en bas de sa selle.

En quelques minutes, le reste de la troupe connut le même sort. Le visage grimaçant de douleur, Gwent fut le dernier à glisser lentement, puis à s'abattre lourdement sur le sol, laissant Joanna et Severin pétrifiés de saisissement.

Les chevaux se pressèrent les uns contre les autres en hennissant ; effrayés, certains firent de brusques écarts. Severin sauta prestement à terre et se précipita vers son écuyer.

— Que se passe-t-il, Gwent ? Qu'est-il arrivé ?

— Je ne sais, haleta le colosse avant de perdre connaissance.

Severin appela Joanna, qui fut près de lui en quelques secondes.

— Il n'est pas mort, my lord, le rassura-t-elle très vite. Attendez un instant !

Elle fit le tour des autres cavaliers et revint vers lui.

— Ils sont simplement évanouis, annonça-t-elle. Une sorte d'empoisonnement, je suppose. Ce que je ne comprends pas, c'est pourquoi nous n'en sommes pas victimes vous et moi...

Severin s'accroupit sur les talons.

— Je crois le savoir, articula-t-il lentement. En traversant le village, les hommes ont voulu se rafraîchir le gosier. Ils ont fait halte dans une taverne pour y prendre une chope de bière, pendant que nous nous promenions sur la place du marché. Quelqu'un en aura profité pour verser un poison dans leur breuvage.

— Qui, selon vous, pourrait être aussi mal intentionné ? Et dans quel but ?

— Je l'ignore, mais je suis inquiet. Je crains que cela ne leur soit fatal.

Le jeune homme se redressa et alla attacher son cheval à la branche d'un arbre.

— Nous devons nous occuper d'eux, décréta-t-il. Croyez-vous que ce soit dangereux pour l'enfant que vous m'aidiez à en déplacer certains ?

Joanna secoua la tête.

Après avoir installé les corps inanimés à l'ombre d'un bosquet, ils dressèrent un camp sommaire non loin de la route, à l'orée d'un pré. S'agenouillant près de Gwent, Joanna l'examina avec soin, soulevant une paupière, humant son souffle, lui tâtant le cœur, palpant la veine du cou.

— Je ne saurais dire de quoi il souffre, avoua-t-elle avec un geste d'impuissance.

— Lady Marjorie pourrait sûrement vous éclairer, my lady...

L'épée de Severin jaillit de son fourreau en un éclair. Les muscles tendus, il s'apprêtait déjà à affronter l'assaillant, mais son nombre ne lui laissait aucune chance : douze hommes armés d'arcs et d'épées l'encerclaient, du milieu desquels se détacha Richard de Luci, les bras croisés sur la poitrine. La vue des hommes d'armes allongés alluma dans son œil une lueur amusée.

— Vous étiez mort, balbutia Severin, frappé de stupeur. Lord de Moreton m'a assuré que vous aviez trouvé la mort en heurtant un rocher.

— Il aura sans doute omis de vous dire que mon corps n'a jamais été retrouvé. J'avoue que l'annonce de ma mort m'a fait prodigieusement rire. Je me suis longtemps interrogé sur le sort que j'allais vous réserver, Severin de Louges...

— Je suis également comte d'Oxborough, le coupa Severin en redressant la tête.

— Il est vrai que vous l'avez eue le premier, admit l'autre en tournant son attention vers Joanna, toujours agenouillée près de Gwent.

— Vous faites erreur, corrigea Severin, la main crispée sur la poignée de son épée. Lady Joanna m'a été donnée par son père. Si son intention avait été que vous l'épousiez, il n'aurait sûrement pas manqué de vous le faire savoir. Non, messire, vous n'étiez destiné qu'à rester ce que vous avez toujours été.

Le visage soudain rouge de colère, Luci se mit à haleter, suffoquant de rage :

— Vous n'êtes qu'un imposteur et un fieffé menteur ! Le vieillard n'était plus maître de ses pensées ! Je sais que Moreton l'a incité à vous choisir ; je ne le sais même que trop ! Mais en vérité, c'est moi que Joanna aurait dû épouser ! Moi qui aurais dû devenir comte d'Oxborough ! Les châteaux, les villages, les fermages et les terres, c'est à moi qu'ils auraient dû revenir ! Le vieil avaricieux était-il aussi riche qu'on le prétend ?

— Bien plus encore, rétorqua Severin sans un battement de cil.

— Scélérat ! gronda Luci.

Sans prévenir, sa colère retomba, faisant place à une intense réflexion. C'est un autre homme, calme et froid, qui reprit la parole.

— J'ai longuement réfléchi à la situation, et j'en suis venu à la conclusion que votre mort ne saurait m'être d'aucun profit, car le roi confisquerait les biens des Oxborough et donnerait Joanna en mariage à un seigneur de son choix. Même en épousant Lady Joanna après vous avoir éliminé, je devrais affronter la colère du roi – et risquer ma tête. Néanmoins, je crois avoir trouvé la solution à ce problème.

— Il n'y a pas de solution, rétorqua Severin. Lady Joanna m'appartient. Tous les biens des Oxborough sont désormais à moi, et ils le resteront. Avoir empoisonné mes hommes ne vous sera d'aucune utilité. Vivront-ils, au moins ?

— Pourquoi ne vivraient-ils pas ? Lady Marjorie m'a affirmé qu'ils seraient seulement affaiblis pendant un jour ou deux. Savez-vous d'où lui vient cette science des poisons ? De votre chère Joanna ! Les livres qu'elle garde dans ses coffres en font largement état. J'ai failli lui tordre le cou apprenant qu'elle avait tenté d'empoisonner votre tendre épouse. Fort heureusement pour elle, sa tentative a échoué...

Luci resta quelques instants songeur, puis reprit :

— Nombre d'hommes au village ont dû connaître un sort semblable à celui de vos soldats. Vous comprendrez aisément que c'était inévitable. Je m'étonne cependant que vous en ayez réchappé. Comment est-ce possible ?

— Vous êtes le mal en personne, articula Joanna, en adressant à Luci un regard meurtrier. Dans cette affaire vous ne gagnerez rien, sauf une inextinguible haine de ma part et de celle de mon époux. Je vous suggère de vous enfuir, comme le lâche que vous êtes, pendant qu'il en est encore temps. Le roi

Edward ne vous permettra jamais de revenir à Sedgewick. Vous vivrez et mourrez en hors-la-loi.

— Elle a raison, renchérit Severin. À quoi bon vous en prendre à nous, quand cela ne vous rapportera rien. En vérité, il n'existe pas de solution à votre problème.

Les bras toujours croisés sur la poitrine, Richard de Luci laissa errer son regard sur Joanna, puis sur les soldats inconscients. Emmitouflés dans une couverture, certains d'entre eux ronflaient bruyamment, d'autres s'agitaient, gémissant ou murmurant des mots inintelligibles.

— La situation est compliquée, admit-il, une lueur haineuse au fond du regard. Lady Marjorie soupire après vous, Severin, mais pas seulement après vous ; elle rêve aussi de devenir comtesse d'Oxborough, tant il est vrai qu'elle redoute la pauvreté comme la peste. C'est pourquoi j'en suis venu à la conclusion qu'une seule issue m'était donnée pour assurer mon salut : vous tuer, Severin, épouser Lady Joanna et la séquestrer jusqu'à ce qu'elle porte un enfant de moi. Que pourra alors notre bon roi contre moi ? Fera-t-il exécuter l'homme qui l'aura mise grosse ? Permettez-moi d'en douter.

— Vous arrivez trop tard, murmura Joanna.

Severin tenta de lui intimer le silence, mais un homme de Luci avait déjà entendu.

— Messire Richard ! s'exclama-t-il. Je ne sais pas pourquoi, mais elle prétend que vous arrivez trop tard !

— Trop tard pour quoi, my lady ? voulut alors savoir Luci en se dirigeant vers Joanna, l'arme à la main.

— Trop tard, parce que si vous tuez mon époux que j'aime, je vous tuerai à mon tour ; voilà pourquoi !

— Ah, c'est ainsi ! Eh bien, nous verrons.

Sur un signe de Luci, ses hommes pointèrent leur épée sur Joanna.

— À présent, messire, vous allez sagement poser votre épée et votre dague sur le sol, et laisser mes hommes vous lier les mains, sinon…

Severin comprit que toute résistance serait inutile. Déjà, un soldat de Luci pointait sa lame sur la gorge de Joanna. Il tuerait cet homme, se jura-t-il. Mais, pour l'heure, étant réduit à l'impuissance, il ne pouvait que se soumettre. Empoignant Joanna par le bras, Luci l'écarta brutalement de son époux.

— Si vous la maltraitez de quelque façon, je vous tue, gronda le jeune homme.

— Je vous vois décidément très épris l'un de l'autre, se moqua Luci. Est-ce à dire que vous tenez davantage à votre épouse qu'aux biens qu'elle vous a apportés ?

Severin se borna à le regarder droit dans les yeux, ne voulant pas lui donner la satisfaction de lui répondre. Sur un signe de son maître, un soldat s'approcha de lui et lui assena un coup sur le crâne avec le pommeau de son épée. Le jeune homme s'effondra aussitôt, sans connaissance. À la stupeur générale, Tristan sortit alors du pourpoint de son maître et poussa un miaulement courroucé.

— Qu'est-ce que c'est que ça ? s'exclama un des hommes.

— Ce n'est qu'un furet, répondit un autre.

— C'est le diable qui nous l'envoie ! s'écria un troisième.

— En plus d'être lâches, vous n'êtes qu'une bande de sots ! cracha Joanna avec mépris. C'est une martre, un animal de compagnie. Tristan, appela-t-elle, viens ici.

Le petit animal obéit et vint s'installer sur son épaule.

— En selle, my lady, ordonna Richard de Luci. La route est longue avant que nous soyons rendus à destination.

La troupe se mit en branle, abandonnant sur place les hommes de Severin.

Quand ce dernier reprit connaissance, il découvrit qu'on l'avait jeté en travers de sa selle. Le voyant remuer, Richard de Luci vint chevaucher près de son prisonnier.

— Vous demeurerez quelque temps dans cette posture, my lord. Cela vous apprendra l'humilité. Rassurez-vous, poursuivit-il avec un ricanement, je n'entends pas vous tuer, du moins pas encore, car, tout bien pesé, vous pourriez m'être utile. Au dire de Lady Marjorie, votre épouse serait une vraie harpie. Aussi lui ai-je promis de vous garder sous la main afin de vous torturer, au cas où Lady Joanna répugnerait à se soumettre à mes volontés.

Il ponctua ces mots d'un éclat de rire sonore, puis alla rejoindre Joanna.

— Je vous trouve pathétique, déclara-t-elle sans quitter la route des yeux.

L'homme demeura quelques instants silencieux, avant de demander avec le plus grand calme :

— Qu'avez-vous dit ?

— J'ai dit, commença-t-elle en plantant son regard dans le sien, que je vous trouvais pathétique. Vous vous tenez à distance de Lord Langthorne, vous le faites assommer par l'un de vos hommes, puis attendez qu'il soit ligoté sur sa monture pour l'insulter. Je doute que vous osiez jamais l'approcher d'homme à homme. Il vous taillerait en pièces, car vous n'êtes rien d'autre qu'un misérable lâche.

Luci blêmit sous l'injure. Suffoquant de rage, il darda sur Joanna un regard où perçaient les pires menaces.

— Lady Marjorie ne se trompait pas en vous traitant de harpie, dit-il en détachant chaque mot. Mais je lui ai rétorqué que je saurais vous dompter... Il suffit de savoir quoi faire et quand le faire.

Pour le lui prouver, il leva lentement la main et lui administra un soufflet si violent qu'il faillit la jeter à terre. Accroché à l'épaule de sa maîtresse, Tristan fit entendre un miaulement de protestation. Son équilibre à peine retrouvé, Joanna se dressa sur sa selle. Devinant ses intentions, Luci aboya un ordre. L'instant d'après, la jeune femme sentit une paire de bras vigoureux l'empoigner et la tirer en arrière. Haletante, elle gronda, entre ses dents serrées :

— Vous ne perdez rien pour attendre, scélérat !

Il fit mine de ne pas avoir entendu, et se contenta de caresser sa courte barbe d'un air méditatif.

Tandis que la troupe continuait à cheminer en silence, l'homme qui avait retenu Joanna s'approcha pour chuchoter :

— Vous vous seriez jetée sur lui si je ne vous en avais pas empêchée. Vous n'êtes qu'une femme, et désarmée qui plus est, et messire Richard est un homme violent, aux réactions imprévisibles. Il peut fort bien vous sourire et, l'instant d'après, vous plonger sa dague dans les côtes sans sourciller. Calme comme un moine, il peut sortir soudain de ses gonds et faire preuve d'une extrême sauvagerie. Je ne vous comprends pas.

— Pourquoi parlez-vous à voix basse ? Redouteriez-vous les foudres de ce dément ?

— Je n'ai pas dit que c'était un dément, répliqua le soldat en se passant la langue sur les lèvres, mais un homme qu'il est préférable de ne pas contrarier. Faites attention à vous, jeune lady.

La nuit commençait à tomber quand Luci ordonna de dresser le camp.

— Défaites ses liens, commanda Joanna en allant rejoindre Severin.

Ignorant le ton péremptoire de la jeune femme, Luci héla quelques hommes :

— Ce bougre est rusé. Ligotez-le à un arbre, et que deux hommes le surveillent étroitement.

Chancelant, secoué par de violentes nausées, Severin se retrouva sur ses jambes. Tout en s'efforçant de retrouver son équilibre, il s'astreignit à inspirer profondément à plusieurs reprises.

— Vous sentez-vous mieux, my lord ?

Il acquiesça d'un hochement de tête, les mots ne pouvant franchir la barrière de ses lèvres. Avec sa promptitude habituelle, Tristan grimpa le long de sa jambe pour aller se pelotonner dans son pourpoint.

À présent, l'obscurité était totale, seul le grand feu de camp jetait quelques lueurs sur les silhouettes mouvantes des soldats. L'un d'eux s'approcha enfin de Joanna et, sans un mot, lui tendit un râble de lapin piqué au bout d'une branche. La jeune femme l'en remercia et offrit aussitôt la pièce de viande à son époux.

— Non, refusa-t-il. Vous devez nourrir l'enfant que vous portez.

— Son père m'est tout aussi précieux ; allons, ouvrez la bouche, déclara Joanna d'un ton sans réplique.

Après que Severin eut mangé son content, Joanna regarda ostensiblement Ibac, le soldat qui lui avait parlé un peu plus tôt dans la journée, puis les lapins et autres venaisons en train de rôtir.

Elle s'accorda deux beaux morceaux grillés, mais Tristan montra quelque réticence à changer de régime alimentaire. Son repas achevé, il se détourna et entreprit de faire sa toilette avec un soin attentif comme pour exprimer son dégoût pour les nourritures qu'on lui avait imposées. Joanna ne put s'empêcher de rire.

— Ma parole, il boude ! s'esclaffa-t-elle. Regardez, Severin, votre animal est vexé !

Bien que ligoté à son arbre et d'humeur passablement maussade, le jeune homme rit à son tour. Luci leur jeta un coup d'œil, l'air d'en prendre ombrage. Il s'apprêtait à leur commander de se taire mais, se ravisant, se tourna vers ses hommes pour leur dire quelques mots à voix basse. Joanna en profita pour rapporter à Severin les propos du soldat Ibac. Son mari l'écouta à peine, tout à sa colère qu'elle eût pris un risque pareil.

— Vous ne vous rendez pas compte. Il aurait pu vous tuer, Joanna ! dit-il d'une voix sourde.

— Je ne le pense pas, répliqua-t-elle. Il est vrai que cet homme est fou, ou du moins incontrôlable. Cependant, nous devons réfléchir au moyen de tirer avantage de sa folie.

Severin lui adressa alors un étrange regard dans lequel elle crut lire nombre de regrets, parmi lesquels celui de ne pouvoir la prendre dans ses bras, et la serrer contre son cœur. Il y avait peu de chances que Luci lui laissât la vie sauve. Pourtant, Joanna était là, devant lui et, loin de désarmer, affichait cette combativité dont elle avait fait preuve dès l'instant où ils s'étaient rencontrés.

— Vous avez raison, reconnut-il posément. Il nous faut déterminer comment tirer parti des faiblesses de ce scélérat.

— De mon côté, je vous promets de faire en sorte de tempérer ma colère, dit-elle avec une conviction qui tira un sourire à Severin.

La voix de Richard de Luci s'éleva alors :

— Que l'on m'amène cette femme !

Tandis que deux hommes s'approchaient d'elle, Joanna chuchota :

— Ne vous inquiétez pas, Severin. Je saurai garder mon calme. Je m'efforcerai plutôt de connaître ses intentions.

Toutefois, rien de tel ne se produisit. Elle eut à peine le temps de tremper les lèvres dans la bière que Luci lui avait perfidement offerte qu'elle sombrait dans un profond sommeil.

Severin connut le même sort quelques secondes après elle.

Joanna s'éveilla pour découvrir Eloïse qui l'observait d'un œil morne et opaque, le visage d'une pâleur cadavérique.

— Vous n'êtes pas morte, bredouilla-t-elle.

— Selon toute apparence. Ne serions-nous pas à Sedgewick, Eloïse ?

— Si, et messire Severin y est aussi. Mon père s'inquiétait de ne pas vous voir vous réveiller. Quand messire Severin s'est mis à tempêter, mon père l'a menacé de son épée. À présent que vous êtes réveillée, je dois aller prévenir Lady Marjorie.

— Eloïse ?

La fillette se retourna, comme à regret.

— Ton père a l'intention de tuer messire Severin et...

— Ah, Lady Joanna ! Vous êtes à peine sortie du sommeil que déjà vous cherchez à abuser cette pauvre enfant. Eloïse va aller vous chercher un verre de lait, cela vous nettoiera les entrailles. Messire Richard s'en voudrait prodigieusement de vous voir mourir.

— Lady Marjorie, quel plaisir de vous revoir !

— Écoutez-moi, Joanna, déclara gravement Marjorie dès qu'Eloïse fut sortie de la chambre. Pas un instant je n'ai soupçonné ce que Richard de Luci avait en tête. Je n'aspirais qu'à retrouver ma place auprès de Severin. Mais Richard veut s'approprier le comtat d'Oxborough, et la seule façon d'y parvenir est de vous épouser.

— Ce que vous dites là est dénué de sens, Marjorie. Vous saviez parfaitement que cet homme voulait Oxborough, et que le seul moyen de se l'approprier était d'éliminer Severin. À moins que vous ne cachiez un esprit défaillant derrière votre somptueuse chevelure...

Marjorie s'abstint de répondre pour se plonger dans une longue réflexion.

— Bien sûr, je me doutais de quelque chose, reconnut-elle finalement. Seulement, voyez-vous, Luci m'avait fait la promesse de ne pas toucher Severin. Il était même allé jusqu'à m'assurer qu'il me remettrait assez d'or pour que lui et moi puissions nous réfugier en France.

— Mais Severin serait resté comte d'Oxborough.

— Peut-être que non si...

— Inutile d'ergoter plus longtemps. Luci va tuer Severin. Si vous en avez le pouvoir, sauvez-le. Emmenez-le en France ou dans le pays qu'il vous plaira, mais, de grâce, sauvez-le.

— Vous êtes faible, Joanna, fit alors Marjorie avec un lent sourire. Vous m'implorez de lui sauver la vie, mais je doute qu'il en fasse de même pour épargner la vôtre. N'avez-vous donc pas compris que les hommes sont des monstres d'égoïsme, et qu'à part leurs ambitions, rien ne les intéresse ? Je croyais Severin différent. Je pensais qu'il voulait les biens de votre père à seule fin de sauver de la ruine le domaine de ses ancêtres. Mais je dois reconnaître qu'il a beaucoup changé. Les pouvoirs que votre père lui a transmis sur son lit de mort semblent l'avoir grisé. Il ne faudra pas longtemps avant qu'il ne se révèle aussi égoïste et rapace que n'importe quel homme.

— Il n'est pas égoïste et vous le savez bien, Marjorie. À présent, pourquoi n'avoir pas dit à Luci que j'attends un enfant ?

— Pour être franche, j'y ai songé. Finalement, j'ai décidé qu'il valait mieux attendre, que j'en ferai, le moment venu, un usage plus approprié. De toute façon, je sais que vous n'irez pas vous en vanter.

— Cessez donc de vous aveugler et rendez-vous à l'évidence : Luci a la ferme intention d'éliminer Severin, sans quoi il n'aura aucune chance de s'approprier quoi que ce soit.

— Si j'étais vous, je n'en jurerais pas, car il existe d'autres possibilités.

Joanna s'interrogeait sur le sens de ces propos, quand survint le dénommé Ibac.

— C'est l'enfant qui m'envoie, annonça-t-il à Joanna en la scrutant d'un regard inquiet. Le seigneur m'a ordonné de venir vous chercher sitôt que vous seriez éveillée. Pouvez-vous marcher ou bien faut-il que je vous porte ?

La jeune femme secoua la tête et se redressa avec précaution, encore un peu étourdie. Elle se sentait si faible qu'elle se demanda combien de temps elle avait dormi. Eloïse apparut, portant un gobelet, dont s'empara aussitôt Marjorie.

— Buvez, cela vous redonnera des forces, commanda-t-elle en le tendant à Joanna.

— Qu'est-ce encore ? Une autre sorte de poison ?

Ibac, qui regardait, fasciné, la rutilante chevelure de Marjorie, tressaillit. Comme ses compagnons, il contemplait cette représentation vivante de la Vierge Marie avec un respect mêlé d'effroi. C'est pourquoi la question de Joanna le rendait perplexe : comment prêter de si noirs desseins à une si belle créature ?

Marjorie ne dit mot. C'est à peine si un léger sourire lui vint aux lèvres quand Joanna porta le gobelet à sa bouche. Apparemment, il contenait du lait de chèvre à la saveur puissante et douce. Un regain de vigueur irradia presque aussitôt son corps. Tristan, qui jusqu'alors était resté sur la couche, sauta sur son épaule.

Ibac se tenait à ses côtés, prêt à la soutenir au premier signe de défaillance. Mais, plus résolue que jamais, Joanna songeait déjà au moyen de sauver Severin.

Avec ses poutres noires, ses tables disparates et ses bancs crasseux au point qu'on hésitait à s'y asseoir, la grande salle n'avait rien de très accueillant. La paille répandue sur le sol exhalait des remugles de porcherie. Une vague odeur d'urine, de bière et de sueur mêlées flottait dans l'air, tandis que pas moins de six lévriers investissaient le périmètre de la grande cheminée. Depuis combien de temps Richard de Luci était-il revenu dans la place ? Pour que les lieux soient dans un tel état de désordre et de saleté, plus d'une semaine, supposa Joanna, car sire Alan n'aurait jamais accepté cela.

Le scélérat trônait dans sa chaise à haut dossier.

— Qu'avez-vous fait de sire Alan ? l'apostropha Joanna.

— Je l'ai fait enfermer dans le donjon avec ses hommes et votre mari, répondit l'homme avec un sourire fielleux. Dommage pour lui qu'il ait survécu aux fièvres ardentes. Sa mort lui aurait épargné le cachot. Approchez, my lady, que je vous voie d'un peu plus près.

Joanna hésitait, quand d'une pression dans le dos, Ibac la força à obéir.

— Vous ressemblez à une sorcière et n'êtes guère plus ragoûtante que mes chiens.

La jeune femme eut alors un large regard circulaire avant de se retourner vers son ravisseur pour lui rétorquer :

— Si, par malheur, je devais demeurer chez vous, j'empesterais les excréments en moins d'une semaine. Dieu merci, je serai partie bien avant.

C'était plus qu'il n'en fallait pour faire bondir Luci hors de son siège. Il se précipita sur Joanna, le poing levé.

— Maudite chienne !

S'avançant précipitamment, Ibac s'empressa de soustraire la jeune femme à la fureur de son maître en faisant un rempart de son corps.

— Lady Joanna est encore faible, my lord, plaida-t-il. Je suis convaincu qu'elle saura se montrer plus raisonnable sitôt qu'elle aura recouvré ses esprits.

Joanna crut un instant que Luci allait tirer sa dague et la plonger dans le cœur d'Ibac, mais au dernier instant, il se détourna pour crier d'une voix de stentor :

— Que l'on amène Langthorne ! Je veux qu'il sache le sort que je lui réserve.

Marjorie se tenait à l'écart, muette. Elle ne quittait pas Richard de Luci des yeux. En voyant Eloïse craintivement tapie sous une table, Joanna songea à tous les mauvais traitements que son monstre de père avait dû lui infliger.

— Je me demandais, fit ce dernier, les yeux soudain rivés sur les seins de Joanna, comment réagirait votre époux si je vous troussais en sa présence, comme une catin. Croyez-vous qu'il daignerait seulement jeter un regard s'il avait Marjorie dans les bras au même moment ?

31

Cette seule idée était si intolérable que Joanna refusa de s'y arrêter, et répliqua avec une parfaite franchise :

— Je l'ignore. Sachez seulement que si vous osez poser la main sur moi, je vous tuerai.

Derrière elle, Ibac se racla la gorge. Elle n'eut pas le temps de faire un geste que Luci se ruait sur elle et, d'une violente poussée, la faisait choir sur les dalles où les excréments de chien se mêlaient à la paille. Il fit mine de lui administrer un coup de pied dans les côtes, puis, se ravisant, la saisit par le bras et la contraignit à se relever.

— Ne proférez jamais plus de telles menaces, haleta-t-il.

Agrippant l'encolure de sa robe, il tira violemment vers le bas, déchirant jusqu'à la taille la mince étoffe de laine. Un grognement concupiscent s'échappa de ses lèvres devant le mouvement houleux des seins sous la chemise. Sans hésiter, il empoigna le tissu à deux mains et le mit en pièces.

— Je ne vous savais pas si bien pourvue, dit-il en lui palpant la poitrine sans vergogne. Lady Marjorie m'a affirmé que vous ne sauriez lui être comparée :

c'est là un mensonge dont elle devra me rendre compte le moment venu.

— Je vous interdis de me toucher, siffla Joanna.

— Un seul geste, et je vous mets nue devant tous mes hommes.

Le cri de Severin ébranla la salle comme un coup de tonnerre :

— Ôtez vos mains de là ou je vous tue !

Richard de Luci se retourna, la bouche étirée en un sourire mauvais.

— Ah ! vous voilà ! s'exclama-t-il, faussement enjoué. Eh bien, nous sommes tous réunis. À présent que la pauvre Marjorie a compris que vous préfériez les charmes de votre épouse aux siens, peut-être ne sera-t-elle pas trop déçue d'apprendre que vous allez mourir.

Cette dernière frissonna. Peut-être tenterait-elle de sauver Severin. C'était en tout cas ce qu'elle avait plus ou moins laissé entendre. Profitant de ce que Luci s'adressait à son mari, Joanna se couvrit discrètement la poitrine, décidée à ne plus attirer son attention, mais, au contraire, à guetter l'instant propice... L'homme regagna son siège et s'y installa, l'air songeur. Apercevant sa fille blottie sous la table, il lui dit d'un ton doucereux :

— Viens ici, Eloïse, sinon tu t'en repentiras.

Comme l'enfant se tenait craintivement devant lui, il reprit :

— Tu es aussi pitoyable et laide que ta bigote de mère. C'est moi, à cette heure-ci, qui serais maître d'Oxborough, si elle n'avait tant tardé à mourir.

Une bouffée de rage subite assombrit son regard tandis que, levant la main avec une lenteur calculée, il administrait à la fillette une gifle magistrale qui l'envoya rouler à six pas, parmi les chiens.

— Non ! hurla Marjorie en se précipitant pour serrer l'enfant dans ses bras.

— Je me demande qui, d'un homme ou d'une femme, vous tuera, déclara Joanna en dépit de la résolution qu'elle venait de prendre. Il faudra décider lequel d'entre nous aura le privilège de vous envoyer en enfer !

— Mais, ma parole, my lady, je n'entends que des mots violents sortir de votre bouche ! Croyez-vous que la situation vous y autorise ? Vous commencez à m'ennuyer avec vos menaces creuses et si peu variées. Attendez donc d'être dans mon lit, vous prendrez alors la mesure de votre impuissance ! Mais assez de vains discours, j'ai grand faim, conclut le scélérat en se carrant dans son fauteuil.

Tandis que, effarée, Joanna comprenait qu'Eloïse venait de servir temporairement d'exutoire à la rage de son père, l'homme s'adressa de nouveau à elle :

— Je vous veux à ma table, propre et parfumée, Joanna. Efforcez-vous de me plaire sinon je ferai pendre votre époux sur-le-champ, sous vos yeux.

— Il sera fait selon votre désir, répondit-elle obligeamment.

Pour la première fois depuis son entrée dans la salle, Joanna coula un regard en direction de Severin en priant pour qu'il ne se méprît pas sur sa soudaine humilité. Il avait le visage sale, les vêtements déchirés, les mains liées dans le dos, mais ne semblait avoir subi aucune brutalité. Imperturbable, ignorant superbement son épouse, il fixait Richard de Luci d'un œil glacial. Pour pallier l'engourdissement de ses membres, il faisait jouer ses articulations et se dandinait d'un pied sur l'autre.

— Vos hommes sont-ils conscients que votre folie les conduit droit à la mort ? s'enquit-il d'un ton égal.

— Mes hommes ont pour moi la plus grande loyauté, rétorqua Luci, avec un regard insistant pour Ibac, qui se tenait au côté de Severin. Ils me suivraient jusqu'en enfer si cela se révélait nécessaire.

— Cela se révélera nécessaire ; je vous en fais la promesse.

Le visage de l'homme s'enflamma d'une rage subite. Soucieuse de protéger son mari, Joanna s'approcha de Luci et toucha la manche de son pourpoint. Ce dernier fit volte-face. Ne sachant que dire, elle bredouilla :

— J'ai... grand soif. Un gobelet de vin ne serait pas pour me déplaire...

Luci hésita, puis fit un signe à une servante qui, debout dans l'ombre d'une tenture, attendait les ordres de son maître.

— Apporte-nous un pichet de vin. Et n'y ajoute pas d'eau ou je te tranche la gorge. Et ne te hasarde surtout pas à y goûter : je le sentirais à ton haleine.

Puis, apercevant Marjorie qui s'efforçait de consoler Eloïse, il brailla :

— Abandonnez cette geignarde à son sort ! Elle est aussi sournoise et malfaisante que l'était sa mère. Tôt ou tard, elle finira par se retourner contre vous, et ce jour-là, ne venez pas me dire que je ne vous avais pas prévenue.

Joanna ne put s'empêcher de se dire que, si tant est qu'Eloïse ait eu de la méchanceté en elle, elle ne pouvait la tenir que de son père. À voir l'expression sombre de Severin, elle comprit qu'il réfléchissait intensément. Mais qui, ici, pouvait faire quoi que ce soit ? se demanda-t-elle.

Et soudain elle sut : elle tuerait Luci de ses propres mains dès que l'occasion s'en présenterait, quitte à y laisser la vie. Tout plutôt que de ne rien tenter pour sauver Severin !

Le repas du soir se déroula dans une ambiance exécrable : les bras chargés de plateaux, les servantes allaient et venaient sans qu'une parole ne soit échangée. Jusqu'aux gens d'armes, censés faire ripaille, qui évitaient prudemment le regard de leur maître. Severin fut installé à une table sous la haute surveillance d'Ibac qui, à l'étonnement de Joanna – et de Severin lui-même qui n'en laissa cependant rien paraître – trancha les liens de son prisonnier pour lui permettre de se nourrir.

Les cuissots de sanglier étaient secs et racornis, la potée aux choux presque immangeable. Pourtant, Luci ne semblait pas s'en apercevoir et mangeait avec appétit, tout comme Severin, d'ailleurs, qui mastiquait consciencieusement sa nourriture, n'ayant d'autre souci que de reprendre des forces. Hélas ! il n'avait pas fini sa chope que Luci ordonnait à Ibac :

— Je me méfie de lui. Ligote-lui les mains, avant qu'il nous joue quelque mauvais tour.

Afin de prévenir toute tentative de rébellion, il avait pris soin de tirer sa dague et de la pointer sur la gorge de Joanna.

Tandis que son gardien resserrait ses liens, Severin gardait les yeux fixés sur Joanna, que Luci dévorait du regard, s'attardant ostensiblement sur sa poitrine à peine couverte par la chemise déchirée. Il faillit hurler quand il vit sa main se tendre vers sa femme, mais, fort opportunément, Marjorie lui glissa à cet instant quelques mots à l'oreille, provoquant son hilarité. Severin bouillait. Qu'étaient devenus Gwent et ses hommes ? ne cessait-il de se demander, priant pour qu'ils aient survécu à la drogue versée dans leur bière et aux maraudeurs. Il savait que si son écuyer s'en sortait, il ne lui faudrait pas longtemps pour comprendre qu'un tel piège ne pouvait être que l'œuvre de Luci, et en déduire que ce dernier avait dû survivre à sa chute. S'il en avait la possibilité, il viendrait tout droit à Sedgewick.

La nuit tombait. Quelques chandelles furent parcimonieusement allumées, laissant dans la grande salle de vastes plages obscures. L'air avait fraîchi et, bientôt, le maître des lieux se leva en s'étirant paresseusement.

— Ce soir, vous veillerez à me plaire pour la dernière fois, lança-t-il péremptoirement à Marjorie. S'il est vrai que vous êtes belle au-delà de tout ce qu'un homme peut espérer, mes goûts penchent plutôt vers Joanna, ajouta-t-il, avant de se tourner vers son prisonnier : Qu'en dites-vous, Severin ? Vous qui avez fait à toutes deux les honneurs de votre couche, croyez-vous que Lady Joanna saura me plaire autant que notre belle Marjorie ? Elle doit avoir des talents cachés, car Marjorie m'a juré que vous ne l'aviez pas touchée lors de son séjour à Oxborough, ce qui me paraît assez inconcevable. Enfin, peu importe ! Si je soupçonne Joanna d'être plutôt farouche, je me dis que l'immense fortune dont j'hériterai compensera les petites résistances qu'elle pourra momentanément m'opposer. S'il est vrai que certaines femmes se débattent, cela ne dure jamais longtemps.

— Si vous portez la main sur elle, je vous tuerai, et ce sera un jour de fête pour tous ceux qui vous auront approché, lui répondit Severin.

— Je voudrais dire quelques mots à mon époux, intervint hâtivement Joanna, qui redoutait une réaction violente aux paroles de Severin.

— Je crains que ce ne soit impossible, dit Luci avec un rire bref. Ibac, enferme-le immédiatement dans le donjon ! Vous constaterez, ma chère Joanna, qu'il a mangé son content. Je ne l'ai ni affamé ni torturé, mais je ne manquerai pas de le faire si vous me résistez. Vous m'avez bien entendu, my lady : je vais le garder en vie afin de m'assurer de votre obéissance et de votre docilité.

Comme Severin se levait, Joanna vit Tristan se glisser furtivement dans sa tunique. De sa vie, elle n'avait eu si peur. Une peur suffocante qui lui engourdissait le cerveau. Elle ne voyait rien d'autre que son mari, attaché, sortant de la salle entre deux soldats.

Elle gisait sur son lit étroit, respirant l'air vicié de la cellule sans fenêtre dans laquelle, sur l'ordre de son maître, Ibac l'avait enfermée. S'il l'avait laissée libre de toute entrave, la porte était cependant verrouillée.

Posant la main sur son ventre, elle perçut un léger renflement qui, malgré la peur intense qui ne la quittait pas, lui arracha un pâle sourire. Un enfant grandissait là, dans ses entrailles. À cet instant, elle souhaita désespérément qu'il vive et qu'il connaisse ses parents.

Avant de se retirer, Luci lui avait annoncé que si Marjorie ne lui suffisait pas, il viendrait lui rendre visite. Il l'avait obligée à se baigner et à revêtir une chemise appartenant à Marjorie. Épars sur l'oreiller, ses cheveux humides faisaient autour de sa tête une auréole mordorée.

Elle sentit son cœur s'arrêter de battre en entendant un raclement contre sa porte. Pour un peu, elle se serait évanouie. Mon Dieu ! Luci ? Déjà ? Non, il était trop tôt ! Elle regarda autour d'elle, affolée. Rien ! Elle n'avait rien pour se défendre. Elle parvint néanmoins à garder son sang-froid en s'astreignant à rester allongée sur le dos, parfaitement immobile. Sa seule chance était de prendre son agresseur par surprise.

La porte pivota lentement sur ses gonds et elle vit, entre ses paupières entrouvertes, un filet de lumière s'élargir sur le mur. Les poings serrés le long du corps, elle luttait contre la terreur qui lui étreignait la gorge, ravalant le cri qui menaçait de faire éclater sa poitrine. Et soudain, il fut sur elle. Sa main lui bâillonnant la bouche. Elle tenta de se débattre, mais il la maintenait fermement.

Puis la plus belle voix du monde lui murmura à l'oreille :

— Tenez-vous tranquille, Joanna, je vais vous faire sortir d'ici.

— Severin ?

— Oui. Me voilà finalement dans le rôle du preux chevalier secourant sa demoiselle.

Elle leva les yeux sur lui.

— J'ai eu si peur ! Je vous aime, mon chevalier...

— Tristan n'aurait pas permis que je vous abandonne, sourit-il avant de déposer un rapide baiser sur ses lèvres.

Il alla faire le guet, tandis que Joanna enfilait hâtivement ses vêtements déchirés.

— On ne pourrait pas se débarrasser de Luci pendant que nous y sommes ? chuchota-t-elle.

— Ce n'est pas l'envie qui m'en manque, sauf que je m'en voudrais de risquer votre vie et celle de notre enfant. Trois gardes sont postés devant sa chambre.

Tristan apparut et agita une patte en direction de Joanna.

— Il vous fait signe de vous hâter, souffla Severin. Il sait qu'après avoir rongé mes liens, il court, lui aussi, un grand danger. J'ai libéré Alan et la douzaine d'hommes qui étaient emprisonnés avec lui.

Malgré leur état de faiblesse, ils nous accompagneront. Ils préféreraient se battre et reprendre le commandement du château, mais ce serait courir à une mort certaine.

Joanna se demandait bien comment Severin allait s'y prendre pour leur faire franchir l'enceinte du château, mais elle se garda de poser la question.

— Ne me quittez pas d'une semelle, lui ordonna-t-il par-dessus son épaule.

Les trois gardes qui veillaient devant la porte de Luci s'étaient assoupis. Les deux époux descendirent sans bruit l'escalier de pierre jusqu'à la grande salle où, épuisés, les domestiques s'étaient endormis. Allongés près de l'âtre, les chiens levèrent sur les fuyards un œil indifférent, puis se replongèrent dans leur somnolence.

Plutôt que de passer par le grand portail qui donnait directement accès à la cour, Severin entraîna sa femme vers une porte dérobée qui ouvrait sur un long couloir au bout duquel se trouvait une remise. L'ayant traversée en quatre enjambées, il poussa une autre porte et ils se retrouvèrent à l'air libre, à quelques pas du donjon. Tapi dans l'ombre, il murmura à l'oreille de Joanna :

— Sire Alan m'a sommairement expliqué la disposition des lieux. Il nous attendra avec ses hommes aux écuries, après avoir neutralisé les palefreniers. Nous conduirons nos chevaux par la bride jusqu'à la poterne en leur bouchant les naseaux pour les empêcher de hennir. Il va nous falloir beaucoup de chance, Joanna…

« Je vous ai, je n'ai pas besoin de chance », aurait-elle aimé lui répondre, quand un cri étouffé la ramena à la réalité.

Ils coururent jusqu'aux écuries pour découvrir un palefrenier, gisant sur le sol, la gorge tranchée.

— Cet imbécile allait se mettre à crier ; j'ai malheureusement dû le réduire au silence, expliqua sire Alan en essuyant sa dague sur une botte de paille. Les autres se sont montrés plus raisonnables, ils n'ont offert aucune résistance. Nous devons partir sans plus tarder, my lord.

Joanna retrouva Marella avec un indicible plaisir. La bête sellée, elle l'entraîna vers la porte, la main posée sur ses naseaux. La jument tenta de rejeter la tête en arrière, néanmoins, Joanna parvint à lui garder la bride serrée.

Lentement, durant un temps qui leur parut une éternité, la petite troupe chemina en silence jusqu'à la poterne. Étant donné leur épuisement, beaucoup d'entre eux progressaient d'un pas mal assuré. Pourtant, sachant que leur vie en dépendait, aucun d'eux ne faiblit. Pas un mot ne fut échangé. Ils progressèrent ainsi sur une seule file, jusqu'à ce que sire Alan eût franchi la poterne dont il referma la porte sans le moindre bruit. Les chevaux étaient immobiles sur le pont-levis. Au signal de Severin, chacun monta avec précaution en selle afin de ne pas effaroucher les chevaux. Dès que les hommes leur libérèrent les naseaux, les bêtes se mirent à hennir à grand bruit.

— En avant ! commanda alors Severin.

Ils partirent au galop dans la nuit, éperonnant leurs montures, les poussant à un rythme d'enfer aussi longtemps qu'elles purent le soutenir. Son étalon écumant, Severin leva enfin la main pour ordonner une halte.

— Laissez les bêtes souffler, mais que personne ne mette pied à terre ! lança-t-il en remontant la file de cavaliers.

Joanna flattait l'encolure de Marella, haletante de cette longue course, en lui murmurant des paroles apaisantes, quand Severin s'immobilisa à ses côtés.

— Personne ne nous a suivis, dit-il avec un large sourire. À cette heure, notre évasion a été découverte, mais Luci n'est pas stupide : il ne se hasardera pas à nous poursuivre, sachant que nous aurons atteint Oxborough avant qu'il nous ait rattrapés.

Il se pencha vers elle et l'embrassa à pleine bouche.

— Vous vous êtes magnifiquement comportée, ma femme, déclara-t-il, avant de donner un coup d'éperon dans les flancs de son cheval.

Ce n'est qu'après avoir franchi les portes de la grande salle qu'ils découvrirent qu'une personne de Sedgwick s'était enfuie avec eux.

32

— J'ai un aveu à vous faire, my lord, déclara Lothar en faisant irruption dans la salle.

Fébrile, affamé, si las qu'il se serait endormi près d'Edgar, Severin se retourna vers l'homme de confiance de sire Alan.

— Eh bien, qu'y a-t-il, Lothar ?

— Vous pouvez constater, my lord, que je suis bien portant, ainsi que trois de mes compagnons. Sachez, cependant, que la chance n'y est pour rien, mais que nous le devons à une personne à laquelle je vous prie de bien songer avant que de...

— Cesse de tourner autour du pot, s'impatienta Severin. Parle !

— C'est de moi qu'il veut vous parler, messire Severin.

Eloïse venait d'apparaître, vêtue en garçonnet.

— C'est elle qui nous a sauvés, my lord, reprit le dénommé Lothar. Au risque d'encourir le châtiment de son père, cette brave petite m'a apporté de la nourriture que j'ai partagée avec mes compagnons.

Allant vers la fillette, Joanna lui ôta le bonnet qui cachait ses nattes, puis laissa courir ses doigts sur sa joue blême.

— Je ne comprends pas, Eloïse. Viens, je vais te faire servir du pain et du lait, et tu nous raconteras tout.

Tout en engloutissant le délicieux pain de MacDear, la petite fille commença son récit.

— Mon père a menacé Lady Marjorie de me tuer si elle refusait de lui obéir. Il la battait autant moi, alors qu'elle voulait seulement me protéger. Je me suis dit que si je n'étais plus là, il la laisserait tranquille.

Lady Moraine, qui se pressait contre son fils comme si elle craignait de le voir se volatiliser, crut bon d'intervenir :

— Je veillerai sur toi, Eloïse. En échange, je te demanderai d'être courtoise envers Lady Joanna.

Le regard brillant de larmes, Eloïse baissa piteusement la tête. Sortant du pourpoint de son maître, Tristan sauta sur la table. Au moment où il posa la patte sur la main de la fillette, cette dernière éclata en sanglots.

— Je veux Marjorie ! hoqueta-t-elle.

Joanna jeta un coup d'œil à Severin qui mastiquait son pain d'un air soucieux. Voilà que maintenant elle allait devoir s'inquiéter pour Marjorie ! Cette maudite garce dont l'éblouissante beauté cachait des trésors de noirceur. C'était vraiment le comble !

— Devons-nous aller à son secours ? s'enquit-elle dans un souffle.

— Je vais y penser, répondit laconiquement Severin.

Avec un bref coup d'œil pour Joanna, Lady Moraine, qui tenait la fillette contre sa poitrine, l'écarta légèrement pour la regarder bien en face.

— Vois-tu, Eloïse, il est difficile d'envisager de secourir Lady Marjorie alors qu'elle a tenté d'empoisonner Joanna.

— Ce n'est pas elle, déclara alors la fillette en frottant ses yeux rougis de larmes. C'est moi qui ai versé la poudre dans la coupe de Lady Joanna. Je voulais seulement la punir pour avoir fait le nez gros et rouge à Lady Marjorie. Lady Marjorie était au courant, mais elle a préféré se laisser accuser à ma place.

— Je n'aime pas du tout cela, dit Joanna.

— Et moi pas davantage, renchérit Severin. Je vais y réfléchir. En attendant, je dois repartir, my lady.

— Partir à la recherche de Gwent et de vos hommes ?

— Oui. Je prie le ciel qu'ils soient encore vivants. Je ne fais que cela même ! Sitôt que nous les aurons retrouvés, nous pourrons échafauder un plan.

Joanna était si lasse – le bébé n'y était pas étranger – qu'elle ne demanda pas à l'accompagner.

— Revenez-moi vite, dit-elle une heure plus tard, alors que Severin et sa troupe de cavaliers s'apprêtaient à monter en selle.

— Je ferai aussi vite que possible. En mon absence, je confie le château à sire Alan. Toutes les portes demeureront closes comme en état de siège, au cas où Luci tenterait une de ces traîtrises dont il a le secret.

Joanna acquiesça docilement et, hissée sur la pointe des pieds, jeta les bras autour du cou de son époux.

— Soyez prudent.

— Tranquillisez-vous, my lady, nous verrons bientôt la fin de cette sombre affaire.

— Je n'en doute pas, murmura-t-elle avant de l'embrasser avec ferveur. Je n'en doute pas un instant…

— J'ai envoyé deux messagers en Cornouailles, au château de Lord de Moreton, ajouta-t-il en la lâchant à regret. Dieu seul sait quand il viendra ou si seulement il le pourra.

— Il viendra, j'en suis persuadée. Enverrez-vous également un messager au roi ?

— Non. Je craindrais de sa part une saute d'humeur. Je veux éliminer Richard de Luci avant que l'on sache qu'il est encore en vie, afin que tout demeure comme il en avait été décidé.

— My lord, intervint alors sire Alan en s'approchant à grands pas. Avant deux jours, des soldats venus de vos autres châteaux auront renforcé nos rangs. Je doute que l'appui de Lord de Moreton soit nécessaire.

— Je sais, répondit Severin en reprenant Joanna dans ses bras, comme s'il ne pouvait se résoudre à se séparer d'elle. Mais j'ai promis de faire appel à lui en cas de danger, et je ne saurais me soustraire à mes engagements. Il pourrait me provoquer en duel pour avoir manqué à ma parole, ajouta-t-il en manière de plaisanterie.

Joanna ne put s'empêcher de rire. C'était si bon de pouvoir rire, ne serait-ce qu'un court instant.

— Je dois partir, reprit-il. Prenez bien soin de notre enfant. Sire Alan veillera à votre sécurité.

Ayant administré une tape amicale sur l'épaule de son régisseur, Severin se pencha vers lui pour lui murmurer à l'oreille quelques mots que Joanna ne put entendre. Attentif, sire Alan hocha la tête sentencieusement. Après un dernier salut à Joanna, le jeune homme monta sur son palefroi.

— Puisse Dieu vous accompagner dans votre voyage, my lord, lui cria-t-elle pour couvrir le martèlement des sabots sur les pavés.

Puis, traversant vivement la cour, elle monta quatre à quatre les marches qui accédaient au chemin de ronde, et regarda Severin s'éloigner jusqu'à ce qu'il disparaisse à la vue.

Quand Alice vint la voir, un peu plus tard, dans la journée, Joanna s'employait à soigner un homme souffrant de haut-le-cœur si violents qu'il régurgitait la moindre nourriture. La jeune servante regardait sa maîtresse d'un air interloqué.

— Vous ne devinerez jamais qui est là, my lady.

— Eh bien, dites-le-moi ! voulut savoir Joanna en se levant brusquement.

— Vous la connaissez très bien, la taquina Alice sans lui donner la réponse. Elle vit recluse et ne quitte jamais sa cabane, et pourtant, elle est venue jusqu'ici et exige de vous parler.

Ébahie, Joanna se retourna pour voir la guérisseuse entrer en coup de vent dans la salle. Sans prendre la peine de saluer quiconque, elle entreprit d'examiner chaque malade, émettant de temps à autre un grognement indéchiffrable. En constatant que l'un d'eux était inanimé, elle se contenta de le secouer, ce qui ne laissait rien présager de bon.

— Qu'avez-vous fait de votre chat ? demanda Joanna, afin de briser le silence embarrassé que suscitait cette visite.

— Que voulez-vous qu'il fasse, sinon s'emplir la panse et se prélasser au soleil ?

— C'est que vous le nourrissez fort bien…

— Oui, et il ne vole pas sa nourriture, à l'inverse de ce grand chien paresseux, que je vois endormi près de la cheminée. Il se rendrait peut-être utile en chassant les loups qui rôdent dans la forêt de Pevensey. Pour ce qui est de vos malades, my lady, l'un d'eux ne pourra être sauvé, mais les autres survivront grâce à vos soins.

— Merci à vous d'être venue. Mais comment avez-vous su que nous avions besoin de votre secours ?

Pour toute réponse, la femme se plongea dans la

contemplation de ses mains, jouant avec la bague très ancienne qu'elle portait à l'annulaire.

— Me répondrez-vous ?

— Par le diable ! s'emporta brusquement la femme avec un mouvement de tête qui fit virevolter ses tresses. Où est passé Gwent ? J'espérais le trouver ici. Où court-il encore ?

Joanna n'en revenait pas : pourquoi la guérisseuse s'intéressait-elle tout à coup à Gwent, elle qui détestait souverainement tous les représentants de l'espèce masculine ? Tout à sa surprise, elle n'avait pas remarqué que la guérisseuse avait troqué ses haillons contre une robe d'un joli bleu et des souliers de cuir fin. Ses épais cheveux étaient soigneusement tressés et retenus par un ruban assorti à sa robe. Elle semblait soudain étonnamment jeune.

— Messire Severin est parti à sa recherche, déclara Lady Moraine qui venait d'entrer dans la salle.

— Certes, c'est un homme, je ne peux pas croire qu'il se soit intentionnellement égaré.

— Non, lui et ses hommes ont été drogués, expliqua Joanna. Richard de Luci n'a pas jugé utile de les tuer après nous avoir capturés, Severin et moi. Severin est très inquiet à son sujet, mais je pense que nous aurons de ses nouvelles avant la fin de la semaine.

— Les hommes n'ont pas plus de cervelle qu'un moineau, grommela la guérisseuse. Je l'avais pourtant prévenu que le chemin de Rosehaven serait parsemé d'embûches, mais il a refusé de m'écouter. Même le chat Alfred a tenté à sa manière de l'en dissuader.

— Des embûches ? répéta Joanna, les yeux écarquillés comme si elle ne reconnaissait pas la personne qui se tenait devant elle. Vous ne m'en avez rien dit à moi !

— Parce que je n'en savais rien en ce qui vous concernait, Joanna ! rétorqua la femme. Après tout, n'êtes-vous pas dans votre château, reposée et bien portante, alors que Gwent et ses hommes croupissent peut-être au fond d'un donjon ou d'un ravin ? Par les cornes du diable ! Si cet écervelé en réchappe, je lui ferai regretter de ne pas m'avoir écoutée !

— Par tous les saints ! se récria Lady Moraine en pointant sur la guérisseuse un doigt accusateur. Je comprends, à présent ! Vous êtes entichée de Gwent ! Vous vous comportez exactement comme Joanna avec Severin ! Gwent et vous… Comment est-ce possible ? Il hait Alfred !

La guérisseuse redressa fièrement le menton, et Joanna se rendit compte alors qu'elle n'était pas aussi âgée qu'elle l'avait cru. En tout cas, elle était plus jeune que Lady Moraine ou que sa propre mère.

— Sachez qu'Alfred et Gwent sont à présent très liés. Il est même arrivé à mon chat de sauter sur ses genoux pendant qu'il se régalait d'un ragoût que je lui avais préparé sans tenter de dévorer le contenu de son écuelle…

— Allons, la taquina Alice, c'est impossible : votre bestiole croque tout ce qui passe à sa portée !

— Je vous défends de parler ainsi de mon cher Alfred, répliqua la guérisseuse. C'est un animal très affectueux. Je dirais plutôt que Gwent est un sombre niais, si sûr de lui et fier de ses prouesses qu'il s'est cru obligé de suivre Lord Severin. À l'heure qu'il est, il doit être en train de dépérir au fond d'un cachot.

— Et moi qui croyais que vous haïssiez les hommes… murmura Lady Moraine, pensive.

— Mais bien sûr que je les hais ! s'indigna la guérisseuse en dardant sur la baronne un regard acéré.

Ce sont des êtres malfaisants, égoïstes et peu fiables. Mais laissons là ces discours inutiles, je dois partir. Je reviendrai aux nouvelles demain. Que cet écervelé pointe le nez à Oxborough, et je me charge de lui faire entendre raison !

Sur ces dernières menaces, la guérisseuse quitta la salle sous le regard interloqué des personnes présentes.

— Voilà qui est étonnant, déclara Alice. Je comprends mieux les réticences de Gwent quand je lui ai laissé entendre que je n'étais pas insensible à son charme. Ce n'est pas que je le rebutais, mais quelque chose semblait le retenir. Par le diable, pourquoi faut-il que tout aille de guingois ?

Sur ces mots, elle alla porter un gobelet de lait chaud à un malade, priant désormais pour Beamis qui, à cette heure, chevauchait aux côtés de son maître. Joanna, elle, riait à gorge déployée, sa main caressant machinalement son ventre.

Dans les deux jours qui suivirent, pas moins de cinquante hommes venus des châteaux appartenant à Severin affluèrent à Oxborough.

— S'ils demeurent trop longtemps ici, nos provisions seront bientôt épuisées, fit observer MacDear en plongeant une louche dans l'immense chaudron où mijotait sa soupe.

Un nuage de vapeur enveloppa brièvement son énorme tête.

— Je dirai aux hommes qu'il ne leur sera désormais servi qu'un repas par jour, le rassura Joanna en lui tapotant affectueusement le bras avant de retourner dans la salle commune.

Penché sur un parchemin en compagnie de trois capitaines, sire Alan esquissait les grandes lignes du plan du château de Sedgewick afin d'élaborer, en attendant le retour de Severin, une stratégie pour en déloger Luci.

Comme prévu, la guérisseuse refit son apparition le lendemain.

— Je suis navrée, dit Joanna, nous n'avons toujours pas de nouvelles. Mais j'ai confiance : Severin se fera fort de ramener tout le monde sain et sauf.

— Lord Langthorne n'est qu'un homme. C'est à son cheval que je fais confiance pour le ramener, pas à son petit cerveau. Pour ce qui est de Gwent, inutile d'en parler; sa cervelle ne doit guère excéder les dimensions d'un pois. Sitôt qu'il réapparaîtra, je verserai du brome pilé dans sa bière. Ses orteils deviendront gourds et sa virilité aussi flasque qu'un poireau bouilli. En outre, je dirais à Alfred de lui faire sentir tout le poids de son affection.

Joanna riait à s'en faire éclater la rate.

— Et quel plaisir trouverez-vous à le savoir dans ce triste état? haleta-t-elle en essuyant ses larmes du revers de la main.

— À vous voir me manquer ainsi de respect et fouler mon honneur au pied, on croirait entendre cette pimbêche aux cheveux blonds.

— Dieu m'en préserve! Allons, ne soyez pas offensée, restez, je vous en prie!

Mais la guérisseuse avait déjà tourné les talons et s'en allait, tête haute.

Ce même soir, Joanna ne riait plus. Couchée dans son lit, la couverture tirée jusqu'au menton, elle écoutait, dans la pénombre de sa chambre, souffler le vent du nord dont elle ressentait le froid glacial jusque dans la moelle de ses os malgré le feu qui flambait dans la cheminée.

Severin lui manquait. Elle craignait pour lui. Que lui était-il arrivé? Sire Alan avait envoyé une douzaine d'hommes aux abords de Sedgewick afin de surveiller les mouvements de Richard de Luci. Douze autres cavaliers étaient allés reconnaître la route où Gwent et sa petite troupe avaient été abandonnés. Quant aux soldats, ils veillaient sur Oxborough comme si le roi en personne y avait pris ses quartiers.

Tout comme elle l'avait fait pour Lady Moraine, Joanna consacrait à Eloïse une attention de chaque instant. Pourtant, l'enfant demeurait triste et silencieuse, errant tel un fantôme dans le château. Joanna se tourna dans son lit. Severin avait exprimé le vœu qu'un petit renflement de son ventre vînt attester de ce que ses espoirs allaient se réaliser. À peine une courbure, avait-il dit, simplement pour lui faire plaisir. Eh bien, à présent, il lui suffisait de revenir pour voir son vœu exaucé.

Elle en était à ce point de ses languissantes pensées, quand la porte s'ouvrit sur Lady Moraine qui s'écria, hors d'haleine :

— Ils sont de retour !

33

— Où diable Gwent est-il passé ? tonna Severin en faisant irruption dans la salle commune, flanqué de sire Alan. Un garde m'a dit l'avoir vu galoper en direction de Pevensey. Pourquoi s'en est-il allé ? Qu'est-ce qu'il lui arrive ?

C'est Lady Moraine qui répondit avec calme :

— L'envie lui a pris de caresser Alfred, le chat de notre guérisseuse.

— Allons, mère, c'est invraisemblable ! protesta le jeune homme. Il déteste cet animal.

— Alors, dans ce cas, c'est à notre guérisseuse qu'il est allé rendre visite.

— Pourquoi cela ? Il m'a juré qu'il était en bonne santé. Joanna, que se passe-t-il, à la fin ? J'ai l'impression que ma mère prend plaisir à se moquer de moi.

— Votre écuyer et la guérisseuse sont amoureux l'un de l'autre, déclara simplement Joanna.

La nouvelle laissa Severin sans voix. Il posa sur son épouse un regard interdit puis, avec un hochement de tête accablé, tira Tristan de son pourpoint et se mit à le caresser d'un air absent.

— M'expliquera-t-on ce qui se passe ? s'enquit sire Alan en acceptant le gobelet de bière que lui tendait Alice.

— La guérisseuse hait les hommes, rappela Severin, qui semblait profondément perplexe.

— L'un n'empêche pas l'autre, fit Joanna. Elle a parlé de lui en des termes qui feraient rougir un charretier.

L'incident étant clos, Severin remit Tristan dans son pourpoint et ordonna à sire Alan de battre le rappel de ses trois capitaines.

— Que chacun étanche sa soif ! lança-t-il à la cantonade. Il nous reste beaucoup de choses à voir avant notre expédition de demain.

Les ordres donnés, les hommes dispersés, Severin se retrouva enfin seul avec Joanna. Il l'attira dans ses bras et, sans un mot, posa la joue sur ses cheveux soyeux. Joanna sentit Tristan s'agiter contre son sein.

— Est-il vrai que, pendant que vous les cherchiez, Gwent et ses hommes se cachaient dans la forêt de Sedgewick ? murmura-t-elle.

— Oui. Il ignorait que nous nous étions enfuis, et préparait un plan afin de nous délivrer. À part de violents maux de tête, personne n'a été gravement malade. Mais, dites-moi, Joanna, y a-t-il vraiment quelque chose entre Gwent et la guérisseuse ?

— Je le pense. Croyez-vous qu'il ira vivre avec elle dans la forêt ?

— Ne me posez pas de telles questions ; j'ai déjà du mal à imaginer Gwent amoureux de la guérisseuse. En attendant, j'ai affreusement faim. Reste-t-il quelques provisions ?

Joanna se mit à rire et noua les bras autour du cou de Severin.

— Il faudrait se débarrasser rapidement de Richard de Luci, car à en croire MacDear, nous n'allons pas tarder à mourir de faim ! expliqua-t-elle. Qu'avez-vous décidé pour l'éliminer ?

— J'ai l'intention de prendre Sedgewick d'assaut. Luci ne dispose que d'une vingtaine d'hommes, il ne devrait pas résister bien longtemps. J'espère que Graelam ne se déplacera pas, car nous sommes en nombre suffisant.

— Tenterez-vous de sauver Lady Marjorie ?

Severin soupira, puis déposa un baiser sur le lobe de l'oreille de Joanna.

— Voyez-vous, dit-il en simulant une extrême gravité, tout bien considéré, Lady Marjorie n'est coupable que d'avoir voulu m'épouser. Je suis un preux chevalier, un magnifique guerrier, un de ces hommes qui se donnent aux femmes sans compter. Pouvez-vous la blâmer de me désirer au-delà du raisonnable ?

Joanna regretta de se trouver prisonnière des bras de son mari, ce qui ne l'empêcha pas de lui lancer son poing dans l'estomac. Après un grognement attestant que le coup avait été dûment encaissé, Severin partit d'un grand éclat de rire.

— Que diriez-vous qu'elle épouse sire Alan ? Avec le consentement du roi, cela va de soi...

— J'en dis que l'éclat de sa somptueuse chevelure risquerait d'être vu jusqu'aux murailles d'Oxborough.

— En ce qui me concerne, je préfère la chevelure d'une certaine jeune personne, dont les reflets sont si nombreux que je n'ai pas encore eu le temps de les compter.

Beamis apparut, sans que l'humeur enjouée de Severin s'en trouvât le moins du monde affectée.

— Je vous écoute, Beamis. Mon épouse ici présente est à court de mots ; profitez-en pour vous faire entendre, car cela ne saurait durer.

— Vous badinez, my lord, quand mes capitaines attendent vos dernières instructions, déclara le maître d'armes avec une certaine raideur.

— Rassurez-vous, Beamis, sous peu je redeviendrai l'homme digne et austère que vous connaissez. Après le repas du soir, nous tiendrons conseil afin de décider du sort du maître de Sedgewick.

— Venez donc, Beamis, lança Alice que ses pas avaient conduite jusqu'à la salle commune. Laissez donc mes maîtres jouer encore aux jeunes mariés. Et si vous savez m'être agréable, je vous enseignerai les règles du jeu !

— Pas trop longtemps, alors ! lui répliqua le maître d'armes avec un large sourire. Lord Langthorne ne saurait se passer de mes précieux conseils !

Quand, le lendemain après-midi, Severin et sa troupe atteignirent Sedgewick, ils trouvèrent un château désert. N'y subsistaient que quelques servantes désœuvrées, ainsi qu'un vénérable portier qui grattait son crâne dégarni en marmonnant contre la cruauté de son maître, parmi une douzaine de poules irascibles qui réclamaient à manger. Femmes et enfants semblaient s'être volatilisés.

Après que ses soldats eurent inspecté les lieux, Gwent vint faire son rapport :

— D'après le portier, Luci et ses hommes sont partis depuis hier.

— Lady Marjorie les accompagnait-elle ?

— Oui. Elle chevauchait près de Luci, pâle comme la mort, semble-t-il.

— Où a-t-il bien pu aller ? se demanda Severin à haute voix.

Il n'avait laissé qu'une douzaine d'hommes à Oxborough, se disant que cela suffirait, dès lors que toutes les entrées étaient strictement surveillées. Mais il se souvint soudain qu'au début de l'été, trois sbires à la solde de Luci étaient parvenus à s'infiltrer dans l'enceinte du château et avaient failli réussir à l'assassiner. Bien que les ordres donnés à Beamis à ce sujet fussent très clairs, il ne pouvait s'empêcher d'être inquiet.

Il le fut davantage encore quand, sur le chemin du retour, des paysans affirmèrent avoir vu passer Luci et sa troupe.

— Rassurez-vous, my lord, intervint sire Alan. Il ne peut rien contre nos gens.

— En plus d'être fou, c'est un homme terriblement rusé, lui rappela Severin.

— Prions le ciel qu'il n'ait fait aucun mal à Lady Marjorie, dit sire Alan, qu'un espoir tout neuf habitait depuis que son maître lui avait parlé de son projet.

— Conduisez-moi chez la guérisseuse, Joanna, j'ai mal au ventre, et Lady Moraine m'a dit qu'elle pourrait me soigner.

— Nous ne pouvons pas quitter l'enceinte d'Oxborough, Eloïse, expliqua Joanna en s'accroupissant devant la fillette. Lord Severin l'a interdit. Si tu veux, je peux faire en sorte de soulager tes crampes d'estomac.

Mais avant même que Joanna ait achevé de préparer sa tisane, la fillette annonça que son mal s'était dissipé. À cet instant, Beamis fit irruption dans la salle commune avec tant de fracas qu'Edgar bondit sur ses pattes avec un grognement menaçant.

— C'est la guérisseuse ! s'écria-t-il, affolé. Le diable emporte Luci ! Il l'a capturée.

Joanna regarda le maître d'armes sans comprendre. Puis elle se leva brusquement, laissant tomber son ouvrage sur le sol, en s'écriant :

— Par le ciel, non !

— Il est au pied de nos murs, expliqua-t-il. La guérisseuse est devant lui, sur son palefroi. Elle est attachée, et Luci la menace de sa dague. Il exige de vous parler, sinon il lui tranchera la gorge !

Joanna se rua hors de la salle, traversa la cour à grandes enjambées, et grimpa jusqu'au chemin de ronde. La scène qui s'offrit à elle – et qui était telle que Beamis venait de la lui décrire – lui glaça le sang. Sachant – à raison – le peu de réaction qu'il susciterait en menaçant Marjorie, Luci avait décidé de s'en prendre à la guérisseuse.

— Êtes-vous bien portante ? lui cria Joanna du haut des remparts.

— Oui, Joanna, lui répondit la guérisseuse. N'écoutez pas cet homme et ne faites rien de ce qu'il vous dira, il est fou à lier !

Pareille insolence lui étant insupportable, Luci la frappa durement au visage.

— Ne la touchez pas, misérable pourceau ! vociféra la jeune châtelaine.

— Soit, mais à condition que vous m'obéissiez et que vous me donniez ce que je réclame ! lui rétorqua tranquillement Luci.

Joanna songea aussitôt à Eloïse, qu'elle ne pourrait en aucun cas abandonner à ce monstre, fût-il son père.

— Vous n'aurez pas Eloïse, lui lança Joanna, devançant sa demande. Elle restera entre ces murs.

— Vous pouvez faire ce que vous voulez de cet avorton ! Ce n'est pas elle que je veux, mais vous, my lady !

Joanna vit alors un archer tirer subrepticement une flèche de son carquois.

— Non, l'arrêta-t-elle, nous ne pouvons prendre le risque de blesser la guérisseuse.

— Lady Joanna ne vous suivra nulle part ! intervint Beamis. Vous et votre bande de soudards seriez plus avisés de quitter les terres d'Oxborough immédiatement. Lord Severin ne devrait pas tarder.

— J'y compte bien ! ricana le dément en faisant glisser sa lame sur la gorge de la guérisseuse, laquelle reprit de plus belle, malgré le sang qui perlait sur son cou :

— Ne l'écoutez pas, Joanna !

Avec une grimace de colère, Luci la frappa si violemment à la tête qu'elle s'affaissa, inconsciente.

— Je ne vous obéirai que si vous la libérez ! capitula Joanna, incapable d'en supporter davantage. Mais j'exige que vous relâchiez aussi Lady Marjorie !

À ces mots, Luci ne put cacher son étonnement :

— Lady Marjorie, dites-vous ? Cette garce qui vous hait depuis toujours ? Enfin, peu m'importe, elle ne me sera plus d'aucune utilité dès l'instant où j'aurai mis la main sur vous !

— Je descends. Mais écoutez-moi bien, Luci : me retenir captive ne vous rapportera rien, car j'attends un enfant de Lord Severin. Renoncez, et libérez la guérisseuse et Lady Marjorie, c'est ce que vous avez de mieux à faire !

— Vous mentez ! tonna-t-il, écumant de colère. Vous ne pouvez être enceinte, Lady Marjorie m'en a donné l'assurance ! Venez me rejoindre et je fais la promesse de tenir ma parole !

Comme Joanna faisait volte-face, Beamis lui barra le passage.

— Non, my lady, vous ne franchirez pas les murs de ce château. Tant pis si la guérisseuse y laisse la vie, mais messire Severin ne reviendra pas pour apprendre que son épouse s'est livrée à Richard de Luci.

— Je n'ai aucune intention de me livrer pieds et poings liés, Beamis, ni même de me mettre à sa merci. Rassurez-vous, j'ai un plan : je ramènerai la tête de ce monstre sur un plateau avant que mon époux soit revenu.

— Quand bien même vous y parviendriez, Lord Severin en sera fortement contrarié. Souvenez-vous de ce qui s'est passé quand Lord Gaelam a décidé de pourchasser Luci, au début de l'été. Non, my lady, je ne peux vous laisser faire. Ah ! bon sang ! marmonna-t-il. Pourquoi a-t-il fallu que ce fou en réchappe ?

Mais Joanna ne l'écoutait déjà plus.

— Je veux parler à Alice, son aide m'est indispensable.

Beamis eut l'air tout à coup fort inquiet.

— Alice, dites-vous ? Je ne veux pas qu'Alice soit mêlée à cela.

Si la situation n'avait pas été si grave, Joanna n'aurait pu s'empêcher de sourire.

— Rassurez-vous, Beamis, elle ne court aucun danger. Je veux m'entretenir avec elle, après quoi je vous ferai part de mon idée.

Le cœur battant à tout rompre, la jeune femme descendit l'escalier quatre à quatre. Ainsi, le scélérat n'avait pas renoncé, songeait-elle, haletante. N'avait-il donc pas compris qu'il n'y gagnerait rien, à part se faire tailler en pièces par Severin ? Mais avant qu'elle ait pu mettre son plan en action, des cris s'élevèrent des remparts. Rebroussant chemin, elle aperçut Eloïse qui, grâce à sa petite taille, était passée à travers les barreaux de la herse, et se précipitait vers les cavaliers. Quelques instants plus tard, elle se réfugiait dans les bras de sa tutrice en sanglotant.

Désemparée, Joanna retint un juron. Que faire, à présent ? Luci, qui gardait sa dague pointée sur le cou de la guérisseuse, ne cachait pas sa jubilation :

— Vous constaterez que je détiens non plus deux, mais trois prisonnières, maintenant, cria-t-il. Rendez-vous, et je vous promets de leur laisser la vie sauve, à toutes les trois.

— Vous ne pouvez y aller, Joanna, mais moi, si.

Joanna se retourna ; Lady Moraine se tenait derrière elle.

— Je vois que vous avez deviné mes intentions, lui souffla-t-elle. Hâtons-nous. Je ne voudrais pas que ce fou furieux se venge sur la guérisseuse plus qu'il ne l'a déjà fait.

Alors que les deux femmes couraient vers le château et montaient l'escalier à la hâte, Lady Moraine demanda :

— Pourquoi diable cette enfant s'est-elle enfuie ? N'a-t-elle donc pas de cervelle ?

— Elle est si attachée à Lady Marjorie qu'elle a sans doute agi sans réfléchir. Je trouve cependant curieux qu'elle soit parvenue à tromper la vigilance des gardes…

Le temps manquait pour réfléchir à cette énigme. Joanna savait qu'à moins qu'elle ne se manifestât dans les minutes qui suivraient, Luci n'hésiterait pas à trancher la gorge de la guérisseuse, avec la même indifférence que s'il s'était agi d'un vulgaire poulet. C'est alors qu'Alice apparut :

— Il doit bien y avoir quelque chose à faire, s'écria-t-elle. Ce Beamis, ajouta-t-elle avec une moue de mépris, se croit le droit de me dicter ma conduite, sous prétexte que j'ai voulu lui plaire.

— Il ne pourra s'opposer à ma décision, déclara Joanna. Voici ce que nous allons faire…

Dix minutes plus tard, la grille de la poterne se levait pour livrer passage à dix-sept femmes revêtues de grands manteaux qui descendaient jusqu'à terre. Le front bas, la tête encapuchonnée, elles avançaient sur une seule file, en direction de Luci et de ses cavaliers.

— Qu'est-ce que cela veut dire ? s'étrangla Luci. Laquelle d'entre vous est Lady Joanna ? Retirez vos manteaux ! Ôtez ces capuches, sinon je vous tuerai, toutes autant que vous êtes !

Aucune d'entre elles ne fit mine de lui obéir. Luci n'aurait pas hésité à ordonner à ses hommes de les massacrer, s'il n'avait craint que Joanna ne fût de celles-là. Car elle seule était son bouclier ; elle seule pouvait le protéger de la vindicte de Langthorne, jusqu'au moment où elle porterait un héritier de lui. Dès lors, songeait-il dans la folie de ses pensées, bon gré mal gré, le roi serait forcé d'annuler le mariage et de faire de lui le nouveau comte d'Oxborough.

En attendant, il avait devant lui dix-sept femmes, dont une seule – mais laquelle ? – était celle qu'il convoitait.

— Montrez-vous, my lady ! hurla-t-il. Montrez-vous, par Dieu, ou votre amie, la guérisseuse, mourra !

Il avait beau tonitruer, la file poursuivait sa progression, sourde à ses menaces et à ses imprécations. Luci sentit sa monture reculer en piaffant nerveusement. Les hommes qui l'entouraient semblaient à la fois indécis et effrayés. Que des femmes puissent les effrayer ne fit qu'accroître sa rage. De dépit, il repoussa la guérisseuse et l'envoya rouler sur le sol. Labourant de ses éperons les flancs de sa monture, il s'apprêtait à donner le signal de la bataille quand, sur un ordre bref, les dix-sept capuchons s'abaissèrent, révélant seulement trois femmes, le reste étant des hommes d'armes qui, en un éclair, tirèrent de sous leurs manteaux, arbalète et flèches.

Frappé de stupéfaction, Luci s'immobilisa un instant puis, tournant bride, enleva Eloïse des bras de sa protectrice pour s'en faire un bouclier, tandis que ses hommes hurlaient sous la pluie de flèches qui s'abattait sur eux. Arrachant les rênes des mains de Marjorie, il éperonna sa monture en direction des falaises, emportant la fillette et la jeune femme avec lui.

Joanna abaissa l'arc avec lequel elle venait d'abattre un cavalier de Luci.

— Il tient Eloïse et Lady Marjorie, dit-elle, avec l'impression d'avoir échoué.

Heureusement, à quelques pas de là, la guérisseuse avait retrouvé ses esprits. Elle se releva en époussetant sa robe. Le ruban jaune qui retenait sa lourde tresse était dénoué.

Beamis survint, hors d'haleine, en criant :

— Votre plan a réussi, my lady. Je savais que ça marcherait. Quel astucieux stratagème ! À présent, il ne nous reste plus qu'à capturer Luci, jubila-t-il en se frottant les mains. Encombré de la femme et de la fillette comme il l'est, il ne pourra aller bien loin.

Alice avait rejoint la guérisseuse afin de vérifier que tout allait bien. Cette dernière lança à la cantonade :

— Écoutez-moi, vous tous ! Cet homme est fou ! Une démence aveugle s'est emparée de son esprit ! La rage qui l'habite le rend très dangereux !

Puis, s'adressant à la jeune châtelaine :

— C'est vous qu'il veut, Joanna. Vous êtes son seul espoir d'échapper aux foudres du roi. Il ne renoncera jamais, même s'il doit y laisser la vie. Ne vous approchez pas de lui, car dès qu'il comprendra que plus rien ne peut le sauver, il n'hésitera pas à vous trancher la gorge, conclut-elle en effleurant la mince ligne sanguinolente qui courait le long de son cou.

— Soyez sans crainte, je garderai mes distances, la rassura Joanna. Quoi qu'il en soit, je dois secourir Eloïse. Voulez-vous attendre Severin ici, et lui expliquer la situation dès son retour ?

34

Severin vit Joanna, face à Luci, en haut de la falaise. Le vent violent faisait claquer son manteau et chahutait sa chevelure. Épouvantées, Marjorie et Eloïse se pressaient l'une contre l'autre, à quelques pas du gouffre au bord duquel Luci les avait acculées.

Il ne lui restait que quatre hommes, mais ceux-ci s'étaient regroupés autour de lui et attendaient ses ordres, l'épée à la main. Joanna s'adressait à Luci, mais elle était trop loin pour que Severin pût entendre ce qu'elle disait. Le jeune homme leva la main pour commander à ses hommes de rester silencieux et immobiles.

— Il tient la fillette et Lady Marjorie, murmura sire Alan.

Severin émit un grognement. Il se souciait peu de savoir si Luci avait l'intention d'emmener Marjorie en terre promise ou ailleurs – il s'estimerait même heureux de ne plus jamais la revoir. Pour l'heure, seul le sort de Joanna lui importait. Elle avait sûrement une idée en tête, mais laquelle, se demandait-il, dévoré d'anxiété. Certes, elle s'était révélée excellent stratège, et la raison commandait d'attendre de voir comment la situation évoluerait. Mais il n'en avait pas envie. Quand tout cela serait terminé, songeait-il, il tordrait le cou de Joanna et ferait pendre Beamis pour ne pas l'avoir retenue. Mais pour le moment, il ne pouvait que prier.

— Tous les chemins sont gardés, vous ne pouvez vous échapper, disait-elle à Luci. Relâchez Marjorie et Eloïse en échange de votre liberté. Et oubliez Oxborough ; ses terres ne vous appartiendront jamais. Je ne vous suis d'aucune utilité, ni même le garant de votre sécurité. Comprenez-vous ?

Elle vit la rage et la folie dans ses yeux et sut qu'il ne l'entendait pas. Alors, faute de pouvoir le convaincre, elle s'adressa à ses hommes :

— Écoutez-moi, vous autres ! Vous n'aurez rien à gagner à nous tuer toutes trois, hormis brûler en enfer. Rengainez donc vos épées, et fuyez pendant qu'il en est encore temps !

— Si l'un de vous s'avise de l'écouter, je l'écorche vif ! éructa Luci.

Mais Joanna avait frappé juste, et les hommes s'écartèrent l'un après l'autre. Les yeux injectés de sang, Luci se mit alors à trembler de tous ses membres. Joanna comprit immédiatement que jamais il ne renoncerait à ce que son rêve fou devienne réalité. Elle effleura le manche du poignard qu'elle cachait dans son manteau, brûlant de le lui enfoncer dans le cœur. Mais elle avait promis à Beamis de garder ses distances.

À cet instant précis, elle eut la conviction que Severin était tout près ; qu'il l'observait tapi dans un bosquet, n'osant intervenir de crainte de mettre leurs vies en péril.

Richard de Luci se retourna pour dire à Marjorie quelques mots que Joanna n'entendit pas. Celle-ci secoua la tête, et il brandit aussitôt le poing. Soudain, sans lui laisser le temps de la frapper, Marjorie attrapa Eloïse et l'entraîna sur le sol avec elle.

Toutes deux roulèrent jusqu'au bord de la falaise. Comme elles basculaient dans le vide, le cri strident de l'enfant déchira le silence. Joanna se figea sur place, les yeux écarquillés de stupeur. Elle avait l'impression d'être en plein cauchemar. Luci regarda un instant l'endroit où, quelques secondes auparavant, se tenaient Marjorie et sa fille, puis haussa les épaules. Simplement. Qu'avait-il dit à Marjorie qui ait pu inciter celle-ci à choisir la mort ?

Joanna n'y réfléchit pas à deux fois. Luci était responsable d'une succession de drames, dont ce dernier était le plus atroce. C'était un monstre, un être malfaisant, un fou qu'il fallait à tout prix empêcher de nuire à nouveau. Le couteau levé, elle franchit en deux bonds la distance qui les séparait et se jeta sur lui. Le temps d'un éclair, la lame accrocha un rayon du soleil, puis décrivit une large courbe.

Luci agrippa la main qui le menaçait. Mais c'était compter sans la force de Joanna, une force sauvage que la fureur décuplait. Beamis accourut, mais les deux adversaires étaient près du bord de la falaise, trop près pour intervenir. Il se mit à crier à Joanna de reculer, de s'éloigner de Luci, mais celui-ci s'accrochait furieusement à elle, malgré le poignard qui se rapprochait dangereusement de sa poitrine.

À sa grande surprise, Joanna sentit la lame percer le vêtement. Elle pénétra d'un pouce dans le torse de Luci, sans que ce dernier ne trahît de signe de faiblesse. Au contraire, il continuait de vociférer. Il crachait sa haine d'avoir été floué après tout ce qu'il lui en avait coûté, sa colère de ce qu'une simple femme soit parvenue à le poignarder, même si elle allait le payer de sa vie.

Convaincue qu'elle finirait par avoir raison de lui, Joanna tenait bon. Soudain, elle sentit qu'on tirait sur sa robe. Elle jeta un bref coup d'œil et ce qu'elle entrevit la sidéra. Mais Luci ne la lâchait pas. À présent, qu'il savait la partie perdue, il ne faisait aucun doute qu'il voulait l'entraîner dans la mort avec lui. Alors, dans un suprême effort, elle lui enfonça la lame dans le cœur. La tête rejetée en arrière, les mains crispées sur le manche du poignard, Luci poussa un hurlement. Titubant au bord du gouffre, il réussit à saisir le poignet de Joanna avant de disparaître.

Dissimulé dans un sous-bois, à quelques centaines de pas de là, Severin vit les deux corps plonger dans le vide.

Les hommes de Luci esquissaient à peine un geste de reddition que ceux de Beamis se précipitaient sur eux pour les massacrer. Sautant à bas de sa monture, Severin se rua vers le sommet de la falaise, se préparant à voir les corps de Joanna et de Luci écartelés sur les rochers.

Ce dernier s'y trouvait, les reins brisés. Mais Joanna restait invisible ; la mer l'avait-elle déjà engloutie ? Hors d'haleine, comme si un poids insupportable lui comprimait la poitrine, il cherchait frénétiquement des yeux un sentier par lequel descendre jusqu'à la rive, quand une voix lui parvint :

— Severin…

Il secoua plusieurs fois la tête. Seigneur ! non… C'était impossible. Voilà qu'il entendait la voix de Joanna ! Alors qu'elle était morte ! Un éclair de fureur impuissante le traversa, tel un coup d'épée, une immense blessure qui saignerait jusqu'à la fin de ses jours.

— Severin ! Severin !

La voix lui parvenait si distinctement que c'était l'évidence même : Joanna était là, quelque part en contrebas, et l'appelait désespérément à l'aide. Se laissant tomber à plat ventre, il rampa jusqu'au bord de la falaise, le plus loin possible, en s'agrippant aux rochers pour ne pas tomber. Ce qu'il vit alors le laissa muet de stupeur : cinq pieds plus bas se trouvait Marjorie, accroupie sur le bord d'une corniche, retenant Joanna par les aisselles. Les jambes pendant dans le vide, la jeune femme menaçait de se fracasser à son tour sur les rochers. Près d'elle, Eloïse faisait de son mieux pour lui prêter main-forte.

— Aidez-nous, Severin ! cria Marjorie. De grâce, dépêchez-vous !

Dans les secondes qui suivirent, une corde passée autour de la taille, Severin, retenu par quatre de ses hommes, descendit sur la corniche. Il attrapa Joanna et la hissa sans effort à ses côtés.

— Vous êtes en vie, murmura-t-il en la serrant de toutes ses forces contre lui. Si ce monstre vous avait entraînée, je n'y aurais pas survécu. J'ai eu si peur de vous perdre... Je vous battrais comme plâtre si je ne vous aimais tant. Vous mériteriez d'être punie. Mais qu'à cela ne tienne, sitôt que nous irons ensemble dans la forêt, je ne manquerai pas de vous infliger le châtiment auquel vous aviez échappé. Par tous les saints, je vous aime, Joanna.

— Je vous aime aussi, murmura-t-elle contre son cou.

Puis, levant les yeux – des yeux encore remplis d'effroi –, elle ajouta d'une voix mal assurée :

— Je l'ai tué, Severin. Je lui ai planté mon couteau dans le cœur. Mais j'ai eu la vie sauve grâce à Marjorie qui m'a signalé sa présence en tirant sur ma robe. Quand Luci m'a entraînée dans sa chute, je me suis efforcée de tomber sur la corniche. Mais sans Marjorie et Eloïse qui m'ont retenue, je me serais écrasée sur les rochers.

Severin écoutait. Les yeux baissés, sa main errant doucement sur le ventre de Joanna. À la fin de son récit, un long frisson la secoua et elle s'abandonna contre lui.

— Le bébé va bien, assura-t-elle en mêlant ses doigts à ceux de son mari.

Severin secoua la tête. Que Marjorie, qui haïssait Joanna, ait pu lui sauver la vie, voilà qui dépassait l'entendement !

C'est Joanna qui, la première, se retrouva en sécurité en haut de la falaise. Désormais, c'était elle qui comptait le plus pour lui.

— Jamais, non, jamais plus je ne vous quitterai des yeux, lui dit-il en l'attirant de nouveau contre lui. Et si grand que soit mon amour pour vous, dorénavant, je vous interdis d'intervenir dans des conflits qui ne regardent que moi. À compter de ce jour, vous resterez dans votre chambre, à y piler vos herbes ; peut-être vous permettrai-je de descendre dans la salle commune, mais seulement après que je me serai assuré que vous ne risquez rien. Et que vous m'aurez fait la promesse de n'étriper personne…

« Oui, reprit-il de plus belle, encouragé par la manière dont Joanna se laissait aller contre lui. Vous ne pourrez quitter la salle commune qu'avec ma permission et qu'en ma seule compagnie. C'est compris ? Rentrons, à présent, que je vous étrangle avant d'aller voir la guérisseuse pour qu'elle nous rassure sur la santé du bébé…

Éperdue d'amour, Joanna étreignit Severin avec une force qu'elle voulait égale à la sienne.

— Marjorie et Eloïse m'ont sauvé la vie, murmura-t-elle en lui déposant un baiser sur le menton. Je voudrais les en remercier.

Severin la lâcha à regret et la regarda se diriger lentement vers Marjorie, qui serrait contre elle la petite Eloïse en pleurs. À quelques pas de là se tenait sire Alan, lequel, à en juger par ses regards, se consumait déjà d'amour pour elle. Bien malgré elle, Joanna fut forcée d'admettre que, tout compte fait, Lady Marjorie ne manquait pas de panache.

— Outre sauver votre vie et celle d'Eloïse, vous avez aussi sauvé la mienne, alors que rien ne vous y obligeait, commença-t-elle. Quoi qu'il m'en coûte, voilà une prouesse que j'aurais mauvaise grâce à ne pas reconnaître.

Marjorie, dont l'expression grave semblait accroître la beauté, répondit d'un ton égal, en rejetant en arrière sa rutilante chevelure :

— Merci à vous, Joanna, mais je n'ai fait que ce que me dictait ma conscience, je n'avais pas le choix. Toute cette fureur m'a grandement lassée, et mon cœur bat encore la chamade.

Se tournant vers Eloïse, elle ajouta d'une voix douce :

— C'est fini, mon trésor. Nous sommes tous sains et saufs.

— L'espace d'un instant, lorsque je vous ai vue basculer dans le vide, j'ai cru que vous aviez voulu mourir, reprit Joanna.

— Oh non ! J'avais aperçu la corniche en contrebas, et je m'y suis laissé glisser en priant le ciel de nous épargner. Il s'en est d'ailleurs fallu de peu que mon stratagème n'échoue.

— Je répugne à le dire, et encore plus à le répéter, mais je vous remercie de m'avoir sauvé la vie, Marjorie. Et puisque nous en sommes aux révélations, sachez que je ne suis pour rien dans la rougeur dont votre nez a été affligé.

— Voilà longtemps que j'ai compris que c'était Lady Moraine la coupable. Elle voulait vous protéger. Elle a néanmoins droit à tout mon respect.

Joanna prit une grande inspiration avant de débiter d'une traite :

— Que diriez-vous de demeurer à Sedgewick et d'épouser sire Alan ? Severin doit requérir l'autorisation au roi, mais il ne fait aucun doute que ce dernier y consentira. Peut-être même pourrez-vous venir en visite à Oxborough tous les cinq ans, qu'en dites-vous ?

— L'idée me semble acceptable, acquiesça Marjorie avec un grand sourire. Sire Alan me plaît assez.

— Ainsi votre avenir sera-t-il assuré...

— Je l'espère, tout comme j'espère pouvoir continuer à veiller sur Eloïse.

N'y tenant plus, Severin s'approcha du petit groupe en trois enjambées, et enleva Joanna dans ses bras sans lui demander son avis. Tout en l'emportant, il lança par-dessus son épaule :

— J'enverrai un messager au roi dès demain. Sire Alan, je laisse Lady Marjorie et Eloïse à vos soins. Avant de regagner Sedgewick, dites à mes soldats d'enterrer les hommes de Luci. Quant à Luci lui-même, laissez-le en pâture aux charognards si vous le désirez, je m'en moque.

Toute à son bonheur, Joanna tendit le cou pour glousser à l'oreille de son mari :

— Au moins, je n'aurai pas sa chevelure sous les yeux durant cinq ans...

Il était tard. Tout était silencieux. Les domestiques avaient regagné les communs et les soldats leurs quartiers depuis longtemps. Belle, si mal nommée, ronflait comme un sonneur auprès de son nouveau mari. Dans la chambre des maîtres, à la faible lueur d'une chandelle, Severin demeurait au-dessus de Joanna et la couvait des yeux.

— Non, ne bougez pas, lui souffla-t-il. Je veux rester ainsi en vous, vous sentir et que vous sentiez la force de mon amour avant que la jouissance ne prenne le dessus – ce qui ne saurait tarder…

Il se pencha sur elle et, captura ses lèvres. Il mit dans son baiser toute la tendresse, tout le respect, tout l'amour du monde.

— Vous êtes mienne, à présent, chuchota-t-il en s'écartant à peine. Plus de querelle, plus de doute entre nous. C'est vous que je veux, Joanna, et personne d'autre.

— Est-ce à dire que je ne pourrai plus vous crier au visage quand vous m'offenserez ou piétinerez mes fleurs ?

— Au contraire, vous pourrez vous époumoner autant qu'il vous plaira, cela ne changera rien à ce que j'éprouve pour vous. Les sentiments qui nous lient ne feront que se renforcer avec le temps, Joanna. Oseriez-vous en douter ?

— Pas un instant. Parce que mon amour pour vous m'importe plus que ma propre vie. Quand Lady Marjorie viendra nous rendre visite, me jurez-vous de ne pas vous extasier devant sa chevelure ?

— Je vous en fais solennellement la promesse.

Elle émit un petit rire, accompagné d'un léger mouvement du bassin, auquel il réagit en lui mordant tendrement le menton.

— Obéissez-moi, Joanna, reprit-il. Tenez-vous tranquille, sinon, attention à vous !

— Même si, à l'avenir, il arrive que je suscite votre colère, répliqua-t-elle en riant de plus belle, je sais exactement comment vous la faire oublier. Oui, je sais comment vous rendre plus heureux qu'un bouc devant un sac de sel.

— Je sais cela, admit-il.

— Que savez-vous précisément ?

— Que ma mère me voue une grande affection, et me témoigne une indéfectible loyauté. Qu'Alice et dame Agnès lui sont très attachées, et que, si elles la savent de bon conseil, elles ne détestent pas davantage m'écouter. Ce qui, du reste, a donné lieu à de nombreux éclats de rire.

Sans lui laisser le temps de s'interroger sur cette étrange réplique, Severin creusa les reins. Joanna se tendit comme un arc et perdit le fil de ses pensées.

Après que sa respiration fut redevenue plus aisée, et qu'elle eut pris conscience de ce qu'une femme ne pouvait être plus heureuse qu'elle l'était à cet instant, elle dit enfin :

— Que signifie tout cela ? Bien sûr que votre mère vous porte de l'affection, vous êtes son fils, après tout ! Et que viennent faire ici dame Agnès et Alice ? Et ces éclats de rire dont vous me parlez ?

— Ma mère m'a fait observer que lorsque vous étiez dans votre jardin, votre humeur était au beau fixe. C'est donc là que j'étais le plus assuré d'obtenir ce que j'attendais de vous.

Alors que Joanna se renfrognait, Severin se pencha sur elle pour l'embrasser.

— Souvenez-vous, Joanna, par deux fois, je suis venu vous voir dans votre jardin. La première fois, vous m'avez adressé un regard provocant en me demandant de vous conduire dans la forêt afin d'y recevoir votre châtiment. Le jour d'après, j'étais à peine apparu que vous me suppliiez de recommencer.

— Je sais tout cela, mais pourquoi l'évoquez-vous ainsi en détail ? Vous en parlez comme si vous en saviez plus que vous ne devriez.

— Ah, vous voilà enfin intriguée ! dit-il, alors qu'il roulait sur le dos en l'entraînant avec lui. Figurez-vous que ma mère m'a mis au courant des conseils que vous avaient prodigués Alice et dame Agnès. Pour ma part, ces conseils m'ont semblé tout à fait judicieux, et je le leur ai fait savoir. Joanna, ces dames m'ont tout raconté...

Joanna le saisit à la gorge et fit mine de l'étrangler.

— Je devrais être furieuse contre vous tous, déclara-t-elle, avant de se laisser aller sur lui pour l'embrasser passionnément. Alice m'a appris que les hommes étaient des êtres simples, chuchota-t-elle, hors d'haleine, et qu'il suffisait d'un peu d'adresse pour qu'ils viennent vous manger dans la main. Je crois moi aussi que ses conseils étaient excellents.

— Nous avions pensé que cela vous calmerait, expliqua-t-il en la pressant contre lui, et vous aiderait à comprendre que c'est vous, plus qu'Oxborough et les titres qui vont avec, que votre mari désirait. Est-ce que je ne vous ai pas fait la preuve de mes sentiments au cours de ces deux après-midi que nous avons passés dans la forêt ? Ne vous ai-je pas complimentée pour votre savoir-faire ?

— Non, vous n'avez fait que geindre, gémir et me tenir des propos obscènes.

Là-dessus, Joanna se plongea dans un silence boudeur, furieuse d'avoir été trahie par celles-là mêmes en qui elle avait le plus confiance.

— Je n'arrive pas à croire qu'elles vous aient demandé votre point de vue sur les conseils qu'elles m'avaient si généreusement donnés, finit-elle par grommeler.

— Je n'y ai apporté que quelques corrections, observa Severin d'un air faussement dégagé, sachant que Joanna bouillonnait de colère. Voulez-vous savoir lesquelles ?

— Inutile, je les connais déjà, rétorqua-t-elle en glissant la main vers le bas-ventre de son époux.

Oui, s'esclaffa-t-elle, je sais exactement de quoi il retourne.

Severin sourit en émettant un grognement de plaisir, regrettant quand même un peu que la conversation ne pût se poursuivre plus longtemps. Quand sa main glissa sur le ventre de Joanna, il parvint cependant à articuler :

— Je sens une rondeur, à présent, soyez-en remerciée.

Un miaulement étouffé s'éleva de sous la couverture, et Joanna se détacha de son mari en soupirant. Apparut alors Tristan, tout ébouriffé, et qui alla se blottir sur le torse de son maître.

— Et lui, l'avez-vous consulté ? interrogea Joanna.

— Tristan devine la moindre de mes pensées.

La martre émit un nouveau miaulement comme pour confirmer les dires de son maître.

— Il n'en a pas moins interrompu notre petit jeu, objecta-t-elle.

— N'êtes-vous donc pas à votre aise ainsi ? souffla-t-il en promenant la main sur le ventre de sa femme.

— Tout à fait, répondit-elle sur le même ton. Finalement, je pense que je n'irai pas me jeter du haut de la falaise avant que notre enfant soit né. Non, ne protestez pas, cela irrite Tristan ! Et ne vous inquiétez pas, je ne faisais que plaisanter. À présent que cet entretien édifiant est clos, que diriez-vous de reprendre notre petit jeu ?

Épilogue

C'était la nuit du solstice d'hiver, une de ces nuits glaciales où le vent hurlait et semblait vouloir arracher les tapisseries des murs après les avoir traversés. Les pavés de la cour disparaissaient sous une épaisse croûte de neige grise, et Tristan avait disparu depuis deux jours.

Severin en avait les sangs chavirés au point que l'appétit lui manquait. Il demeurait assis sur sa chaise, observant Edgar dont l'énorme tête reposait à quelques pas seulement du grand feu qui brûlait dans la cheminée. La fumée s'élevait, tournoyant dans les airs en volutes bleutées.

— Il est mort.

— Vous n'en savez rien ! protesta Joanna afin de taire une inquiétude que partageaient ses quatre sœurs rassemblées autour de sa mère et de son canevas.

— Je n'aurais jamais dû le laisser partir.

— Comment auriez-vous pu l'en empêcher ? Tristan n'en a toujours fait qu'à sa tête.

— Oserai-je dire qu'il tient de vous ? répliqua Severin. Je vous avais demandé de ne pas quitter la salle commune, et pas plus tard qu'hier, je vous trouve dans la cour, en train de nourrir les poules.

— Cela ne se reproduira plus, je peux vous l'assurer. Pour ce qui est de Tristan, ayez la foi, il reviendra, j'en suis certaine.

Ces propos sonnaient un peu creux, mais elle ne faisait que répéter les paroles du père Carreg.

— Je savais qu'une tempête menaçait. J'aurais dû le garder dans mon pourpoint, quitte à l'y attacher !

Joanna se leva pesamment, gênée par son ventre volumineux. Quoique resplendissante de santé, elle arborait une expression soucieuse. Elle doutait que la martre eût pu survivre à une pareille tempête.

Severin dressa à son tour sa haute silhouette et s'empara des gants et du manteau que Gwent lui tendait sans souffler mot. Il ne se passait pas une heure sans qu'ils partent ensemble à la recherche de l'animal, ne regagnant le château que lorsque le froid devenait insupportable.

C'est à cet instant que s'éleva un cri.

La porte s'ouvrit pour livrer passage à un garde, dont le souffle précipité exhalait un flot de vapeur. Tandis qu'il tapait des pieds afin d'en faire tomber la neige, apparut derrière lui Tristan, le poil recouvert de givre, la moustache parsemée de cristaux de glace. Dans sa gueule, il tenait un bébé martre.

— Grands dieux ! s'écria Severin en se précipitant pour prendre le minuscule animal dans le creux de sa main.

Voyant Tristan rebrousser chemin et trottiner vers la porte, Severin se lança à sa poursuite, non sans avoir confié la minuscule boule de poils à Joanna.

Quelques instants plus tard, Severin réapparut, serrant contre sa poitrine Tristan et un autre petit.

La guérisseuse, que les dures conditions climatiques avaient contrainte à trouver refuge au château, se dressa pour déclarer péremptoirement :

— Gwent, allez donc demander à MacDear de faire chauffer du lait pour nourrir ces petites bêtes.

Une heure plus tard, Severin serrait contre lui Tristan et ses deux rejetons repus et endormis.

— La mère a dû mourir, c'est pourquoi Tristan est allé chercher les petits, déclara-t-il, tandis que les quatre fillettes se pressaient autour de lui pour les contempler. Je vous confie la tâche de leur trouver un nom, ajouta-t-il à leur intention. Et veillez à les garder bien au chaud.

— Je demanderai à mère de coudre une poche dans ma chemise afin de les garder contre moi, décréta Harlette.

— Je les prendrai tous les deux dans mon lit, renchérit Matilda, et je n'en sortirai que lorsque le temps se sera radouci.

Joanna s'étira en réprimant une grimace, le dos douloureux à force d'être cambré. Elle était cependant si soulagée de savoir Tristan de retour qu'elle en aurait pleuré.

— Je leur proposerais bien de dormir sur mon ventre, fit-elle. Mais ils rouleraient en bas du lit.

Severin sourit. C'était bien ainsi qu'il concevait une famille : avec ses bavardages, ses rires, ses embrassades, et ses querelles aussi. Un gloussement familier fit tourner toutes les têtes. Alice venait de pénétrer dans la salle de sa démarche lourde de femme enceinte. Un sourire figé sur le visage, Beamis, son mari, se tenait derrière elle, l'air de ne savoir que faire de ses mains.

— Ah, les hommes ! Il n'y en a pas un pour racheter l'autre ! s'exclama la guérisseuse. Croyez-vous que ce vaurien s'empresserait d'aider son épouse ? demanda-t-elle en désignant le maître d'armes. Pas du tout ! Il préfère rester immobile à la regarder d'un air satisfait !

À la surprise générale, on vit alors Gwent se lever et soulever dans ses bras la femme qui était la sienne depuis quatre mois. Après l'avoir gratifiée d'un baiser sonore, il déclara d'une voix assez forte pour être entendu de tous :

— J'ai supporté votre chat dans notre lit parce qu'il me permet de me serrer contre vous.

Puis d'ajouter à la cantonade :

— C'est la seule potion que je connaisse qui parvienne à la museler !

Les rires et les acclamations fusèrent. Même Alice y alla d'un sourire.

Tristan tendit la patte à Joanna, puis se blottit de nouveau contre sa progéniture. La jeune femme se dit alors qu'elle aimait la neige et le vent qui tourbillonnaient dehors en tempête tandis qu'elle attendait le printemps au chaud avec ceux d'Oxborough.

5829

Composition Chesteroc International Graphics
Achevé d'imprimer en Europe (France)
par Maury-Eurolivres – 45300 Manchecourt
le 14 mai 2001.
Dépôt légal mai 2001. ISBN 2-290-31025-5

Éditions J'ai lu
84, rue de Grenelle, 75007 Paris
Diffusion France et étranger : Flammarion